Hermann Riedel

Originalmusik
und Musikbearbeitung

Schriftenreihe der UFITA Heft 36

Archiv für Urheber-, Film-, Funk- und Theaterrecht
Herausgegeben von Dr. jur. Georg Roeber, München

Originalmusik und Musikbearbeitung

Eine Einführung in das Urheberrecht der Musik

von

Dr. Hermann Riedel
Landgerichtsrat a. D. in München

1971

J. Schweitzer Verlag · Berlin

Diese Abhandlung erschien zunächst im Jahre 1969 als Vorabdruck und wurde dann in der UFITA (Bd. 55—59) abgedruckt.

ISBN 3 8059 0813 6

Satz: Neuzeit-Druck, Landau/Isar Druck: Verlag Anton Hain, Meisenheim

Vorwort

Die Abhandlung ist eine Studie über Musik und Musikbearbeitung zum musikalischen Urheberrecht[1]. Sie behandelt das für die Praxis so wichtige Problem Originalmusik und Musikbearbeitung. Die Ausführungen wollen dazu beitragen, das Verständnis für die Musikbearbeitung zu wecken und das Verständnis für sie im Verhältnis zur Originalmusik zu fördern. Daher wendet sich die Broschüre in gleicher Weise an alle, die mit Urheberrecht befaßt sind oder mit ihm beruflich in Berührung kommen, wie auch an die Musiker, ob sie sich zu den Komponisten der Originalmusik oder der Musikbearbeitung rechnen, da die folgenden Darlegungen versuchen, die für sie einschlägigen Fragen zu klären.

Möge die Abhandlung der Praxis dienen. Für Anregungen bin ich dankbar.

München, Juli 1971 Dr. H. Riedel

[1]) Die Abhandlung erschien zunächst im Jahre 1969 als Vorabdruck; dann wurde sie in der UFITA abgedruckt (Bd. 55/1970 S. 169 ff., Bd. 56/1970 S. 161 ff., Bd. 57/1970 S. 189 ff., Bd. 58/1970 S. 141 ff., Bd. 59/1971 S. 165 ff.).

Inhaltsübersicht

Abkürzungsverzeichnis

aA.	anderer Ansicht
aaO.	am angegebenen Orte
Abs.	Absatz
Anm.	Anmerkung
Art.	Artikel
Aufl.	Auflage
Ausl	Ausland
Bd.	Band
Bem.	Bemerkung
bez.	bezüglich
BGB	Bürgerliches Gesetzbuch
BGBl	Bundesgesetzblatt
I, II, III	Teil I, II, III
BGH	Bundesgerichtshof
BGHZ	Entscheidungen des Bundesgerichtshofs in Zivilsachen — amtliche Sammlung
BÜ	Berner Übereinkunft
DB	Der Betrieb (Zeitschrift)
d. h.	das heißt
DRiZ	Deutsche Richterzeitung (Zeitschrift)
DRspr	Deutsche Rechtsprechung / Sammlung von Literatur und Rechtsprechung
EG	Einführungsgesetz
Fußn.	Fußnote
GEMA	Gesellschaft für musikalische Aufführungs- und mechanische Vervielfältigungsrechte Berlin
GG	Grundgesetz
GRUR	Gewerblicher Rechtsschutz und Urheberrecht (Zeitschrift)
INTERGU	Internationale Gesellschaft für Urheberrecht e. V. Berlin

JW	Juristische Wochenschrift (Zeitschrift)
KG	Kammergericht
LG	Landgericht
LitUrhG	Gesetz betreffend das Urheberrecht an Werken der Litertur und der Tonkunst vom 19. Juni 1901 BGBl III 440—1
LM	Lindenmaier-Möhring Nachschlagwerk des Bundesgerichtshofs — Leitsätze und Entscheidungen mit erläuternden Anmerkungen
MDR	Monatsschrift für Deutsches Recht (Zeitschrift)
MGG	Die Musik in Geschichte und Gegenwart — Allgemeine Enzyklopädie der Musik, herausgegeben von Friedrich Blume mit zahlreichen Mitarbeitern
NJW	Neue Juristische Wochenschirft (Zeitschrift)
Nr.	Nummer
OLG	Oberlandesgericht
RG	Reichsgericht
RGZ	Entscheidungen des Reichsgerichts in Zivilsachen — amtliche Sammlung
RzU	Schulze Rechtsprechung zum Urheberrecht — Entscheidungssammlung mit Anmerkungen
StGB	Strafgesetzbuch
UFITA	Archiv für Urheber-, Film-, Funk- und Theaterrecht (Zeitschrift)
UrhG	Gesetz über Urheberrecht und verwandte Schutzrechte — Urheberrechtsgesetz — vom 9. September 1965 BGBl I 1273
VerlG	Gesetz über das Verlagsrecht — Verlagsgesetz — vom 19. Juni 1901 BGBl III 441—1

Es werden nur die wichtigsten Abkürzungen angeführt. Im übrigen gelten die üblichen Abkürzungen.

Literaturverzeichnis

Urheberrecht

Allfeld, LitUrhG, Kommentar 2. Aufl. 1928, Beck Verlag München

Fellerer-Fabiani, Bearbeitung und Elektronik als musikalisches Problem im Urheberrecht, INTERGRU-Schriftenreihe Bd. 37, Berlin-Frankfurt am Main 1965

Fromm-Nordemann, Urheberrecht, Kommentar zum UrhG und zum Wahrnehmungsgesetz, Kohlhammer Stuttgart-Berlin-Köln-Mainz 1966

von Gamm, UrhG, Kommentar 1968, Beck Verlag München

Gerstenberg, Die Urheberrechte an Werken der Kunst, der Architektur und der Photographie 1968, Beck Verlag München

Hubmann, Urheber- und Verlagsrecht — Kurzlehrbuch 2. Auflage 1966, Beck Verlag München

Möhring-Nicolini, UrhG Kommentar 1970, Verlag Vahlen GmbH Berlin und Frankfurt am Main

Riedel, Urheber- und Verlagsrecht — Handkommentar des UrhG und des VerlG mit Nebengesetzen (Loseblattausgabe) 1966 ff., Deutscher Fachschriftenverlag Braun & Co. oHG Wiesbaden-Dotzheim

Riedel, Neues Urheberrecht — Textausgabe — 1966, derselbe Verlag

Schulze, Urheberrechtskommentar (Loseblattausgabe) Metzner Verlag Frankfurt am Main und Berlin

Schulze, Urheberrecht in der Musik 3. Aufl. 1965, Walter de Gruyter & Co. Berlin

Schulze, Urheber-Vertragsrecht 1960, Verlag für angewandte Wissenschaften Baden-Baden

Ulmer, Urheber und Verlagsrecht 2. Aufl. 1960, Springer Verlag Berlin-Heidelberg

Bürgerliches Gesetzbuch

Palandt, BGB Kurzkommentar 30. Aufl. 1971, Beck Verlag München

Staudinger, BGB Großkommentar 11. Aufl., Schweitzer Verlag Berlin

Musik

Benker, Von Note zu Note — Notenkunde und Melodienlehre 1967, Verlag Lambert Müller GmbH München

Beyschlag, Die Ornamentik der Musik 1908 / Neudruck 1970, Verlag von Breitkopf & Härtel Wiesbaden

Blume, Die Musik in Geschichte und Gegenwart, Bärenreiter Verlag Kassel und Basel

Frotscher, Geschichte des Orgelspiels 5. Aufl. 1966, Verlag Merseburger Berlin

Keller, Die Schule des Generalbaßspiels 1931/1955, Bärenreiter Verlag Kassel und Basel

Keller, Phrasierung und Artikulation 1955, Bärenreiter Verlag Kassel und Basel

Keller, Die Orgelwerke Bachs 1948, Verlag C. F. Peters Leipzig

Leichtentritt, Musikalische Formenlehre 6. Aufl. 1964, Verlag Breitkopf & Härtel Wiesbaden

Lukas, Orgelmusikführer 2. Aufl. 1966, Verlag Reclam jun. Stuttgart

Moser, Musiklexikon 4. Aufl. 1955, Musikverlag Sikorski Hamburg

Oehlmann, Reclams Klavierführer 1967/1968, Verlag Reclam jun. Stuttgart

Riemann, Musiklexikon 1967, Verlag Schott's Söhne Mainz

Schwarz-Reiflingen, ABC der Musik — Führer durch die Oper, Operette, Konzertmusik 1960, Süd-West Verlags- und VertriebsGmbH München

Semmler, Vom Eigenklang der Reihen — Die Superskala 1954, Zürich

Szabiolesi, Bausteine zu einer Geschichte der Melodie 1959, Budapest

Uhde, Beethovens Klaviermusik I 1968, Verlag Reclam jun. Stuttgart

von Westermann, Knaurs Konzertführer 16. Aufl. 1967, Dr. Oemer'sche Verlagsanstalt Th. Knaur Nachf. München und Zürich

von Westermann, Knaurs Opernführer 2. Aufl. 1968, derselbe Verlag

Wolters, Handbuch der Klavierliteratur — Klaviermusik zu 2 Händen 1967, Atlantis Verlag Zürich

Wolthens, Oper und Operette 1965, Buch und Zeit Verlagsgesellschaft GmbH Köln

Weitere Literaturhinweise sind aus den Fußnoten der Abhandlung ersichtlich.

Einführung

1. Das Urheberrechtsgesetz vom 9. September 1965 BGBl I 1273 zählt zu den geschützten Werken der Kunst nach § 2 Abs. 1 Z 2 die **Werke der Musik.** Nach Abs. 2 aaO. sind Werke im Sinne dieses Gesetzes nur persönliche geistige Schöpfungen. § 3 des Gesetzes befaßt sich mit **Bearbeitungen** und spricht aus, daß Übersetzungen und andere Bearbeitungen eines Werkes, die persönliche geistige Schöpfungen sind, unbeschadet des Urheberrechts am bearbeiteten Werk wie selbständige Werke geschützt werden.

Zu der Neuregelung sagen Fromm-Nordemann[1]): „Die bisherige Regelung glaubte den Bearbeiter mit dem Urheber eines Originalwerkes hinsichtlich der Bearbeitung ausdrücklich gleichstellen zu müssen, wozu sie sogar eine Fiktion zu Hilfe nahm . . . Die Neufassung stellt klar, daß der Bearbeiter Urheber der Bearbeitung ist."

Im Anschluß an die gesetzliche Regelung wird der gesetzliche Begriff der Bearbeitung wie folgt definiert:

Fromm-Nordemann[2]): „Bearbeiter im Rechtssinne kann — ebenso wie bei § 2 Abs. 2 — nur sein, wer eine persönliche geistige Schöpfung hervorgebracht hat."

von Gamm[3]): „Bearbeitung im Rechtssinne ist die persönliche geistige, d. h. eigenschöpferische, aber trotzdem abhängige Umgestaltung eines in seinen geschützten, d. h. eigentümlichen Elementen benutzten anderen Werks."

---

[1]) Dazu Fromm-Nordemann UrhG § 3 Bem. 1
[2]) Dazu Fromm-Nordemann UrhG § 3 Bem. 2
[3]) Dazu von Gamm UrhG § 3 Bem. 4

Gerstenberg[4]): „Eine Bearbeitung ist nur dann ein geschütztes Werk im Sinne von § 3 UrhG, wenn es sich um eine persönliche geistige Schöpfung des Bearbeiters handelt... Für die Beurteilung ist es ... wichtig zu prüfen, ob das wiedergegebene Werk die Hauptsache der Wiedergabe ausmacht oder ob es nur als Beiwerk erscheint."

Möhring-Nicolini[5]): „Eine Bearbeitung ist die Umgestaltung eines Werkes, die dessen äußere Form abwandelt, seinen Inhalt aber unverändert läßt. Der Bearbeiter will die Möglichkeit einer Verwertung des Originalwerkes erweitern ... Die Bearbeitung muß eine persönliche geistige Schöpfung sein ... Man bezeichnet sowohl den Vorgang der Umgestaltung als auch deren Ergebnis als Bearbeitung."

2. Über die abstrakte Begriffsdeutung besteht also im Urheberrecht in Literatur und Praxis Einigkeit. Die Problematik beginnt jedoch, sobald man **Einzelfälle** subsumieren will. Dies ist ebenfalls aus den Kommentierungen ersichtlich.

Fromm-Nordemann[6]): „Die Feststellung, ob eine Bearbeitung vorliegt, ist erfahrungsgemäß im Einzelfall schwierig. Wir unterscheiden ... :

a) Die meisten Formen der Bearbeitung setzen stets eine eigene geistige Leistung voraus ...

b) Andere Formen der Bearbeitung erfordern in der Regel eine eigene geistige Leistung des Bearbeiters ...

c) In der 3. Gruppe der Bearbeitungen kann eine persönliche geistige Schöpfung vorliegen, ohne daß eine Vermutung dafür bestünde."

von Gamm[7]): „Die Bestimmung des § 3 UrhG setzt eine persönliche geistige Schöpfung bei der nach Art und Umfang nicht näher festgelegten Benutzung des zugrundeliegenden Werkes voraus. Art und Umfang der Benutzung folgen aus §§ 23, 24 UrhG ... ; sie ergänzen sich in gewisser Weise ... und kennzeichnen den Abstand der Benutzungshandlung vom benutzten Original. Dabei ergibt sich eine Abstufung der Benutzungshandlungen, die von der identischen Übernahme des Originals zur freien Benutzung wegführt und den sachlichen Schutzumfang des Originals umschreibt ..."

---

[4]) Dazu Gerstenberg Die Urheberrechte UrhG § 3 Bem. 2
[4]) Dazu Gerstenberg Die Urheberrechte UrhG § 3 Bem. 2
[5]) Dazu Möhring-Nicolini UrhG § 3 Bem. 2
[6]) Dazu Fromm-Nordemann UrhG § 3 Bem. 3
[7]) Dazu von Gamm UrhG § 3 Bem. 4

Gerstenberg[8]): „Im Zweifel kann eine genaue Analyse der angeblichen Bearbeitung und des bearbeiteten Werkes Aufschluß darüber geben, ob die Bearbeitung als selbständiges geschütztes Werk im Sinne von § 3 UrhG angesehen werden kann. Dabei ist zu fragen: Was ist der wesentliche künstlerische Gehalt des bearbeiteten Werkes? Hat der Bearbeiter nur die wesentlichen Züge davon übernommen oder ist in der Bearbeitung auch die künstlerische Handschrift des Bearbeiters zu erkennen?"

Möhring-Nicolini[9]): „Ein Werk wird benutzt, wenn es als Ganzes oder in einzelnen Teilen zum Ausgangspunkt eines neuen Werkes gemacht oder in dessen Rahmen verwendet wird. Dabei kann die Abhängigkeit des neuen Werkes verschieden stark sein."

3. In der **Musik** hat die Bearbeitung besondere Bedeutung. Eine systematische Untersuchung um die Bearbeitung fehlt bis jetzt. Die Abhandlung unternimmt daher den Versuch, erstmals eingehend, und zwar von der Seite der Musik her als auch von der Seite des Urheberrechts aus, das Wesen der musikalischen Bearbeitung im Verhältnis zum Originalwerk klarzustellen. Originalmusik und Musikbearbeitung werden deshalb einer musikkritischen Betrachtung unterzogen, um das Verständnis für die urheberrechtlichen Probleme zu erschließen. Der Versuch der Klärung bezieht sich insbesondere auf die Grenze der Schutzfähigkeit einer Bearbeitung und der Abhängigkeit einer Bearbeitung vom Original sowie die gesamte Skala der Abhängigkeitsgrade zwischen diesen Grenzen. Eine nüchterne Betrachtungsweise aus der Sicht des Urheberrechts macht es notwendig, musikalische Zusammenhänge zu sezieren, um die rechtlichen Gesichtspunkte ersichtlich zu machen, da eine musikästhetische und urheberrechtliche Schau in mancher Hinsicht voneinander abweichen und zu verschiedenen Ergebnissen führen. Damit hängt es zusammen, daß in Vergangenheit und Gegenwart Gutachten von Musiksachverständigen Anlaß zu unrichtiger Beurteilung musikalischer Tatbestände durch Gerichte führten[10]). Hier will die Abhandlung dazu beitragen, das Verständnis für die musikalische Bearbeitung zu wecken. Musikbearbeitung unterliegt im Verhältnis zru Originalmusik einer gewissen Abwertung — zu Unrecht. Das UrhG ist objektiv und frei von einer solchen soziologischen Betrachtungsweise.

---

[8]) Dazu Gerstenberg Die Urheberrechte UrhG § 3 Bem. 3

[9]) Dazu Möhring-Nicolini UrhG § 24 Bem. 2b

[10]) Dazu Riedel Die musikalische Bearbeitung UFITA Bd. 55, 169 (171 ff.)

I.

Bearbeitung in der Musik

1. Begriff der Bearbeitung

Wenn es um die Bearbeitung in der Musik geht, so ist die Frage zunächst völlig unabhängig vom Urheberrecht zu stellen. Dies erscheint schon deshalb notwendig, weil ja die Musik absoluten, das Gesetzesrecht nur relativen Charakter hat.

So bedeutsam die Bearbeitung in und für die Musik ist, so eigenartig ist es, daß man sich eigentlich keine oder fast keine Gedanken über eine begriffliche Abgrenzung darüber machte und macht, was eigentlich Musik-Bearbeitung ist und bedeutet. Dies ist auch der Grund, weshalb die rechtliche Erfassung im Bereich des Urheberrechts besondere Schwierigkeiten bereitet. Wenn man Musiklexika großen und kleinen Formats, des In- und Auslandes, in Gegenwart und zurück in die Vergangenheit betrachtet — und es verlohnt sich, einen Blick hineinzuwerfen —, so macht man die eigenartige Feststellung, daß fast überall das Wort „Bearbeitung" fehlt. Wo man sich mit dem Begriff auseinandersetzt, ist man teilweise beeinflußt durch die rechtliche Betrachtungsweise des Urheberrechts, so etwa bei *Schwarz-Reiflingen.*[1]) Solche Definitionen haben in diesem Zusammenhang außer Betracht zu bleiben. Im übrigen hat man vom rein Musikalischen her die Begriffs-Abgrenzung vorgenommen. So versteht

Brennewitz[2]) unter Bearbeitung die Ausarbeitung und die Veränderung.

---

[1]) Dazu Schwarz-Reiflingen, ABC der Musik: Bearbeitung.

[2]) Dazu Brennewitz, Kleines Musiklexikon: Bearbeitung.

Ausführlicher definiert

Engel[3]) den Begriff der Bearbeitung. Er sagt:

„Der Begriff Bearbeitung setzt ein zu bearbeitendes Werk, ein Thema, eine Melodie, einen Satz oder ein mehrsätziges Werk voraus. Bearbeitung kann entweder eine neue kompositorische Gestaltung oder Fassung eines musikalischen Gebildes (Thema, Melodie, Satz, Werk) darstellen oder ein musikalisches Werk für ein anderes Organ der Aufführung einrichten. In beiden Fällen kann sich die Bearbeitung auf eine bloße technische Ausarbeitung oder Bearbeitung beschränken und somit die ursprüngliche kompositorische Arbeit erhalten, oder sie kann das zu bearbeitende Gebilde weitgehend umgestalten und zwar bis zur Selbständigkeit gegenüber dem zuerst bestehenden Werk."

Auch bei *Riemann*[3a]) wird mit Recht der urheberrechtliche Begriff der Bearbeitung von dem wissenschaftlichen unterschieden. Es wird ausgeführt:

„In der musikwissenschaftlichen Terminologie gilt als Bearbeitung die Komposition, die als Neugestaltung eines Vorgegebenen entstand, wobei . . . die Neugestaltung (im Gegensatz etwa zur Überarbeitung und Neufassung) die Vorlage nicht als überholt abwertet, jedoch die Motivierungen der Bearbeitung sehr unterschiedlich sind (Modernisieren, Lernen und Lehren, Huldigen, schöpferisches Experimentieren und Adaptieren). Hier also bezieht sich der Begriff Bearbeitung gerade auf jene letztgenannten Beispiele, die bei einer urheberrechtlichen Behandlung als Bearbeitung ausscheiden."

Von dieser musikalischen Schau aus ist der Begriff der Bearbeitung zu klären und grundsätzlich abzugrenzen, wobei dann im einzelnen in Kasuistik zu klären ist, was — musikalisch betrachtet — als Bearbeitung angesehen werden kann und was nicht.

In dem Lexikon DER GROSSE BROCKHAUS[4]) wird der Begriff der Bearbeitung nur auf dem Gebiet der Technik erläutert. Dort wird als Bearbeiten verstanden eine Formung oder Trennung der Werkstoffe,

---

[3]) Blume, Die Musik in Geschichte und Gegenwart (MGG), Engel I 1458 ff.: Bearbeitung; dazu auch unter I 6, zum rechtlichen Begriff der Bearbeitung unter II 3, 7, 8.

[3a]) Dazu Riemann, Musiklexikon (12. Aufl.) Sachteil (S) — bearbeitet von Gurlitt und Eggebrecht — 91/92: Bearbeitung.

[4]) Dazu DER GROSSE BROCKHAUS: Bearbeiten.

wobei darauf hingewiesen wird, daß die Bearbeitbarkeit der Werkstoffe eine verschiedene ist.

Bearbeiten setzt also — und das gilt auch für den Bereich der Musik — ein Werk voraus, das Gegenstand der Bearbeitung ist, wobei es gleichgültig ist, ob diese Arbeitsgrundlage ganz klein ist, etwa nur 2 oder 3 Noten umfaßt, oder sehr umfangreich ist, etwa wenn es sich um eine Opernpartitur handelt, ob es ein Original oder eine Bearbeitung ist.

Weiter ist wesentlich für Bearbeitung, daß in irgendeiner Richtung hin ein Neues entsteht und zwar durch eine Umformung oder Umgestaltung, die graduell verschieden sein kann.

Es müssen also 2 Elemente zusammenkommen, wenn von Bearbeitung gesprochen werden kann,

ein Bearbeitungsobjekt als Arbeitsgrundlage und

ein Bearbeitungsvorgang als geistig-musikalische Leistung, der eine Umformung oder Umgestaltung beinhaltet.

Wo eines dieser Elemente fehlt, kann von Bearbeitung nicht gesprochen werden. Es kann sich, um die Extremfälle gegenüber zu stellen, um eine

Kopie, also eine reine Vervielfältigung, oder um eine

freie Schöpfung, die unabhängig von der Vorlage ist,

handeln.

Dies erscheint an sich einfach. In der Vielfalt des Lebens und der Praxis ist es aber oft ein komplizierter Vorgang, der näherer Betrachtung bedarf.

2. Geschichtliche Entwicklung

Bearbeitungen gibt es, solange es Musik gibt. Deshalb lassen sich die musikgeschichtlichen Anfänge gar nicht feststellen. Es gehört mit zu dem menschlichen Geistesschaffen auf allen Gebieten, daß nicht nur Neues geschaffen und erdacht wird, sondern daß auch Geschaffenes anders gestaltet und geformt bzw. verbessert wird.

Bei der Betrachtung der Musikgeschichte soll Beschränkung auf den abendländischen Kulturbereich erfolgen.[5]) Hier können wir folgendes feststellen:

---

[5]) Dazu Engel, Bearbeitung — in alter und neuer Zeit — Erfindung oder Arbeit? / Das Musikleben 1948, 39 ff.

Die früheren Zeiten sind erfüllt von Parodien und Kontrafakturen, bis diese Formen ins Stadium einer Krise kamen. Die beiden Begriffe bedürfen der Erläuterung.

Parodie ist ein Wort, das aus dem Griechischen stammt; es bedeutet Vorbei-, Neben- oder Gegengesang. Der Begriff wird in der Musikwissenschaft in besonderem Sinne verwendet und zwar in Gegensatz zum allgemeinen Sprachgebrauch und zur Definition in anderen Geisteswissenschaften. Es wird darunter verstanden die ernste, umbildende und weiterführende Anknüpfung an eine geprägte Aussage, dh. die umformende Nachahmung eines musikalischen Kunstwerks in einem anderen musikalischen Werk, zumeist auch Gattungs-Zusammenhang.[6]) Es fehlt hier also der Charakter der Komik oder Ironie, wie wir heutzutage den Begriff verstehen; diese neue Auffassung des Begriffs der Parodie kam erst wesentlich später auf.

Kontrafaktur ist ein Wort lateinischen Ursprungs und bedeutet ein Verkehren ins Gegenteil. Es geht hier um Unterlegung eines anderen Textes unter das unveränderte musikalische Geschehen.[7]) Diese historische Abgrenzung wird nicht immer in gleichem Sinne gebraucht; es gibt auch eine Auffassung, die Parodie und Kontrafaktur praktisch gleichstellt.[8])

So betrachtet — bedeuten die Begriffe der Parodie und der Kontrafaktur Bearbeitung, wobei sich die Parodie auf musikalisches Geschehen und die Kontrafaktur auf den Text bezieht. Die Kontrafaktur liegt daher außerhalb unserer Betrachtung.

Die Kontrafaktur bedeutet also im Regelfall andere Textierung über demselben musikalischen Werk, also bei im wesentlichen gleichem menschlichem Affekt, wie Freude, Schmerz usw. In einer Zeit, in der das weltliche Leben in den Bannkreis des geistlichen und religiösen Lebens einbezogen war, waren auch in der Kunst, insbes. in der Musik, nicht die Gegensätzlichkeiten wie in späteren Zeiten. Daher konnte *Bach* Musik, die für weltliche Texte komponiert war, in Passionen sehr wohl verwenden.[9]) Ein der Musik gegensätzlicher Text, der durch Textauswechslung einem musikalischen Werk zugeführt wurde,

---

[6]) Dazu Blume MGG, Finscher-Dadelsen, X 815 ff.: Parodie und Kontrafaktur; Moser, Musiklexikon I 645: Kontrafaktur, II 930: Parodie; Riemann, Musiklexikon S (Fußn. 3a) 487/488: Kontrafaktur, 764 ff.: Parodie.

[7]) Dazu Fußn. 6.

[8]) So Moser aaO. (Fußn. 6).

[9]) Dazu Blume aaO. (Fußn. 6), insbes. X 832.

ändert die Musik nicht, kann höchstens die Interpretation beeinflussen. Die veränderte Interpretation wäre aber keine Bearbeitung.

Die Kontrafaktur ist älter als die Parodie. Die ersten echten Parodie-Kompositionen wurden in der Zeit der Mitte des 15. Jahrhunderts festgestellt; man bezeichnete solche Messen als Parodie-Messen.[10]) Es waren dies Bearbeitungen, weil gestaltende Veränderungen am bisherigen Musikwerk vorgenommen wurden, etwa durch Hinzufügung einer oder mehrerer neuer Stimmen, also in Abweichung von der Vorlage. Waren anfangs Chansons die Grundlage für die Bearbeitung, so waren es später Motetten. Der Grad der Verarbeitung nahm zu, je mehr sich weltliche und geistliche Musik und Texte im Laufe der zunehmenden Verweltlichung und Profanisierung voneinander unterschieden, da sich die Notwendigkeit der Angleichung an die veränderte Zweckbestimmung ergab.

War anfangs der Reiz, an eine allgemeinbekannte Vorlage anzuknüpfen, das Motiv für die Parodierungen, so waren später, dh. nach 1600 andere Gründe maßgebend, nämlich die Absicht, den eigenen Stil durch Bearbeitung älterer und fremdländischer Vorlagen zu bereichern, dann der Zwang zur Arbeitsökonomie und endlich der wachsende Sinn für die Einmaligkeit der künstlerischen Inspiration, der immer mehr zur Parodierung eigener Werke führte.[11])

Der Untergang der Parodie setzt ein mit der Zeit der Klassik und verstärkt sich in der Romantik.[12]) Es geht nunmehr der Weg von der Parodie zur Bearbeitung. Der Begriff der Parodie wandelt sich gleichzeitig im Sinne des allgemeinen Sprachgebrauchs. Parodie bedeutet nunmehr Ironisieren, Komik, Satire.[13]) Man geht nun in der Musik dazu über, Ernstes zu parodieren, vor allem Opern.[14]) Bekannt sind vor allem die Parodien von *Nestroy*, insbes. Tannhäuser, Lohengrin, Martha usw.

Ein sehr belebendes Moment in der Entwicklung der Bearbeitung brachte die **Instrumentalmusik.**[15]) Die Instrumentation, die Instrumen-

---

[10]) Dazu Blume aaO. (Fußn. 6), insbes. X 822 ff.

[11]) Dazu Blume aaO. (Fußn 6), insbes. X 829 ff.

[12]) Dazu Blume aaO. (Fußn. 6), insbes. X 832.

[13]) Dazu Blume aaO. (Fußn. 6), insbes. X 815, 832; Moser Musiklexikon II 930: Parodie; auch unter I 5 (g/3).

[14]) Dazu Blume aaO. (Fußn. 6), insbes. X 833, auch Fußn. 259 sowie I 5 (g/3).

[15]) Dazu Blume MGG, Becker-Mayer VI 1252 ff.: Instrumentation; Riemann, Musiklexikon S (Fußn. 3a) 400 ff.: Instrumentalmusik; auch unter I 6 (b/1) bei Fußn. 535 sowie I 6 (b/2a) bei Fußn. 546.

tationslehre und die Instrumentenlehre führten zu immer neuen Steigerungen der musikalischen Ausdrucksweisen und Klangmischungen. Praxis und Theorie gehen hier Hand in Hand; die Instrumentationslehre von *Hector Berlioz*, die *Richard Strauß* weiterführte,[16]) hatte entscheidenden Einfluß auf die Musik. Die Vielseitigkeit der Möglichkeiten der Instrumentation regte auch die Bearbeitung an, und so ergab sich eine ungeahnte und neuartige Gesaltung. Dazu kommt, daß auch die einzelnen Instrumente im Laufe der Zeit eine Entwicklung durchmachten, daß immer wieder neue Instrumente geschaffen oder entwickelt wurden. Es wurden dadurch die technischen Möglichkeiten für die einzelnen Instrumente wesentlich erweitert, was wiederum die Komponisten und Bearbeiter anregte. So wurde auch die Technik zur Anregung für den Komponisten, und es gibt Werke aus allen Zeiten der Musikentwicklung, die für Instrumente geschrieben wurden, die wir heute nicht mehr kennen, wie das Streichinstrument Baryton, für das *Josef Haydn* im Auftrag des Fürsten *Esterházy* 175 Stücke schrieb,[16a]) oder den sog. Pedalflügel, nämlich einen Flügel mit Pedalen wie bei einer Orgel, für den wir vor allem von *Robert Schumann* ausgezeichnete Stücke haben,[16b]) oder die Glasharmonika, für die es Kompositionen von *Mozart* gibt.[16c]) Wenn man hin und wieder versucht, Stücke mit Baryton oder Glasharmonika zu spielen, so wird auf diese Weise doch nur ein kleiner Teil der dafür geschriebenen Werke erschlossen. Die Bearbeitung kann derartige Werke, die leicht für immer der Vergessenheit anheimfallen, wieder der Gegenwart nahe bringen. Vor allem sollten Werke für Baryton in Bearbeitung für Cello neue Verbreitung finden, da das Cello dem Klang des Baryton am nächsten kommt; derartige Aufführungen von Bearbeitungen fanden auch gute Aufnahme. Die Stücke für Pedalflügel in Bearbeitung für Orgel sind für Haus- und Konzertmusik geeignet.

So führt ein weiter und abwechslungsreicher Weg bis zur Gegenwart, zu der Zeit, in der wir leben. Die Bearbeitung, sei es die historisch-wissenschaftliche, sei es die modernisierende, kann viel dazu beitragen, Vergangenheit und Gegenwart zu verbinden.

---

[16]) Dazu Blume aaO. (Fußn. 15), insbes. 1258, 1270.

[16a]) Dazu Riemann, Musiklexikon S (Fußn. 3a) 85: Baryton.

[16b]) Dazu Reclams Klaviermusikführer II (Stuttgart 1967) 151 ff. (196): Robert Schumann, sein op 58 enthält Skizzen für den Pedalflügel.

[16c]) Es ist zu erwähnen, daß Richard Strauß in seiner Oper „Die Frau ohne Schatten" die Glasharmonika verwendet.

3. Komposition und Bearbeitung

Wenn man die Frage aufwirft, was mehr gilt,

die Komposition oder die Bearbeitung,

so kann die Antwort nicht anders lauten als bei *Lessing* in seinem weltberühmten Drama „Nathan der Weise" bei der Erzählung von den 3 Ringen. Wo **Bearbeitung** vorliegt, ist es **echtes Geistesschaffen,** und da ist es nicht anders als bei den Ringen; man kann den echten Ring von den anderen nicht unterscheiden. Alles, aus Künstlerhand geschaffen, ist gleich gut und gleich wertvoll.

Einige bedeutsame Beispiel mögen dies verdeutlichen:

Maurice Ravel	Bilder einer Ausstellung von *Modest Mussorgskij*, Bearbeitung von Klavierstücken für Orchester,
Max Reger	Feierlicher Einzug der Ritter des Johanniterordens von *Richard Strauß*, Bearbeitung des für Blechmusik und Pauken komponierten Stücks für Orgel mit Posaunen und Pauken ad libitum, *Mozart*-Variationen,
Robert Schumann	Studien nach Capricen von *Paganini* op 3 Etudes de concert, composées d'après des Caprices de *Paganini* op 10, Bearbeitungen von Violinstücken für Klavier,
Richard Strauß	Verklungene Feste, Tanzvisionen nach *Couperin*, Bearbeitung von Klavierstücken für Orchester,
Igor Strawinsky	Suite nach *Pergolesi*, Bearbeitung für Violine und Klavier,
Peter Tschaikowsky	Mozartiana, eine Orchestersuite über Werke von *Mozart*, Bearbeitungen, u. a. das berühmte „Ave verum".

Man könnte die Zahl der Beispiele beliebig vermehren.

In der Menschheitsgeschichte von Anfang an bis zur Gegenwart ist viel Musik geschaffen und bearbeitet worden. Ein Teil ist in Noten festgehalten und bis in unsere Zeit festgehalten. Ein Teil hat als Folklore Jahrhunderte überdauert durch Überlieferung von Generation zu Generation, insbes. in Volkslied und Volkstanz. Ein großer

Teil ist aber für immer verloren, sei es, daß der Autor sein Werk selbst vernichtete, sei es, daß die Werke im Laufe der Zeit der Vergessenheit anheimfielen; daß selbst große Komponisten Geschaffenes vernichteten, ist allgemein bekannt. Auch ist zu bedenken, daß von allem Musikschaffen viel in der Stille bleibt und nie an die Öffentlichkeit dringt. Irgendein statistisches Erfassen des Musikschaffens bez. Originalkompositionen und Bearbeitungen ist daher nicht möglich und würde auch in der Gegenwart nur Teilergebnisse zeitigen. Trotzdem läßt sich für Vergangenheit und Gegenwart sagen:

Die **Bearbeitung überwiegt** gegenüber der sonstigen Komposition, die man weithin zu Unrecht mit dem irreführenden Ausdruck Originalkomposition bezeichnet. Es gibt nur Komposition, zu der auch die Bearbeitung zählt.

Es kommt daher der Bearbeitung im Rahmen des gesamten Musikschaffens eine **große Bedeutung** zu, die nicht verkannt werden darf.

Wir hören viele Musikwerke in Rundfunk und im Konzertsaal sowie in Theatern als Bearbeitungen, ohne daß wir es wissen, daß es sich um Bearbeitungen handelt. Vielfach fehlt auch der Hinweis auf die Bearbeitung und die Bearbeiter. Solche Werk-Bearbeitungen nimmt man ohne weiteres auf, ohne kritisch zu sein und ohne sich Gedanken über die Bearbeitung zu machen. Dies ist ein Zeichen, daß man die Bearbeitung als echte Musik empfindet und sie nicht abwertet. Man denke nur daran, wie oft Balladen von *Karl Loewe* oder Lieder von *Franz Schubert* anstelle des Klaviersatzes mit Orchesterbegleitung aufgeführt werden.

Weiß man, daß es sich um Bearbeitungen handelt, so setzt leicht die Kritik ein, die die Bearbeitung nicht gleichwertig neben die sog. Originalkomposition stellen will. Daher wendet sich auch *Engel* gegen diese Abqualifizierung der Musikbearbeitung, indem er sagt:[17])

> „Der gebildete Musiker unserer Tage spielt nur Originalkompositionen in Originalbesetzung, er mißtraut Bearbeitungen, von denen er nur eine Art gelten läßt: die historisch-philologisch

---

17) Dazu Engel aaO. (Fußn. 5) 39. — Im GEMA-Verteilungsplan wird zwischen Original-Komposition und Originalmusik einerseits und Bearbeitungen andererseits unterschieden. Man sollte erwägen, ob man diese Unterscheidung nicht fallen läßt, da alle Arten der Komposition gleichstehen und, der Begriff der sog. Original-Komposition oft unklar ist; dazu insbes. unter I 6 bei Fußn. 465/466, zur rechtlichen Beurteilung der Frage unter II 6 bei Fußn. 43.

korrekte Bearbeitung alter Musik in Neuausgaben. Die Bearbeitung ist immer mehr der Geringschätzung anheimgefallen. Und doch war die Bewertung der Einmaligkeit der Erfindung und der Freiheit der Bearbeitung von Musikwerken jahrhundertelang eine andere."

Hier wird die Bearbeitung gleichwertig neben der sog. Originalkomposition, dh. der sonstigen Komposition anerkannt und beide nebeneinander gestellt, ohne daß eine über die andere erhoben wird. Mit Recht; denn es gibt nur ein musikalisches Schaffen. Man könnte auch sagen: **kompositorisches Schaffen.** Auch die Bearbeitung ist Komposition. Komponieren kommt aus dem Lateinischen, das Wort ist gebildet aus componere und bedeutet Zusammenstellungen. Dies erhellt wohl am besten aus dem, was bei *Moser*[18]) ausgeführt wird:

„Komponieren bedeutet ursprünglich im Gegensatz zum Melodieerfinden, welches im Gebiet des Liedes viel näher bei dem Dichten und Reimgebäude-Gestalten stand, das Hinzufügen von kontrapunktierenden Stimmen zum bereits vorhandenen Cantus firmus; der Componista (15. bis 16. Jahrhundert) ist also zunächst nur der polyphone Bearbeiter und kunstgerechte Weitergestalter, nicht der eigentliche Inventor (Ur-Erfinder), weshalb Glarean die Frage erheben konnte, ob der Melodienerfinder oder -bearbeiter der mehrschöpferische Tonkünstler sei."

Und ergänzend mag erwähnt werden, was *Engel* zum kompositorischen Schaffen bemerkt:[19])

„Die Skizzen der Meisterwerke, wo sie vorhanden sind, beweisen öfters auch als Prozeß der Enstehung eines schließlich in idealer Vollendung dastehenden Kunstwerkes, daß die Bearbeitung bis heute ein wesentlicher Teil der kompositorischen Tätigkeit geblieben ist."

Man kann nicht Originalschaffen als Erfindung und Bearbeitung als bloße Arbeit musikalischer Technik bezeichnen; dies wäre verfehlt.[20]) Auch Bearbeitung ist kompositorisches Schaffen und unterscheidet sich in nichts von dem Schaffen eines Komponisten, weil ein Bearbeiter ebenso Komponist ist und sein muß, wenn er bearbeitet.

---

[18]) Dazu Moser, Musiklexikon I 639 ff.: Komponieren; auch unter I 5 (e) 6.

[19]) Dazu Engel aaO. (Fußn. 5) 42.

[20]) Dazu Engel aaO. (Fußn. 5), auch unter I 6.

Auch er schafft aus musikalischen Einfällen und formt das Werk, das man als Bearbeitung bezeichnet. Die schöpferische Idee, der Einfall im Sinne von *Pfitzner*, ist das Kennzeichen des Komponisten; dies gilt aber in gleicher Weise von der sog. Originalkomposition wie von der Bearbeitung. Man kann also nicht zwischen Komponist und Bearbeiter unterscheiden, da beide schöpferische Musiker, also Komponisten sind. Die Beherrschung des Technischen des kompositorischen Schaffens, wie Harmonielehre, Kontrapunkt und Formenlehre, sind Grundlage jeden großen Schaffens, auch wenn es sich um eine Bearbeitung handelt. Man sollte daher den Ausdruck „Original"-Komposition fallen lassen, weil er nur zu Mißverständnissen Anlaß gibt, aber keinen Gegensatz zur Bearbeitung bildet.

Der Komponist steht in Gegensatz zu dem Interpreten, dem nachschaffenden Künstler.[21]) Daß auch ein Komponist Interpret sein kann, nicht nur eigener Werke, schließt diesen Gegensatz nicht aus. Interpretation ist nicht Komposition oder Bearbeitung, wobei darauf hinzuweisen ist, daß es Übergänge gibt, wenn nämlich der Interpret einer Komposition Gelegenheit im Rahmen eines Stückes hat, selbst — wenn auch manchmal nur — sich kompositorisch zu betätigen, etwa bei ernster Musik bei der Kadenz in einem Instrumentalkonzert, ferner bei Jazz vor allem in den Combo-Gruppen[22]).

Das Schaffen des Komponisten besteht in einem Schaffensvorgang, der sich in bestimmten Gestaltungsformen verwirklicht, also musikalische Gedanken in Musikstücken ausdrückt.[23]) Dies aber ist es ja, was auch der Bearbeiter von Musikstücken kompositorisch schafft. Der Komponisten-Begriff hat sich im Laufe der Zeit gewandelt.[24]) Im Mittelalter war Komponieren lediglich das Erfinden von Melodien, alles andere zählte zum Bereich der Bearbeitung[25]), die

---

[21]) Dazu Moser Musiklexikon I 549: Interpretation; auch unter II 8 (15).

[22]) Dazu unter I 6 (b/2c) bez. Kadenz und I 6 (c/2b) bez. Jazz.

[23]) Dazu Blume MGG Ferand-Haase VII 1423 ff.: Komposition; ähnlich auch andere Musiklexika; auch unter I 6. — Es ist auch hinzuweisen auf Bücklen Geist und Form im musikalischen Kunstwerk/Akademische Verlagsgesellschaft Athenaion mbH (Wildpark-Potsdam 1929), da in diesem Buch, illustriert mit Musikbeispielen, der geistige Schaffensvorgang verdeutlicht wird, insbes. seine Bedeutung für die Werkentstehung: Einführung 1 ff., Individualität 6 ff., Inhalt und Form 21 ff., Stil 57 ff. (Persönlichkeitsstil 64 ff.), Stoff 70 ff., Typologien 92 ff. (Komponistentypen 99 ff.), Wechselbeziehungen der Musik 129 ff. (insbes. Text und Musik).

[24]) Dazu Fußn. 23.

[25]) Dazu Blume MGG Hüschen-Dahlhaus IX 19 ff.: Melodie; Moser Musiklexikon II 758: Melodie, II 758/759: Melodik; ähnlich auch andere Musiklexika.

damals als Parodie bezeichnet wurde.[26]) Weil die Melodie das Kernstück des musikalischen Schaffens war, deshalb hatte man den Begriff des Komponisten so eingeengt. Im Lauf der Musikentwicklung hat sich dies gewandelt, zur Komposition gehört nunmehr, bzw. soll gehören das gesamte Schaffen an einem Werk bis zur Vollendung, also einschl. des Tonsatzes und der Instrumentierung usw. Andererseits erhellt aber aus dieser Wandlung des Komponisten-Begriffs, daß der Bearbeiter gleichwertig neben dem Komponisten steht, weil er, auch wenn er ein Musikstück bearbeitet, komponiert und daher Komponist ist.

4. Bearbeitung von Musik aller Art

Die Bearbeitung umfaßt das **gesamte Gebiet** der Musik.

Da erhebt sich allerdings die Frage, was Musik ist und wie sich Musik abgrenzt[27]). **Musik,** auch Tonkunst genannt, hat als Grundlage, als Material Geräusche und Töne. Ton ist ein für das menschliche Ohr klar faßbarer Klang, während das Geräusch außerhalb dieses Bereichs liegt und deshalb unbestimmt wirkt. Eine Melodie kann aus Tönen oder aus Geräuschen gebildet werden. Das Schlagzeug des Orchesters ist teils auf bestimmte Tonhöhen eingestellt und liegt dann im Bereiche der Töne; so insbes. das Thema für Pauken in der Burleske von *Richard Strauß*[28]). Anderes Schlagzeug, wie große und kleine Trommel, Kastagnetten, Schnarren usw., erzeugen nur Geräusche. Die elektronische Musik[29]), die mit Hilfe von elektrisch-akustischer Mittel erzeugt wird, umfaßt den Bereich der Töne wie der Geräusche.

---

[26]) Dazu unter Z I 2.

[27]) Dazu Blume MGG Winkel-Hüschen IX 959 ff.: Musik, Dräger-Wellek IX 1000 ff.: Musikästhetik, Lippmann XII 1302 ff.: Stil, Winkel-Reinecke XIII 488 ff.; Moser Musiklexikon I 618: Klang, II 822 ff.: Musik, II 824 ff.: Musikästhetik, II 1229/1240: Stil, II 1296: Ton; Riemann Musiklexikon S (Fußn. 3a) 601 ff.: Musik; ähnlich auch andere Musiklexika, ferner Riedel Urheberrechtsgesetz und Verlagsgesetz mit Nebengesetzen (Deutscher Fachschriften-Verlag Wiesbaden) UrhG § 2 Bem. B 7; auch unter I 6, II 2, 5.

[28]) Dazu Blume aaO. (Fußn. 15), insbes. VI 1282/1283.

[29]) Dazu Blume MGG Winkel III 1254 ff.: Elektronische Musikinstrumente; Elmert III 1265 ff.: Elektronische Musik; Moser Musiklexikon I 313 ff.: Elektronische Musik; Riemann Musiklexikon S(Fußn. 3a) 256/257: Elektronische Musik; ähnlich auch andere Musiklexika, ferner Riedel aaO. (Fußn. 27) UrhG § 2 Bem. B 7 (3), auch unter I 6 (b/1) bei Fußn. 539. — Mit der elektronischen Musik als Musikstil darf man nicht die elektronischen Musikinstrumente verwechseln, die auch im Bereich der tonalen Musik immer mehr Eingang finden und in Konzert und Theater sowie im Bereich der Unterhaltungsmusik, auch in Hausmusik viel verwendet werden; dazu unter I 5 (f) bei Fußn. 256 und I 6 (b/1) bei Fußn. 540.

Die Technik ermöglicht hier bisher nie dagewesene Möglichkeiten. Es ergeben sich hierdurch Klang- und Geräuschwirkungen, die man bisher nicht kannte. Man mag zu dieser Musik persönlich stehen, wie man will; man mag sie, soweit sie sich im Bereich der Geräusche bewegt, vom ästhetischen Standpunkt aus nicht als Musik anerkennen. Die elektronische Musik gehört zur Musik. Wenn auch der Schaffensvorgang durch die Technik stark beeinflußt ist, so ist er doch vorhanden[30]).

Wenn man dieses weite Gebiet der Musik betrachtet, so ergibt sich daraus ein weit gespanntes Feld der Komposition einschließlich der Bearbeitung.

Der absolute Charakter aller Musik wird hier deutlich, weil Musik als Musik wirkt. Man muß die Musik als Einheit verstehen. Es gibt einen Urstrom der Musik, der den Komponisten und Bearbeiter zum Schaffen anregt und der den Hörer in seinen Bannkreis zwingt. Absolute Musik ist daher die Musik als solche, die von Herz zu Herz geht, die Menschen ergreift. Man stellt der absoluten Musik die sog. Programmusik, auch angewandte Musik gegenüber und versteht darunter Musik, die ein bestimmtes Programm dem musikalischen Schaffen zugrundelegt und bei dem Musikhörer bestimmte konkrete Empfindungen wachrufen will[31]). Letztlich geht es auch bei dieser Musik um Urempfindungen des Menschen, wie Freude, Schmerz, Begeisterung usw. Auch solche Musik muß in sich die Kraft des musikalischen Geschehens haben, wenn sie als Musik wirken will. Insofern wirkt auch sog. Programmusik unabhängig von dem beigegebenen Programm. Man hat deshalb solche Bezeichnungen musikalischen Geschehens als außermusikalisch bezeichnet[32]), weil sie dichterische, malerische Elemente u. a. in die Musik hineintragen. Dies erscheint mißverständlich, weil es im letzten Grunde stets auf die Urkraft des musikalischen Schaffens ankommt. Musik muß also stets als Einheit verstanden werden, ob sie ein Programm hat oder nicht, ob sie reine Instrumentalmusik oder Musik mit Text, wie bei Liedern, bei Opern,

---

[30]) INTERGU-Schriftenreihe Bd. 37 Fellerer Bearbeitung und Elektronik als musikalisches Problem im Urheberrecht 9 ff. (28 ff.); Riedel aaO. (Fußn. 29).

[31]) Dazu Blume MGG, Wiora I 46 ff.: Absolute Musik, Hoke X 1643 ff.: Programm-Musik; Moser Musiklexikon I 4: Absolute Musik, II 986: Programm-Musik, II 1304: Tonmalerei; Riemann Musiklexikon S (Fußn. 3a) 4/5: Absolute Musik, 750/751: Programm-Musik, 968/969: Tonmalerei; ähnlich auch andere Musiklexika, auch unter II 8 (22, 25).

[32]) Dazu Moser aaO. (Fußn. 31) Programm-Musik.

Oratorien, Motetten usw. ist. Man kann diese echte Einheit aller Musik wohl nicht besser ausdrücken als mit den Worten von *Grunsky*[33]):

„Die Musik ist einheitlich. Sie *denkt* in jedem Falle elementar, und immer sind die Hörer genötigt, sich Rechenschaft abzulegen, gleichviel ob sie Deutungen durch Wort, Bild oder Gebärde anregt und einleitet oder der Phantasie anheimgibt. Es ist gedankenlos, wenn man die Krücken der Unterscheidung zwischen absoluter und angewandter Musik als Stützen in die Ästhetik herübernimmt. Man kann entweder die absolute Musik oder die angewandte Musik leugnen, mißachten. Aber beides nebeneinander auf ganz verschiedener Grundlage bestehen lassen, hieße die Ästhetik auseinandersprengen in eine Ästhetik für absolute und in eine solche für angewandte Musik. Es kann immer und überall nur e i n e Musik geben, eine Musik der Meister, die herausgefunden haben, wie das Gleichnis zum Ereignis wird. Und e i n e r Musik stehen die beschenkten Hörer gegenüber, einer Musik, die in Gleichnissen zu deuten ein unabweisbares seelisches Bedürfnis ist. Wagner sagt: *Musik bedeutet nicht, sie ist;* in unserem Zusammenhang dürfen wir sagen: Musik bedeutet, weil sie ist."

Es ist bezeichnend, daß *Richard Wagner*, der geborene Opern-Komponist, der seine Musik mit ihrer Dramatik ganz auf das einzelne Geschehen der Handlung abstellt, bei seiner Musikbetrachtung den programmatischen Charakter der Musik ablehnt und die Musik als etwas Absolutes im Rahmen des Weltgeschehens ansieht, das auf Erlösung und Ewigkeit zustrebt. Bezeichnend sind seine Worte[34]):

„Die Instrumente geben die Urgefühle wieder, wie sie aus dem Chaos der ersten Schöpfungen hervorgingen, als es selbst vielleicht noch nicht einmal Menschen gab, die sie in ihr Herz aufnehmen konnten."

Im Bereich des kompositorischen Schaffens liegt die T o n m a l e r e i[35]). Es wird durch musikalisches Geschehen eine bestimmte Stimmung erzeugt. Die Darstellung erfolgt mit musikalischen Mitteln. Es kommen hier vor allem Imitationen in musikalischer Gestalt vor, besonders Nachahmungen von Signalen mit Blechinstrumenten, etwa

---

[33]) Dazu G r u n s k y Musikästhetik (Berlin-Leipzig 1919): 30 ff. Einheit der Tonkunst, 146 ff. Deutbare und gedeutete Musik, auch B ü c k l e n aaO. (Fußn. 23) 129 ff. Wechselbeziehungen der Musik.

[34]) Dazu B l u m e aaO. (Fußn. 31) I 46 ff.

[35]) Dazu Fußn. 31, 33, auch unter I 6 (b/1) bei Fußn. 542, II 8 (22, 25).

das Thema zu Beginn des „Capriccio Italien" von *Tschaikowsky*, das ein Zapfenstreich-Signal des italienischen Heeres zum Vorbild hat, wie es übrigens heute noch verwendet wird. Tschaikowsky hörte das Militär-Signal während eines Aufenthalts in Italien.

Hinzuweisen ist ferner auf

den Jägerchor im Freischütz von *Weber*.

Zu erwähnen sind auch Nachahmungen aus der Natur. So sind

in der Pastoralsymphonie von *Beethoven* im langsamen Satz Vogelstimmen nachgeahmt. In der gleichen Symphonie wird ein Gewitter mit Sturm dargestellt. In dem heiteren Schlußsatz, der das fröhliche Landleben schildert, ist eine Dudelsackmelodie verwendet, die damals eine Art Schlager war und dessen Einfügung man Beethoven sehr übel nahm.

Berühmt ist die Imitation der Nachtigall in dem bekannten Lied „Le Rossignol" von *Alabieff*, über das *Liszt* eine Transkription für Klavier schrieb. Von Liszt ist auch hier zu nennen die bekannte Legende I für Klavier: Die Vogelpredigt des Franz von Assissi. Zu erwähnen auch die Oper „Die Vögel" von *Braunfels*, ferner die Szene mit dem Kuckuck aus der Oper „Hänsel und Gretel" von *Humperdinck* und die Romanze des Fenton „Horch, die Lerche singt im Hain" im 2. Akt der Oper „Die lustigen Weiber von Windsor" von *Otto Nicolai*[36]). Naturschilderungen imposanter Art finden sich auch bei *Richard Strauß* in seiner Alpensymphonie. In der Oper „Frau ohne Schatten" ist das charakteristische Motiv des Falken zu erwähnen. Dazu *Graf*, Vogelstimmen in Natur und Kunst (2. Aufl. 1967 Verlag Lehmann, München).

Zirkusszenen werden imitiert

in der Oper „Die verkaufte Braut" von *Smetana*.

Außerhalb des Bereichs der musikalischen Tonmalerei liegt die Imitation von Vogelstimmen, Donner usw., wenn diese auf Tonband aufgenommen und in ein Musikstück eingeblendet werden[37]).

---

[36]) Dazu Moser Musiklexikon II 1369/1370: Vogelstimmen.

[37]) Dazu unter I 5 (g/4), 6 (b/1), zur rechtlichen Betrachtung unter II 5, 8 (22, 25).

Der Tonmalerei verwandt sind die Klangfarben und die Farbenklänge[38]), die bei der Instrumentation eine besondere Rolle spielen, vor allem in der impressionistischen Musik. Auch die Ton-Form-Beziehung[39]) ist in diesem Zusammenhang von Interesse, weil auch Form und Ton in Relation stehen; doch wird hier bereits der Boden des Musikalischen verlassen.

Da die Musik eine Einheit bildet, gehört zu ihr die tonale wie die atonale Musik; deshalb ist dieser Gesamtbereich auch Gegenstand der Bearbeitung. Tonalität bedeutet Bindung an Tonarten, also an die Harmonik[40]), wobei die 12 Dur- und die 12 Moll- Tonarten nebst den Kirchen-Tonarten die Grundlage bilden. Daß die Grenze der Tonalität sehr weit gehen kann, ohne daß sie gesprengt wird, zeigt die Musik von *Max Reger* und *Richard Strauß*. Atonalität ist dem gegenüber Tonartlosigkeit, also Musik ohne Bindung an eine Tonart[41]). Hinzuweisen ist auf *Gustav Mahler*, *Arnold Schönberg* und *Alban Berg*, da diese etwa seit 1908 aufkommende Musikauffassung durch die erwähnten Namen gekennzeichnet ist. Im Rahmen der Atonalität wird unterschieden zwischen atonaler Melodik und atonaler Harmonik, da in atonaler Musik nicht unbedingt stets beides nebeneinander festzustellen ist. Für die Entwicklung der Atonalität ist es bedeutsam, daß führende Komponisten, wie *Béla Bartôk*, *Hindemith*, *Strawinsky* und *Schönberg*, in reifen Jahren wieder mehr Anschluß an die Tonalität suchten, also den Weg zur Harmonik gingen[42]). Ein Versuch nach

---

[38]) Dazu Blume MGG Wellek III 1804 ff.: Farbenhören, Wellek III 1811 ff.: Farbenmusik; Moser Musiklexikon I 618: Klang, Klangfarbe; Riemann Musiklexikon S (Fußn. 3a) 275: Farbhören, 276: Farbenmusik; ähnlich auch andere Musiklexika. — Schönberg prägte den Begriff der Klangfarbenmelodie; dazu Blume aaO. (Fußn. 15) VI 1269, 1284. Darunter versteht man wechselnde Instrumentierung bei unverändertem Akkord; solche Klangfarbenmelodien findet man auch bei anderen Komponisten, wie Pfitzner und Richard Strauß. — Dazu unter I 6 (a/2) bei Fußn. 496, II 9 bei Fußn. 280.

[39]) Dazu Moser Musiklexikon I 360: Form und Ton.

[40]) Dazu Blume MGG Hüschen VI 1588 ff.: Harmonie, Rohwer V 1614 ff.: Harmonielehre, Welle-Dahlhaus VII 1482 ff.: Konsonanz-Dissonanz, Schneider-Dahlhaus-Reinecke XIII 510 ff.: Tonalität, Dahlhaus-Schneider XIII 533 ff.: Tonsysteme; Moser Musiklexikon II 1296: Tonalität, Tonart: Riemann Musiklexikon S (Fußn. 3a) 362/363: Harmonie, 363 ff.: Harmonielehre, 484 ff.: Konsonanz und Dissonanz, 960 ff.: Tonalität; ähnlich auch andere Musiklexika, ferner Riedel aaO. (Fußn. 27) UrhG § 2 Bem. B 7 (1).

[41]) Dazu Blume MGG Laaff-Wellek I 760 ff.: Atonalität; Moser Musiklexikon I 53: Atonal; Riemann Musiklexikon S (Fußn. 3a) 57 ff.: Atonalität; ähnlich auch andere Musiklexika, ferner Riedel aaO. (Fußn. 27) UrhG § 2 Bem. B 7 (2), zur neueren Musikentwicklung auch unter I 5 (g/4) bei Fußn. 400.

[42]) Dazu Blume aaO. (Fußn. 41) I 762; Moser Musiklexikon I 330: Expressionismus, II 1129: Schönberg, II 1468: Zwölftonmusik; Riemann Musiklexikon S (Fußn. 3a) 269: Expressionismus; Semmler Vom Eigenklang der Reihen - Die Superskala - op. 13 (Zürich 1954).

neuen Ausdrucksmitteln war die sog. Viertelton-Musik[43]), die in einer Halbierung des temperierten Tonsystems besteht; durchgesetzt hat sich diese Art von Musikerneuerung nicht. In diesem Zusammenhang ist darauf hinzuweisen, daß unser Klangsystem auf der temperierten Stimmung beruht[44]), da die reine Stimmung nur innerhalb jeweils einer Tonart als rein gelten kann. Musikschaffen bleibt Musik, auch wenn das temperierte System verlassen wird, etwa um besondere Klangwirkungen zu erzielen.

Dazu kommt, daß als Musik nicht nur das anzusehen ist, was unserer europäischen Musik- und Klangempfindung entspricht, sondern auch außereuropäische Musik mit fremdländischen Klängen, mögen sie uns auch „unmusikalisch" vorkommen, da musikästhetische Gesichtspunkte nicht maßgebend sind.

Dieser kleine Überblick über das, was Musik ist, zeigt, ein wie weit gespanntes Feld der Komposition einschließlich der Bearbeitung zur Verfügung steht.

5. Gründe für Bearbeitung

a) Allgemeines

Da die Bearbeitung geistiges Schaffen ist wie jede andere Komposition[45]), ist mit ihr häufig, wenn auch nicht immer, irgendeine Zielsetzung verbunden, aus der sich dann die besondere Gestaltung ergibt[46]).

Musik ist ein Urquell geistigen Schaffens. Der Komponist und der Bearbeiter schaffen aus einem inneren Drang heraus. Ihre Einfälle und Eingebungen finden in ihren Werken einen Niederschlag. Hoch-

[43]) Dazu Moser Musiklexikon II 1352/1353: Vierteltonmusik; ähnlich auch andere Musiklexika.

[44]) Dazu Blume MGG Dahlhaus-Schneider XIII 533 ff.: Tonsysteme; Moser Musiklexikon I 585/586: Kammerton, I 618: Klang, II 1026: Reine Stimmung, II 1275 ff.: Temperatur; Riemann Musiklexikon S (Fußn. 3a) 435/436: Kammerton, 457: Klang 908: Stimmung, 963/964: Tonart, 970/971: Tonsystem; ähnlich auch andere Musiklexika.

[45]) Dazu unter I 3.

[46]) Dazu Riedel aaO. (Fußn. 27) UrhG § 3 Bem. B 1 (c).
Soweit im folgenden auf Musiklexika zu allgemeinen Fragen oder zu Persönlichkeiten von Komponisten zu verweisen ist, wird meist nur auf eines oder zwei der Lexika verwiesen; für besondere Spezialstudien können die dortigen Literaturhinweise dienen, auch können weitere Lexika herangezogen werden. Über einschlägige Lexika Moser Musiklexikon I 689 ff.: Lexika, Riemann Musiklexikon S (Fußn. 3a) 515 ff.: Lexika. Das Musiklexikon von Riemann besteht aus 2 Teilen, dem Sachteil S (Fußn. 3a) und dem Personenteil (Gurlitt) P (1959/1961).

stimmungen und Tiefen des Lebens werden Musik. Ihre Musik ist von ihrem Leben nicht zu trennen. So ist Musik persönliches, höchst persönliches Schaffen. Insofern gilt für den Komponisten und Bearbeiter das, was *Richard Wagner* über Walter Stolzing sagen läßt: Er singt, wie der Vogel singt.

Und doch ist häufig gerade beim Bearbeiten eine gewisse Überlegung Ausgangspunkt. Denn Bearbeitung setzt ja ein zu bearbeitendes Werk voraus[47]). Es liegt daher nahe, daß sich der Bearbeiter Gedanken darüber macht, warum er die Bearbeitung vornimmt und was er durch die Bearbeitung erreichen will. Der Zweck liegt bei einer Bearbeitung regelmäßig im Bereich des Musikalischen, da es sich um eine Komposition handelt. Außer-musikalische Gründe, wie Sicherung des Lebensunterhalts, können äußerer Anlaß sein; solche wirtschaftliche Gründe sollen im folgenden außer Betracht bleiben. Dasselbe gilt von anderen Gründen, die außerhalb des musikalischen Schaffens liegen, wie etwa das Streben des Bekanntwerdens, also persönlicher Ehrgeiz.

Im einzelnen ist auf folgende Gesichtspunkte hinzuweisen, wobei Überschneidungen verschiedener Beweggründe vorkommen:

b) Verbesserung der musikalischen Ausarbeitung

1. Behebung technischer Mängel eines Werkes

Das musikalische Werk, das Grundlage einer Bearbeitung ist, hat technische Mängel.

Dies gilt vor allem für Orchesterstücke, wenn dem Komponisten die instrumentationstechnische Schulung oder Erfahrung fehlt[48]). Es kommt selbst bei bedeutenden Komponisten vor. So sind bei *Richard Wagner* die Anforderungen an die Violinen so groß, daß sie bei größerem Zusammenspiel nicht mehr exakt ausgeführt werden können, so daß Wagner selbst erklärte, die Besetzung der Streicher müsse stark sein, damit die gegenseitige Ergänzung dies ausgleiche, weil das, was einer weglasse, der andere bringe[49]). Vor allem bei den Stellen für Harfe sind die Instrumentationen häufig nicht harfengerecht, so daß erst Überarbeitungen erforderlich sind, wie bei *Bruckner* in sei-

[47]) Dazu unter I 1.

[48]) Dazu Blume aaO. (Fußn. 15) VI 1271.

[49]) Dazu Blume aaO. (Fußn. 15) VI 1274.

ner 5. Symphonie, aber auch in Werken von *Richard Wagner* und *Richard Strauß*[50]). Auch die Spätwerke von *Gustav Mahler*, besonders seine 5. Symphonie, zeigen in den Originalfassungen Mängel der Instrumentierung[51]). *Paganini* war ein ausgezeichneter Geiger, *Chopin* ein hervorragender Klavierspieler, beide aber waren keine Orchester-Instrumentatoren, so daß Ergänzungen durch Nachinstrumentierungen und Bearbeitung des Orchesterparts sich als notwendig erweisen, besonders bei Chopin[52]).

Während die Notenversetzungen zur besseren Spielbarkeit musiktheoretisch betrachtet nicht als Bearbeitungen angesprochen werden können, sind Uminstrumentierungen, wie sie *Gustav Mahler* vornahm, und die Bearbeitungen von *Richard Wagner*, die er bei verschiedenen seiner Opern durchführte, wie z. B. bei Rienzi, musikschöpferische Leistungen. Auch von *Smetana* ist bekannt, daß er an der Oper „Die verkaufte Braut" wiederholt verbessernde Änderungen vornahm.

2. **Hebung des inneren Gehalts eines Werkes**

Die Verbesserung des Werkes kann sich auf den inneren Gehalt des Werkes beziehen, also darauf, daß die Idee des Komponisten besser zum Durchbruch kommt. Hier ist eine der Hauptdomänen der Gründe für Bearbeitungen.

So ist von Interesse, was *Max Reger* und *August Schmid-Lindner* in der Vorbemerkung zu dem Capriccio von Johann Sebastian Bach, das mit „Abreise" betitelt ist, schreiben[53]):

> „Dieses köstliche Programmstück, auf dessen Entstehung sicher die 1700 erschienenen musikalischen Vorstellungen einiger biblischen Historien *Joh. Kuhnau's* einwirkten, verfaßte *Bach* im Jahre 1704 zum Abschied seines Bruders *Johann Jakob*, der als Hauboist in die schwedische Garde eintrat.
>
> Wenn sich die Herausgeber hier in Bezug auf Weglassung von Verzierungen und Hinzufügung von Füllstimmen größere Frei-

---

[50]) Dazu Blume aaO. (Fußn. 15) VI 1284.

[51]) Dazu Blume aaO. (Fußn. 15) VI 1285; auch unter I 5 (c/2).

[52]) Dazu Moser Musiklexikon I 199 ff. (200): Chopin.

[53]) Dazu Max Reger-August Schmidt-Lindner Jahann Sebastian Bach Klavierwerke Bd. XI Edition Schott (Mainz-Leipzig 1916); auch unter I 5 (g/4) bei Fußn. 431, I 6 (b/2c) bei Fußn. 582, I 6 (c/1) bei Fußn. 616, II (8/1d) bei Fußn. 119.
Es kommt hier auf die Absichten des Komponisten, der bearbeitet, an, nicht ob wir die Bearbeitungen nach unserem heutigen Zeitgeschmack ebenso oder anders beurteilen; zur Unterhaltungsmusik unter I 6 (c/2a) bei Fußn. 650.

heit gestatteten, als es sonst ihr Grundsatz ist, so hoffen sie deshalb doch nicht in den Verdacht der Pietätlosigkeit zu geraten, da sie gerade glauben, aus dieser zum Teil nur andeutungsweise entworfenen Skizze nicht mehr herausgelesen zu haben, als zwischen den Zeilen steht, wobei sie allerdings die Klangverhältnisse der heutigen Instrumente in Betracht zogen und speziell daran dachten, diese reizende Schöpfung des 19jährigen *Bach* dem Konzertsaal zuzuführen. Man trage keine Bedenken, die Klangschattierungen des modernen Flügels in vollem Umfang auszunutzen, um die einzelnen Stimmungen zu lebendigstem Leben zu erwecken."

Ebenso bedeutsam ist, was *Ferruccio Busoni*, der als Komponist, als Bearbeiter und Musikpädagoge in gleicher Weise hervortrat, einleitend in der Busoni-Ausgabe der Klavierwerke von J. S. Bach, und zwar zum Wohltemperierten Klavier schreibt[54]):

„Zum Gebäude der Tonkunst wälzte Johann Sebastian Bach Riesenquadern herbei und fügte sie, unerschütterlich fest, zu einem Fundament zusammen. Wo er den Grund zu unserer heutigen Kompositionsrichtung legte, da ist auch der Ausgangspunkt des modernen Klavierspiels zu suchen. Seiner Zeit um Generationen vorausgeeilt, fühlte und dachte er in solchen Größenverhältnissen, daß die damaligen Ausdrucksmittel diesen nicht genügten.

Dieses allein erklärt, daß die Erweiterung, die Modernisierung einiger seiner Werke (durch *Liszt*, *Tausig* u.a.) nicht gegen den *Bachschen Stil* verstößt — ja diesen erst zu vervollständigen scheint, — es erklärt, daß Wagnisse, wie Raff beispielsweise eines mit der Chaconne[55]) unternommen, möglich waren, ohne der Karrikatur zu verfallen.

Also glaubte ich den richtigen Weg zu beschreiten, wenn ich vom *Wohltemperierten Klavier*, diesem pianistisch so bedeutungsvollen, musikalisch allumfassenden Werke, ausholte, um *gleich-*

---

[54]) Feruccio Busoni Johann Sebastian Bach Klavierwerke Busoni-Ausgabe „Wohltemperiertes Klavier" Teil I Heft 1 Edition Breitkopf Nr. 4301 a, Verlag Breitkopf und Härtel (Leipzig-Wiesbaden 1894), später herausgegeben als „Neue Ausgabe". Busoni gibt als Untertitel an: „bearbeitet und erläutert, mit daran anknüpfenden Beispielen und Anweisungen für das Studium der modernen Klaviertechnik". Dazu unter II 8 (1d) bei Fußn. 119.

Zur Frage des Zeitgeschmacks Fußn. 53.

[55]) Die erwähnte Chaconne wurde von Bach als Stück für Solo-Violine komponiert, Raff arbeitete es für großes Orchester um.

sam vom Stamme die vielseitigen Verzweigungen der heutigen Klaviertechnik abzuleiten und darzustellen.

Obwohl wir *Carl Czerny* (diesem Manne, dessen Bedeutung nicht zum Geringsten darin besteht, das vermittelnde Glied zwischen Beethoven und Liszt zu sein) gewissermaßen die Auferstehung des *Wohltemperierten Klaviers* verdanken, so bot uns doch dieser vortreffliche Pädagoge dasselbe allzusehr im Gewande seiner Zeit, so daß weder seine Auffassung noch seine Setzweise heute noch widerspruchslos gültig sein können. Erst Bülow und Tausig, auf die Offenbarungen ihres Meisters *Liszt* in der Wiedergabe der Klassiker weiterbauend, haben befriedigende Resultate in in der Interpretation Bachscher Werke erzielt. Namentlich ist es *Tausig's* Auswahl dieser Präludien und Fugen, die dafür zeugt. Man wird im Verlaufe der vorliegenden Arbeit stellenweise manches mit Tausig Übereinstimmende, selten etwas durchaus Identisches treffen. Hierbei gestatte ich mir anzuführen, was der Dichter *Grabbe* bezüglich einer geplanten Shakespeare-Übersetzung an *Immermann* schrieb:

> „Wo ich Schlegel gebrauchen konnte", lautete der Brief, „tat ich das auch; denn es ist lächerlich, dumm und eitel, wenn der Übersetzer da, wo sein Vorgänger ihm Bahn gemacht, von dieser ab- und über die Seitenhecken springt."

Das Bedürfnis einer in jeder Hinsicht möglichst vollständigen und stilgerechten Fassung des *Wohltemperierten Klaviers* bewog den Herausgeber, an dem Versuch einer solchen die peinlichste Gewissenhaftigkeit und Sorgfalt sowie die Ergebnisse seines nun mehr als zehnjährigen Studiums des Gegenstandes zu wenden. Wie früher angedeutet, verfolgt aber diese Bearbeitung den weiteren Zweck, das ausgiebige Material gewissermaßen zu einer weitumfassenden Hochschule des Klavierspiels umzugiessen. Die Erfüllung dieser letzteren Aufgabe wird sich jedoch hauptsächlich auf den 1. Band erstrecken, als den in Bezug auf Mannigfaltigkeit technischer Motive ausschlaggebenden Teil des Werkes."

Die Worte *Regers* und *Busonis* zur Bearbeitung von Werken von *Bach* zeigen, was gemeint ist, gleichgültig wie der einzelne persönlich dazu steht. Es sind hier Gedanken geäußert, wie sie nicht häufig ausgesprochen werden. Meist wird bearbeitet, ohne daß die Gründe hierfür schriftlich fixiert werden.

Zu erwähnen ist auch die bekannte Bearbeitung des 1. Präludiums aus dem Wohltemperierten Klavier durch *Charles Gounod*, das „Ave maria" betitelt wurde. Die Melodie ist von schönster Erfindung; doch ist man über die Frage, ob diese Melodie zu der Musik von Bach passend ist, sehr verschiedener Meinung[56]). Es gibt auch sonst noch unzählige Bearbeitungen Bachscher Musik. Auch *Mendelssohn* und *Mozart* haben Bach bearbeitet; Mendelssohn hat vor allem die Cembalo-Begleitungen für Orchester instrumentiert; ähnlich tat dies bereits *Zelter*[57]). Auch *Mozart* bearbeitete Fugen aus dem Wohltemperierten Klavier für Streichinstrumente und komponierte Einleitungen dazu[58]). Auch Orgelwerke von Bach waren Gegenstand seiner Bearbeitung. Auch in unserer Zeit kann man Bach-Bearbeitungen in der verschiedensten Gestalt und Instrumentierung hören; zu erwähnen sind Namen wie *Reger, Respighi, Schönberg* und *Stokowski*[59]).

Andererseits gibt es wie auch schon früher eine Gegenreaktion, die zurück zum Original, zur „Ur"-Fassung strebt. Es werden „wissenschaftliche" Bearbeitungen vorgenommen, mit denen man dem Original möglichst nahekommen will, und zwar in jeder Richtung, instrumental und vortragsmäßig. Es handelt sich hier um eine historisch-philologisch korrekte Bearbeitung, die man erstrebt[60]). Man sucht dem Bach-Stil von damals nahezukommen, teils sogar durch Verwendung von Instrumenten im Sinne der damaligen Zeit, also von alten Instrumenten, etwa aus Museen, oder durch den früheren Instrumenten nachgebaute Instrumente, die u. U. mit moderner Technik ausgestattet sind, wie es z. B. bei der Bachtrompete oder dem modernen Cembalo[61]) der Fall ist. Ob man das erstrebte Zurück erreicht oder nicht doch wieder seinen persönlichen Vortragsstil verwirklicht, ist ein Problem bei dieser Art der Aufführung. Von den Interpreten gilt meist das Wort von *Goethe:*

---

[56]) Dazu Blume aaO. (Fußn. 3) I 1466, Engel aaO. (Fußn. 5) 42.

[57]) Dazu Engel aaO. (Fußn. 5) 41.

[58]) Dazu Engel aaO. (Fußn. 5) 40.

[59]) Dazu Blume aaO. (Fußn. 3) I 1464, Engel aaO. (Fußn. 5) 42.

[60]) Dazu Engel aaO. (Fußn. 5) 39, auch unter I 3, 5 (i).

[61]) Dazu Moser Musiklexikon I 189 (190): Cembalo.
Ob das moderne Konzert-Cembalo wirklich dem Klang nahekommt, den man früher anstrebte, erscheint bedenklich. Gelingt es modernen Interpreten nicht einmal, die zeitnahen Werke von Richard Wagner, Brahms oder Richard Strauß original-echt aufzuführen, bzw. man strebt es zum Teil nicht einmal an, um so weniger wird dies von Werken aus früheren Jahrhunderten gelingen, sie in der früheren Spielweise aufzuführen. Man kann daher diese Richtung der sog. originalgetreuen Aufführung alter Werke auch nur als Modeerscheinung in einer Zeit des Eklektizismus auffassen. Darüber muß man sich im klaren sein. So betrachtet, kommen Bearbeitungen

„Was ihr den Geist der Zeiten heißt,
Das ist im Grund der Herren eigener Geist"[62])

sinngemäß. Es wird der Schwerpunkt auf die besondere Art der Interpretation gelegt, aus der Empfindung Bachscher Musik heraus. Auch darauf hat die Bearbeitung Rücksicht zu nehmen.

Ob dem einzelnen diese oder jene Auffassung mehr zusagt, ist Sache der persönlichen Empfindung. Der Wert von Bearbeitungen wird also nicht gemindert, ja sie rücken uns Werke aus früherer Zeit meist näher als sog. Originalfassungen.

Wenn die Bach-Bearbeitungen und -Interpretationen so ausführlich angeführt wurden, so nur deshalb, weil sie in der Gegenwart eine besondere Rolle spielen. Das Ausgeführte gilt aber auch sonst.

Viele Bearbeitungen sind darauf ausgerichtet, daß der Gehalt eines Musikstücks besser durch Bereicherung des Tonsatzes oder durch Instrumentierung seinen Ausdruck finden könne. Die Vergrößerung des Orchesterklangs regte dazu an, Musikstücke aus den verschiedensten Zeiten in einem neuen Klang-Gewand erscheinen zu lassen[63]). Hierbei kommt es bei der Güte der Bearbeitung auf die Erfahrung mit Orchester und Instrumenten an, also darauf, daß der Bearbeiter sehr gute Klangvorstellungen hat; deshalb wird mit Recht von *Mayer*[64]) ausgeführt, es gebe zahllose Beispiele ausgezeichnet

---

alter Werke meist besser an als versucht historisch interpretierte Werke. Dazu auch unter I 5 (c/2, g/4, i), II 8 (13, 17).

Von Interesse ist in diesem Zusammenhang, daß der bekannte Klaviervirtuose Wilhelm Kempff „Musik des Barocks und Rokoko" (Verlag Bote & Bock, Berlin - Wiesbaden), insbes. Choralvorspiele von Johann Sebastian Bach, für Klavier bearbeitete (nicht für Cembalo) und den modernen Klavierklang ausnützt und so die Orgelwerke zu neuen wundervollen Klangvorstellungen bringt. Er bemerkt im Vorwort zu den Choralvorspielen „Nun kommt der Heiden Heiland" und „Wachet auf! ruft uns die Stimme" u. a.: „Im übrigen sei auch hier der Meinung entgegengetreten, daß Bachs Choralvorspiele, diese unschätzbaren Kleinodien aus den Werken des großen Meisters, nur auf der Orgel gespielt werden dürften; verlangen doch einige von ihnen geradezu nach einem Saiteninstrument, während z. B. mehrere seiner Klavier-Inventionen sich auf der Orgel ungleich vorteilhafter ausnehmen und gleicherweise die überwältigende Majestät der cis-Moll-Tripelfuge aus dem ‚Wohltemperierten Klavier' auf der Orgel erst in die rechte Erscheinung tritt. — Daß Bach eben ‚Musik an sich' schrieb, das geht aus seinen zahllosen Transkriptionen hervor. Ja, er scheute sich nicht, einen absolut unorgelmäßigen Satz wie die herrliche Streichmusik aus der Kantate ‚Wachet auf! ruft uns die Stimme' . . . einer Sammlung von Choralvorspielen . . . einzuverleiben. — Der Klavierspieler sieht sich hier vor neue, äußerst lohnende Aufgaben gestellt."

[62]) Dazu Goethe Faust I. Teil. Szene: Nacht Vers 577/578 (Faust).

[63]) Dazu Blume aaO. (Fußn. 3) I 1464, Engel aaO. (Fußn. 5) 41; Riemann Musiklexikon S (Fußn. 3a) 91/92: Bearbeitung, 679/680: Orchestration mit Hinweisen auf Beispiele.

[64]) Dazu Blume aaO. (Fußn. 15) VI 1271 ff.; dazu Fußn. 260, 361.

klingender Instrumentationen, die von Musikern stammen, die sich auf eingehende praktische Erfahrungen stützen können. Es wird dies deshalb erwähnt, weil hervorragende Bearbeiter nicht immer Komponisten mit Namen von Klang sein müssen. Andererseits führte die Romantik zu erheblichen Übersteigerungen in der Musik, auch zu Überinstrumentierungen und zu Überdynamisierungen, zu einem Mammut-Orchester; damit hängt auch die Forderung von *Richard Wagner* nach dem verdeckten Orchester zusammen[65]). Und hier setzte das Streben nach Verkleinerung ein, weshalb *Richard Strauß* das Kammerorchester als das Orchester der Zukunft bezeichnete und in seinen späteren Werken für ein verkleinertes Orchester schrieb[66]). Ähnlich ist die Entwicklung bei *Strawinsky*[67]). Der durchsichtige Orchesterklang von *Mozart* erscheint als das klassische Ideal für Instrumentierung, wie man immer mehr erkennt. So bieten sich für die Bearbeitung 2 Möglichkeiten an, die der Vervollkommnung musikalischer Gedanken dienen, einmal Instrumentierungen von Klavierstücken, von Liedern mit Klavierbegleitung, von Musikwerken, die für wenige Instrumente oder kleineres Orchester geschrieben sind, für einen reicheren Orchesterklang, der die in den Werken schlummernden Möglichkeiten Ausdruck finden läßt — dann aber auch Befreiung von überinstrumentierten Werken von der Schwere des Orchesterklangs, den das Ohr nicht erfassen kann. Die erstere Art der Bearbeitung ist häufig und bezieht sich auf die Bearbeitung aus der gesamten Musikgeschichte. Seltener ist die letztere Art, wiewohl auf diese Weise so manches bedeutsame Werk zu neuer Wirkung kommen könnte. So könnte aus dem reichen Schatz der Werke von *Siegfried Wagner*, von dem nur hin und wieder die Oper „Bärenhäuter" zu hören ist, manches Werk wiedererstehen, wenn Befreiung von Überinstrumentierung erfolgen würde.

Das Aufkommen des Orchesterliedes regte dazu an, auch Lieder mit Klavierbegleitung mit Orchesterbegleitung zu versehen[68]), vor allem Lieder von *Schubert* und *Schumann*. Ein besonders charakteristisches Beispiel ist das Ständchen von *Schubert* (Lied Nr. 7 im Schwanengesang), das von *Franz Liszt* als Transkription für Klavier bearbeitet wurde und das dann *Robert Heger* als Orchesterlied umarbeitete: Es

---

[65]) Dazu **Blume** aaO. (Fußn. 15) VI 1268.

[66]) Dazu **Blume** aaO. (Fußn. 15) VI 1269; auch unter I 5 (d).

[67]) Dazu **Blume** aaOA. (Fußn. 15) VI 1269/1270.

[68]) Dazu **Engel** aaO. (Fußn. 5) 41/42.

liegt hier also in einem Fall eine Bearbeitung, im anderen Fall eine Bearbeitung einer Bearbeitung vor.

Instrumentalverstärkungen bei Musikwerken aus früherer Zeit hat schon *Mozart* bei Werken von Bach und Händel vorgenommen[69]), ähnlich später *Robert Franz*[70]). Bei der Ouvertüre von *Christoph Willibald Gluck* zur Oper „Iphigenie auf Aulis" wurde von *Richard Wagner* der Orchesterklang durch zusätzliche Instrumente verstärkt, nämlich durch Klarinette und mehr Blechinstrumente. Diese Ouvertüre wurde von *Wolfgang Amadeus Mozart* und *Richard Wagner* noch in der Richtung hin bearbeitet, daß sie beide einen Konzertschluß anfügten, der die musikalischen Gedanken von Gluck weiterführt. *Richard Strauß* hat in dem Konversationsstück „Capriccio" Themen aus dieser Ouvertüre in kammermusikalischer durchsichtiger Fassung zitatweise verwendet[71]). Symphonien von *Beethoven* wurden von *Weingartner* dem neueren Orchesterklang angepaßt. Dies allerdings ist ein Beispiel dafür, daß nicht jede Bearbeitung glücklich ist[72]). Aber es läßt sich auch kein Schema aufstellen, als seien Mozart und Beethoven jeder Bearbeitung unzugänglich[73]). Man denke nur an die Mozartiana von *Tschaikowsky* mit der wunderbaren Bearbeitung des „Ave verum" und das „Ave verum" von Mozart in der Bearbeitung für Orgel von *Franz Liszt* in „Evocation à la Chapelle Sixtine". Dann sei erinnert an die Instrumentierung, die *Max Reger* in seinen Orchestervariationen über ein Thema von Mozart dem herrlichen Themensatz aus dem 1. Satz der Klaviersonate von Mozart in A-Dur gab. Der 1. Satz aus der sog. Mondscheinsonate für Klavier von *Beethoven* klingt in Orchesterbearbeitung ganz hervorragend, so daß man kaum mehr daran denkt, daß es sich um ein Klavierstück handelt[74]).

Es ist überhaupt ein besonderes Gebiet der Bearbeitung, daß man beliebte Klavierstücke, besonders solcher, die orchestermäßigen Klang entfalten, in Orchestrierung aufführt[75]). Die Zahl der instrumentierten

---

69) Dazu Engel aaO. (Fußn. 5) 41.

70) Dazu Blume aaO. (Fußn. 3) I 1446, Engel aaO. (Fußn. 5) 41.

71) Richard Strauß Capriccio Partitur (Verlag Schott Söhne, Mainz) bei Nr. 13 ff.; dazu und zu Zitat auch unter I 5 (d, g 4).

72) Dazu unter I 5 (c/2).

73) Busoni aaO. unter I 5 (b/2) mit Fußn. 54, vertritt den Standpunkt, daß Mozart und Beethoven einer Bearbeitung nicht zugänglich seien, wohl aber Bach. Diese Auffassung aber ist nicht richtig. Alle Kompositionen aus alter und neuer Zeit sind einer Bearbeitung zugänglich; die Art der Bearbeitung kann allerdings sehr verschieden sein.

74) Den langsamen Satz aus der Mondscheinsonate von Beethoven hörte ich in Venedig in einer Instrumentierung für Militärmusik.

75) Dazu Engel aaO. (Fußn. 5) 41/42.

Klavierwerke ist so groß, daß man sie gar nicht aufzählen könnte. Besonders hervorzuheben sind die Bearbeitungen der Hammerklaviersonate von *Beethoven*, des Grand Duo und der Militärmärsche von *Schubert*, der Ungarischen Tänze von *Brahms*, der Aufforderung zum Tanz von *Weber*, der Rhapsodien von *Liszt*.

Umgekehrt gibt es auch Beispiele für Milderungen bei zu voller Instrumentierung. Zu erwähnen sind die Bearbeitungen von *Rimsky-Korssakow*, die er mit Opern seines Freundes *Mussorgskij* vornahm, nämlich mit „Boris Godunow" und „Chowanschtschina" [76]).

Die Bearbeitung alter Werke ist in heutiger Zeit ein Problem, wie bereits erwähnt wurde, weil man weithin zurück zur „Ur"-Fassung von Musikwerken will und historische Treue fordert. Und doch ist die Bearbeitung in Form von Modernisierung oder in anderer Weise daneben unentbehrlich. Die Menschen sind so sehr verschieden, daß der persönliche Geschmack nicht immer an Musik in Urfassungen Gefallen findet, und aus den bereits gemachten Ausführungen geht hervor, daß dies kein Zeichen von Rückständigkeit oder Unmusikalität ist. Selbst große Meister, wie *Mendelssohn*, *Reger* und *Richard Strauß*, haben Bearbeitungen vorgenommen. Es seien weiter noch einige Namen genannt, die zeigen, daß die Bearbeitung der Werke früherer Meister einen unübersehbaren Umfang hat, da in den bisherigen Ausführungen nur wenige Bearbeiter angeführt sind: *Eugen d'Albert*, *Friedrich Chrysander*, *Joseph Haas*, *Bernhard Baumgartner*, *Felix Mottl*, *Hilding Rosenbeg*, *Heinrich Schenker*, *Max Seiffert*. Die Zahl könnte noch vermehrt werden. Wenn aber so viele Bearbeitungen vorgenommen werden, dann sind solche Bearbeitungen durchaus ernst zu nehmen, weil sie einem inneren Drang der schaffenden Bearbeiter entspringen und auch ein Bedürfnis für solche Bearbeitungen vorhanden war und ist. Man kann sich deshalb auch nicht ohne weiteres ablehnend gegenüber diesen musikalischen Schöpfungen verhalten, da auch sie uns etwas zu geben haben, ja manchem in der besonderen Form vielleicht mehr bedeuten als das Original [76a]).

---

[76]) Dazu Blume aaO. (Fußn. 3) I 1464/1465; Engel aaO. (Fußn. 5) 42; Moser Musiklexikon II 849 (850): Mussorgskij, II 1050 (1051): Rimskij-Korsakoff; Riemann Musiklexikon P (Fußn. 46) I 289 ff. (290): Mussorgskij, 514 ff. (515)? Rimskij-Korsakow; auch unter I 5 (c/1d). Rimsky-Korssakow ist die eigene Schreibweise des Komponisten.

[76a]) Zeitnahe Bearbeitungen haben auf allen Gebieten große Bedeutung, vor allem auch in der Unterhaltungsmusik. Es gilt das Wort von Goethe: „Was du ererbt von deinen Vätern, Erwirb es, um es zu besitzen". — Manche Bearbeitungen haben eine kurze Lebensdauer. Neue Bearbeitungen gewinnen dann das Publikum wieder neu und vermögen es auch zu begeistern. Die Bearbeitungen für Jazz-Kapellen mit typischer Besetzung sind jeweils besonders charakteristische Stücke, wenn es sich um Konzertmusik handelt; dazu unter I 6 (c/2b) bei Fußn. 665 ff.

Es kommt darauf an, daß der innere Gehalt des Werkes auf Menschen wirkt. Und ein Kunstwerk ist wie ein Edelstein, der ganz verschiedenfarbig strahlt, je nachdem von welcher Seite man ihn anschaut. Ein solches Musikstück aus früherer Zeit kann daher in Originalfassung wirken, ebenso gut aber auch in Bearbeitungen. Man sollte daher die Gleichberechtigung anerkennen und nicht Abwertungen vornehmen, wo kein Anlaß dazu besteht. Die Pietät vor dem Werk schließt die Bearbeitung nicht aus, weil ja der Bearbeiter den Gehalt des Werkes erhöhen will, besonders wenn das Werk musikalische Spannungen in sich hat, die nach weiterer und tieferer Auswertung drängen. Man muß würdigen, was *Grunsky* über die Bearbeitung früherer Werke sagt:[77])

> „Schon der Komponist war in Betreff der Ausführungsmittel nicht immer, ja man darf sagen, selten frei. Die Übung seiner Zeit legte ihm, wenn er Genie besaß, mindestens ebensooft Fesseln an, als sie ihn beflügelte. Es gibt eine Menge von alten Werken, die mit den zeitgenössischen Mitteln schlecht, mit unseren heutigen gut klingen."

Grenze jeder Bearbeitung, die der Verbesserung dienen will, ist das Werk selbst und nur das Werk. Eine pietätvolle Bearbeitung darf den Gehalt eines Werkes nicht in ihr Gegenteil verkehren.

c) Leichtere Einführung eines Werkes

Musik, auch gute Musik, findet bei der Veröffentlichung nicht immer die Aufnahme, die ihr gebührt. Dies mußten viele große Komponisten erleben. Bearbeitungen durch sie oder durch begeisterte Freunde von ihnen haben wiederholt schon dazu beigetragen, Werken zum Durchbruch zu verhelfen. Aber das Schaffen, selbst von großen Komponisten, gerät zum Teil schnell in Vergessenheit, und es sind immer einzelne Werke, die aus der Vergessenheit gehoben werden und die dann die Öffentlichkeit und Kunstliebhaber interessieren. Viele Musikwerke, die geistige Werte in der Potenz darstellen, ruhen in Bibliotheken oder in privaten Händen, weil man die Werte nicht erkennt. Wir fühlen manchesmal einen geistigen Abstand; wir spüren zeitgebundene Floskeln und Verzierungen als überholt und kommen so dem Werk nicht näher. Manchesmal fehlt die Möglichkeit, ein Werk aus

---

[77]) Dazu Grunsky aaO. (Fußn. 33) 144 ff. (145) Bearbeitung älterer Werke.

früherer Zeit zu spielen, weil es für ein Instrument komponiert ist, das wir heutzutage bestenfalls nur noch mit dem Namen kennen[78]). Hier liegt eine wesentliche Aufgabe der Bearbeitung, die nicht verkannt werden darf, da sie dazu dient, aus dem Reichtum des geistigen Schaffens, das ungenutzt und ohne Wirkung bliebe, uns so manches Stück nahezubringen und zu einem Erlebnis werden zu lassen.

Man muß sich klar darüber sein, welche Bedeutung die Bearbeitung im ganzen Bereich der Musik hat. Daher soll dies aus der Unzahl von Beispielen durch einige wichtige Fälle aus besonders bedeutsamen Gebieten ersichtlich gemacht werden. Viele wissen zwar, daß solche Bearbeitungen vorkommen, aber sie wissen nicht, daß es eine so große Zahl ist und daß man vieles in Form von Bearbeitungen hört, wo man gar nicht daran denkt.

1. Oper und Operette

a) Besonders hervorzuheben ist die **Oper**[79]), da hier von jeher sich Schwierigkeiten ergaben.

Die einzige vollendete Oper von *Ludwig van Beethoven* ist „Fidelio", die ursprünglich „Leonore" heißen sollte. *Beethoven* nahm 3 Umarbeitungen vor, deshalb ist auch die Leonore-Ouvertüre in 3 Fassungen vorhanden neben der sog. Fidelio-Ouvertüre, die als 4. Ouvertüre geschaffen wurde[80]). Solche Mühe mußte ein Meister wie Beethoven zum Zwecke der Einführung auf diese Oper verwenden, die allerdings durch diese wiederholten Verbesserungen ein unübertroffenes Meisterwerk wurde.

Dieses Schicksal steht nicht allein. Es zeigt sich durch die ganze Opern-Geschichte bis in die Gegenwart hinein. Meist sind es allerdings nicht immer die Komponisten selbst, die die Überarbeitungen vornahmen[81]), sondern andere Musiker. Daher haben die Bearbeiter ein großes Verdienst um die Oper. Dazu einige Beispiele:

---

[78]) Dazu unter I 2.

[79]) Dazu Blume MMG Albert-Ehinger-Pfannkuch X 1 ff.: Oper; Moser Musiklexikon II 888 ff.: Oper; Riemann Musiklexikon S (Fußn. 3a) 654 ff.: Oper.

[80]) Dazu Blume aaO. (Fußn. 3) I 1465, Engel aaO. (Fußn. 5) 41; Moser Musiklexikon I 97 ff. (100): Beethoven; Riemann Musiklexikon S (Fußn. 3a) 654 ff. (659): Oper; auch unter I 6 (a/2).

[81]) Über Umarbeitungen durch Komponisten selbst weitere Beispiele unter I 5 (c/1c).

Von *Auber* sind die Opern „Der schwarze Domino" von *E. Band* und „Des Teufels Anteil" von *R. Simons* bearbeitet[82]).

Hector Berlioz mühte sich sein Leben lang um die Oper. Sein größtes Werk ist die Oper „Les Troyens" (Die Trojaner), 3 Abende füllend. Es erfolgte später eine Bearbeitung, zugleich eine wesentliche Kürzung durch *Julius Kapp*[83]).

Von *Luigi Cherubini* wurde die Oper „Medea" von *Franz Lachner* bez. der Rezitative ergänzt und später von *Heinrich Strobel* neu bearbeitet. Auch die Oper „Der Wasserträger", seine bekannteste Oper, bedurfte einer Neubearbeitung durch *Egon Bloch*[84]).

Peter Cornelius hatte mit seiner ausgezeichneten Oper „Der Barbier von Bagdad" Mißerfolg, obwohl die Oper durch Liszt uraufgeführt wurde; Liszt war darüber sehr verärgert und dies war einer der Hauptgründe für dessen Verlassen von Weimar. Freunde von Cornelius bemühten sich um dieses Werk und nahmen Uminstrumentierungen nach Art von Richard Wagner vor, nämlich *Hermann Levi* und *Felix Mottl.* Es handelt sich jedoch um keine glückliche Bearbeitung, obwohl Mottl sonst durch gute Bearbeitungen bekannt ist. Dasselbe gilt von der Bearbeitung der Oper „Cid", die auch von den beiden Freunden des Cornelius ausgeführt wurde[85]).

Von *Christoph Willibald Gluck* wurden die Oper „Iphigenie auf Aulis" von *Richard Wagner,* die Oper „Iphigenie auf Tauris" von *Richard Strauß* bearbeitet; von dem Spätwerk, der Oper „Echo et Narcisse" gibt es eine Neubearbeitung von *M. Merz*[86]).

Auch bei *Händel* spielt die Bearbeitung eine besondere Rolle[87]). Von seinen Opern trugen Bearbeitungen zum Bekanntwerden bei; die Oper „Almira" wurde bearbeitet von *Joh. Nep. Fuchs*[88]), die

---

[82]) Dazu Moser Musiklexikon I 55: Auber; Riemann Musiklexikon P (Fußn. 46) I 61: Auber.

[83]) Dazu Moser Musiklexikon I 113 ff. (114): Berlioz.

[84]) Dazu Moser Musiklexikon I 196/197 (196): Cherubini.

[85]) Dazu Blume aaO. (Fußn. 3) I 1465, Engel aaO. (Fußn. 5) 42; Moser Musiklexikon I 222/223 (222): Cornelis, II 807: Mottl.

[86]) Dazu Blume aaO. (Fußn. 3) I 1466; Engel aaO. (Fußn. 5) 41; Moser Musiklexikon I 425 ff. (427): Gluck; bez. der Ouvertüre zur „Iphigenie auf Aulis" unter I 5 (b/2) bei Fußn. 70/71.

[87]) Dazu Moser Musiklexikon I 466 ff. (469): Händel; Riemann Musiklexikon P (Fußn. 46) I 712 ff.: Händel; auch unter I 5 (b).

[88]) Dazu Moser Musiklexikon I 377: Fuchs Joh. Nep.; Riemann Musiklexikon P (Fußn. 46) I 561: Fuchs Joh. Nep.; auch Fußn. 87.

Oper „Admet" von *Hans Dütschke*. Für das Ballett „Ezio" besteht eine Bearbeitung von *Notholt*[89]).

Joseph Haydn schrieb 24 Opern, von denen nur ein Teil später noch Aufführungen erlebte, und zwar jeweils in bearbeiteter Form. Es sind dies die Oper „Lo speziale" / *R. Hirschfeld*, „Il Mondo della Luna" (Die Welt auf dem Monde) / *Mark Lothar*, „Orlando paladino" / *E. Latzko*, „L'incontro improviso" / *H. Schultz* und „Ariadne auf Naxos" / *E. Franck*[90]). Die Oper vom Mond wurde durch *Mark Lothar* zu einem vollen Erfolg.

E.T.A. Hoffmann hat eine Oper „Undine" geschrieben, die früher sehr geschätzt wurde; diese Oper war lange Zeit nicht auf den Spielplänen der Theater und wurde erst wieder durch einen Klavierauszug von *Pfitzner* bekannt. Eine andere romantische Oper „Aurora" wurde von *Lange* und *Böttcher* bearbeitet[91]).

Albert Lortzing, der durch seine Opern „Undine", „Waffenschmied" und „Wildschütz" berühmt geworden ist, hat mehrere Opern geschrieben, die nur durch Bearbeitungen immer wieder Aufführungen erlebten[92]), und zwar die Opern „Die beiden Schützen" / *Impekoven* und *Edmund Nick*[93]), „Fischerstechen" / *Georg Richard Kruse*[94]), „Hans Sachs" — die Oper, die Richard Wagner für die „Meistersinger" manche Anregung gab — / *Hanke* und *Loy*[95]), „Casanova", u.a. bearbeitet von *Fritz Tutenberg*[96]), zuletzt von *R. Laukner* und *Mark Lothar* als „Casanova in Murano" unter Einarbeitung von Teilen der Oper „Regina"[97]); auch die Oper „Zum Großadmiral" konnte nur in der Bearbeitung von *Treumann-Mette* zur Aufführung kommen[98]).

---

89) Dazu Moser aaO. I 466 ff. (469): Händel.

90) Dazu Moser aaO. I 589 ff. (491): Haydn, I 715: Lothar; Riemann Musiklexikon P (Fußn. 46) I 750 ff. (752): Haydn.

91) Dazu Moser aaO. I 516/517: Hoffmann E.T.A.; Riemann Musiklexikon P (Fußn. 46) I 808 ff.: Hoffmann E.T.A.

92) Dazu Moser aaO. I 713/714: Lortzing; Riemann Musiklexikon P (Fußn. 46) II 99/100: Lortzing.

93) Dazu Moser aaO. II 866/867: Nick.

94) Dazu Moser aaO. I 660: Kruse; Riemann Musiklexikon P (Fußn. 46) I 975/976: Kruse.

95) Dazu Moser aaO. (Fußn. 92) 714.

96) Dazu Moser aaO. II 1324: Tutenberg; Riemann Musiklexikon P (Fußn. 46) II 821: Tutenberg.

97) Dazu Moser aaO. I 715: Lothar.

98) Dazu Moser aaO. (Fußn. 92) 714.

Heinrich Marschner, einst ein Komponist vieler Opern, der vor allem mit seinem „Vampyr" großen Erfolg hatte, geriet ziemlich in Vergessenheit. Seine Opern „Vampyr", „Der Templer und die Jüdin" und „Hans Heiling" wurden von *Pfitzner* bearbeitet, und sie kommen nur in diesen Fassungen zur Aufführung[99]). Es ist bedauerlich, daß trotz der glänzenden Bearbeitungen Marschner so selten aufgeführt wird, und vor allem auch der „Vampyr" so gut wie nie zu hören ist.

Claudio Monteverdi, der für die Musikentwicklung der Oper so bedeutsam war, ist erst in neuerer Zeit wieder mehr in den Mittelpunkt des Interesses gerückt und zur Mode geworden[100]), und zwar sicherlich auch unter dem bestimmenden Einfluß von Bearbeitungen, die ihn zeitnaher werden ließen. Dies gilt vor allem von der Oper „Orfeo", die früher von *Giacomo Benvenuti*[101]), später sehr erfolgreich von *Carl Orff* bearbeitet wurde[102]), und zwar 1925, neugestaltet 1940. Die Oper „Popea" wurde ebenfalls mehrfach bearbeitet, und zwar von *Giacomo Benvenuti*[103]), *Ernst Krenek*[104]), *Hans Ferdinand Redlich*[105]) sowie *Carl Orff*[106]). Auch andere Opern fanden Bearbeiter, so insbes. die Oper „Arianna" u. a. von *Respighi*[107]).

Die Oper „Idomeneo" von *Mozart* fand das Interesse von mehreren Bearbeitern[108]), nämlich von *W. Meckbach*, aber auch von bekannten Komponisten, von *Richard Strauß*[109]) und *Wolf-Ferrari*[110]).

---

[99]) Dazu Moser aaO. II 743: Marschner, II 951 ff. (951) Pfitzner, Riemann Musiklexikon P (Fußn. 46) II 156 ff.: Marschner, II 401/402: Pfitzner.

[100]) Dazu Moser aaO. II 798 ff. (798/799): Monteverdi; Riemann Musiklexikon P (Fußn. 46) II 244 ff.

[101]) Dazu Moser aaO. I 110: Benvenuti; Riemann Musiklexikon P (Fußn. 46) I 143: Benvenuti; im übrigen Fußn. 100.

[102]) Dazu Blume aaO. (Fußn. 3) I 1466; Moser Musiklexikon II 903 (904): Orff; Riemann Musiklexikon P (Fußn. 46) II 345 ff.: Orff; im übrigen Fußn. 100.

[103]) Dazu Fußn. 101.

[104]) Dazu Moser Musiklexikon I 655: Krenek; Riemann Musiklexikon P (Fußn. 46) I 963: Krenek; im übrigen Fußn. 100.

[105]) Dazu Moser aaO. II 1015/1016: Redlich; Riemann Musiklexikon P (Fußn. 46) II 472: Redlich.

[106]) Dazu Fußn. 102.

[107]) Dazu Fußn. 100.

[108]) Dazu Moser Musiklexikon II 808 ff. (809): Mozart; Riemann Musiklexikon P (Fußn. 46) II 266 ff. (273 ff.): Mozart.

[109]) Dazu Blume aaO. (Fußn. 3) I 1466; Engel aaO. (Fußn. 5) 42; Moser Musiklexikon II 1238 ff. (1241): Richard Strauß; Riemann Musiklexikon P (Fußn. 46) II 742 ff.: Strauß Richard. Über Huldigung von Richard Strauß an Mozart unter I 5 (d).

[110]) Dazu Fußn. 108.

Von *Mussorgskij* wurden die Opern „Boris Godunow" und „Chowanschtschina" durch *Rimsky-Korssakow* bearbeitet[111]).

Die Opernparodie „The Beggars Opera" von *Joh. Christof Pepusch* fand eine ausgezeichnete Bearbeitung durch *Benjamin Britten*[112]).

Von *Rossini* sind mehrere seiner Opern durch Bearbeitungen neu belebt und der Bühne erhalten geblieben[113]), nämlich die Opern „Tell"/*Julius Kapp*, „Signor Bruschino"/*Ludwig Landshoff*[114]) und *K. Wolfskehl* sowie „Die diebische Elster"/*Riccardo Zandonai.*

Franz Schubert, der uns so wundervolle Musik geschaffen hat, hat auch Opern und Singspiele verfaßt; doch blieb ihm der Erfolg auf diesem Gebiet versagt[115]). Es wurden jedoch verschiedentlich Bearbeitungen vorgenommen[116]). Die Oper „Alfons und Estrella", die einst Liszt uraufführte, wurde durch *Joh. Nep. Fuchs* bearbeitet[117]).

Ludwig Spohr schrieb u.a. die Oper „Jessonda", die dann *Hermann Zilcher* neu bearbeitete[118]).

Tschaikowsky hatte mit Opern nur teilweisen Erfolg. Die beiden Opern „Die Zauberin", bearbeitet von *Julius Kapp*, und „Der Pantoffelheld" in Bearbeitung von *Burkhard* und als „Die goldenen Schuhe" betitelt, konnten durch die Neugestaltung sich eine Zeitlang durchsetzen[119])

Selbst bei *Guiseppe Verdi* erschienen bei mehreren Opern Bearbeitungen als der Weg zum Publikumserfolg, so die Opern „Die Macht des Schicksals", „Boccanegra" und „Die sizilianische Vesper"

---

[111]) Dazu unter I 5 (b/2) bei Fußn. 76.

[112]) Dazu Moser Musiklexikon I 156: Britten Benjamin, II 894 ff. (895): Operette, II 944: Pepusch.

[113]) Dazu Moser aaO. II 1068 (1069): Rossini; Riemann Musiklexikon P (Fußn. 46) II 543 ff.: Rossini.

[114]) Dazu Moser aaO. I 672: Landshoff.

[115]) Dazu Moser aaO. II 1136 ff. (1138): Schubert Franz; Riemann Musiklexikon P (Fußn. 46) II 638 ff.: Schubert Franz.

[116]) Dazu Blume aaO. (Fußn. 3) I 1466; Engel aaO. (Fußn. 5) 41.

[117]) Dazu Moser Musiklexikon I 377: Fuchs Joh. Nep; Riemann Musiklexikon P (Fußn. 46) I 561: Fuchs Joh. Nep.; im übrigen Fußn. 116.

[118]) Dazu Moser Musiklexikon aaO. II 1212 (1213): Spohr, II 1459 (1460): Zilcher; Riemann Musiklexikon P (Fußn. 46) II 700/701: Spohr, II 968: Zilcher.

[119]) Dazu Moser aaO. 1319 (1320): Tschaikowsky; Riemann Musiklexikon P (Fußn. 46) 814 ff.: Tschaikowsky.

in Bearbeitung von *Franz Werfel*, „Das heilige Feuer", von *Julius Kapp* bearbeitet[120]).

Bei *Carl Maria von Weber*, der so große Bühnenerfolge hatte, der auch die Entwicklung der Oper so wesentlich beeinflußte, konnten sich einzelne Opern auf die Dauer nur in Bearbeitungen durchsetzen und auf den Spielplänen behaupten[121]). Die Oper „Oberon" wurde von *Felix Weingartner*[122]), später auch von *Waltershausen* bearbeitet[123]). Auch die Oper „Euryanthe" wurde bearbeitet[124]).

b) Für **Operetten**[125]) gilt dasselbe wie für die Oper. So manche Operette erstand erst nach Umarbeitung, teilweise mit anderem Titel, wieder; denn auch hier kommt es vielfach darauf an, ein Stück bühnengerecht zu machen.

Leo Fall hatte mit seiner 1. Operette „Der Rebell" einen gänzlichen Mißerfolg erlebt. Später kam das Werk in Neubearbeitung unter dem Titel „Der liebe Augustin" heraus und wurde ein Erfolgsstück.

Von *Franz Lehár* ist bekannt, daß er seine Operette „Die gelbe Jacke", die sich nicht durchsetzen konnte, später umarbeitete und als „Land des Lächelns" zum dauernden Erfolg führte[126]).

Die Operette „Dubarry" von *Millöcker* konnte sich erst in der Bearbeitung von *Theo Mackeben* einen dauernden Platz auf den Bühnen sichern[127]) — ein Zeichen, was Bearbeitung vermag. Auch andere Operetten von Millöcker wurden bearbeitet, so seine bekannteste Operette „Der Bettelstudent"/*Quedenfeldt* und *Bars*, ferner die Operetten „Das verwunschene Schloß"/*Waldenmaier*, „Der

---

120) Dazu Moser aaO. II 1341 ff. (1342): Verdi; Riemann Musiklexikon P (Fußn. 46) II 844 ff.: Verdi.

121) Dazu Moser aaO. II 1409 ff. (1610 ff.): Weber C. M.; Riemann Musiklexikon P (Fußn. 46) II 895 ff.: Weber C. M.

122) Dazu Moser aaO. II 1417 (1418): Weingartner; Riemann Musiklexikon P (Fußn. 46) II 904: Weingartner.

123) Dazu Moser aaO. (Fußn. 121) 1412.

124) Dazu Engel aaO. (Fußn. 5) 41.

125) Dazu Blume MGG Würz X 89 ff.: Operette; Moser Musiklexikon II 894 ff.: Operette; Riemann Musiklexikon S (Fußn. 3a) 663 ff.: Operette; über Musicals, die die Operette und Revue fortsetzen, unter I 6 (c/2a).

126) Dazu Moser aaO I 682: Lehár; Riemann Musiklexikon P (Fußn. 46) II 47/48: Lehár; auch unter I 5 (c/1c).

127) Dazu Moser aaO. I 726: Mackeben, II 784: Millöcker; Riemann Musiklexikon P (Fußn. 46) II 123/124: Mackeben, II 224: Millöcker.

Feldprediger"/*R. Kattnig* und *H. Raimer*, als „Husarenstreiche" außerdem „Der arme Jonathan"/*J. Rixner* und „Der Viceadmiral" [128]).

Johann Strauß Sohn, der bekannt ist durch die Operetten „Die Fledermaus" und „Der Zigeunerbaron", hat noch zahlreiche andere Operetten geschrieben, die teilweise nur in Bearbeitungen weiterleben, so „Indigo" als „1001 Nacht" in Bearbeitung von *J. Reiterer* und als „Nacht am Bosporus" in Fassung von *Schliepe*, die Operette „Cagliostro" als „Verzaubertes Wien" in Bearbeitung von *Quedenfeldt* und *Tutein*, die Operette „Waldmeister" in Bearbeitung von *R. Benatzky*, die Operette „Eine Nacht in Venedig" in Bearbeitung von *Krenek* und die Operette „Jakuba" als „Apfelfest" in Neubearbeitung von *Schulz-Gellen* und *Friedrich Walter*, das Balett „Aschenbrödel" in Bearbeitung von *Josef Bayer*[129]).

Von *Oscar Straus* hatte die Operette „Ein Walzertraum" den größten Erfolg; sie wird nunmehr in der Bearbeitung von *Armin L. Robinson* und *Eduard Rogati* aufgeführt[130]).

Franz von Suppé hat viele Operetten geschrieben, die zum Teil noch heute gerne gehört werden. Ein Teil seiner Operetten hat sich nur in und durch Bearbeitungen erhalten, so „Leichte Kavallerie" von *Brennecke* und *Platen*, später in Neufassung von *Beyer* und *Rixner* sowie „Banditenstreiche"/*O. Urack*[131]).

Dieser kleine Überblick aus dem Reich der Operette zeigt, daß hier ebenso wie bei der Oper die Bearbeitung eine besondere Bedeutung hat, selbst für Meisterwerke, die teilweise in Bearbeitungen fortleben.

c) **Neuauflagen** von Opern und Operetten sind ebenfalls keine Seltenheit. So wie Bücher von Dichtern und Wissenschaftlern in Neuauflagen, die Bearbeitungen und Verbesserungen enthalten, erscheinen, so ist es auch in der Musik. Auch Musikwerke werden nach Überarbeitung neu verlegt. Grund für solche Umarbeitung kann sein eine technische oder geistige Vervollkommnung, aber auch eine Änderung

---

[128]) Dazu Fußn. 127.

[129]) Dazu Moser aaO. II 1237/1238: Strauß Johann (Sohn); Riemann Musiklexikon P (Fußn. 46) II 741/742: Strauß Johann (Sohn).

[130]) Dazu Wolthens Oper und Operette (Köln 1965) 286; auch unter I 5 (f).

[131]) Dazu Moser Musiklexikon II 1255: Suppé; die Operette wurde in neuerer Zeit auch von anderen überarbeitet.

mit Rücksicht auf Wechsel der Auffassung, insbes. über den Stil, wie es etwa bei Überarbeitungen reifer Komponisten geschieht, wenn frühere Werke nicht mehr ihren Auffassungen entsprechen[132]).

Im folgenden werden einige Beispiele aus Oper und Operette aufgeführt, die speziell als Neuauflagen bezeichnet werden können. Bei den vorausgehend aufgeführten Beispielen[133]) handelt es sich meist um Bearbeitungen, die mehr sind als bloße Neuauflagen. Es ist hinzuweisen auf:

Beethoven wurde mit seinem „Fidelio" bereits in anderem Zusammenhang erwähnt[134]).

Werner Egk ließ die Oper „Die Zaubergeige", die 1935 ein Erfolg war und seinen Namen bekannt machte, 1954 in Neubearbeitung von ihm erscheinen[135]).

Gluck brachte von den Opern „Orfeo" und „Alceste" Bearbeitungen für Frankreich heraus[136])

Robert Heger, als Dirigent weltberühmt, hat auch mehrere Opern geschrieben, die öfter aufgeführt wurden, sich aber nicht für bleibend durchsetzen konnten[137]). Seine Oper „Bettler Namenlos" (Odysseus), die 1932 in München uraufgeführt wurde, wurde anläßlich des 80. Geburtstags des Komponisten im Jahre 1966 in Neubearbeitung wieder in München aufgeführt. Robert Heger erklärte zu seiner Neubearbeitung: Damals, als er die Oper geschrieben habe, habe man über Wagner hinaus gewollt. Heute schreibe er für Mozart-Orchester. Die Oper sei geprägt von dem spätbarocken, etwas überquellenden Stil jener Jahre, sei dabei aber auch impressionistisch in dem Sinne, daß hier die Farbe vor der Zeichnung stehe. Die Zusammensetzung des Orchesters entspreche etwa der des Tristan. Abgesehen von einigen Vereinfachungen für die Singstimmen habe er das Original[138]) für die jetzige Neuinstrumentierung unverändert gelassen.

---

[132]) Dazu unter I 5 (h).

[133]) Dazu I 5 (c/1a, b).

[134]) Dazu unter I 5 (c/1a).

[135]) Dazu Moser Musiklexikon I 308/309: Egk; Riemann Musiklexikon P (Fußn. 46) I 450: Egk.

[136]) Dazu Moser Musiklexikon I 425 ff. (427): Gluck; Riemann Musiklexikon P (Fußn. 46) I 637 ff.: Gluck.

[137]) Dazu Moser Musiklexikon I 494: Heger; Riemann Musiklexikon P (Fußn. 46) I 759: Heger.

[138]) Dazu Nennecke, Eine Oper von Homer und Heger / Süddeutsche Zeitung vom 13. 5. 1966 Nr. 114 S. 15.

Franz Lehár gab seine Operette „Zigeunerliebe" aus dem Jahre 1910 später, nämlich 1942, in Neubearbeitung heraus[139]).

Giacomo Meyerbeer begann die Oper „L'Africaine" 1838 zu komponieren und vollendete sie in 2 Fassungen von 1842 und 1860[140]).

Carl Orff gab der Oper „Der Mond" von 1939 im Jahre 1947 eine Neufassung[141]). Seine Bearbeitung des „Orfeo" von Monteverdi stammt aus dem Jahre 1925 und wurde 1940 neu gestaltet.[142]).

Franz Schubert, der zu dem Singspiel „Die Zauberharfe" die Musik schrieb, verwendete die Ouvertüre später zu „Rosamunde"[143]).

Richard Wagner, der trotz seiner genialen Begabung auf gute Aufführbarkeit seiner Werke sah, nahm verschiedentlich an seinen Opern Bearbeitungen, die als Neuauflagen anzusehen sind, vor, so insbes. an „Rienzi" und „Tannhäuser", wobei bei der sog. Pariser Fassung verschiedene neue Teile eingefügt wurden, wie Bacchanal und Szene der Venus[144]).

Richard Strauß ließ sein Erstlingswerk, die Oper „Guntram" 1940 in gekürzter Neubearbeitung erscheinen[145]), ohne jedoch diesem Werk einen Platz auf der Bühne zu erobern. Nur das Vorspiel hört man hin und wieder.

Richard Strauß überarbeitete die Oper „Ariadne auf Naxos" später zum Vorteil des Werkes[146]).

Riccardo Zandonai, ein Schüler von *Pietro Mascagni*, gab seiner 1919 entstandenen Oper „La via della finestra" 1923 eine neue Fassung[147]).

---

139) Dazu Fußn. 126.

140) Dazu Moser Musiklexikon II 777/778 (777): Meyerbeer; Riemann Musiklexikon P (Fußn. 46) II 213/214: Meyerbeer.

141) Dazu Moser aaO. II 903 (904): Orff; Riemann Musiklexikon P (Fußn. 46) II 345 ff.: Orff.

142) Dazu unter I 5 (c/1).

143) Dazu Moser Musiklexikon II 1136 ff. (1138): Schubert; Riemann Musiklexikon P (Fußn. 46) 638 ff.: Schubert.

144) Dazu Blume aaO. (Fußn. 3) 1465/1466; Moser Musiklexikon II 1393 ff.: Wagner Richard; Riemann Musiklexikon P (Fußn. 46) II 875 ff.: Wagner Richard; auch unter I 5 (b/1).

145) Dazu Moser Musiklexikon II 1238 ff. (1239) Strauß Richard; Riemann Musiklexikon P (Fußn. 46) II 742 ff.: Strauß Richard; auch unter I 5 (g/3) bei Fußn. 396.

146) Dazu Moser aaO. (Fußn. 145) 1240; auch unter I 5 (f).

147) Dazu Moser aaO. II 1450: Zandonai; Riemann Musiklexikon P (Fußn. 46) II 959: Zandonai.

d) **Unvollendet gebliebene Opern und Operetten** großer Meister reizten zur Bearbeitung, weil es sich jeweils um Spätwerke, meist um letzte Werke von bedeutenden Komponisten handelt. Die Vollendung erfolgte vielfach auf der Grundlage von vorhandenen Kompositionsskizzen. Auch hierzu einige Hinweise auf bedeutende Werke:

Alexander Borodin konnte seine Oper „Fürst Igor" nicht vollenden; die Ouvertüre wurde von *Glasunow*, der übrige Teil der Oper von *Rimsky-Korssakow* fertiggestellt[148]).

Feruccio Busoni vollendete seine Oper „Dr. Faust", in der er viel Musik aus früheren Werken vereinigte, nicht; die Vollendung führte *Philipp Jarnach* aus[149]).

Von *Peter Cornelius* blieb die Oper „Gunlöd" unvollendet; die Fertigstellung besorgte *W. von Bausznern*[150]).

Von *Mussorgskij* blieben die Opern „Der Jahrmarkt" und „Chowanschtschina" unvollendet; *Rimsky-Korssakow* beendete die beiden Werke[151]).

Bei *Puccini* ist die letzte Oper „Turandot" unvollendet geblieben, den Schluß ergänzte *Franco Alfano*[152]).

e) Bei Opern und Operetten ist die **Bearbeitung** weithin eine **Notwendigkeit.** Wie bereits erwähnt[153]), haben oft bedeutende Komponisten die Rolle der Bearbeiter übernommen, so daß man nicht abfällig auf Bearbeitungen herabblicken kann. Wenn daher auch einzelne Interpreten glaubten, Bearbeitungen ablehnen zu müssen, wie *Toscanini*, der bei einer Aufführung von „Turandot" von Puccini nach der letzten, aus der Hand des Komponisten stammenden Note den Taktstock niederlegte und nicht mehr weiterdirigierte, so besagt das nichts gegen die Bearbeitung[153a]). Trotz solcher abweichender Auffassun-

---

[148]) Dazu Moser Musiklexikon I 141: Borodin, I 422: Glasunów, II 1050/1051: Rimskij-Korsakow; Riemann Musiklexikon P (Fußn. 46) I 210: Borodin, I 634: Glasunów, II 514 ff.: Rimskij-Korsakow; auch unter I 6 (c/1), II 8 (10).

[149]) Dazu Moser aaO. I 170 (171): Busoni, I 566: Jarnach; Riemann Musiklexikon P (Fußn. 46) I 257/258: Busoni, I 871: Jarnach; auch unter I 5 (f).

[150]) Dazu Moser Musiklexikon I 222/223: Cornelius; Riemann Musiklexikon P (Fußn. 46) I 340: Cornelius.

[151]) Dazu unter I 5 (b).

[152]) Dazu Moser Musiklexikon I 21: Alfano, II 991 (992): Puccini; Riemann Musiklexikon P (Fußn. 46) I 24: Alfano, II 445/446: Puccini.

[153]) Dazu in anderem Zusammenhang I 5 (b/2).

[153a]) Dazu Hartlieb Sinn und Notwendigkeit der Opernbearbeitung / Musik und Dichtung (Zeitschrift) 1954 Nr. 1 (August) 21.

gen muß die Notwendigkeit der Bearbeitung anerkannt werden und das Publikum im Theater nimmt die Bearbeitungen auch dankbar auf. Daß Opern und Operetten-Bearbeitungen notwendig, ja unentbehrlich sind für die Theater-Praxis, erhellt auch aus Ausführungen von *Hans Hartlieb* zu dieser Frage, die viel zu wenig bekannt, jedoch aus der Praxis heraus geschrieben sind. Er sagt zu „Sinn und Notwendigkeit gen muß die Notwendigkeit der Bearbeitung anerkannt werden, und

„Die Tatsache, daß viele unserer meistgespielten Opern eine schon weit zurückliegende Entstehungszeit haben, die sich anderer Ausdrucksmittel als der uns geläufigen bediente, und der Umstand, daß zahlreiche ausländische Opern, die erst ins Deutsche übersetzt werden, zum festen Repertoire unserer Bühnen gehören, bringen es mit sich, daß wir solche Werke vor ihrer Aufführung häufig einer gründlichen Durchsicht und anschließend einer Bearbeitung unterziehen müssen.

Wenn es darauf ankommt, ein Werk, das in seiner originalen Form auf der Bühne unserer Zeit nicht wirklich lebensfähig ist, das aber, sachkundig und mit dem nötigen Respekt vor seinem Schöpfer bearbeitet, wirklich Erfolgsmöglichkeiten in sich schließt, unseren Spielplan zu gewinnen, so hieße es, Pietät am falschen Platze üben, wollte man solche Bearbeitungen grundsätzlich als Eingriffe in fremdes Geistesgut beurteilen und sie damit kurzerhand ablehnen.

Ebenso selbstverständlich ist es aber, daß jene Bearbeitungssucht um jeden Preis, die mehr aus dem Schielen nach der Tantieme als aus künstlerischem Bedürfnis resultiert, abzulehnen ist. In jedem einzelnen Fall wird für den Bearbeiter die natürliche Achtung vor der Arbeit eines schöpferischen Geistes maßgebend sein und ihm die Grenzen vorschreiben, die er selbst seiner Arbeit ziehen muß.

Zu unterscheiden sind 2 Arten von Bearbeitungen: Einmal die völligen Neufassungen, die mit wesentlichen dramaturgischen Eingriffen verbunden sind, zum anderen die Bearbeitungen, die sich vornehmlich auf Neuübersetzungen schlecht übertragener Operntexte beschränken. Es kann niemals die Aufgabe einer Neufassung sein, das bearbeitete Werk in seinem Grundcharakter zu verändern oder dem Ganzen eine neue Richtung zu

[154]) Dazu Fußn. 153a; auch unter I 3.

geben, die vom Autor nicht beabsichtigt war. Wohl aber ist es sinnvoll, offensichtliche dramaturgische Schwächen einer Oper durch Zusammenlegung von Szenen, vernünftige Streichungen, gegebenenfalls auch durch stärkere Charakterisierung einzelner Personen zu beheben und damit so weit zu überwinden, daß dem Werk neue und echte Wirkungsmöglichkeiten gegeben werden.

Besonderes Augenmerk ist bei älteren Opern auf Streichung und sinnvolle Zusammenlegung der Rezitativ-Szenen zu richten, deren für den heutigen Geschmack lähmende Breite in ihrer Entstehungszeit keinesweg störend empfunden wurde, auf uns aber ermüdend und damit erfolghindernd wirkt.

Jede Bearbeitung wird dann die meisten Erfolgsaussichten haben, wenn sich zu ihrer Ausführung 2 Männer zusammenfinden, von denen der eine ein Musiker, der andere ein in den Fragen des Operntextes und der Operndramaturgie erfahrener Praktiker ist. Wenn beide Bearbeiter selber an verantwortlicher Stelle im Theaterleben tätig sind, werden sie auf Grund ihrer Erfahrungen eher in der Lage sein, den Anforderungen einer solchen Aufgabe zu genügen, als ein Theoretiker, der den Theaterbetrieb und seine Bedingungen nicht aus eigener Anschauung kennt.

Natürlich soll der freie schöpferische Arbeitsprozeß des Autors nicht durch Rücksichten einseitig praktischer Natur und durch Erwägungen bloß technischer Art eingedämmt werden. Es ist jedoch ebenso selbstverständlich, daß ein Kunstwerk, das für die Bühne geschrieben wird, den Erfordernissen und Möglichkeiten eben der Bühne entsprechen soll. Wertvolle Werke wurden um ihren Erfolg gebracht, weil ihre Schöpfer in einseitiger Weise die Notwendigkeiten des Theaters übersahen. Und gerade in solchen Fällen ist dem Bearbeiter die ideale Aufgabe gestellt, mit vorsichtiger Hand auszugleichen und zu helfen. Der rechte Bearbeiter wird freilich dem Autor immer nur dienen, ihn nicht korrigieren wollen.

Es ist einfach und mühesparend zu behaupten, daß jede Bearbeitung einen unentschuldbaren Eingriff in den Geist eines Kunstwerkes darstelle, und somit dieses Kunstwerk der Vergessenheit auszuliefern. Schwieriger ist es, sich um eine sinnvolle Neufassung zu bemühen, die nichts anderes will, als Fehler und

Schwächen überwinden, die die Lebenskraft des Werkes gefährden. Es ist nicht wahr, daß die Urteile des Publikums und der Zeit in gewissen Fällen nicht doch revidiert werden könnten. Erinnern wir uns — um nur 2 prominente Beispiele zu nennen — an *Mussorgskij's* „Boris Godunoff" und an *Verdi's* „Macht des Schicksals", Opern, die jahrzehntelang vergessen, heute zum sicheren Spielplanbesitz gehören. Und das nur darum, weil man mit Erfolg versuchte, sie den Erfordernissen der modernen Opernbühne anzupassen.

Neben den Neubearbeitungen sind die Neuübersetzungen populärer Opernwerke von besonderer Wichtigkeit. Das geschmacklose Operndeutsch, das so viele Übertragungen italienischer Meisterwerke kennzeichnet und zudem mit den rhythmischen Werten der Partitur willkürlich verfährt, hat wesentlich zu jener falschen Theatralik beigetragen, die den Charakter dieser Opern in den Wiedergaben deutscher Bühnen in einem falschen Licht erscheinen lassen. Was in solchen Übertragungen an falschen Betonungen, sinnentstellenden Phrasen, musikalischen und textlichen Entstellungen geleistet wird, muß einem unvorbereiteten Betrachter unglaublich erscheinen."

Diese Gedanken treffen sich mit dem, was zuvor über den Zweck derartiger Bearbeitungen von Opern und Operetten gesagt wurde. Die Bearbeitung dient dem Werke, weil sie dazu hilft und beiträgt, es einzuführen und lebendig zu erhalten. Bearbeitung hilft so verwirklichen, was dem Komponisten selbst nicht voll gelang, wobei offen gelassen bleiben kann, aus welchen Gründen dem Werk die Vollkommenheit fehlt, die es zu seiner Durchsetzung braucht, ob dies nun der ungeeignete und undramatische Text ist oder ob die Musik Mängel hat, etwa mangelnde Ausarbeitung, weil der Komponist seine überreichen Ideen nur unvollkommen zu Papier bringt oder als Vielschreiber sich keine Zeit zum restlosen Ausfeilen der Partitur nimmt oder weil er die Instrumentation nicht voll beherrscht, um nur einige der möglichen Gründe zu nennen. Zugleich folgt hieraus, daß der Bearbeiter, obwohl er ein „fertiges" Werk vor sich hat, doch die Unfertigkeit desselben erkennt und es zu der letzten Reife emporhebt, die dem Komponisten als Idee vorschwebte, als er es schuf.

Damit aber wird zugleich deutlich, daß das Schaffen des Bearbeiters auch ein kompositorisches Schaffen ist, das dem Schaffen des Komponisten als Werkschöpfer gleichsteht, weil seine geistige Tätigkeit ebenbürtig neben der des Originalschaffenden steht; es darf nicht unterschätzt werden[154a]).

2. Symphonie

Auch bei Symphonien[155]) kommen Bearbeitungen zur Verbesserung des Werkes und zur leichteren Einführung desselben vor. Hier sind Bearbeitungen seltener als bei Oper und Operette und auch mit sehr unterschiedlichem Erfolge.

Einige Beispiele verdeutlichen dies:

Mehrere Symphonien von *Beethoven* wurden von *Weingartner* bearbeitet, und zwar durch Instrumentationsretuschen im Sinne des Wagner-Orchesters[156]). Bedeutung haben diese Bearbeitungen nie erlangt, sie gehören als Zeiterscheinung bereits der Vergangenheit an. Es bedarf jedoch des Hinweises, um zu zeigen, daß auch Bearbeitungen aus falscher Schau heraus mißglücken können und eine Verschlechterung bedeuten können, auch wenn sie vom Bearbeiter gut gemeint sind. Immerhin sind solche verschlechternde Bearbeitungen gegenüber den verbessernden in der Minderheit.

Bei *Bruckner* sind bei seinen Symphonien auch Bearbeitungen vorgenommen worden; um sie besser einzuführen, glich man sie teilweise dem Zeitgeschmack an[157]). Die Umarbeitungen erfolgten vor allem auf Grund der wohlmeinenden Ratschläge seiner Freunde *Ferdinand Löwe* und der Brüder *Franz und Joseph Schalk* teils von ihm selbst, teils von seinen Freunden. Gerade deshalb ist es oft sehr zweifelhaft, ob die unter Bruckner zu seinen Lebzeiten erschienenen Erstausgaben oder die sog. Urfassungen, die man in neuerer Zeit anstrebt, vor allem in Bearbeitung von *Robert Haas*

[154a]) Dazu Fußn. 154.

[155]) Dazu Blume MGG Blume - La Rue - Brook usw. XII 1803 ff.; Symphonie; Moser Musiklexikon II 1259/1260: Symphonie; Riemann Musiklexikon S (Fußn. 3a) 924 ff.: Symphonie.

[156]) Dazu Blume aaO. (Fußn. 3) I 1464; Engel aaO. (Fußn. 5) 42; auch unter I 5 (a/2), 6 (c/1).

[157]) Dazu Blume aaO. (Fußn. 3) I 1464; Engel aaO. (Fußn. 5) 42; Moser Musiklexikon I 158 ff.: Bruckner, II 1101: Schalk; Riemann Musiklexikon P (Fußn. 46) I 237 ff.: Bruckner.

und *Alfred Orel*[158]), den Vorzug verdienen. Daher wird mit Recht bei Moser zu dieser Problematik ausgeführt[159]):

„In den letzten Jahren geht ein fast sensationeller Kampf um die sog. Urfassungen...; den zu Bruckners Lebzeiten herausgekommenen Fassungen, die auf Eingriffe wohlmeinender Freunde... zurückgehen sollen, stehen sie als angeblich allein authentischer Wille des Meisters gegenüber. Soweit jetzt große Striche aufgemacht werden, kann man dem unbedingt zustimmen; hinsichtlich der Instrumentation, die manchmal soweit abweicht, daß man glauben könnte, 2 Instrumentatoren seien unabhängig von der gleichen Klavierfassung ausgegangen, liegt der Fall nicht so eindeutig; zwar ist die Urfassung durch orgelregistrierende Züge oft eigentümlicher, die Erstausgabe scheint aber dynamischer, oft das gedanklich Gewollte deutlicher herauszubringen, so daß der Dirigent der Urfassung dann unversehens kaum ohne Retuschen in dieser Richtung auskommt. Auch ist in der Frage, ob die zu Bruckners Lebzeiten gedruckten Fassungen wirklich alle so unautorisiert seien, das letzte Wort noch nicht gesprochen."

Von hier aus gesehen, erscheinen die Fragen um die Bruckner-Symphonien und ihre Bearbeitungen problematisch und die Rückkehr zur Urfassung, die ja eine wissenschaftliche Bearbeitung ist[160]), ist nicht immer so klar, daß man sagen könnte, hier komme der Wille von Bruckner am besten zum Durchbruch. Es ist auch beachtlich, daß ein so bedeutender Dirigent wie *Hans Knappertsbusch* Bruckner-Symphonien niemals in den sog. Originalfassungen, sondern stets in Bearbeitungen aufführte.

Gustav Mahler hat verschiedene seiner Symphonien nachträglich umgearbeitet[161]), vor allem uminstrumentiert. Wenn man hierzu das heutige Streben nach den Urfassungen bei Bruckner vergleicht, so wird deutlich, daß die Urfassung nicht immer die beste ist.

---

[158]) Dazu Moser aaO. I 464: Haas Robert, II 903: Orel Alfred.

[159]) Dazu Moser aaO. I 158 ff.: Bruckner; Riemann Musiklexikon P (Fußn. 46) I 237 ff.: Bruckner.
Wenn bei Bruckner nach den sog. Urfassungen gestrebt wird und diese beim Publikum Anklang finden, so hat dies wohl nicht in erster Linie seinen Grund in der Wissenschaftlichkeit solcher Bestrebungen, als vielmehr in dem Zeitgeschmack, der teilweise das Rudimentartige bevorzugt.

[160]) Dazu unter I 5 (b/2, i).

[161]) Dazu unter I 5 (b/1).

Die 10. Symphonie blieb unvollendet, *Krenek* gab eine Faksimile-Ausgabe heraus[162]; die Symphonie wurde auf Grund vorhandener Entwürfe als Bearbeitung zu Ende geführt.

Serge Sergejewitsch Prokofieff arbeitete die Sinfonietta op 5 als op 48 um[163].

Franz Schubert hinterließ eine wundervolle unvollendete (8.) Symphonie; sie wurde von Krenek und Rehberg ergänzt[164].

Robert Schumann arbeitete seine d-Symphonie um, op 120.

3. **Oratorien u. a.**

Auch Oratorien[166] und dem Oratorium verwandte Musikwerke leben vielfach in Bearbeitungen fort, von denen nur einige wenige hervorgehoben werden sollen.

Von *Händel* wurden mehrere Oratorien geschrieben, die zum Teil in Bearbeitungen bekannt sind, so „Gelegenheitsoratorium" / *Fritz Stein*, „Salome" / *Straube*, „Susanne" / *Schering*, und „Jephta" / *Seiffert, Stephan und Zander*[167]. Das Oratorium „Messias" hat *Mozart* bearbeitet (KV 572)[168].

Hindemith gab dem Werk „Marienleben", das 1924 für Sopran mit Klavierbegleitung herauskam, im Jahre 1941 eine Orchesterbegleitung[169].

---

[162]) Dazu Moser Musiklexikon II 731/732 (731): Mahler; Riemann Musiklexikon P (Fußn. 46) II 129/130.

[163]) Dazu Moser aaO. II 986/987: Prokofieff; Riemann Musiklexikon P (Fußn. 46) II 441 ff.: Prokofjew.

[164]) Dazu Engel aaO. (Fußn. 5) 42.

[165]) Dazu Moser Musiklexikon II 1156 ff. (1158): Schumann; Riemann Musiklexikon P (Fußn. 46) II 651 ff.: Schumann.

[166]) Dazu Blume-Damilano-Fernando usw. X 120 ff.: Oratorium, Stäblein-Fischer-Blankenburg X 88 ff.: Passion; Moser Musiklexikon II 899/900: Oratorium, II 933 ff.: Passion; Riemann Musiklexikon S (Fußn. 3a) 669 ff.: Oratorium, 711 ff.: Passion.

[167]) Dazu Moser Musiklexikon I 466 ff. (468): Händel; Riemann Musiklexikon P (Fußn. 46) I 712 ff.: Händel.

[168]) Dazu Moser aaO. II 808 ff. (810): Mozart; Riemann Musiklexikon P (Fußn. 46) II 266 ff.: Mozart.

[169]) Dazu Moser aaO. I 511/512: Hindemith; Riemann Musiklexikon P (Fußn. 46) I 797 ff.

Das Requiem von *Mozart*, das unvollendet war, wurde von *Süßmayr* in ausgezeichneter Weise im Mozartschen Stile ergänzt[170]).

d) Huldigung an bekannte Meister

Bekenntnisse zu einem bestimmten Meister und dessen Stil sind in der Musik häufig. Sie finden ihren Niederschlag immer wieder in Bearbeitungen, vor allem in zitatmäßiger Anführung aus Stücken der verehrten Meister in eigenen Kompositionen[171]), so

Johannes Bahms in seiner 1. Symphonie (c) im letzten Satz Huldigung an *Beethoven*, da das Hauptthema des Allegro-Satzes bewußt an die 9. Symphonie Beethovens anklingt, wie es Brahms auch selbst auf Frage zugab.

Anton Bruckner bekennt sich in seiner 3. Symphonie (D) im 1. Satz, der mäßig bewegtes Tempo hat, ebenfalls zu *Beethoven*, da die Quintenstimmung am Anfang an dessen 9. Symphonie erinnert, die ähnlich beginnt. Bruckner legt in seinen Symphonien aber auch ein Bekenntnis zu *Richard Wagner* ab, und zwar in Harmonik und Melodik[172]). Die 3. Symphonie im besonderen, auch Wagner-Symphonie genannt, da sie Richard Wagner gewidmet ist. Wilhelm Altmann schreibt dazu[173]):

> „Er hat in diesem Werke eine Huldigung für Wagner schaffen wollen und darum auch offensichtlich Wagner-Anklänge und sogar Zitate eingeflochten."

Heinrich Loren huldigt in seiner symphonischen Dichtung „Kaleidoskop" *Richard Strauß* durch Entnahme eines Themas dieses Mei-

---

[170]) Dazu Engel aaO. (Fußn. 5) 42; auch I 5 (h).
Interessant ist es, das Requiem in dem Fragment von Mozart und dann in den Bearbeitungen bzw. Ergänzungen von Eybler und Süßmayr zu sehen; dazu die Neue Ausgabe sämtlicher Werke von Mozart / Bärenreiter Verlag Kassel, Serie I Abt. 2 Requiem mit Vorbemerkung von Nowak. Man sieht hier die Bearbeitungsweise von Mozart als Komponist, wenn man das unvollendete Werk betrachtet. Auch ist bekannt, daß der Besteller des Requiems Graf von Walsegg-Stuppach war, einer der größten Plagiatoren seiner Zeit, der bei großen Komponisten Bestellungen machte und dann bei seinen auf seinem Schloß abgehaltenen Konzerten als eigene Kompositionen vorspielen ließ.

[171]) Dazu auch I 5 (g/4).

[172]) Dazu Moser Musiklexikon I 158 ff.: Bruckner; Riemann Musiklexikon P (Fußn. 46) I 237 ff.

[173]) Dazu Altmann Eulenburgs kleine Partitur-Ausgabe (Leipzig) Symphonien Nr. 61: Bruckner Symphonie Nr. 3.

sters aus dessen symphonischer Dichtung „Ein Heldenleben" mit seinem Einverständnis[174]).

Hans Pfitzner hat wohl nicht zufällig — dies würde seiner Art und gründlichen Kenntnis der Musikliteratur widersprechen — in seinem Violin-Konzert in H-Moll ein Hauptmotiv des 1. Satzes der 3. Symphonie von *Anton Bruckner* Takt 31, 32 verwendet und zu eigenwilligen großen Steigerungen geführt, wohl weil er dem großen Meister huldigen wollte.

Franz Liszt schrieb in Fassung für Orgel und Klavier zu Ehren von Bach Präludium und Fuge über BACH.

Max Reger huldigt *Johann Sebastian Bach* durch Widmung der Suite für Orgel op 16 „Den Manen Joh. Seb. Bach's", ferner durch die berühmte Fantasie und Fuge über den Namen BACH für Orgel, op 46.

Robert Schumann gedenkt im „Album für die Jugend" op 68 in Nr. 28 „Erinnerung" am 4. 11. 1847, an *Mendelssohn's* Todestag, des verstorbenen Meisters in einem Musikstück, das ganz dem Stile desselben entspricht. Er huldigt *Chopin* in seinem „Carnaval" op 9 unter Nr. 12 und dem Violinvirtuosen *Paganini* in Nr. 16 aaO. sowie in den Studien nach Capriccien von Paganini op 3 und in den Etudes de concert d'après des Caprices de Paganini op 10. Er huldigt *Bach* durch die Fugen über BACH für Orgel, op 60.

Richard Strauß als Anhänger von *Richard Wagner* bekennt sich zu ihm durch Huldigung in seinem Singgedicht „Feuersnot" in dem er das Walhall-Motiv zitiert[175]).

Wenn in der „Alpensymphonie" im letzten Satz ein Thema aus dem 1. Violinkonzert von *Max Bruch* verwendet wird, so ist dies wohl auch als Huldigung aufzufassen. Der spätere Strauß, der zu durchsichtigeren Instrumentierung übergeht[176]), huldigt in dem Konversationsstück „Capriccio" dem Reformer der Oper *Christoph Willibald Gluck*[177]).

---

[174]) Dazu Engel aaO. (Fußn. 5) 39.
Es gab damals einen Rechtsstreit zwischen dem Verlag, in dem die symphonische Dichtung erschienen war, und Loren, der zugunsten des letzteren endete; dazu unter II 9 (b) mit 269 sowie II 15 mit Fußn. 483.

[175]) Dazu Richard Strauß „Feuersnot" (Verlag Fürstner Berlin) bei Nr. 181 in der Partitur.

[176]) Dazu unter I 5 (b/2).

[177]) Dazu unter I 5 (b/2, g/4).

Igor Strawinsky schuf die einaktige opera buffa „Mavra" als Huldigung an *Puschkin, Glinka* und *Tschaikowsky*[178]).

Hermann Zilcher, ein Anhänger von *Mozart*, schrieb als Huldigung eine Tanzfantasie für gemischten Chor und Orchester „An Mozart" [179]).

e) Melodie-Bearbeitungen

Die Bearbeitungen von Melodien, wobei Melodie im weitesten Sinne zu verstehen ist[180]), hatten früher große Bedeutung, war doch der Begriff des Komponierens damals der Bearbeitung von Melodien gleichzusetzen[181]). Sie haben auch in der Gegenwart ebenso große Bedeutung, vor allem wenn man die Unterhaltungsmusik betrachtet, in der die Melodie nach wie vor im Vordergrund steht. Melodisten erfinden lediglich Melodien, vor allem Schlagermelodien, während die Hauptaufgabe, die Ausarbeitung des Stückes, um es zur Wirkung zu bringen, einem Komponisten, den man als Bearbeiter bezeichnet, obliegt. Soweit man für derartige Bearbeitungen das Wort *Arrangement* gebraucht, sollte man dies für die Zukunft unterlassen, da es ein unglücklicher Ausdruck ist, der nur zu Mißverständnissen Anlaß gibt und der Sachlage nicht gerecht wird[182]).

Kirchliche Melodien, Volkslieder, beliebte Melodien aus Opern und Operetten usw. wurden stets zum Gegenstand einer Bearbeitung gemacht[183]). Es gibt derartige Bearbeitungen in so großer Zahl, daß man nicht an ihnen vorbeigehen kann. Auch hat das Cantus-firmus-Spiel über die Melodie-Bearbeitung hinaus große Bedeutung, und zwar vor allem als die Variations-Form.

---

[178]) Dazu Moser Musiklexikon II 1242 (1243): Strawinsky; Riemann Musiklexikon P (Fußn. 46) II 745 ff.: Strawinsky.

[179]) Dazu Moser aaO. II 1459 (1460): Zilcher.

[180]) Dazu zum Begriff der Melodie im musikalischen und Rechtssinne unter I 3,6 (a/2) sowie II 9 (b).

[181]) Dazu unter I 3,6 (c/1).

[182]) Dazu unter II (8/2) mit Fußn. 5.
Mit dem Wort „Arrangement" ist eine Abwertung, eine Minderbewertung verbunden, die unberechtigt ist, weil es sich auch hier um Bearbeitungen und damit um Komposition handelt; dazu Riemann Musiklexikon S (Fußn. 3a) 54: Arrangement.
Soweit im Rahmen der GEMA die Ausdrücke „Arrangement", „Druck-Arrangement", „Spezialarrangement", „Druck-Arrangeur" gebraucht werden, wie im Anmeldebogen, sollte man davon absehen und sich ganz auf den Begriff der Bearbeitung beschränken. Nur wenn man auch bei der GEMA diesen Ausdruck vermeidet — und das liegt im Interesse ihrer Mitglieder —, wird es gelingen, daß dieser Ausdruck „Arrangement", der so leicht gegen die Bearbeiter verwendet wird, außer Gebrauch kommt.

[183]) Dazu Breuer Gedanken zum Recht der Bearbeiter / Das deutsche Musikmagazin 1966 Heft 1 S. 4; auch unter II 8 (20).

Franz Josef Breuer sagt dazu als „Gedanken zum Recht der Bearbeiter“ [183a]):

„Was wir zu hören bekommen, wenn wir heute die Sendungen unterhaltender Musik in Rundfunk und Fernsehen verfolgen, wenn wir Millionen jährlich erscheinender Schallplatten überprüfen, Tonbänder und Filmmusiken untersuchen, ist nicht allein die Arbeit des genannten Komponisten, es ist zugleich das Werk eines Arrangeurs, eines Bearbeiters.

Er hat den Gedanken des Komponisten, der als einstimmig niedergelegt war, mit eigenen Einfällen bereichert, ihm ein gesangliches und orchestrales Gewand gegeben und die Komposition so erst aufführungsmöglich gemacht. Der beste melodische Einfall bliebe in seiner ursprünglichen Einstimmigkeit wirtschaftlich wertlos. Der Arrangeur [184]) erst fügt dem melodischen Einfall all das hinzu, was notwendig ist, um aus ihm ein Werk entstehen zu lassen, das zum künstlerischen Verkaufsartikel werden kann. Die so geschaffene Komposition ist das, was erklingt, also die Arbeit des Komponisten und des Arrangeurs.

Man hält von Seiten der Melodisten — wir sollten diesen Namen auch in unseren Sprachgebrauch aufnehmen — den Bearbeitern oft vor, wie viele Kompositionen sie schon durch Bearbeitungen verdorben hätten und wie oft sie den Komponisten um seinen Erfolg bringen würden, wenn sie schlecht arbeiten. Aber ist dies nicht zugleich der beste Beweis ihrer wichtigen schöpferischen Tätigkeit, ein Zeichen ihrer Miturheberschaft?

Die Tanzmusik der goldenen Zwanziger bereitete den Bearbeitern den Boden. Man mußte seine Melodien den Erfordernissen des Jazz anpassen, sie originell aufhängen und neue Klangwege suchen. Das konnten nur Spezial-Arrangeure [185]). Es war verständlich, daß sie in zunehmendem Maße zu Komponisten wurden.“

Hieraus erhellt, was eine Bearbeitung im Verhältnis zu einer Melodie bedeutet.

Man weiß, daß es viele Melodie-Bearbeitungen gibt, und doch hat man eigentlich wenig Ahnung, daß die Bearbeitung wichtiger ist als die Melodie, weil die Gestaltung erst sie zu einem wirklichen Musik-

---

[183a]) Dazu Fußn. 183. [184]) Zum Begriff des Arrangements Fußn. 182.

[185]) Dazu Fußn. 184.

stück macht. Sonst wäre es nicht möglich, daß man aus Fachkreisen immer wieder zu hören bekommt, daß die Bearbeitung von Melodien keine schöpferische Leistung sei. Große und kleine Meister können hier Hervorragendes leisten und echte Musik gestalten, die mehr ist als die bloße Melodie. Es wird gerade an diesen Bearbeitungen die Vielgestalt der Möglichkeiten ersichtlich. Wenn man die Musikliteratur einmal unter diesem Gesichtspunkt betrachtet, wird erst klar, was die Bearbeitung ist und bedeutet, mag es eine ernste oder heitere Melodie sein. Wenn daher in diesem Zusammenhang auch kirchliche Melodien angeführt werden, so vor allem deshalb, weil sich hier die Bearbeitung von Melodien zu einer Höchstleistung entwickelt hat und die weitere Zukunft der profanisierten Melodien, die aus der Vergangenheit gelernt hat, auf neuer Grundlage eigenwillig auch auf anderen Gebieten ähnliche Leistungen erreicht hat und erreicht. Wenn man also das Gesamtgebiet der Melodie-Bearbeitung betrachtet, kann man die ernste Melodie nicht außer Betracht lassen.

Einige wichtige Teilgebiete seien daher hervorgehoben:

Kirchliche Melodien

Kirchliche Melodien in alter und neuer Zeit werden mit Begleitstimmen versehen, die harmonisch oder kontrapunktisch geführt werden, sei es für Orgelbegleitung bei Gemeindegesang in der Kirche, sei es für Posaunenchor oder sonstige Instrumentalbesetzung (Ensemble, Kammer- oder großes Orchester usw.) oder aber für eine oder mehrere Solostimmen mit Instrumentalbegleitung oder aber für Chor.

Es ist hier stets Grundlage der **Choral**, der cantus choralis, das Kirchenlied[186]).

Man denke an die Choralbearbeitungen und Choralvorspiele mit cantus firmus von *Bach*, *Brahms*, *Reger* u. a.[187]), an die Chöre mit

---

186) Dazu Blume MGG Albert II 1303 ff.: Choralbearbeitungen; Stählin V 786 ff.: Gregorianik, Wilhelm-Riedel-Apel-Langner X 331 ff.: Orgelmusik; Moser Musiklexikon I 202: Choral, I 444 ff.: Gregorianischer Gesang, I 605 ff.: Kirchenlied, II 911 ff.: Orgelkompositionen; Riemann Musiklexikon S (Fußn. 3a) 164/165: Choral, 165 ff.: Choralbearbeitung, 347 ff.: Gregorianischer Gesang, 450 ff.: Kirchenlied, 453/454: Kirchenmusik, 683 ff.: Orgel, 688 ff.: Orgelmusik; Lukas Orgelmusikführer (2. Aufl., Stuttgart 1967); auch Fußn. 193 sowie unter II 8 (3).

187) Dazu Bach Mehrstimmige Choräle / Edition Peters Nr. 4264, Vierstimmige Choralgesänge / Edition Breitkopf Nr. 10, Das Orgel-Büchlein Choralvorspiele / Edition Peters, Orgelwerke Bd. V Nr. 244, Größere und kunstreichere Choralvorspiele, auch mit Varianten / Edition Peters aaO. Bd. VI Nr. 245, weitere Choralvorspiele / Edition

Orchesterbegleitung unter einer Choralmelodie in Oratorien oder Passionen, insbes. bei *Bach*, an Choralbücher, Kirchenchorsammlungen u. a., wie sie etwa *Johann Walter* und *Friedrich August Zimmer* bearbeitet haben[188]).

Ein besonderes charakteristisches Beispiel ist die Melodie „Ein feste Burg ist unser Gott" von *Martin Luther*[189]), das gregorianische Reminiszensen enthält. Wie verschiedenartig eine solche Melodie gestaltet werden kann, zeigen die Bearbeitungen von

---

Peters aaO. Bd. IX Nr. 248; dazu Keller Die Orgelwerke Bachs (Leipzig 1948); Brahms 11 Choralvorspiele op 122; Mendelssohn Bartholdy Orgelsonaten op 65 Nr. 1, 5, 6, in denen Choräle verwendet werden; Reger 52 leicht ausführbare Vorspiele zu den gebräuchlichsten evangelischen Chorälen op 67, 30 kleine Vorspiele zu den gebräuchlichsten Chorälen op 135a, meist sehr einfach und harmonisch gehaltene Stücke, die aber zeigen, wie trotzdem auch bei einfacher Setzweise musikalische Individualität bei der Bearbeitung vorliegt, Choral-Fantasien op 27, 30, 40, 52 145; ferner sind 6 nachgelassene Choralvorspiele zu nennen (Gesamtausgabe / Breitkopf und Härtel Bd. 18 - Orgelwerke Bd. IV), auch Choral / Lose Blätter, op 13 Nr. 12 für Klavier.

188) Dazu Moser Musiklexikon II 1404/1405: Walter Johann, II 1460: Zimmermann Friedrich August. — Sehr instruktiv für Melodie, nämlich Choralbearbeitungen einfacher Art sind die Sammlung von 100 Choral-Bearbeitungen Pfatteicher-Davison The Church Organist's Golden Treysury / Oliver Ditson Company, Pennsylvania und Keller 80 Choralvorspiele deutscher Meister des 17. und 18. Jahrhunderts / Edition Peters Nr. 4448; Günther Ramin Das Organistenamt II. Choralvorspiele (3 Bände) Edition Breitkopf Nr. 6344 a, b, c sowie Johann Sebastian Bach Klavierbüchlein 3. Teil, um nur einige wenige derartige Sammlungen zu nennen.

Zu erwähnen sind auch Cesar Franck 3 Choräle; Karl Höller Partita über den Choral „O wie selig seid ihr doch, ihr Frommen", op 1, Choralvariationen über „Helft mit Gottes Güte preisen" und „Jesu meine Freude", op 22, Choral-Passacaglia „Die Sonn' hat sich mit ihrem Glanz gewendet", op 61, jeweils für Orgel; Heinrich Kaminski Toccata mit Choral „Wie schön leucht uns der Morgenstern" (dazu Fußn. 386), 3 Choralvorspiele: „Wir glauben an einen Gott - „Vater unser im Himmelreich" - „Morgenglanz der Ewigkeit", Choral „Meine Seel ist stille", Choralsonate über „Ach Gott vom Himmel sieh darein" - „Ich ruf' zu dir, Herr Jesu Christ" - „In dich hab ich gehoffet, Herr" - „Glori, Lob, Ehr' und Herrlichkeit", jeweils für Orgel; Alban Berg mit einem Violinkonzert, das Variationen über den Choral „Es ist genug, Herr, so nimm denn meinen Geist" von Johann Sebastian Bach enthält; dazu unter I 6 (c/1) bei Fußn. 613.

Es darf darauf hingewiesen werden, daß bei den sog. Choral-Bearbeitungen ein Hörer, der die Choral-Melodie nicht kennt, die Bearbeitung gar nicht als solche empfindet — ein Zeichen, daß die Bearbeitung von anderen Musikstücken nicht unterschieden werden kann. Dies gilt auch für andere Melodie-Bearbeitungen, insbes. bei Bearbeitungen von Volksliedern und Volksmelodien. — Eine mehr ironisierende Wirkung hat der „Kleine Choral" in der „Geschichte vom Soldaten" von Strawinsky; dazu Blume MGG Mayer-Becker VI 1251 ff. (1285/1286): Instrumentation. Einen Übergang von ernster zu heiterer Musik ist das Cäcilienlied, das der Domkapellmeister Römer an seiner Orgel im Schwarzwaldmädel" von Jessel singt. Im „Schneider Wibbel" von Mark Lothar wird eine Beerdigungsszene scherzoartig imitiert; musikalisch sicher trefflich, aber menschlich muß man sich Gedanken darüber machen, ob nicht das Heilige und Erhabene des Todes leidet, während in der Oper „Der widerspenstige Heilige" der heilige Ernst bei aller Komik gewahrt ist - eine musikalische Höchstleistung; dazu II 8 (22) bei Fußn. 210. Es ist also schwer, die Grenze einzuhalten, wo zugleich Übergang zur Komik und zur Unterhaltung vorliegt. Hier kann sich leicht ein Dilemma ergeben, da die Grenze der Unterhaltungsmusik u. a. bei der Kirchenmusik endet; dazu unter I 6 (c/2a), insbes. bei Fußn. 633, 643 und II 5 bei Fußn. 32.

189) Dazu Moser Musiklexikon I 721/722 (721): Luther; Riemann Musiklexikon P (Fußn. 46) II 115 ff.: Luther Martin; zum gregorianischen Choral auch unter I 5 (e) bei Fußn. 193, 194 sowie I 5 (g/4) bei Fußn. 400.

Bach Kantate Nr. 80 Am Reformationsfeste[190]),

Meyerbeer Oper „Die Hugenotten" Ouvertüre,

Mendelssohn Symphonie Nr. 5 (d) Reformationssymphonie letzter Satz,

Reger[191]) Fantasie über „Eine feste Burg ist unser Gott", op 27, für Orgel,
Der 100. Psalm, op 100, für gemischten Chor, Orchester und Orgel. Hieraus erhellt, wie eine Melodie über alle Konfessionen erhaben ist. Überall wird die Melodie als cantus firmus verwendet. Bei der Kantate von Bach wird die Melodie daneben noch kunstvoll fugiert gestaltet. Bei Reger im 100. Psalm wird die Melodie von 4 Trompeten und 4 Posaunen gespielt neben einer Doppelfuge. Die Melodie ist, wie die Beispiele zeigen, zu unendlichen Steigerungen fähig.

Der Choral *„Wachet auf, ruft euch die Stimme"*, der ebenfalls als Choralvorspiel und in Kantaten von *Johann Sebastian Bach* und *Hugo Kaun* verwendet wird,[192]) hat eine besondere Gestaltung erfahren bei *Mendelssohn* Ouvertüre zu dem Oratorium „Paulus". Daß auch einfache, sogar rein harmonische Begleitung der Melodie künstlerisch- schöpferisch sein kann, mögen als Beispiele auch beweisen

Cornelius Weihnachtslieder für eine Singstimme mit Klavierbegleitung — Lied Nr. 3: „Die Könige"; hier erklingt zum Gesang der Choral:*„Wie schön leucht' uns der Morgenstern"*

Liszt Variationen über „Weinen, Klagen, Sorgen, Zagen" von J. S. Bach für Klavier bzw. Orgel; hier ist der Choral „Was Gott tut, das ist wohlgetan" als Coda verwendet, zuerst in einfachster Begleitung, dann in Steigerung.

Robert Schumann Album für die Jugend, op 68, für Klavier Nr. 4 Choral: *„Gott des Himmels und der Erden"*. Die Melodie wird har-

---

[190]) Weitere Bearbeitungen von Bach aaO. (Fußn. 187) Mehrstimmige Choräle Bd. I Nr. 63—65, Vierstimmige Choräle Nr. 10, 120, 131, Edition Peters Bd. VI Nr. 22; dazu auch unter I 6 (a/2) bei Fußn. 507.

[191]) Weitere Bearbeitungen von Reger aaO. (Fußn. 187) op 67 Nr. 6, op 135a Nr. 5; auch unter I 6 (b/2b). Weitere Beispiele für Bearbeitungen dieser Melodie Pfatteicher-Davison aaO. (Fußn. 187) Bd. I S. 126 ff. (Hanff, Kittel, Buxtehude, Pachelbel, Walther).

[192]) Beispiele für die Bearbeitung dieser Melodie finden sich in den in Fußn. 187 angeführten Orgelbänden.

monisch begleitet; die Begleitung ist sehr schlicht und einfach und doch ungeheuer wirkungsvoll, vor allem, wenn der Choral im Rahmen des Gesamtwerks gespielt wird. In Nr. 42 aaO. wird dieselbe Melodie als figurierter Choral gebracht.

Zu erwähnen ist auch, daß der Gregorianische Gesang auch die Kunstmusik beeinflußte und auch jetzt noch beeinflußt[193]), so bei

Respighi im „Gregorianischen Konzert" für Orchester und bei

Richard Wagner in dem Bühnenweihfestspiel „Parsifal", das im Stil am stärksten durch eine von *Liszt* ausgehende Neugregoreanik bestimmt wird; das bekannte Abendmahlmotiv, mit dem auch das Vorspiel beginnt, ist aus dem „Excelsior" entwickelt[194]).

Volkslied und volkslied-ähnliche Melodien sowie Volksmusik

Das Volkslied[195]) und das Kirchenlied[196]) waren ursprünglich eins, im Laufe der Zeit trennten sich beide immer mehr[197]). Das Volkslied, auch Folklore genannt, hat seinen Ursprung meist im Volk. Dasselbe gilt von Volkshymnen. Es gibt aber auch zum Volkslied oder zu Volkshymnen gewordene Lieder aus der Kunstmusik; so hat *Joseph Haydn* die volkstümliche Melodie zu dem Text „*Gott erhalte Franz den Kaiser*" geschrieben[198]). Volkslied und Volkshymnen haben jedoch überwiegend dieselbe Wurzel; denn beide müssen sangbar sein und auch ohne Begleitung klingen. Dies schließt aber nicht aus, daß sie vielfach zum Gegenstand von Bearbeitungen gemacht wurden und werden und die verschiedensten Gebiete der Musik beeinflussen. Daneben stehen volkslied-ähnliche Melodien, also Melodien, die keine

---

[193]) Dazu bez. des gregorianischen Gesangs Fußn. 186, auch Moser Musiklexikon II 1033/1034 (1033): Respighi, II 1392 ff. (1398): Wagner Richard; Leichtentritt Musikalische Formenlehre (Wiesbaden 1964) 190 ff., 288 ff.; auch Fußn. 189.

[194]) Dazu unter I 5 (g/4) bei Fußn. 400.

[195]) Dazu Blume MGG Suppan-Hoerburger-Stockmann usw. XIII 1923 ff.: Volksgesang, Volksmusik, Volkstanz; Moser Musiklexikon I 355: Folklore, II 1374/1375: Volkshymnen, II 1375 ff.: Volkslied, II 1383/1384: Volksmusik; Riemann Musiklexikon S (Fußn. 3a) 1052 ff.: Volkslied, 1055/1056 Volkstanz; Jahrbuch der Volksliedforschung (erscheint laufend seit 1956, Gruyter Verlag Berlin); Pöschl Schubert und das Volkslied / Das deutsche Volkslied (Zeitschrift) 1928 (30. Jahrgang) S. 146; zur rechtlichen Beurteilung unter II 8 (32).

[196]) Dazu Fußn. 186, 187.

[197]) Dazu unter I 2.

[198]) Dazu Moser Musiklexikon II 1375/1376 (1375): Volkshymnen; auch unter I 5 (f, g).

eigentlichen Volkslieder sind, aber ihnen im Charakter ähnlich sind, so daß man sie mit ihnen verwechseln kann. Was vom Volkslied gilt, bezieht sich auch auf andere Volksmusik, insbesondere Volkstänze.

Volkslieder, Volkshymnen, volkslied-ähnliche Melodien und andere Volksmusik sind von jeher gerne bearbeitet worden[199]), sei es als besondere Bearbeitungen je nach dem Zweck, sei es im Rahmen anderer Musikwerke. Es gab wohl keinen großen Komponisten, der nicht Anschluß an das Volkslied und die Volkshymnen suchte oder volksliedähnliche Melodien verarbeitete. Die Volksmusik der verschiedensten Länder gaben den Komponisten Anregungen zur Bearbeitung; einige bedeutsame Beispiele sollen dies verdeutlichen:

Ausländische Volksmusik

England: *Beethoven* schrieb für Klavier 7 Variationen über das Volkslied "*God save the king*" und 5 Variationen über das Volkslied "*Rule Britannia*"[200]).

Frankreich: Französische Volkslieder und Hofweisen fanden Eingang in den Chansonmessen[201]).

Robert Schumann verwendete die Marseillaise in dem Lied mit Klavierbegleitung „Die beiden Grenadiere", ebenso *Peter Tschaikowsky* in der „Ouvertüre für Orchester 1812".

Italien: *Franz Liszt* verwertete auch italienische Volksmusik, so in den Klavierstücken „Années de Pelerinage" Nr. 4 „Canzonetta del Salvator Rose" das Lied: „*Vado ben spesso cangiando loco*" usw., und in den weiteren Klavierstücken „Venezia e Napoli", nämlich in „Gondoliera" das Gondellied: „*La Biondina in Gondoletta*" und in „Tarantella" ein neapolitanisches Volkslied, wie auch die Unterüberschrift „Canzona Napolitana" zeigt.

In dem Zyklus „Der Weihnachtsbaum", der aus 12 Klavierstücken besteht, wird das Lied „*Adesta Fideles*" verwendet, und zwar in Bearbeitung.

---

[199]) Dazu Engel aaO. (Fußn. 5) 39; zur Melodie vom Schwedenmädel unter II 8 (12) bei Fußn. 162.

[200]) Dazu unter II 5 (g/1).

[201]) Dazu Moser Musiklexikon I 366 ff. (367): Französische Musik; Riemann Musiklexikon S (Fußn. 3a) 300 ff.: Französische Musik.

Ti Penseró bearbeitete das vor allem in Venedig bekannte und oft gesungene und gespielte Gondellied „Gondolì gondolà" für Singstimme mit Orchester[202]).

Richard Strauß verarbeitete in der „Alpensymphonie" im letzten Satz „Neapolitanisches Volksleben" ein neapolitanisches Volkslied.

Peter Tschaikowsky läßt sein "Capriccio Italien" mit einem italienischen Zapfenstreich beginnen[203]).

Karibische Inseln: *Werner Egk* schrieb Variationen für Orchester über ein karibisches Thema[204]).

Niederlande: *Eduard Kremser* bearbeitete 6 altniederländische Volkslieder, darunter auch das niederländische Dankgebet[205]).

Orient: Der Orient gab den Komponisten vielfache Anregungen, vor allem volksliedhafte Stücke. Man denke an die Operette von *Franz Lehár* „Das Land des Lächelns" und an die Oper von *Giacomo Puccini* „Madame Butterfly".

Rumänien: *Béla Bartók* bearbeitete rumänische Volkslieder[206]).

Rußland: Von *A Lwow* stammt die kaiserliche Nationalhymne[207]). Volksliedbearbeiter waren vor allem *M. Glinka* und *Rimsky-Korssakow*[208]). Variationen über das russische Lied *„Schöne Minka"* für Klavier schrieb *Carl Maria von Weber*, op 40[209]).

Hinzuweisen ist auch auf die Operette von *Franz Lehár* „Zarewitsch".

Schweiz: *Beethoven* verfaßte für Klavier 6 leichte Variationen über ein Schweizerlied.

---

[202]) Als Schallplatte erschienen bei „La Voce del Patrone" (Die Stimme seines Herrn) 7 MQ 1688 Sanremo 1962: Sergio Bruni acc Ti Penserò.

[203]) Dazu unter I 4.

[204]) Dazu unter I 5 (g/1), 6 (c/2a).

[205]) Dazu Moser Musiklexikon I 655: Kremser; Riemann Musiklexikon P (Fußn. 46) I 965: Kremser.

[206]) Dazu Moser aaO. I 87: Bartók; Riemann Musiklexikon P (Fußn. 46) I 105 ff.: Bartók.

[207]) Dazu Moser aaO. II 1082 ff. (1083): Russische Musik; Riemann Musiklexikon S (Fußn. 3a) 825 ff.

[208]) Dazu Fußn 207.

[209]) Dazu I 5 (g/1).

S l o w a k e i : *Belá Bartók* veröffentlichte auch slowakische Volkslieder in Bearbeitung[210]).

T ü r k e i : *Mozart* bezeichnete den letzten Satz der Klaviersonate in A, der Marschcharakter hat: „Alla turca". Die Themen gehen auf einschlägige Volksmusik zurück.

U n g a r n : Die ungarische Volksmusik hat einen ganz erheblichen Einfluß auf die europäische Musik gewonnen, insbes. die Zigeunerweisen. Lied und Tanz waren es in gleicher Weise, die Komponisten begeisterten und zu Bearbeitungen anregten; *Franz Liszt* schrieb 1861 das Buch „Die Zigeuner und ihre Musik in Ungarn", das damals Aufsehen erregte[211]).

Vor allem der ungarische Volkstanz, der Czárdás, wurde nachgeformt[212]).

Zu nennen sind Namen wie

Béla Bartôk[213]) und *Zoltân Kodaly*[214]),die zugleich als Volksliedforscher Großes leisteten,

Brahms, vor allem seine „Ungarischen Tänze" für Klavier, die aber ihrerseits wiederum zu zahlreichen Bearbeitungen in den verschiedensten Besetzungen anregten.

Brahms schrieb auch Klavier-Variationen über ein ungarisches Lied, op 21 Nr. 2.

Joseph Haydn schlíeßt sich in seinen Werken auch an ungarische Volksmusik an, was an sich viel zu wenig bekannt ist[215]).

Joseph Joachim, der bedeutende Geiger zur Zeit von Mendelssohn und Brahms, schrieb ein Violin-Konzert „in ungarischer Weise" [216]).

Franz Liszt, dessen 19 „Ungarische Rhapsodien" für Klavier eine meist mitreißende Wirkung haben; auch sie gehen vielfach auf originale ungarische Musik zurück. Diese Rhapsodien wurden

---

[210]) Dazu Fußn. 206.

[211]) Dazu Fußn. 207.

[212]) Dazu M o s e r Musiklexikon I 229: Czárdás.

[213]) Dazu Fußn. 206.

[214]) Dazu M o s e r Musiklexikon I 634/635: Kodály; R i e m a n n Musiklexikon P (Fußn. 46) I 943/944: Kodály.

[215]) Dazu S z a b o l c s i Joseph Haydn und die ungarische Musik / Beiträge zur Musikwissenschaft 1959, Heft 2, S. 62 (Verlag Neue Musik, Berlin).

[216]) Dazu M o s e r Musiklexikon I 571: Joachim; R i e m a n n Musiklexikon P (Fußn. 46) I 880/881: Joachim.

ebenfalls Gegenstand von vielen Bearbeitungen; sie erfreuen sich stets großer Beliebtheit. Zu erwähnen sind auch die „Fantasie über ungarische Volkslieder" für Klavier und Orchester und die symphonische Dichtung für Orchester „Ungaria".

Johann Strauß hat in seiner Operette „Der Zigeunerbaron" einen wundervollen Czárdás.

Von *Carl Maria von Weber* stammen die Klavier-Variationen über ein Zigeunerlied op 55[217]).

Deutsche Volksmusik

Das deutsche Volkslied und deutsche Tänze bergen einen unerschöpflichen Reichtum, der zu allen Zeiten der Musik neue Belebung gab. Unter den Tänzen bedürfen vor allem der Walzer, der Ländler, die Polka und die Mazurka der Erwähnung, die die Musik wesentlich beeinflußten, wie man in der Musikgeschichte feststellen kann, von *Haydn, Mozart, Beethoven* über *Chopin, Brahms, Grieg, Schubert, Schumann, Liszt, Weber, Lanner* zur Gegenwart, vor allem *Lehár, Richard Wagner* und *Richard Strauß* und *Werner Egk*[218]).

Für den Bereich der Bearbeitung bedarf es noch folgender Hinweise:

Ludwig van Beethoven verwendete in der 6. Symphonie im heiteren Schlußsatz eine Dudelsackmelodie[219]). Auch stammen von ihm deutsche Tänze, insbes. die Mödlinger Tänze[220]).

Johannes Brahms hat in seiner 1. Klaviersonate (C) im 2. Satz (Andante) Variationen über ein volkslied-ähnliches Thema geschrieben („Verstohlen geht der Mond auf"). Er selbst meinte, es handle sich um ein echtes Volkslied und vermerkte deshalb am Beginn des Satzes: „Nach einem altdeutschen Minneliede"; es ergab sich aber später, daß seine Auffassung auf einer Täuschung beruhte[221]).

---

[217]) Dazu unter I 5 (g/1).

[218]) Dazu Fußn. 195; auch Moser Musiklexikon II 752: Mazurka, II 970: Polka, II 1267 ff.: Tanz, II 1384 ff.: Volkstanz, II 1407/1408: Walzer, II 1467: Zwiefacher; Riemann Musiklexikon S (Fußn. 3a) 549: Mazurka, 738 Polka, 935 ff.: Tanz, 1055/1056: Volkstanz, 1061/1062: Walzer, 1084/1085: Zwiefacher; bez. Kaminski Fußn. 386.

[219]) Dazu unter I 4.

[220]) Die 3 Walzer, die man Sehnsuchts-, Schmerzens- und Hoffnungswalzer betitelt hat, dürften von Schubert stammen; verschiedentlich wird Beethoven als Autor angegeben. Dazu auch Fußn. 228.

[221]) Der Klaviersatz über „Verstohlen geht der Mond auf" in op 1 kann unter Volkston eingereiht werden, wenn man den Volkslied-Charakter verneint; dazu Fußn. 222, 236; auch unter I 5 (g/1).

Von Brahms stammen auch Volkslieder für gemischten Chor, Volkslieder für Singstimme und Klavier und Deutsche Volkslieder für Singstimme [222]).

In der „Akademischen Festouvertüre" sind Volkslieder, vor allem Studentenlieder, verarbeitet.

Werner Egk hat auch den Anschluß von Volksmusik, so in den 3 Bauernstücken für Orchester „Georgika [223]).

Paul Hindemith schrieb die 3. Orgelsonate (1940) über alte Volkslieder, nämlich über „Ach Gott, wem soll ich's klagen", „Wach auf, mein Hort" und „So wünsch ich ihr" [223a]).

Engelbert Humperdinck hat in der Märchenoper „Hänsel und Gretel" das Volkslied „Ein Männlein steht im Walde" vertont und ausgezeichnet instrumentiert. In der gleichen Oper kommt an anderer Stelle im Orchesterpart das Volkslied „Siech'ste wohl da kimmt er" vor [224]).

Von *Wilhelm Kienzl* gibt es symphonische Variationen über das Volkslied „Zu Straßburg auf der Schanz".

Fritz Kreisler, der als Violin-Virtuose bekannt war, schrieb ausgezeichnete Bearbeitungen von Volksliedern [225]).

Karl Loewe hat in der für eine Singstimme mit Klavierbegleitung geschriebenen Ballade „Prinz Eugen" das Volkslied genial eingebaut [226]).

Wolfgang Amadeus Mozart griff ebenfalls auf Volksmelodien zurück. In seiner Oper „Figaros Hochzeit" beruht die Kavatine des Figaro „Will der Herr Graf ein Tänzchen nun wagen", die so sehr wirkungsvoll und zündend ist, auf einem Volkslied. In der Oper „Don Giovanni" wird im 2. Akt von dem Volkslied „Hänschen klein" das Melodiestück „lasset uns singen, tanzen und springen" ver-

---

[222]) Dazu Moser Musiklexikon I 146 ff. (148): Brahms; Reclams Klaviermusikführer (Fußn. 16b) II 382.
Zu erwähnen ist auch, daß in der Klaviersonate op 1 der langsame Satz auf ein angebliches altdeutsches Minnelied zurückgeht und daß in der Klaviersonate op 5 am Schluß des langsamen, Mondscheinstimmung atmenden Satzes das Lied „Steh' ich in finstrer Mitternacht" Verwendung findet bzw. anklingt; dazu Reclams Klaviermusikführer II 383, 385. Im übrigen Fußn. 221.

[223]) Dazu Moser aaO. I 308/309: Egk; Riemann Musiklexikon P (Fußn. 46) I 450.

[223a]) Dazu Lukas Orgelmusikführer (Fußn. 186) 197.

[224]) Dazu unter I 5 (g/4), 6 (c/2a).

[225]) Dazu unter I 5 (l).

[226]) Dazu Moser Musiklexikon II 1375 ff. (1378): Volkslied, II 1467: Zwiefache; Riemann Musiklexikon S (Fußn. 3a) 1952 ff.: Volkslied, 1055/1056: Volkstanz, 1084: Zwiefacher.

wendet, wobei offenbleiben mag, ob es bewußt oder unbewußt geschehen ist[226a]).

Siegfried Ochs ist bekannt durch seine Variationen über das Volkslied „S'kommt ein Vogel geflogen"[226a]).

Max Reger verwendete in dem bekannten Kinderlied „Mariä Wiegenlied", op 76,52 das Volkslied „Joseph, lieber Joseph mein". Das Lied ist für eine Singstimme mit Klavier geschrieben und in Harmonik und Stimmführung sehr einfach gehalten und verrät nichts von der teilweise überladenen Harmonik und Kontrapunktik Regers. Er hat auch für Orgel Variationen und Fuge über das Lied „Heil dir im Siegerkranz" bzw. „English National Anthem" geschrieben und in op 145 Nr. 7 das Deutschlandlied (in kanonartiger Form) verwendet.

Von *Willy Richartz* ist sein Walzer „Bayerische Geschichten" in diesem Zusammenhang zu erwähnen.

Franz Schubert schrieb deutsche Tänze für Klavier, auch Walzer. Bekannt ist vor allem die Bearbeitung des Sehnsuchts- oder Trauer-Walzers durch *Franz Liszt* für Klavier in Variationsform (Soiérees de Vienne Nr. 9)[228]).

Robert Schumann verwendet in mehreren Klavierwerken, nämlich in op 2 (Papillons) Nr. 12, in op 6 (Carneval) Nr. 20 und in op 68 (Album für die Jugend) Nr. 39 das Volkslied: „Es ritten 3 Reiter zum Tore hinaus".

Friedrich Silcher ist bekannt durch seine Volkslieder-Bearbeitungen. Bekannt sind vor allem seine 12 Hefte „Volkslieder gesammelt und für 4 Stimmen gesetzt" aus den Jahren 1826 bis 1860[229]). Zu erwähnen sind die Volksweisen „Ännchen von Tharau" und „Ich weiß nicht, was soll es bedeuten".

Richard Strauß hat in seinen Werken auf Folklore zurückgegriffen, die sich oft in der Schlichtheit und Einfachheit der Satzweise im Gegensatz zur Bravour und Artistik sowie Virtuosität des Orche-

---

[226a]) Mozart „Don Giovanni" 2. Akt Finale im Allegretto in der Szene, die beginnt mit Leporello „Wie heißt doch die alte Oper?" Don Giovanni „Fülle den Becher! Das ist der wahre Sorgenbrecher!"

[227]) Dazu unter I 5 (g/1, 3) 6 (b/2b, c/1), II 5.

[228]) Die von Liszt bearbeiteten Walzer stammen sehr wahrscheinlich von Schubert, sie haben nicht den Charakter von Stücken von Beethoven, dem man sie verschiedentlich zuschreibt (dazu Fußn. 220). Im übrigen unter I 5 (f, g/1).

[229]) Dazu Moser Musiklexikon II 1187: Silcher; Riemann Musiklexikon S (Fußn. 46) II 684/685: Silcher.

[230]) Über weitere Lieder und Liedbearbeitungen Riemann aaO. Fußn. 229.

stersatzes als wohltuend und entspannend erweist. In dem Singgedicht „Feuersnot" wird das alte Münchener Volkslied „Mir san net von Pasing" usw. verwendet und zitiert[231]). An anderer Stelle kommt der Anfang des Liedes vom alten Peter vor[232]).

Carl Maria von Weber hat in der Jubel-Ouvertüre als Coda die Volkshymne „God save the King" (die Melodie, die später der Preußenhymne „Heil dir im Siegerkranz" zugrundegelegt wurde[233]) verwendet und bearbeitet.

Neben den Volksliedern und der Volksmusik steht die Musik im **Volkston.** Es sind Musikstücke, die keine eigentlichen Volkslieder sind, aber in der Art und im Charakter ihnen nachgebildet und nach- „gedacht" sind, also inspiriert durch das Volkslied und die Volksmusik. Auch diese Art von Musik nimmt einen breiten Raum in der Musik ein. Es gehören dazu Stücke für Kinder, Wiegenlieder, Heimatlieder usw. Aber auch darüber hinaus wird in der Musik danach gestrebt, im Volkston zu schreiben, da diese Art von Musik von Herz zu Herz geht. Daher ist diese Art von Musik auch in Opern und Operetten, Oratorien, Instrumentalstücken und Liedern usw. zu finden. Man denke nur bei *Richard Strauß* an die Oper „Arabella" an die beiden Duette „Aber der Richtige, wenn's einen gibt" und „Und du wirst mein Gebieter sein". Aus der Oper „Xerxes" von *Händel* ist die weit verbreitete Arie aus dem 1. Akt der Oper „Wonnevoll rauschendes Blätterdach, schattiger Sommertag, wie schön bist du, wonnevoll!" im allgemeinen nur unter dem Namen „Largo" bekannt[234]).

Die hier einschlägige Musik ist auch deshalb bedeutsam, weil solche Musik im Volkston teilweise selbst zum Gegenstand von Bearbeitungen gemacht wurde.

Einige Beispiele:

Johann Sebastian Bach Lied „Willst du dein Herz mir schenken".

Ludwig van Beethoven Lied „Die Himmel rühmen". Man wird auch die Klavier-Variationen über das schlichte Lied „Ich hab ein kleines Hüttchen nur" hierher einreihen[235]).

---

[231]) Richard Strauß Feuersnot (Fürstner Verlag) Partitur bei Nr. 25.

[232]) Richard Strauß aaO. (Fußn. 231) bei Nr. 164.

[233]) Dazu Moser Musiklexikon II 1374/1375 (1374) Volkshymnen.

[234]) Dazu zu Strauß unter I 6 (b/1) bei Fußn. 534; zu Händel unter I 5 (f) bei Fußn. 305, I 5 (g/4).

[235]) Dazu unter I 5 (g/1).

Johannes Brahms die Lieder „Guten Abend, gut Nacht" und „Mein Mädel hat einen Rosenmund" sowie
Intermezzo Nr. 1 aus op 117 für Klavier mit dem Motto aus Herder's Volksliedern „Schlaf sanft, mein Kind" usw.[236]).

Franz Josef Breuer das Lied „Euch grüßt die Heimat" für eine Singstimme mit Orchesterbegleitung[237]), ein charakteristisches Beispiel für Musik im Volkston. In dem Musical „Mister Poppkorn" wird das Lied „Ich denke so gern an Alt-Heidelberg" ist das Volkslied „Alt Heidelberg" verarbeitet.

Eduard Grieg
Improvisata über 2 norwegische Volksweisen, op 29, für Klavier,
Stimmungen, op 73, für Klavier, Nr. 4 Volkston,
25 nordische Tänze und Volksweisen, op 17, für Klavier,
Norwegische Tänze, op 35, für Klavier,
2 Melodien für Streichorchester nach eigenen Liedern, op 53, auch bearbeitet für Klavier, Nr. 1 Norwegisch,
2 nordische Weisen für Streichorchester, op 63, auch bearbeitet für Klavier,
19 norwegische Volksweisen, op 66, für Klavier.

Wilhelm Kienzl „Selig sind, die Verfolgung leiden" in der Oper „Der Evangelimann".

Von *Eduard Künneke* sind die Lönslieder zu erwähnen, die für eine Singstimme mit Orchester geschrieben sind[238]).

Felix Mendelssohn Bartholdy Lied „Es ist bestimmt in Gottes Rat".

Mozart Lieder „Das Veilchen" und „Ave verum".

Willy Richartz komponierte ein Soldatenlied mit Volkstümlichkeit, das weite Verbreitung fand: „Wovon kann der Landser denn schon träumen, er träumt von seinem Mägdelein..."; auch der Walzer für Klavier op 96 „Wo die Isar rauscht" hat ganz den Charakter von Folklore[239]).

Franz Schubert die Lieder „Der Lindenbaum" und „Heidenröslein".

Robert Schumann die Lieder „Volksliedchen", op 51 Nr. 2, und „Kinder lacht", op 79 Nr. 12, für Gesang und Klavier,

---

[236]) Dazu bez. des Klaviersatzes über „Verstohlen geht der Mond auf" in Fußn. 221, 345; auch unter I 5 (g/1).

[237]) Als Schallplatte erschienen bei Polydor Nr. 54076 S; dazu Fußn. 240.

[238]) Es gibt auch eine Bearbeitung als Orchester-Suite; dazu unter I 5 (f) bei Fußn. 285.

[239]) Dazu Willy Richartz Kompositionen Klavierband 1 S. 5 ff. (Orbis-Musikverlag Köln - Höhenberg).

ferner aus den Klavierstücken „Album für die Jugend", op 68, Nr. 3 „Trällerliedchen", Nr. 7 „Jägerliedchen", Nr. 9 „Volksliedchen", Nr. 15 „Frühlingsgesang", Nr. 18 „Schnitterliedchen", Nr. 20 „Ländliches Lied", Nr. 24 „Ernteliedchen", Nr. 36 „Lied italienischer Marinari", Nr. 41 „Nordisches Lied"
und das Stück im Volkston für Violoncello und Klavier op 102.

Carl Maria von Weber Wiegenlied „Schlaf, Herzenssöhnchen, mein Liebling bist du" für Gesang und Klavier.

Fritz Wunderlich Pfälzer Heimatlied „Mein Kusel" (Ein Städtchen liegt im Pfälzerland) — Text und Melodie von Wunderlich, Bearbeitung von *Franz Josef Breuer*[240]).

In der **Heimatmusik** wird das Volkslied und die Musik im Volkston gefördert. Hier sind vielfach Interpreten zugleich Bearbeiter, wie z. B. der in Bayern so bedeutsame Volkslied- Forscher *Chiem-Pauli*, der bereits verstorben ist, jedoch in Rundfunksendungen immer wieder erwähnt wird.

Hinzuweisen ist auch noch auf die **Sammlungen** von Volksliedern und Volksmusik bei uns in Deutschland oder in anderen Ländern[241]).

f) Sonstige Bearbeitungen

Bearbeitungen kommen nicht nur als Melodie-Bearbeitungen vor[242]), auch die sonstigen Arten von Bearbeitungen gibt es in viel größerer Zahl, als man im allgemeinen weiß. Die Bedeutung der Bearbeitung im Bereich der Musik wird man aber erst dann voll erkennen, wenn man auch in dieser Richtung sich klar darüber wird, was früher und jetzt an solchen Bearbeitungen geschaffen wurde und wird. Man wird dann auch den Wert der Bearbeitungen mehr zu schätzen wissen. Deshalb sollen auch hier zu der Fülle von Bearbeitungen einige Hinweise gegeben werden.

Es ergeben sich in diesem Bereich die verschiedensten Möglichkeiten, und zwar im Grundsatz:

I. 1. Ein **Instrumentalsatz** wird ein **Gesangsatz.**
2. Ein **Gesangsatz** wird ein **Instrumentalsatz.**

---

240) Als Schallplatte erschienen bei Polydor Nr. 54076 L; dazu Fußn. 237 (dieselbe Schallplatte; im übrigen unter I 6 (b/1, 2a) II 8 (2 o).

241) Dazu Fußn. 195.

242) Dazu unter I 5 (c, g/4).

II. 1. Ein Stück für Klavier, Orgel oder ein anderes Einzelinstrument oder mehrere Soloinstrumente wird für Orchester **instrumentiert.**

2. Ein **Orchesterstück** wird für ein einzelnes Instrument oder mehrere Soloinstrumente bearbeitet.

III. 1. Ein **Gesangssolo** für eine oder mehrere Stimmen wird zum **Chorlied.**

2. Ein **Chorlied** wird zu einem **Gesangssolo** für eine oder mehrere Stimmen umgearbeitet.

IV. Zwischen den **Fällen** unter Z I, II, III ergeben sich dann die verschiedensten Variationsmöglichkeiten.

Dieses Schema zeigt, wie verschieden eine Bearbeitung sein kann.

Solo-, also Einzelstimmen, kommen bei Gesang und Instrumenten vor. Es kann sich also um Ein- oder Mehrstimmigkeit handeln. Bei Gesang [243]) sind vor allem Duette, Terzette und Quartettlieder beliebt. Bei Instrumenten [244]) haben wir Stücke von einem Soloinstrument angefangen über Duos, Trios, Quartette, Quintette, Sextette, Oktette, Nonette je nach der Zahl der mitwirkenden Soloinstrumente. Es gibt sogar Stücke für noch mehr Soloinstrumente. Wirkt ein Klavier mit, so spricht man von Klaviertrio usw.

Dem Solo stehen **Chor** und **Orchester** gegenüber. Hier singt oder spielt bei jeder der Stimmen eine Mehrzahl von Personen, wobei allerdings bei dem Orchester insofern eine Ausnahme zu machen ist, als bestimmte Instrumentengruppen, wie Holz, Blech, Schlagzeug, bei jeder Stimme oft nur einfach besetzt sind. Die Mehrstimmigkeit [245]) beginnt ab 2 Stimmen. Ein Chor oder Orchester kann auch mehrchörig verwendet werden. Bei den Chören unterscheidet man Knaben-, Männer-, Kinder-, Frauenchor usw.; singt ein Chor in 2 Gruppen, so spricht

---

[243]) Dazu Blume MGG Moser IV 1889 ff.: Gesangskunst; Moser Musiklexikon I 408 ff.: Gesang; Riemann Musiklexikon S (Fußn. 3a) 329/330: Gesangskunst; auch unter I 6 (b).

[244]) Dazu Blume MGG Becker-Mayer VI 1252 ff.: Instrumentation, Dräger-Berner II 1295 ff.: Instrumentenkunde; Moser Musiklexikon I 540 ff.: Instrumentalmusik, I 543: Instrumentation, I 544/545: Instrumente, I 545/546: Instrumentenkunde; Riemann Musiklexikon S (Fußn. 3a) 398 ff.: Instrument, 400 ff.: Instrumentalmusik, 402 ff.: Instrumentation, 404/405: Instrumentenbau; auch unter I 6 (b).

[245]) Dazu Blume MGG Engelbrecht IX 475 ff.: Monodie; Moser Musiklexikon II 755: Mehrstimmigkeit, II 796: Monodie; Riemann Musiklexikon S (Fußn. 3a) 584/585: Monodie, 740: Polyphonie; auch unter I 6 (b/2).

man von Doppelchor[246]). Beim Orchester gibt es auch die verschiedensten Kombinationen[247]), insbesondere das große und kleine Symphonie-, Kammer-[248]), Blas-, Unterhaltungs-[249]), Tanzorchester[250]).

Die Möglichkeiten der Ensemble-Zusammensetzung und damit der Bearbeitung sind hiernach unbegrenzt[251]). Auch ergab die Entwicklung, daß neue Instrumentierungsarten aufkamen, da die früheren Instrumentationsmethoden nicht ohne weiteres zu neuen Gestaltungen anwendbar sind[252]). Ensemble-Zusammensetzungen, die vor Jahrzehnten allgemein beliebt und weitverbreitet waren, wie die Kaffeehaus-Besetzung, haben heutzutage nur geringe Bedeutung[253]).

Bearbeitungen für andere Besetzungsarten, als das Original vorgibt, werden teils von den Komponisten selbst gefertigt. Es sind dann Doppelfassungen oder Mehrfachfassungen von Musikwerken, weil die Fassung für andere Kombinationen ja verschiedentlich erfolgen kann.

Häufiger als die Selbst-Bearbeitungen sind die Fremdbearbeitungen, dh. Bearbeitungen durch einen anderen als den Komponisten.

So verschieden hier die Möglichkeiten der Bearbeitung und der Bearbeitungsarten sind, so verschieden sind auch die **Zwecke der Bearbeitung.**

Sie können einem **künstlerischen Genius** entspingen, weil der Komponist eine Art Zweitschöpfung anstrebt, also Kunst an sich, wie etwa *Hans Pfitzner*, der das Streichquartett in cis in eine Symphonie umarbeitete, op 36, 36a[254]).

Sie können dem **Kunstbedürfnis** von Kunstliebhabern und Kunstfreunden dienen, die sich in Musikstücke besonders vertiefen wol-

---

[246]) Dazu Blume MGG Blankenburg II 1230 ff.: Chor; Moser Musiklexikon I 201/202: Chor, I 214: Chorwesen, I 696/697: Liedertafel; Riemann Musiklexikon S (Fußn. 3a) 163/164: Chor, 527: Liedertafel.

[247]) Dazu Blume MGG Hiekmann-Becker X 172 ff.: Orchester; Moser Musiklexikon II 900/901: Orchester; Riemann Musiklexikon S (Fußn. 3a) 672 ff.: Orchester, 679/680: Orchestration.

[248]) Dazu Blume MGG Wirth VII 477 ff.: Kammermusik; Moser Musiklexikon I 584/585: Kammermusik; Riemann Musiklexikon S (Fußn. 3a) 434/435: Kammermusik.

[249]) Dazu Blume MGG Feldmann-Hickmann XIII 89 ff.: Tanz, Würz XIII 1138 ff.: Unterhaltungsmusik; Engel aaO. (Fußn. 5) 41; Moser Musiklexikon I 323: Ensemble, II 1330/1331: Unterhaltungsmusik; Riemann Musiklexikon S (Fußn. 3a) 260/261: Ensemble, 1007/1008: Unterhaltungsmusik; auch unter 6 (c/2a).

[250]) Dazu Fußn. 249 sowie unter I 6 (c/2a, b).

[251]) Dazu unter I 6 (b, c).

[252]) Dazu unter I 6 (c).

[253]) Dazu unter I 6 (c).

[254]) Dazu unter I 5 (f) bei Fußn. 287.

len, die Musikwerke sich erarbeiten wollen durch persönliches Spiel, und zwar in Ergänzung der Möglichkeiten des Theater- und Konzertbesuchs, des Partitur-Studiums und des Abspielens von Schallplatten oder Tonbändern. Diesem Zweck dienen vor allem Bearbeitungen der verschiedensten Art, indem Musikwerke für Orchester oder mehrere Instrumente, für mehrere Solostimmen, für Chorwerke usw. für Klavier und Violine oder ähnliche Arten abgeändert oder bearbeitet werden. Hierher gehören auch die Klavierauszüge.

Ein weiteres Gebiet des Publikumsinteresses liegt auf dem Sektor der **Unterhaltungsmusik.** Dabei ist die Unterhaltungsmusik sehr vielseitig; sie geht von der eigentlichen Tanzmusik bis zu Musikstücken, die die Grenze der ernsten Musik erreichen. Es ist ja bekannt, daß viele Komponisten der heiteren Muse von der ernsten Musik herkamen und daher teilweise in ihren Werken zurückstreben zur ernsten hohen Kunst. Eine Grenze läßt sich nicht immer ziehen[255]). Dies gilt auch für die Bearbeitung solcher Musikstücke.

Von einer weiteren Untergruppierung wird abgesehen, weil die Vielfalt der Möglichkeiten ersichtlich ist. Besonderer Erwähnung bedarf jedoch noch folgendes:

Die **Hausmusik**[256]) ist seit jeher viel auf Bearbeitungen angewiesen, weil schwierigere Werke vereinfacht werden müssen, wenn sie von Laien und Dilettanten gespielt werden sollen, damit den Spielern nicht die Lust und Freude vergeht. Auch wurden und werden zu diesem Zwecke viele Werke, die für Orchester usw. geschrieben sind, so bearbeitet, daß sie auf Klavier oder für Klavier und Violine bzw. andere Ensembles gespielt werden können. In heutiger Zeit geben die elektronischen Musikinstrumente für Unterhaltungsmusik der Hausmusik einen neuen Antrieb und regen auch zu Bearbeitungen für Ensembles an. Ohne geeignete Bearbeitungen ist die Hausmusik dem Aussterben nahe, weil durch Rundfunk und Fernsehen ohnedies der Wille zum persönlichen Musizieren immer mehr schwindet und die Hellhörigkeit der modernen Häuser und die Lärmempfindlichkeit der Nachbarn die praktische Ausübung der Hausmusik gegenüber früher erheblich mindert. Nur durch moderne Bearbeitungen für zeitgemäße Hausmusikinstrumente kann dieser Zweig der Musik, der einst so wichtig war,

---

[255]) Dazu unter I 6 (b/1, c/2).

[256]) Dazu Engel aaO. (Fußn. 5) 41; Moser Musiklexikon I 487/488: Hausmusik; Riemann Musiklexikon S (Fußn. 3a) 368/369: Hausmusik; auch Fußn. 29 sowie unter I 5 (i), 6 (b/1) bei Fußn. 540, I 6 (c/2a) mit Fußn. 637.

weiterbestehen. Die Komponisten und Bearbeiter leisten etwas für die Musikalität des Volkes, wenn sie hier geeignete Werke schaffen.

Unter den Eigen- und Fremdbearbeitungen spielen die sog. **Potpourris**[257]) eine besondere Rolle. Es werden hier verschiedene, meist bekannte Melodien oder Musikstücke in Bearbeitung aneinandergereiht und zu einem einheitlichen Werk verarbeitet. Die Potpourris können sehr verschiedengestaltig sein. Manche Ouvertüre ist potpourrimäßig aufgebaut, wenn die wichtigsten und schönsten Stellen einer Oper oder Operette in ihr zusammengefaßt sind. Potpourris können sich auf Volkslieder ebenso beziehen wie auf Werke von einem oder mehreren Komponisten. So ist die „Akademische Festouvertüre" von *Johannes Brahms* als Potpourri aufgebaut, indem sie verschiedene Volks- und Studentenlieder bringt. Aus neuester Zeit ist erwähnenswert die musikalisch wertvolle und interessante Ouvertüre zu der Operette „Pariser Leben" von *Jacques Offenbach* durch *Willy Richartz*[257a]). Die Ouvertüre von *Offenbach*, der 102 Bühnenwerke geschrieben hat, die nicht alle gleichwertig sind, ist keine musikalische Höchstleistung. Richartz hat daher eine völlig neu gestaltete Ouvertüre geschrieben, die sich nicht an die Ouvertüre von *Offenbach* anschließt, sondern die musikalischen Höhepunkte der Operette sonaten- und potpourriartig gestaltet und bearbeitet. Es entsteht dadurch ein völlig selbständiges Werk, das auch ohne Operette im Konzertsaal erklingen kann. Beim **Quodlibet**[258]) erklingen verschiedenartige Melodien nebeneinander. Diese Art der Musik gab es in alter Zeit mehr als später[259]).

Die **geschichtliche Entwicklung** derartiger Bearbeitungen ist sehr bedeutsam und zeigt, daß zu allen Zeiten große wie kleine Meister der

---

[257]) Dazu Blume aaO. (Fußn. 3) I 1463, Engel X 1518 ff.: Potpourri; Moser Musiklexikon II 979: Potpourri; Riemann Musiklexikon S (Fußn. 3a) 743/744: Potpourri; auch unter 5 (g/2), 6 (c/1); bez. Liszt unter I 5 (f) bei Fußn. 319, zur rechtlichen Betrachtung unter II 8 (23).

[257a]) Offenbach-Richartz „Pariser Leben" Ouvertüre, erschienen im Musikverlag Oehl Köln; dazu auch unter II Fußn. 344.

[258]) Dazu Blume MGG Gudewill X 1822 ff.: Quodlibet; Leichtentritt Musikalische Formenlehre 210 ff.; Moser Musiklexikon II 1003/1004: Quotlibet; Riemann Musiklexikon S (Fußn. 3a) 777/778: Quotlibet; auch unter I 5 (g/3).

Ein Quodlibet kunstvoller Art ist in den Goldberg-Variationen von Johann Sebastian Bach (Klavierübungen Teil 4) Variation 30, bei der die Volksgesänge „Ich bin so lange nicht bei dir gewest, ruck her, ruck her" und „Kraut und Rüben haben mich vertrieben" eingearbeitet sind; dazu Urtextausgabe von Soldan Edition Peters Nr. 4462 mit Vorwort.

[259]) Dazu Moser aaO. (Fußn. 258) 1003; Riemann Musiklexikon S (Fußn. 3a) 704 ff.: Parodie.

Zu erwähnen sind Parodien, etwa die lustige Opernparodie von Peter Cornelius „Ich sterbe den Tod des Verräters"; dazu auch unter I 2 bei Fußn. 14, ferner unter I 5 (g/3).

Tonkunst hier Meisterwerke und Meisterleistungen vollbringen können[260]). **Instrumentalmusik** mit **Texten** zu versehen und so entsprechend zu verarbeiten, war zu manchen Zeiten sehr beliebt, wie z. B.

Ludwig van Beethoven Klavier-Sonate Appassionata, op 57, langsamer Satz, Umarbeitung für Männerchor mit Text „An die Nacht" von *J. Heim.*

Friedrich Silcher „Melodien aus Beethovens Sonaten in mehreren Heften" [262]).

Es mag sein, daß man solche Bearbeitungen als stilwidrig empfindet und daß Musikästhetiker sie sogar als kitschig bezeichnen, ebenso wie Bearbeitungen von Kirchen- und Opernmusik[263]). Auch in neuer Zeit bearbeitet die Unterhaltungsmusik nicht selten Stücke der ernsten Musik, und die Auffassungen über diese Art der Bearbeitung sind geteilt[264]). Da es bei der Bearbeitung oft darum geht, ob ein Bedürfnis für solche Musik da ist, wird jeweils auf persönliche Auffassungen, die immer wieder wechseln, abgestellt. Der **Zeitgeschmack** wechselt, und ihm kann die Bearbeitung Rechnung tragen; dies ist eine der wichtigsten Aufgaben der Bearbeitung.

Und nun einige bedeutsame **Beispiele** für Bearbeitungen von Werken, die keine Melodie-Bearbeitungen sind:

Eigenbearbeitungen

Allgemein ist zu erwähnen, daß in Kompositionen, auch bedeutender Meister, besonders in späteren Werken, Themen und Motive aus früheren Werken wiederkehren, meist in Bearbeitungen[265]). Dies kann man durch die gesamte Musikentwicklung beobachten bis in die Gegenwart hinein, insbes. bei *Richard Wagner* und *Richard Strauß.*

Johann Sebastian Bach Das Weihnachtsoratorium ist zum Teil aus weltlichen Kantaten und unter Verwendung der verschollenen

---

260) Dazu unter I 5 (b/2) bei Fußn. 64 zu der Bedeutung der Praktiker für die Frage der Bearbeitung, wobei es nicht auf die Bekanntheit des Namens ankommt; dazu auch Fußn. 361.

261) Dazu Blume aaO. (Fußn. 3) I 1463; Engel aaO. (Fußn. 5) 41; auch unter I 5 (g/4).

262) Dazu Fußn. 261.

263) Dazu Fußn. 261.

264) Dazu Blume aaO. (Fußn. 6) X 829; auch unter I 6 (c/2).

265) Dazu bez. Oper usw. unter I 5 (c).

Markus-Passion zusammengesetzt[266]). Interessant ist, was *Engel* zu dem Schaffen von Bach als Bearbeiter ausführt[267]):

„Seine Klavierkonzerte sind Bearbeitungen von eigenen Konzerten, im Falle des d-Konzertes vielleicht eines fremden Werkes. Interessant sind Bearbeitungen derselben Fugen für Orgel und für Soloviolines, und genial ist die Umarbeitung des Klavierwerkes, Präludium und Fuge in a zu einem Konzert für Violine, Flöte, Klavier und Orchester. Ebenso häufig hat Bach Vokalmusik umgearbeitet, weltliche Werke mit neuem geistlichen Text versehen, dem er die Musik meist, aber nicht immer durch kleine Retuschen anpaßte. Das Weihnachtsoratorium und die h-Messe bestehen fast ganz aus solchen Konfrakturen[268]), wobei Bach in der Messe trotz der Bearbeitung einen einheitlichen Bauplan durchführt."

Ludwig van Beethoven hat mehrere seiner Werke umgearbeitet für andere Besetzungen, so z. B.
das Quintett, op 3, nach dem Oktett für Blasinstrumente, op 103[269]),
Streichquartett, op 3, in ein Klaviertrio[270]),
c-Trio in ein Quintett[271]),
die Violin-Sonate op 30 in das Quintett op 85,
15 Variationen (mit Fuge) für Klavier über ein Thema aus dem Ballett „Die Geschöpfe des Prometheus" op 35 als Finale der Symphonie Nr. 3 (Eroica) op 55[273]).

Wenn auch von Beethoven erzählt wird, er habe bei einer seiner Bearbeitungen erklärt, das mache ihm keiner nach, so hat sich doch gezeigt, daß Bearbeitungen auch anderen möglich sind.

Georges Bizet Aus der Schauspielmusik zu Daudets „L'Arlésienne" entstanden die berühmten Orchestersuiten gleichen Namens[274]).

---

266) Dazu Moser Musiklexikon I 67 ff. (68): Bach Johann Sebastian; Riemann Musiklexikon P (Fußn. 46) I 75 ff.: Bach Johann Sebastian; auch Lukas Orgelmusikführer (Fußn. 16 b) 75 ff.

267) Dazu Engel aaO. (Fußn. 5) 40; über Bach als Fremdbearbeiter auch unter I 5 (f) bei Fußn. 307 ff.; weitere Beispiele Gesamtausgabe der Bachgesellschaft (Verlag Breitkopf & Härtel Leipzig) Bd. 5 Umarbeitung eigener und fremder Kompositionen.

268) Dazu I 2.

269) Dazu Blume aaO. (Fußn. 3) I 1465.

270) Dazu Fußn. 269.

271) Dazu Fußn. 269.

272) Dazu Fußn. 269.

273) Dazu unter II 5 (g/1).

274) Dazu Moser Musiklexikon I 125: Bizet; Riemann Musiklexikon P (Fußn. 46) I 170: Bizet.

Johannes Brahms Das Quintett in F-Moll wurde bearbeitet als Klavierquartett und außerdem auch für 2 Klaviere[275]),
das „Regenlied" mit Text von *Klaus Groth* als 3. Satz der Violinsonate op 78.

Ferruccio Busoni verarbeitete in seiner unvollendeten Oper „Dr. Faust"[277]) eine Reihe von Themen und Motiven aus anderen Werken.

Werner Egk arbeitete das Oratorium „Columbus" später als Oper um[278]).

Christoph Willibald Gluck schrieb 11 Symphonien, die Opernouvertüren sind[279]).

Edvard Grieg bearbeitete nach der Bühnenmusik zu *Ibsens* Schauspiel „Peer Gynt" die berühmten Orchester-Suiten gleichen Namens op 46, 55; ferner auch als Suiten für Klavier, wobei besonders auf „Solvejgs Lied" hinzuweisen ist. Auch die Orchester-Suite „Aus Holbergs Zeit" wurde in Klavier-Fassung bearbeitet. Zu erwähnen sind dann noch die Klavierstücke nach eigenen Liedern, op 41 und 52[280]).

Georg Friedrich Händel bearbeitete eigene Werke in weitem Umfange, vor allem in anderen Besetzungen; so wurde eine Klavierfuge im Chor Nr. 9 im Oratorium „Israel" mit unterlegtem Text verwendet[281]).

Joseph Haydn hat im Kaiserquartett die von ihm geschaffene Volkshymne „Gott erhalte Franz den Kaiser" in einem Variationssatz verarbeitet[282]). „Die 7 Worte des Erlösers am Kreuz" wurden als Instrumentalstück für Streichquartett geschrieben und später zu einem Oratorium umgearbeitet, nachdem zuvor *Frieberth* eine solche Bearbeitung gemacht hatte[283]).

---

275) Dazu Blume aaO. (Fußn. 3) I 1465; Engel aaO. (Fußn. 5) 42.

276) Dazu Fußn. 275.

277) Dazu unter I 5 (c/1 d).

278) Dazu Moser Musiklexikon I 306/307 (306): Egk; Riemann Musiklexikon P (Fußn. 46) I 450: Egk.

279) Dazu Moser aaO. I 425 ff. (427): Gluck.

280) Dazu unter I 5 (g/4), 6 (a/2, c/1). Weitere Klavierbearbeitungen eigener Kompositionen enthalten op 17, 34, 35, 37, 50, 53, 56, 63, 66.

281) Dazu Engel aaO. (Fußn. 5) 40.

282) Dazu Moser Musiklexikon I 489 ff. (491): Haydn; Riemann Musiklexikon P (Fußn. 46) I 750 ff.: Haydn; auch unter I 5 (e, g/1).

283) Dazu Blume aaO. (Fußn. 3) I 1463.

Hinzuweisen ist auch darauf, daß die Melodie, die in den „Jahreszeiten" beim Lied des Landmanns verwendet ist, auch in anderen seiner Werke vorkommt.

Paul Hindemith arbeitete den 1924 geschaffenen Liedzyklus „Das Marienleben" nach Text von *Rilke*, op 27, im Jahre 1941 um, während 1950 eine Orchesterfassung herauskam[284]).

Eduard Künneke gab seinen Löns-Liedern auch die Fassung einer Orchester-Suite[285]).

Franz Liszt hat die Fantasie bzw. das Präludium mit Fuge über den Namen BACH in Doppelfassung, nämlich für Klavier und für Orgel geschrieben[286]). In den Klavierwerken von Liszt sind verschiedentlich 2 Fassungen als Spielmöglichkeiten vorhanden; auch dies kann als Art Eigenbearbeitung angesehen werden.

Hans Pfitzner bearbeitete das Streichquartett in cis, op 36, später als Symphonie für großes Orchester, op 36 a[287]).

Max Reger bearbeitete die Suite im alten Stil für Violine und Klavier, op 93, und die Variationen mit Fuge über ein Thema von Beethoven für Klavier, op 86, auch für Orchester (wobei bei der Suite kein Soloinstrument verwendet wird); die berühmten Mozart-Variationen für großes Orchester, op 132, bearbeitete Reger auch als ein Stück für 2 Klaviere[288]).

Albert Roussel hat nach dem Ballett „Le festin de d'Araignée"[289]) op 17 auch eine Suite geschrieben.

Arnold Schönberg bearbeitete die Kammersymphonie für 15 Soloinstrumente, op 9, im Jahre 1950 für großes Orchester. Die „Ode an Napoleon Bonaparte", op 41, ist für eine Sopranstimme, Streichquartett oder Streichorchester und Klavier geschrieben[290]).

---

[284]) Dazu Blume aaO. (Fußn. 3) I 1465; Moser Musiklexikon I 489 ff.: Hindemith; Riemann Musiklexikon P (Fußn. 46) I 797 ff.: Hindemith.

[285]) Dazu unter I 5 (e) bei Fußn. 238.

[286]) Dazu unter I 5 (g/2,4); ein weiteres Beispiel unter II 8 bei Fußn. 104.

[287]) Dazu Blume aaO. (Fußn. 3) I 1465; Engel aaO. (Fußn. 5) 42.; Moser Musiklexikon II 951 ff. (952): Pfitzner; Riemann Musiklexikon P (Fußn. 46) II 401/402: Pfitzner; auch unter I 5 (f) bei Fußn. 254, I 6 (a/2).

[288]) Dazu Moser Musiklexikon II 1016 ff. (1018): Reger; Riemann Musiklexikon P (Fußn. 46) II 473 ff.: Reger; auch I 5 (g/1, 4), 6 (a/2, b/1 a, c/1); ein weiteres Beispiel unter II 8 bei Fußn. 105.

[289]) Dazu Moser aaO. II 1071 (1072): Roussel; Riemann Musiklexikon P (Fußn. 46) II 548: Roussel

[290]) Dazu Moser aaO. 1129/1130: Schönberg; Riemann Musiklexikon P (Fußn. 46) II 624 ff.: Schönberg.

Franz Schubert verwendete das Lied „Der Wanderer" in der Wanderer-Fantasie für Klavier, op 15[291]), das Lied „Die Forelle" im Forellen-Quintett (Streichquartett mit Klavier) und das Lied „Der Tod und das Mädchen" in dem Streichquartett in d op 161 (nachgelassenes Werk), jeweils in einem Variationssatz[292]).

Robert Schumann hat das Werk für Männerchor op 93 auch für Begleitung mit Orchester geschrieben[293]). Sein Klavierkonzert ist die Bearbeitung eines Stückes für 2 Klaviere[294]).

Johann Strauß Sohn bearbeitete im Alter aus früher komponierten Tänzen die Operette „Wiener Blut", wobei jedoch *Ad. Müller jun.* die Ausarbeitung vornahm[295]). Die Walzer „An der schönen blauen Donau" op 314 sind ursprünglich für Männerchor mit Orchesterbegleitung geschrieben; verbreitet ist allgemein nur die Bearbeitung ohne Chor[296]).

Oscar Straus hat in seiner Operette „Ein Walzertraum" den Erfolg wesentlich dadurch gesteigert, daß er den Walzer in Finale III am Schluß des letzten Aktes, der ursprünglich als reines Instrumentalstück gedacht war, in eine Szene mit Gesang („Heimlich bei Nacht ist die Sehnsucht erwacht, o Walzer nach deinen Wogen!") umarbeitete[297]).

Richard Strauß verwendet aus dem Singgedicht „Feuersnot" eine Walzermelodie[298]) in einem der Stadt München gewidmeten Walzer, der in der Fassung von 1938 die Bezeichnung „München", in der späteren Fassung von 1945 die Überschrift „München — ein Gedächtniswalzer" trägt. Bei der Oper „Ariadne auf Naxos", die ursprünglich mit Molières „Bürger als Edelmann" verquickt war, zweigte er bei einer Neubearbeitung die Suite „Bürger als Edelmann" als selbständiges Werk ab, das er seinerseits später nochmal überarbeitete[299]).

---

291) Dazu bez. Bearbeitung durch Franz Liszt unter I 5 (f) bei Fußn. 318; auch I 5 (g/2), 6 (a/2, c/1).

292) Dazu Fußn. 291.

293) Dazu Moser Musiklexikon II 1156 ff. (1158): Schumann Robert; Riemann Musiklexikon P (Fußn. 46) II 651 ff.: Schumann Robert.

294) Dazu Blume aaO. (Fußn. 3) I 1465; auch Fußn. 293.

295) Dazu Moser Musiklexikon II 1237/1238: Strauß Johann Sohn; Riemann Musiklexikon P (Fußn. 46) II 741/742: Strauß Johann (Sohn).

296) Dazu auch unter I 5 (g/4).

297) Dazu unter I 5 (b/1 b, 6/g 4).

298) In der Partitur zur „Feuersnot" (Fußn. 231); bei Nr. 190 eine Folge von 15 Takten.

299) Dazu auch unter I 5 (c/1c).

Igor Strawinsky hat sein Ballett „L'oiseau de feu", das 1910 geschrieben wurde, im Jahre 1945 neu instrumentiert, sein Ballett „Petruschka" aus dem Jahre 1911 ebenfalls, und zwar im Jahre 1946[300]).

Richard Wagner bezeichnete die für eine Singstimme mit Klavier geschriebenen Lieder „Im Treibhaus"[301]) und „Träume" als Studien zu „Tristan und Isolde", weil sie motivlich wie Bearbeitungen klingen. Auch die Fantasie für Klavier[302]) wirkt wie eine Bearbeitung von Motiven aus Opern. Die „Träume" bearbeitete Richard Wagner auch für Violine mit Klavierbegleitung[303]).

Hugo Wolf bearbeitete ein Streichquartett als Stück für kleines Orchester, die bekannte Italienische Serenade[304]).

Fremdbearbeitungen

Fremdbearbeitungen sind sehr häufig. Es gibt einzelne Musikstücke, die durch Bearbeitungen in alle Schichten des Volkes gedrungen sind, wie insbes. der „Reigen seliger Geister" aus der Oper „Orfeo" von *Willibald Gluck* und das sog. Largo von *Georg Friedrich Händel*[305]). Die Musik von *Richard Wagner*, die ja weithin einen großen Anhängerkreis gewann, wurde durch ungezählte Bearbeitungen so „volkstümlich"; Militärkapellen ebenso wie Kaffeehausmusiker oder Hausmusik kamen durch Bearbeitungen dem Bedürfnis der Musikinteressierten entgegen[306]). Die Bearbeitung hat daher für das Musikbedürfnis der Allgemeinheit eine ungeahnte Bedeutung, und wir könnten sie daher in der Gegenwart so wenig missen wie in der Vergangenheit.

Auch hier ist der Umfang der Bearbeitungen viel größer, als allgemein angenommen wird. Einige Hinweise sollen uns zeigen, wie bedeutsam die Bearbeitung ist.

Johann Sebastian Bach, der zu den erhabensten Menschheits-Genien zählt, dessen unvergleiche Schöpferkraft und kompositorische

---

300) Dazu Moser Musiklexikon II 1242/1243: Strawinsky; Riemann Musiklexikon P (Fußn. 46) II 745 ff.: Strawinsky.

301) Dieses Lied gehört zu den Wesendonck-Liedern; über Bearbeitung für Orchester durch Mottl unter I 5 (f) bei Fußn. 327.

302) Die wenig bekannte Fantasie für Klavier zeigt das orchestrale Denken von Richard Wagner, da sie durchaus nicht im brillanten Klavierstil geschrieben ist, jedoch einen tiefen inneren Gehalt hat und an das Opernschaffen des Meisters anklingt — ein Stück, das zeigt, wie orchestrale Wirkungen auf dem Klavier erzielt werden; dazu Reclams Klaviermusikführer (Fußn. 16 b) II 457.

303) Dazu Engel aaO. (Fußn. 5) 42.

304) Dazu Engel aaO. (Fußn. 3) 42; Moser Musiklexikon II 1437 ff.: Wolf Hugo.

305) Dazu unter I 5 (f) bei Fußn. 234.

306) Dazu bez. Oper usw. unter I 5 (c), Unterhaltungsmusik I 6 (c/2).

Kunst unbestritten und allgemein anerkannt ist[307]), zählt auch zu den Bearbeitern wie alle Großen der Musik. Von ihm haben wir so viele Bearbeitungen, die Fremd-Bearbeitungen sind. Das letzte Werk von Bach ist ein Orgelchoral über „Vor deinen Thron tret ich hiermit", also eine Bearbeitung.

Es ist bekannt[308]), daß Bach in reichem Maße fremde Werke umgearbeitet hat, daß er unzählige Themen von fremden Meistern übernahm und Fugen auf Themen von *Legrenzi, Corelli, Albinoni, J. K. Kerll,* von *André Raisen* u. a. schrieb, daß Klavierauszüge für das eigene Studium, die Klavierbearbeitungen von Konzerten zeitgenössischer Meister, vor allem von *Vivaldi,* sind, daß die Orgelübertragungen sorgfältigere Bearbeitungen darstellen, daß das Konzert für 4 Violinen von Vivaldi für 4 Klaviere bearbeitet wurde, wahrscheinlich um es mit seinen Söhnen zu spielen.

Auch die Verwendung des Themas BACH in der letzten unvollendeten Tripelfuge in „Kunst der Fuge" gehört hierher[309]).

Josef Baier hat das Verdienst, das reizvolle, nachgelassene Ballett „Aschenbrödel" von *Johann Strauß* Sohn bearbeitet zu haben[310]).

Hector Berlioz hat die „Aufforderung zum Tanz" von *Carl Maria von Weber* instrumentiert.

Berté ist bekannt geworden durch sein Singspiel „Das Dreimäderlhaus", das Leben und Schaffen von *Franz Schubert* zum Inhalt hat[311]). Daher hat *Berté* vielfach Lieder und andere Musikstücke des großen Meisters verwendet und zweckentsprechend bearbeitet. Hervorzuheben ist, daß das Lied „Ungeduld" (aus dem Lieder-

---

[307]) Dazu Moser Musiklexikon I 55 ff.: Bach Johann Sebastian; Riemann Musiklexikon P (Fußn. 46) I 75 ff.: Bach Johann Sebastian.

[308]) Dazu bez. Melodie-Bearbeitung unter I 5 (e); weitere Beispiele Gesamtausgabe (Fußn. 267) Bd. 5 Umarbeitungen eigener und fremder Kompositionen; im übrigen Engel aaO. (Fußn. 5) 40; auch unter I 5 (f) bei Fußn. 267.

[309]) Zu der Bearbeitung des Themas BACH auch I 5 (d, f bei Fußn. 286, g/1, 2, 4 bei Fußn. 427 ff.); dazu auch J. N. David Partita.
Bach hat das Thema BACH im „Wohltemperierten Klavier" in der Fuge cis für 5 Stimmen verwendet, wenn auch in einer anderen Tonart; dazu Fußn. 431. Die Anonymität des Themas scheint bei einem Meister wie Bach kein Zufall zu sein. Die Tripelfuge am Schluß der „Kunst der Fuge" wurde von Pillney zu Ende geführt, und zwar in einer Orchesterfassung; dazu auch unter I 5 (f) bei Fußn. 330. Ein Orgelfassung der Kunst der Fuge mit einem Abschluß der Tripelfuge wurde von Walcha herausgegeben, Edition Peters Nr. 8000. Über Beispiele bez. anderer Namen unter II Fußn. 271.

[310]) Dazu Moser Musiklexikon II 1237/1238: Strauß Johann Sohn; Riemann Musiklexikon P (Fußn. 46) II 741/742: Strauß Johann (Sohn).

[311]) Dazu Moser aaO. II 1136 ff. (1340): Schubert Franz; Riemann Musiklexikon P (Fußn. 46) I 157: Berté, II 638 ff.: Schubert Franz; auch unter I 6 (c/1).

zyklus „Die schöne Müllerin“) besonders wirkungsvoll instrumentiert ist, wahrscheinlich in Anlehnung an die Paraphrase über dieses Lied von *Franz Liszt*.

Johannes Brahms schrieb als Bearbeitungen „5 Studien“ für Klavier Nr. 1 Etüde nach *Chopin*, Nr. 2 Rondo nach *Weber*, Nr. 3 Presto nach *J. S. Bach* in 2 Bearbeitungen, Nr. 6 Chaconne von J. S. Bach für die linke Hand.

Von *Breuer* und *Kunz* wurden Stücke von Meistern der Romantik *(Brahms, Debussy, Godard, Liszt, Mendelssohn Bartholdy, Schumann, Tschaikowsky)* in moderner Weise unter Verwendung von Instrumenten und Singstimmen umgestaltet; dazu Schallplatte SLE 14 432 -P- Träumerei/Telefunken.

Hans von Bülow bearbeitete die Klavier-Etüden von *Cramer*, die fast nur noch in dieser Bearbeitung gespielt werden. Bekannt sind auch seine bearbeiteten Ausgaben von Klavierwerken von *Beethoven*, *Chopin* u. a.[312]).

Ferruccio Busoni ist bekannt durch seine zahlreichen Bearbeitungen fremder Werke, insbes. von Klavierwerken von *Bach*, vor allem des „Wohltemperierten Klaviers“, auch von Orgelwerken für Klavier[313]).

Alfredo Casella hat in den Orchesterwerken „Paganiniana“ und „Scarlattiana“ Stücke von *Paganini* und *Scarlatti* sowie ein Gloria für Soli, Chor und Orchester von *Vivaldi* bearbeitet[314]).

Von *Ernst von Dohnányi* stammt die Bearbeitung der „Valses nobles“ von *Schubert* für Klavier.

Werner Egk schrieb das Ballett „Ein Sommertag“ nach Themen von *Clementi* und *Kuhlau*[315]).

Georg Friedrich Händel war ebenso wie Bach ein Bearbeiter vieler fremder Werke, vor allem von *Erbe, Urio, Habermann* und *Scarlatti*[316]). In dem Oratorium „Israel“ legte er z. B. in Nr. 11 eine

---

312) Über Bearbeitung für Lehr- und Studienzwecke unter I 5 (k).

313) Dazu Moser Musiklexikon I 170/171: Busoni; Riemann Musiklexikon P (Fußn. 46) I 257/258: Busoni; auch unter I 5 (b/2) bei Fußn. 54 sowie II 8 (1 d) bei Fußn. 119. Es ist darauf hinzuweisen, daß das „Wohltemperierte Klavier“ neuerdings von Bela Bartok bearbeitet wurde.

314) Dazu Blume aaO. (Fußn. 3) I 1466; Moser Musiklexikon I 184/185: Casella, II 1365/1366): Vivaldi.

315) Dazu Moser aaO. I 308/309: Egk.

316) Dazu Engel aaO. (Fußn. 5) 40.

Orgelkanzone von *J. K. Kerll* der Bearbeitung zugrunde; in dem gleichen Oratorium ist für den berühmten Plagen-Chor eine Serenata von *Stradella* Arbeitsunterlage[317]).

Franz Liszt ist als Bearbeiter fremder Werke mindestens ebenso bekannt wie als Schöpfer eigener Werke[318]). Die Zahl der bearbeiteten Werke ist so umfassend, daß man Liszt bewundern muß, wie er all dies bewältigen konnte. Die Bedeutung von Liszt für die Kunstliebhaber aller Kreise in einer Zeit, in der es noch keinen Rundfunk gab und mechanische Musikinstrumente kaum Bedeutung hatten, ist sehr groß und kann nicht hoch genug eingeschätzt werden. Trotzdem darf man das Schaffen Liszts auf dem Gebiete der Bearbeitung nicht als der Vergangenheit angehörig und als überholt betrachten. Wenn auch nicht alle Bearbeitungen gleich genial sind — das ist wohl bei keinem Meister, auch der großen, der Fall, weil menschliche Schwächen überall das Schaffen lähmen können —, so sind doch sehr viele auch heute noch bewundernswert, und es ist schade, daß man aus dieser Fundgrube in Konzert, in Hausmusik, auf Schallplatten, in Rundfunk usw. nur einen geringen Teil ausschöpft.

Bei diesen Bearbeitungen spricht man teils je nach den Überschriften von Transkriptionen oder Paraphrasen. Daneben stehen die Fantasien, insbes. Opernfantasien, die den Charakter eines Potpourris haben, in der Art aber Bearbeitungen wie die Transkription und Paraphrasen sind. Die Bearbeitungen, wobei in vielen Stücken an einzelnen Stellen mehrfache Fassungen für die Ausführung, zum Teil Vereinfachungen, von Liszt bestehen, beziehen sich auf die Kompo-

---

317) Dazu Fußn. 316.

318) Dazu Blume aaO. (Fußn. 3) I 1462/1463; Moser Musiklexikon I 702 ff.: Liszt; Riemann Musiklexikon P (Fußn. 46) II 80 ff.: Liszt; Lukas Orgelmusikführer (Fußn. 186) 132 ff.; Reclams Klaviermusikführer (Fußn. 16 b) 292 ff.. Von besonderem Interesse sind hier die Ausführungen über die Etüden und die teilweise späteren Neufassungen von Liszt selbst, die Vereinfachungen enthalten, um die Stücke spielbarer zu machen. Es handelt sich also um Bearbeitungen durch Liszt selbst. Die Paganini-Etüden gibt es in 2 Fassungen von Liszt selbst und in einer Bearbeitung von Busoni. Dazu auch unter I 5 (g/2), 6 (b/2 c, c/2 a).

319) Dazu Moser Musiklexikon I 929: Paraphrase; Riemann Musiklexikon S (Fußn. 3 a) 702/703: Paraphrase, 975: Transkription; Schwarz-Reiglingen ABC der Musik: Paraphrase, Transkription.
Die zahlreichen Klavierpartituren bzw. -auszüge, die Liszt zu Opern und anderen Musikwerken seiner Zeitgenossen schrieb, dienten dazu, deren Werke einzuführen. Liszt setzte sich mit Begeisterung für zahlreiche Komponisten ein. Er war aber auch bestrebt, die klassische Musik den Musikliebhabern näher zu bringen. Diese Bedeutung von Liszt darf nicht unterschätzt werden; dazu Reclams Klavierführer (Fußn. 16 b) II 373 ff. Hieran sei vor allem deshalb erinnert, weil auch in neuer Zeit mit modernen Ausdrucksmitteln der Musik durch Bearbeitungen Musik früherer Zeiten den Musikinteressenten nahegebracht wird.

sitionen sehr verschiedener Art und Zeiten. Sie beziehen sich überwiegend für Klavier zu 2 Händen, kommen jedoch auch in anderer Weise vor, vor allem Klavier zu 4 Händen, für 2 Klaviere, Klaviertrio, Orgel u. a.

Einige bedeutsame Beispiele dieser Bearbeitungen zeigen die Vielseitigkeit, wobei es sich jeweils um Klavier zu 2 Händen handelt, soweit nichts besonderes vermerkt ist:

Alabieff Le Rossignol (Die Nachtigall),

Johann Sebastian Bach Orgel-Fantasie und Fuge in g, 6 Orgel-Präludien und Fugen (a, C, c, C, e, h),

Ludwig van Beethoven 9 Symphonien,

Vincenzo Bellini Norma-Fantasie,

Hector Berlioz Fantastische Symphonie, Rakotzkymarsch,

Frédéric Chopin Chant polonais (Souhait d'une jeune fille)[320]),

Gaetano Donizetti Reminiscences de „Lucia di Lammermoor",

Charles Gounod Walzer aus „Margareta" (Faust),

Georg Friedrich Händel Sarabande und Chaconne aus „Almira"[321]),

Felix Mendelssohn Bartholdy Hochzeitsmarsch und Elfenreigen aus „Ein Sommernachtstraum",

Wolfgang Amadeus Mozart Reminiscences de „Don Juan"[322]),

Gioachino Rossini Air du „Stabat mater" (cuius animam),

Franz Schubert zahlreiche Lieder,
insbesondere „Ave maria", „Erlkönig", „der Lindenbaum", „Ständchen" (Leise flehen meine Lieder)[323]), „Ständchen" aus Schwanengesang (Horch, horch, die Lerch' im Ätherblau), „Die Forelle", „Du bist die Ruh", „Trockene Blumen", „Der Wanderer"[324]), „Am Meer" u. a. sowie Walzer[325]). Berühmt ist auch die Wanderer-Fantasie[326]),

---

[320]) Die Chopin-Bearbeitungen von Liszt wurden durch Eduard Beninger bearbeitet; Edition Strache Nr. 52 Wien-Prag-Leipzig 1930; es handelt sich hier um eine Bearbeitung einer Bearbeitung. Dazu auch Fußn. 321.

[321]) Auch hier besteht eine Bearbeitung durch Eduard Benzinger; dazu Fußn. 320.

[322]) Dazu unter I 5 (g/1).

[323]) Dieses Stück wurde von Robert Heger für Orchester instrumentiert, also als Bearbeitung einer Bearbeitung.

[324]) Das Wanderer-Lied steht neben der Wanderer-Fantasie von Schubert; dazu Fußn. 326.

[325]) Da die Bearbeitungen von Liszt teilweise sehr schwer zu spielen sind, gibt es Bearbeitungen der Liszt'schen Fassungen für vereinfachte Spielweise, so z. B. von Gustav Lazarus / Globus Verlag GmbH Berlin. Im übrigen Fußn. 322, 456; auch unter II 8 (28) insbes. bei Fußn. 244.

[326]) Die Wanderer-Fantasie als Transkription gibt es auch in einer Orchesterfassung mit Klaviersolo; dazu unter I 5 (g/1, 2), 6 (c/1).

Robert Schumann Lied „Widmung",

Giuseppe Verdi „Rigoletto" und „Ernani", Konzert-Paraphrasen, sowie Miserere aus „Trovatore",

Richard Wagner Bearbeitungen der verschiedensten Art, nämlich aus „Rienzi" Fantasiestück über „Santo spirito cavaliere",
„Holländer" Spinnerlied und Ballade der Senta,
„Tannhäuser" Ouvertüre, eine Konzertparaphrase, ferner Pilgerchor, Einzug der Gäste und Romanze „O du mein holder Abendstern",
„Lohengrin" Elsas Brautzug. Elsas Traum und Lohengrins Verweis an Elsa, Festspiel und Brautlied,
„Tristan und Isolde" Isoldes Liebestod,
„Meistersinger" Am stillen Herd,
„Rheingold" Walhall,
„Parsival" Gralsmarsch.

Diese vielseitige Übersicht über die wichtigsten Bearbeitungen des Großmeisters der Musik zeigt in geschichtlichem Abstand, was Bearbeitung bedeutet und wie sie uns fremde Werke näher bringt, wenn auch heutzutage für die Verbreitung von Werken und für den Kunstgenuß von Musikliebhabern vielfach andere Bearbeitungsformen getreten sind wie Rundfunk und Fernsehen sowie Schallplatte und Tonband, wobei zu berücksichtigen ist, daß in unserer Zeit infolge des Zurückgehens der Hausmusik Musikliebhaber vielfach nicht mehr Musik ausüben, sondern zum bloßen Hörer geworden sind.

Felix Mottl instrumentierte vortrefflich die Wesendonck-Lieder von *Richard Wagner*, ferner Lieder von *Franz Schubert*, Balladen von *Loewe;* auch stellte er Ballett-Suiten nach *Grétry, Gluck, Lully* und *Rameau* zusammen[327]).

Hans Pfitzner bearbeitete die Romanzen op 69 und 91 von *Robert Schumann*, die für Frauenchor geschrieben sind, indem er eine Orchesterbegleitung hinzufügte[328]).

Karl Pillney bearbeitete die Variationen über ein Thema von Bach, die von *Max Reger* für Klavier geschrieben wurden, op 81, für Klavier mit Orchester; die Bearbeitung wurden auf dem Tonkünstlerfest 1925 aufgeführt[329]). Er bearbeitete das musikalische Opfer von *Johann Sebastian*

---

327) Dazu Moser Musiklexikon II 807: Mottl; Riemann Musiklexikon P (Fußn. 46) II 261: Mottl; auch Fußn. 301.

328) Dazu Moser aaO. II 1150 ff. (1158): Schumann Robert; Riemann Musiklexikon P (Fußn. 46) II 651 ff.: Schumann Robert; auch unter I 6 (c/1).

329) Dazu Moser aaO. 036: Pillney; Riemann aaO. II 410.

Bach für Orchester, ferner dessen „Kunst der Fuge" für Streichinstrumente und Bläser[330]). Auch stammen von ihm Stilvariationen für Orchester „Parodistische Variationen über einen Gassenhauer" -musikalische Eulenspiegeleien über die Melodie „Was machst du mit dem Knie, lieber Hans?" [330a])

Serge Sergejewitsch Prokofieff schrieb Ouvertüren für kleines Orchester über jüdische Themen.

Maurice Ravel hat als Bearbeiter durch die geniale Instrumentierung der Klavierstücke von *Mussorgskij* Bilder einer Ausstellung Großes geleistet[396a]).

Max Regér gab gemeinsam mit seinem früheren Lehrer *Aug. Schmid-Lindner die* Klavierwerke von *Joh. Seb. Bach* heraus, und zwar das Wohltemperierte Klavier, 18 kleine Präludien, 3 Fugetten, 3 Präludien mit Fugetten, 15 zweistimmige Interventionen, 15 dreistimmige Sinfonien, 6 französische Suiten, 6 englische Suiten, chromatische Fantasie und Fuge, italienisches Konzert, Fantasie c, Capriccio B, Toccaten und Fugen in D und g, Preludio und Fuge in a[331]). Bedeutsam ist auch die Schule des Triospiels *Bach-Reger-Straube* 2stimmige Inventionen für Orgel (3stimmig). Von Reger stammen auch Instrumentierungen von Liedern von *Schubert* und *Hugo Wolf*; aus Werken von *Richard Wagner* nahm er Bearbeitungen für 2 Klaviere vor, Werke von *Chopin* bearbeitete er für 4händigen Klaviersatz[332]). Auch von *Richard Strauß* bearbeitete Reger ein Instrumentalstück[333]).

Ottorino Respighi ist auch durch Bearbeitungen für Kammermusik bekannt, und zwar von Werken von *Frescobaldi, Monteverdi, Tarini, Vitali, Veracini und Vivaldi*; von *B. Marcello* bearbeitete er die Kantate „Didone" [334]).

Arnold Schönberg bearbeitete das Klavierquartett von *Robert Schumann* in A (op 25) für Orchester.

---

[330]) Dazu Fußn. 329; auch Fußn. 309.
Die Tripelfuge mit dem 3. Thema BACH, der letzte Satz des großen Werkes „Kunst der Fuge" blieb unvollendet, da Bach verstarb, bevor er den Schluß diktieren konnte. Infolge seiner Erblindung konnte er selbst keine Noten mehr schreiben. Pillney führte den Satz zu Ende, seine Bearbeitung gilt als die beste im Sinne des großen Meisters. Da das letzte, was Bach diktierte, der Orgelchoral „Vor deinen Thron tret' ich hiermit" war, wird verschiedentlich auch dieser Choral als Abschluß gespielt.

[330a]) Die Stilvariationen sind im Verlag Breitkopf & Härtel erschienen.

[331]) Edition Schott Mainz-Leipzig. Zur Schule des Triospiels unter II Fußn. 52 sowie Z 8 (1) mit Fußn. 106 und Z 8 (28) bei Fußn. 236 mit Fußn. 231 und Z 11 (c).

[332]) Dazu Moser Musiklexikon II 1016 ff. (1018): Reger; Riemann Musiklexikon P (Fußn. 46) II 473 ff.: Reger.

[333]) Dazu unter I 3

[334]) Dazu Moser Musiklexikon II 1033/1034: Respighi; Riemann Musiklexikon P (Fußn. 46) II 490/491: Respighi.

Georg Schumann bearbeitete das Konzert in F für 3 Violinen und Streichorchester [335]).

Robert Schumann bearbeitete Violinstücke von *Paganini* für Klavier [336]).

Jean Baptiste Singelée zahlreiche Opern-Fantasien, die sehr beliebt waren [337]).

Richard Strauß bearbeitete Klavierstücke von *Couperin* [338]),

Igor Strawinsky eine Suite nach *Pergolesi* [339]) und

Peter Tschaikowsky schrieb eine Mozartina nach Werken von *Mozart* [340]).

Wal Berg, bekannt durch seine Unterhaltungsmusik, verfaßte eine „Offenbachiana" nach Melodien von *Offenbach*.

g) Bearbeitung als Grundlage für eigenes Schaffen

Die Bearbeitung kann Grundlage und **Ausgangspunkt von eigenen Ideen** sein oder nur vorgenommen werden, weil sie durch eine **Ideenververbindung** angeregt wird.

1. Variation

Variation ist ein Urprinzip der Musik und der künstlerischen Gestaltung überhaupt [341]). Variation bedeutet Veränderung, Abwandlung des Themas. Es ist also die Variation eine Bearbeitung des Themas. Insofern gehört die Variation zu der Bearbeitung. Die Variationsart war früher strenger. Je mehr wir der Gegenwart zukommen, umso freier ist die Gestaltung.

Die Variation kann ein eigenes Thema des Komponisten zum Gegenstand haben, oder es kann ein fremdes Thema, dh. ein Thema eines anderen Komponisten oder eines unbekannten Autors, wie etwa bei einem Volkslied oder einem volksliedähnlichen Stück, Grundlage der Bearbeitung sein. Die Zahl der Variationswerke ist sehr groß, da fast jeder Komponist die Variationsform bei seinem Schaffen verwendet hat. Es gibt Variationen für Instrumente und für Gesang.

Einige wenige bedeutsame Beispiele für diese Form der Bearbeitung:

---

[335]) Dazu Moser aaO. II 1365/1366: Vivaldi; Riemann Musiklexikon P (Fußn. 46) II 861/862: Vivaldi.

[336]) Dazu unter I 5 (d), 6 (b/2 a).

[337]) Dazu Blume aaO. (Fußn. 3) I 1462/1463; Moser Musiklexikon II 1189: Singelée.

[338]) Dazu unter I 3. Zum Rosenkavalier-Walzer Riemann aaO. P (Fußn. 46) II 741 (742): Strauß.

[339]) Dazu Fußn. 338.

[340]) Dazu Fußn. 338.

[341]) Dazu unter I 6 (c/1), II 8 (29).

Variationen über ein eigenes Thema

Johann Sebastian Bach „Goldberg-Variationen"; auch die „Kunst der Fuge" kann hierher gerechnet werden[342]).

Ludwig van Beethoven Klavier-Variationen op 34, 35, 76, die Variationen op 35 sind instrumentiert in der 3. Symphonie (Eroica) im Schlußsatz verwendet[343]). Beethoven verwendet die Variationsform auch in anderen Werken, z B. für Klavier in der Fantasie op 77, in den Klaviersonaten op 14, 57, 109, 111, in der Violinsonate op 12 Nr. 1 (Kreuzersonate), in den Sreichquartetten op 18 Nr. 5 (A), op 74 (Es) und op 131 (cis), im Adagio und Schlußsatz der 9. Symphonie[344]).

Johannes Brahms Klavier-Variationen op 21 Nr. 1, ferner langsamer Satz der 2. Klaviersonate, op 2, und Orchester-Variationen Schlußsatz der 4. Symphonie in e, op 98 (Chaconne)[345]).

Edvard Grieg Ballade in g op 24 für Klavier zu 2 Händen, Romanze mit Variationen op 51 für Klavier zu vier Händen.

Joseph Haydn Klavier-Variationen in f, für Streichquartett in dem sog. Kaiser-Quartett langsamer Satz mit Variationen über „Gott erhalte Franz, den Kaiser"[346]).

Felix Mendelssohn Bartholdy Variations sérieuses op 54 für Klavier.

Wolfgang Amadeus Mozart Klavier-Variationen letzter Satz der Sonate in D KV Nr. 284 und 1. Satz der Sonate in A KV Nr. 331[347]).

Max Reger Variationen und Fuge über ein Originalthema für Orgel, op 73

Franz Schubert Klavier-Variationen in B, Impromptus op 142 Nr. 3, für Streichquartett in op 29 in a und in dem nachgelassenen Werk op 161 in d je ein Variationssatz, in dem letzteren über das Lied „Der Tod und das Mädchen", für Klavierquintett im Forellen-Quintett ein Variationssatz über das Lied „Die Forelle"; auch auf die Wanderer-Fantasie für Klavier op 15 ist hinzuweisen[348]).

Robert Schumann Etudes symphonique für Klavier op 13[349]).

---

[342]) Dazu unter I 5 (f, g/4).

[343]) Dazu unter I 5 (f), auch Uhde Beethovens Klaviermusik I (Reclam).

[344]) Hier schließt sich nach Anton von Webern die Entwicklung zur modernen Variatio an; dazu Blume MGG von Fischer XIII 1274 ff. (1306): Variation. Beispiele über moderne Variation auch unter I 6 (c/1).

[345]) Zu den Variationen in op 1 unter I 5 (e) bei Fußn. 221, 222, 236.

[346]) Dazu unter I 5 (e, f).

[347]) Das Thema dieses Satzes wurde von Reger einem Variationswerk zugrunde gelegt; dazu unter I 5 (f) bei Fußn. 288, I 5 (g/1) bei Fußn. 359.

[348]) Dazu Fußn. 324, 326, 364.

[349]) Dazu Fußn. 455.

Richard Strauß Don Quixote „fantastische Variationen über ein Thema ritterlichen Charakters" für großes Orchester op 35.

Carl Maria von Weber Klavier-Variationen op 2, 9, für Klavier mit Orchester, Marsch in dem Konzertstück in f op 79.

Variationen über ein fremdes Thema

Ludwig van Beethoven Klavier-Variationen op 120 (Walzer von Diabelli), ein typisches Beispiel für die sog. Charakter-Variation [350]). Beethoven hat auch Variationen über Volkslieder geschrieben [351]). Ferner stammen von ihm mehrere Variationen über Themen aus ganz in Vergessenheit geratene Opern und Balletts *(Dittersdorf, Grétry, Haibl, Paisiello, V. Righini, Sallieri, Süßmayer, P. Winter)* und einen Marsch von *Dreßler* [352]). Durch die Bearbeitungen sind uns Musikstücke erhalten, die uns sonst ganz unbekannt geblieben wären. Und wenn ein Genie wie Beethoven solche Themen variationsmäßigen Bearbeitungen zugrunde legte, also seine einmaligen musikalischen Gedanken in sie hineinlegte, so ist es ein Zeichen, daß er diese Stücke schätzte. Wir können und müssen daraus aber auch folgern, daß wir — in Einbildung — nicht nur zu Werken großer Meister greifen sollen, sondern, wie es uns Beethoven zeigt, auch die Stücke kleiner und scheinbar vielleicht unbekannter Meister beachten müssen, da auch in ihnen wertvolles Musikgut liegt.

Johannes Brahms Klavier-Variationen op 9 *(Schumann)*, op 21 Nr. 2 *(Ungarisches Lied)*, op 24 *(Händel)*, op 35 *(Paganini)*, für Klavier zu 4 Händen op 23 *(Schumann)*, für 2 Klaviere bzw. Orchester op 56b *(Haydn)*. Zu erwähnen ist auch der Variations-Satz in der 1. Sonate (C) über „Verstohlen geht der Mond auf" [353]).

Ferruccio Busoni gibt in seiner Ausgabe von *J. S. Bach* „Das Wohltemperierte Klavier" zu vielen der Stücke Varianten, die den Charakter von Variationen haben [354]).

Frédéric Chopin Variationen über „Là ci darem la mano" aus der Oper „Don Juan" von *Mozart* op 2 für Klavier und Orchester.

---

[350]) Dazu eingehende Besprechung bei Leichtentritt Musikalische Formenlehre (Wiesbaden 1964) 102 ff.

[351]) Dazu unter I 5 (e); ferner Fußn. 361.

[352]) Dazu Edition Breitkopf & Härtel Nr. 4345: Beethoven Variationen Piano solo.

[353]) Dazu Fußn. 345.

[354]) Busoni Johann Sebastian Bach Klavierwerke — Busoni Ausgabe — „Wohltemperiertes Klavier" 2 Bände zu je 4 Heften (Verlag Breitkopf & Härtel); dazu unter I 5 (b/2); sowie Fußn. 456.

Paul Ducas Variationen über ein Thema von *Rameau* für Klavier.

Werner Egk Orchester-Variationen über ein *karibisches Thema*[355]).

Franz Liszt Variationen über „Weinen, Klagen, Sorgen, Zagen" (Motiv von *Johann Sebastian Bach)* für Klavier, ebenso „Reminiscences de Don Juan" von *Mozart* und Soirées de Vienne (Wiener Abende) Nr. IX Variationen über einen Walzer von Schubert[356]).

Siegfried Ochs Variationen über das Volkslied „S'kommt ein Vogel geflogen"[357]).

Max Reger Variationen und Fuge über ein Thema von *Bach* op 80 für Klavier op 81 (dazu Orchester-Fassung von *Pillney*), Variationen und Fuge über ein Thema von *Telemann* op 134 für Klavier, Variationen und Fuge über ein Thema von *Beethoven* op 86 für 2 Klaviere 4händig (dazu auch Orchester-Fassung), Variationen und Fuge über das Lied *„Heil dir im Siegerkranz"* für Orgel[358]), dann die Orchester-Variationen mit Fuge über ein lustiges Thema von *Hiller* op 100 und *Mozart*-Variationen (dazu auch Fassung für 2 Klaviere 4händig) op 132[359]).

Robert Schumann ABEGG-Variationen für Klavier, op 1. Als Variation besonderer Art sind die Fugen über BACH für Orgel, op 60, zu nennen, da das Thema in 6 verschiedenen Varianten erscheint und dann jeweils in Fugenform durchgeführt wird (Vorbild Kunst der Fuge von *Bach*).

Christian Sinding Variationen in es für 2 Klaviere, op 2, Variationen Fatum für Klavier, op 94[360]).

Carl Maria von Weber Klaviervariationen op 5, 6, 7, 28, über Themen aus unbekannten Opern und Balletts *(Bianchi, Mehul, Vogler)*[361]). Auch Volkslieder-Variationen stammen von ihm[362]).

2. Fantasie

Die **Fantasie** ist eine freie Gestaltung des thematischen Materials, die Bindung an eine feste Form tritt zurück[363]). Eine Fantasie geht daher auch gerne von bestimmten Themen aus, die **potpourri-artig** oder **variationsmäßig** um-

---

355) Dazu unter I 5 (e) bei Fußn. 204.

356) Dazu unter I 5 (f).

357) Dazu unter I 5 (e) bei Fußn. 227.

358) Dazu unter I 5 (e).

359) Dazu unter I 5 (f) bei Fußn. 288.

360) Dazu Reclam Klaviermusikführer II 498.

361) Was bei Beethoven unter I 5 (g/1 bei Fußn. 351 ausgeführt ist, gilt auch hier. Man darf die Werke sog. kleiner und nicht bekannter Meister, die im Schatten der Großen stehen, nicht unterschätzen; dazu auch Fußn. 260.

362) Dazu unter I 5 (e) bei Fußn. 233.

363) Dazu unter I 6 (c/1).

spielt verarbeitet werden. Insofern gehört die Fantasie auch zur Bearbeitung.

Franz Schubert bezeichnete die „Wanderer-Fantasie“ als Fantasie[364]).

Franz Liszt nennt Paraphrasen über Opern-Melodien zum Teil auch Opern-Fantasien[365]).

Hier zeigt sich, wie Fantasie-Form und Bearbeitung sich berühren.

Ein weiteres interessantes Beispiel zu der Frage Fantasie als Bearbeitung sind die Fantasien von *Liszt* und *Reger* über den Namen BACH[366]).

Eine besondere Anwendung für die Fantasie-Form ist neben den Opern- und Operetten-Fantasien die Gestaltung der **Ouvertüren** und **Vorspiele zu Opern und Operetten**, auch zu einzelnen Akten oder Szenen und bei Zwischenspielen oder Zwischenakt-Musiken, vor allem in neuerer Zeit[367]). Man denke an die Ouvertüren und Vorspiele zu den Opern von *Richard Wagner, Verdi, Hans Pfitzner* und *Richard Strauß* oder zu Operetten von *Johann Strauß* Sohn und *Lehár*. Wir erleben in diesen fantasieartigen einleitenden Musikstücken etwas von dem, was sich im folgenden abspielt.

3. **Parodie**

Die Parodie als Karikatur[368]) dient verschiedenen Zwecken. Sie bringt in heiterer, teils ironischer oder ironisierender Weise Kritik an Musik, auch an musikdramatischen Werken. Je nach dem Zweck sind die Art und der Umfang der Anlehnung an andere Werke verschieden stark. Als Stil-Parodien sind zu erwähnen

Siegfried Ochs „S'kommt ein Vogel geflogen“[369]) und

Ulrich Sommerlatte Variationen über das Münchener Volkslied vom alten Peter, beides Orchesterwerke.

Als Parodie auf mittelmäßige Musik kommt das geniale Werk von *Mozart* „Musikalischer Spaß“ in Betracht[370]). Hier werden Kompositions- und Aufführungsfehler aufgezeigt.

---

[364]) Dazu unter I 5 (f) bei Fußn. 324, 326, g/1 bei Fußn. 348.

[365]) Dazu unter I 5 (f) bei Fußn. 318 ff.

[366]) Dazu Fußn. 309.

[367]) Dazu Blume MGG Engel X 493 ff.: Ouvertüre; Moser Musiklexikon II 919/920: Ouvertüre, II 1388/1389: Vorspiel; Riemann Musiklexikon S (Fußn. 3 a) 696/697: Ouvertüre, 1058/1059: Vorspiel.

[368]) Dazu Blume aaO. (Fußn. 6), insbes. X 832/833; auch unter I 2, Fußn. 259 sowie II 8 (10).

[369]) Dazu Fußn. 227.

[370]) Dazu Fußn. 368.

Benedetto Marcello schrieb satirische Madrigale auf das Kastratentum [371]).

Musikalische Scherze[372]) mehr oder weniger sind die sog. Quodlibets [373]). Hier liegt ein Nebeneinander verschiedener Melodien vor, die parodiert werden. Die weltlichen Kantaten von *Johann Sebastian Bach*, die Kaffee-, Jagd- und Bauernkantate, haben ebenfalls mindestens teilweise scherzhaften Charakter.

Die Satire von Opern, Operetten, Singspielen und anderen Theaterstücken, vor allem von Opern, besonders von bekannten hatte früher größere Bedeutung als jetzt[374]).

Parodien musikalischer Art gibt es in mannigfaltiger Art, vor allem auch unter Benutzung der Variationsform, wie

Werner Eisbrenner Vier-Sektoren-Suite in 4 Sätzen — Verwandlungen eines Bel Ami „Du hast Glück bei den Frau'n, Bel Ami".

William Keiper Mixturen — Variationen über das französische Volkslied „J'ai du bon tabac"/Orbis Verlag.

Fried Walter Variationen über die Vogelhochzeit.
Variationen über das Hildebrandlied (Verlag Ahn & Simrock).

Heutzutage kommen Parodien der verschiedensten Art vor allem im Kabarett[375]) vor, auch im Bereich der Kirche. Man verwendet Melodien und Musikstücke ohne oder mit Veränderung oder Umgestaltung zu irgendwelchen selbst gedichteten Texten. Hier ist teils Großes geleistet worden, wie von *Karl Valentin;* aber gerade auf diesem Gebiet wird viel Geschmackloses produziert, und man sollte sich der Verantwortlichkeit wirklich bewußt sein, wenn man wertvolle Musik mit wenig gehaltvollen Texten verbindet.

4. **Zitat**

Eine besondere Form des freien Anschlusses an einen bestimmten Gedanken kann die Zitierung sein. Es liegt insofern ein Gegensatz zur Fantasie vor, als diese eine auflösende Tendenz in sich hat, während das **Zitat** ein Festhalten

---

[371]) Dazu Fußn. 368.
[372]) Zum Scherzo Riemann Musiklexikon S (Fußn. 3a) 846/847.
[373]) Dazu unter I 5 (f) bei Fußn. 258.
[374]) Dazu Fußn. 368.
[375]) Dazu unter I 6 (c/2 a).

betont. Zitat in diesem musikalischen Sinne[376]), wie man es vielfach als gestaltendes Moment beobachten kann, bedeutet wiederum Bearbeitung. Wenn z.B. die zitierte Melodie, etwa als cantus firmus, unverändert bleibt, so steht sie doch neben dem, was der Komponist oder Bearbeiter hinzufügt[377]). Dies gilt auch sonst, wenn das Zitat nicht immer scharf, sondern mehr oder weniger verwischt erfolgt.

Klare Zitate

Anlaß zu klaren Zitaten ergeben sich aus dem Stoff und dem Gedanken, der einer Komposition zugrunde liegt. Es ist der Gedanke, der bei *Richard Wagner* sich zum Leitmotiv[378]) verdichtete, der aber verallgemeinert in jeder Musik, wenn auch nicht in solcher Konzentration vorhanden ist, wo Anlaß besteht, wo ein Anknüpfungspunkt vorhanden ist. Um einige Beispiele anzuführen:

Hans Pfitzner Oper „Palestrina". Hier ergibt sich zwangsläufig, daß der Meister Palestrina mit Musik im Charakter seiner Zeit umrahmt wird.

Franz Lehár Operette „Paganini". Der Geiger Paganini und seine Musik stehen im Mittelpunkt der Handlung und damit auch der Musik.

Richard Strauß Konversationsstück „Capriccio". Wenn zu Beginn der Oper *Christoph Willibald Gluck* erwähnt wird, ist es natürlich, daß Musik von Gluck aufklingt[379]). In dem wundervollen weitgesponnenen, symphonisch gestalteten Orchesterwerk „Ein Heldenleben" gibt der Komponist ein persönliches Bekenntnis gegenüber seinen „Widersachern" d.h. Kritikern ab und bringt daher Selbst-Zitate aus abgelehnten Werken, wie „Guntram" und „Macbeth" sowie „Don Quixote".

Hierher gehört auch die Schilderung programmatischer Art, wie sie sich aus dem Stoff der Handlung oder des musikalischen Gedankens ergibt, vor allem bei der Schilderung bestimmter Situationen, wobei die Naturschilderungen, insbesonders Nachahmung von Vogelstimmen, eine besondere Rolle spielen[380]).

---

[376]) Über Zitat im Rechtssinne unter II 9 (c), 15 bei Fußn. 475 ff.

[377]) Dazu unter I 5 (e).

[378]) Dazu Blume MGG Goslich VIII 584 ff.: Leitmotio; Moser Musiklexikon I 684/685: Leitmotiv; Riemann Musiklexikon S (Fußn. 3a) 512/513: Leitmotiv; auch unter II 9 (c), 15 bei Fußn. 481 ff.

[379]) Dazu unter I 5 (b/2) bei Fußn. 71.

[380]) Dazu unter I 4.

Zitierung kann auch zum Zwecke der Huldigung an einen großen Meister erfolgen[381]). Man übernimmt aus einem Werke eines Meisters, zu dem man sich öffentlich bekennt, ein Thema, ein Motiv oder gar einen kleinen Ausschnitt aus einem größeren oder großen Musikstück.

Unklare Zitate

Verwischt ist ein Zitat, wenn kein unmittelbarer Zusammenhang mit dem Vorbild besteht oder erkennbar ist, wenn nur der Grundcharakter stimmungsmäßig übernommen wird[382]), wie etwa

Robert Schumann Carnaval op 9 für Klavier Nr. 12/Chopin, Nr. 16 Valse allemande/Paganini[383]).

Es werden hier *Chopin* und *Paganini*, der Klaviervirtuose und der Violinkünstler in ihrem Charakter als Musiker gezeichnet, ohne daß ein bestimmtes Stück, das sie geschrieben haben, zitiert wird.

Auch wenn Musik in bestimmter Art geschrieben wird, kann es eine allgemeine Milieu-Schilderung sein, kein klares Zitat. Stücke dieser Art sind etwa solche, die sich als in bestimmtem **Stil** geschrieben bezeichnen, wie

Edvard Grieg Orchester-Suiten „Aus Holbergs Zeit" op 40,

Serge Sergejewitsch Prokofieff Klassische Symphonie (1.) op 25,

Max Reger Suite im alten Stil op 93 für Violine und Klavier sowie vom Komponisten für Orchester bearbeitet[384]), Konzert im alten Stil op 123.

Solchen Stil-Charakter finden wir sehr häufig. Man spricht von Anklang oder Einschlag. Bedeutende Persönlichkeiten beeinflussen ihre Zeit und wirken in die Zukunft hinein. Nur einige Namen von Rang sollen dies verdeutlichen, die viele Nachahmer fanden, die aber auch für spätere Generationen Grundlage für die Weiterentwicklung und damit zukunftsweisend wurden:

Claudio Monteverdi, der für die Kirchenmusik und für die Oper bahnbrechend wirkte[385]),

Johann Sebastian Bach, der zu den größten Genien der Menschheit gehört, der als Komponist wie als Mensch gleich bewundernswert ist, hat auf

---

381) Dazu unter I 5 (d).

382) Zur rechtlichen Situation unter II 5, 9 (c), 15 bei Fußn. 481 ff.

383) Dazu unter I 5 (d).

384) Dazu unter I 5 (f) sowie Fußn. 288.

385) Dazu Moser Musiklexikon II 798 ff.: Monteverdi.

die Musikentwicklung einen gewaltigen Einfluß ausgeübt. War anfangs der Schülerkreis ein kleiner, so kam eine eigentliche Bachpflege seit *Zelter* und *Mendelssohn* auf und fand in *Max Reger, Karl Höller* und *Heinrich Kaminski* neue Höhepunkte[386]),

Georg Friedrich Händel, dessen musikalische Sprache die Gotik Bachs ablöste und den Einbruch der Rennaissance herbeiführte[386a]),

Christoph Willibald Gluck, der große Opernreformer, der bis in unsere Zeit hineinwirkt[386b]),

die *Mannheimer Schule*, vor allem unter *Stamitz*, aus der vorklassischen Zeit, die maßgebenden Einfluß vor allem auf Haydn ausübte[387]),

die Zeit der *Wiener Klassiker*, das Dreigestirn am musikalischen Himmel, *Haydn, Mozart, Beethoven*[388]),

die Zeit der *Romantik*, welche die Klassik ablöste[389]). Diese Epoche der abendländischen Musikentwicklung war besonders fruchtbar und führte über die Klassik hinaus zu neuen Höhepunkten und charakteristischen Stilelementen. Die Frühromantik schwärmte für Palestrina und Bach, aber auch für Haydn und Mozart und ist bekannt durch Namen wie *E. T. A. Hoffmann, Reichardt* und *Zelter*[390]). Der Höhepunkt wurde erreicht durch *Berlioz, Chopin, Lortzing, Marschner, Mendelssohn, Meyerbeer, Schubert, Schumann, Spohr, Verdi, Carl Maria von Weber* und

---

386) Dazu Moser aaO. I 67 ff.: Bach, I 514/515: Höller, I 584: Kaminski Heinrich, aus dessen Werkschaffen die Toccata über den Choral „Wie schön leucht uns der Morgenstern" für Orgel und Volksliederbearbeitungen hervorgehoben werden sollen, II 760: Mendeslsohn Bartholdy, II 1455: Zelter; Riemann Musiklexikon P (Fußn. 46) I 75 ff.: Bach, 806: Höller, 898/899: Kaminski, II 194 ff.: Mendelssohn Bartholdy, 964/965: Zelter; Lukas Orgelmusikführer (Fußn. 186); zu Kaminski auch Blume MGG Swaryczewska VII 469 ff.: Kaminski; über die Bedeutung von Bach unter I 5 (b/2, e).

386a) Dazu Moser Musiklexikon I 425 ff.: Händel; Riemann Musiklexikon P (Fußn. 46) I 712 ff.: Händel.

386b) Dazu Moser aaO. § 425 ff.: Gluck; über Huldigung von Richard Strauß unter I 5 (b/2, d); Riemann Musiklexikon P (Fußn. 3a) I 637 ff.: Gluck.

387) Dazu Moser aaO. II 736/737: Mannheimer Schule, II 1219/1220: Stamitz; Riemann Musiklexikon S (Fußn. 3a) 543/544: Mannheimer Schule, P (Fußn. 46) II 716/717: Stamitz.

388) Dazu Moser aaO. I 619/620: Klassisch, I 97 ff.: Beethoven, I 489 ff.: Haydn, II 808 ff.: Mozart; Riemann Musiklexikon S (Fußn. 3a) 462/463: Klassik, 463/464: Klassizismus P (Fußn. 46) I 125 ff.: Beethoven, 750 ff.: Haydn, II 266 ff.: Mozart.

389) Dazu Moser Musiklexikon I 1060 ff.: Romantik; Riemann Musiklexikon S (Fußn. 3a) 815/816: Romantik.

390) Dazu Moser aaO. I 516 ff.: Hoffmann E.T.A. II 1022 ff.: Reichardt, II 1456: Zelter; Riemann Musiklexikon P (Fußn. 46) I 808/809: Hoffmann E.T.A., II 480/481: Reichardt, 964/965: Zelter.

Hugo Wolf[391]), um nur einige wichtige Konzentrationspunkte zu nennen, bis schließlich *Franz Liszt* und *Richard Wagner* neue, besonders charakteristische Stilkreise bildeten[392]). Die Wagner'sche Klangwelt bezauberte die damalige Zeit und regte zu Schaffen an, auch zu Bearbeitungen[393]). Ausgesprochene Nachahmungswerke[394]) waren die Opern „Ingwelde" und „Pfeifertag" von Max von Schillings[395]), die Oper „Guntram" von *Richard Strauß*[396]) sowie die Oper „Wieland" von *K. Hösel.* Weniger epigonenhaft war das Schaffen von *Engelbert Humperdinck*[397]), der sich der Märchenoper zuwandte und dessen „Hänsel und Gretel" großen Erfolg erreichte[398]). Auch *Hans Pfitzner*[399]) wandelte anfangs noch in den Spuren von Richard Wagner, so bei den Opern „Der arme Heinrich" und „Die Rose vom Liebesgarten". Neben Richard Wagner steht der Musikheroe *Franz Liszt*, von dem auch eine ungeheure und weitreichende Entwicklung ausging, die weit größer ist, als man annimmt, weil man vielfach meint, Liszt sei nur der Klaviervirtuose der „Transkriptionen und Paraphrasen". Es wird bei *Moser* mit Recht folgendes über ihn gesagt[400]):

> „Die Spieltechnik des Klaviers hat Liszt grundlegend ins titanische und gewaltige gewandelt, so daß die Dynamik des heutigen Konzertflügels recht eigentlich auf ihn zurückgeht; manuell unglaublich begabt, hat er viele neue Klangwirkungen und Spielweisen hinzuerobert, auch nach Seite der geistigen Ausdeutung geniale Plastik bewährt.

---

[391]) Dazu M o s e r aaO. I 113 ff.: Berlioz, I 199 ff.: Chopin I 713/714: Lortzing, II 743: Marschner, II 760 ff.: Mendelssohn, II 777/778: Meyerbeer, II 1136 ff.: Schubert, II 1156 Schumann, II 1212/1213: Spohr, II 1341 ff.: Verdi, II 1409 ff.: Weber, II 1439 ff.: Wolf; R i e m a n n Musiklexikon P (Fußn. 46) I 150/151: Belioz, 310 ff.: Chopin, II 99/100: Lortzing, 156 ff.: Marschner, 194 ff.: Mendelssohn, 213/214: Meyerbeer, 638 ff.: Schubert, 651 ff.: Schumann, 799/800: Spohr 844 ff.: Verdi, 895 ff.: Weber, 941/942: Wolf.

[392]) Dazu M o s e r I 702 ff.: Liszt, 1393 ff.: Wagner; R i e m a n n Musiklexikon P (Fußn. 46) II 80 ff.: Liszt, 875 ff.: Wagner.

[393]) Dazu B l u m e aaO. (Fußn. 15) VI 1252 ff., auch unter I 2.

[394]) Dazu M o s e r Musiklexikon II 1393 ff. (1398): Wagner Richard; R i e m a n n Musiklexikon P (Fußn. 46) II 875 ff.: Wagner Richard.

[395]) Dazu M o s e r Musiklexikon II 1113: Schillings; R i e m a n n Musiklexikon P (Fußn. 46) II 604: Schillings.

[396]) Dazu M o s e r aaO. II 1238 ff. (1249): Strauß Richard; R i e m a n n Musiklexikon P (Fußn. 46) II 742 ff.: Strauß Richard; über die Oper „Guntram" unter I 5 (c/1c) bei Fußn. 145.

[397]) Dazu M o s e r aaO. I 531: Humperdinck; R i e m a n n Musiklexikon P (Fußn. 46) I 841/842: Humperdinck.

[398]) Dazu unter I 5 (e) bei Fußn. 224.

[399]) Dazu M o s e r aaO. II 951 ff.: Pfitzner; R i e m a n n Musiklexikon P (Fußn. 46) II 401/402: Pfitzner.

[400]) Dazu M o s e r aaO. I 702 ff. (703/704): Liszt; R i e m a n n Musiklexikon P (Fußn. 46) II 80 ff.: Liszt; zum gregorianischen Choral unter I 5 (e) bei Fußn. 189, 193, auch K e l l e r Die Kunst des Orgelspiels (Edition Peters Nr. 4317) 97 ff. Er wird u. a. verwendet von H ö l l e r gregorianische Hymnen für Orchester, op 18, und von Max R e g e r in den Orgelstücken op 7 Nr. 2 (Fantasie) und op 59 Nr. 12 (Te Deum).

Liszt ist als Tonsetzer harmonisch, orchestertechnisch, formal und gedanklich zweifellos einer der größten Anreger aller Zeiten gewesen.

Man findet bei ihm schon erstaunlich früh übermäßige Dreiklänge und Quartenakkorde, die Tristan-Harmonik ist ohne ihn ebenso schwer denkbar wie die Parsifal-Thematik, da er sich eine eigentümliche Neu-Gregorianik schuf."

Liszt scharte um sich die neudeutsche Schule, die auf der Grundlage von *Berlioz* und *Chopin* und deren Reizchromatik und bereicherter Orchestertechnik die Entwicklung in die Zukunft wies[401]). Hier trifft sich Liszt mit Wagners Tristan-Musik.

Zu den Schülern von Liszt[402]) zählen vor allem *Peter Cornelius*[403]), sein besonderer Schützling, ferner *Hans von Bülow*[404]) *und Joachim Raff*[405]), um nur einige Namen zu nennen.

Johannes Brahms[406]), *Anton Bruckner*[407]), *Edvard Grieg*[408]), *Max Reger*[409]), *Hans Pfitzner*[410]) und *Richard Strauß*[411]) führten dann die Musik auf eine ungeahnte Höhe und über Liszt und Wagner hinaus, teils zu deren Lebzeiten, teils später. Der Stil-Anschluß ist bei aller Selbständigkeit des Schaffens erkennbar. Daneben spielt in ihren Werken die Bearbeitung eine bedeutsame Rolle, wie anderweitig bereits betont ist[412]). Die Spätromantik führt zum Impressionismus, zum Expressionismus und zur Atonalität[413]). Der Impressionismus[414]) sucht eine Verinnerlichung; zu nennen sind Namen wie *Graener, Niemann, Schreker*

---

401) Dazu Fußn. 389.

402) Dazu Fußn. 400.

403) Dazu Moser Musiklexikon I 222/223: Cornelius; Riemann Musiklexikon P (Fußn. 46) I 340: Cornelius.

404) Dazu Moser aaO. I 165/166: von Bülow Hans; Riemann aaO. I 246/247: von Bülow Hans.

405) Dazu Moser aaO. II 1007: Raff Jos. Joachim; Riemann Musiklexikon P (Fußn. 46) II 458: Raff Jos. Joachim.

406) Dazu Moser aaO. I 146 ff.: Brahms; Riemann Musiklexikon P (Fußn. 46) I 211 ff.: Bramm.

407) Dazu Moser aaO. I 158 ff.: Bruckner Anton; Riemann Musiklexikon P (Fußn. 46) I 237 ff.

408) Dazu Moser aaO. I 452/453: Grieg; Riemann aaO. I 678 ff.: Grieg.

409) Dazu Moser aaO. II 1016 ff.: Reger; Riemann aaO. II 473 ff.: Reger.

410) Dazu Moser aaO. II 951 ff.: Pfitzner; Riemann Musiklexikon P (Fußn. 46) II 401/402: Pfitzner.
Richard.

411) Dazu Moser aaO. II 1238 ff.: Strauß Richard; Riemann aaO. II 742 ff.: Strauß

412) Dazu unter I 5.

413) Zur Atonalität Fußn. 41; zur neueren Musikentwicklung auch unter I 4.

414) Dazu Moser Musiklexikon I 536: Impressionismus; Riemann Musiklexikon S (Fußn. 3a) 389/390: Impressionismus.

und zum Teil auch *Richard Strauß*. Der Expressionismus[415]) suchte eine Affektsteigerung, strebt zum Absoluten hin; er fand bedeutende Vertreter in *Alban Berg, Arnold Schönberg* und *Strawinsky*. Der konstruktive Expressionismus milderte sich wieder in Neo-Klassizismus und Vitalismus[416]). Bei diesen neuen Richtungen hat die Beschäftigung mit Bearbeitungen weniger Bedeutung.

Die *neue Musik* ist das Stadium der Gegenwart, die zurückreicht bis in die Zeit nach dem 1. Weltkrieg[417]). Hierzu zählt auch die Richtung des Atonalen[418]). *Werner Egk*[419]), *Richard Strauß*[420]), *Hindemith*[421]) und *Strawinsky*[422]) sind dem Tonalen treu geblieben, *Werner Egk* immer, die anderen Komponisten nach vorübergehender Überschreitung des Tonalen. *Carl Orff*[423]) betont das Rhythmische und ist frei in der Form; seine Musik kann aber nicht als atonal bezeichnet werden. Daher ist bei ihnen die Bearbeitung von Musikstücken ein Teil ihrer komponistischen Arbeit.

Betrachtet man die Stil-Entwicklung, wie sie in kurzen Strichen nur, soweit als nötig, aufgezeigt wurde, so sieht man, daß der **Stil nicht identisch mit Bearbeitung** ist, obwohl Stil-Elemente mehr oder weniger weitgehend übernommen werden können[424]). **Bearbeitung** ist **in jeder Stil-Form möglich** und kann in jede Stil-Form erfolgen. Man kann ein Stück durchaus in verschiedene Stilarten übertragen, keine Stil-Art ist ausgeschlossen. Ein interessantes und berühmtes Beispiel ist das Werk von

Siegfried Ochs „S'kommt ein Vogel geflogen" im Stil großer Meister[425]).

Hier wird in ironisch-ernster Weise aufgezeigt, wie es in verschiedenen Stil-Arten erklingen würde, wobei auch die moderne Musik nicht ausgelassen ist. Diese Komposition ist deshalb auch — musikalisch-theoretisch betrachtet —

---

[415]) Dazu Moser aaO. I 330: Expressionismus; Riemann aaO. 269: Expressionismus.

[416]) Dazu Moser aaO. II 1365: Vitalismus.

[417]) Dazu Moser aaO. II 862/863: Neue Musik; Riemann aaO. 628/629: Neue Musik.

[418]) Dazu Fußn. 413.

[419]) Dazu Moser Musiklexikon I 308/309: Egk; Riemann Musiklexikon P (Fußn. 46) I 450: Egk.

[420]) Dazu Fußn. 411.

[421]) Dazu Moser Musiklexikon I 511/512: Hindemith; Riemann Musiklexikon P (Fußn. 46) I 797 ff.: Hindemith.

[422]) Dazu Moser aaO. II 1242 ff.: Strawinsky; Riemann Musiklexikon P (Fußn. 46) II 745 ff.: Strawinsky.

[423]) Dazu Moser aaO. II 903/904: Orff; Riemann aaO. II 345 ff.: Orff.

[424]) Dazu unter I 6.

[425]) Dazu Riemann Musiklexikon P (Fußn. 46) I 335, auch Fußn. 227.

sehr lehrreich, weil man ersehen kann, wie sich die verschiedenen Stil-Arten für Bearbeitungen eignen. Man sieht, daß auch die moderne Art des rein Rythmischen und Atonalen Bearbeitung ist. Erwähnenswert ist auch, daß bei

Franz Lehár in seinen Operetten Puccini-Einschläge deutlich zu beobachten sind[426]).

Kompositionen, die sich an einen bestimmten Namen anschließen, können Huldigung sein[427]). Notwendig ist dies nicht.

Johann Sebastian Bach hat in der „Kunst der Fuge" in dem letzten unvollendeten Stück, das als Tripelfuge mit 3 Themen gestaltet ist, das Thema BACH als 3. Thema verwendet. Hier wird die Kunst und Genialität Bachs bis zum letzten gesteigert, wobei die Schlichtheit und Religiosität ganz gewahrt bleibt.

Franz Liszt schrieb eine Fantasie bzw. ein Präludium mit Fuge über den Namen BACH für Klavier und für Orgel (also 2 Fassungen)[429]). Hier wird das Thema der 4 Noten *b-a-c-h* musikalisch restlos ausgeschöpft. Irgend ein Anklang an Bach und seine Zeit wird nicht versucht. Trotzdem fühlt man eine Verwandschaft mit Bachscher Musik.

Von *Max Reger* haben wir ebenfalls eine Fantasie und Fuge BACH op 46[430]). Ist bei Liszt das Virtuosentum vorherrschend, so bei Reger mehr der religiöse Charakter. Eine Bach-Imitation wird aber auch hier nicht versucht. Das Stück ist ganz andersartig und doch spürt man Bach in gewaltiger Steigerung, wie ihn *Reger* und auch *Busoni* erlebt haben[431]).

Man sieht hier, wie eine **Bearbeitung** über dasselbe Thema oder denselben musikalischen Gedanken **sehr verschieden** sein kann, auch wenn sie aus demselben Geist heraus geschieht, weil die Stileigentümlichkeiten und die Persönlichkeiten der Komponisten sehr verschieden sind.

[426]) Dazu Moser Musiklexikon I 682: Lehár; Riemann Musiklexikon P (Fußn. 46) II 47/48: Lehár.

[427]) Dazu unter I 5 (d).

[428]) Dazu unter I 5 (f) mit Fußn. 309.

[429]) Dazu unter I 5 (d, f bei Fußn. 286).

[430]) Dazu unter I 5 (d, g/2 bei Fußn. 366).

[431]) Dazu unter I 5 (b/2).
Wie das Thema BACH, wenn auch wohl unbewußt, auch anderweitig in Musikstücken vorkommt, zeigt auch die Humoreske von Max Reger op 82 (Aus meinem Tagebuch) Heft 3 Nr. 6; dazu auch Fußn. 309. Auch die Verwendung der Tonfolge BACH in einer Fantasie von Sweelinck (Straube Alte Meister des Orgelspiels Neue Folge/II 65 ff. Edition Peters Nr. 4301 b) scheint nicht Absicht zu sein.

Die Musik unserer Zeit ist auf seiten der Schaffenden und vor allem der musikinteressierten Kreise weithin **Eklektizismus**[432]). Dieser Begriff bedeutet Auswählen und kann sich auf den Komponisten einschl. Bearbeiter und auf den Interpreten sowie den Musikhörer beziehen[433]). Die Ausdrucksweise wurde von der Philosophie übernommen[434]), wonach ein Pilosoph oder Denker aus früheren Lehren eine eigene zusammenstellte. In der Musik versteht man im Anschluß hieran ein Schaffen, das fremde Stil-Elemente übernimmt, wobei der Grad der Verschmelzung mit dem eigenpersönlichen Stil sehr verschieden sein kann. So wird bez. *Richard Strauß* zu seiner Oper „Der Rosenkavalier" von *Moser*[435]) gesagt, Richard Strauß verbinde hier den modulatorisch übersteigerten Wiener Walzer in der Prägung von Johann Strauß Sohn mit halb mozartisch gesehenem Rokoko (Cherubini), um einen verösterreicherten Barockstoff zu gestalten. Derartige Verquickungen können wir in der neueren Musik in der Musik vielfach beobachten, weil die neuere Zeit auch die Strenge der musikalischen Formen immer mehr überwunden hat und selbst die symphonische Form mit der Fantasie verquickt. Die musikgeschichtliche Entwicklung[436]) geht von der ursprünglichen Strenge und Klarheit immer mehr zu einer **Verquickung der musikalischen Ausdrucksformen,** wobei dieser Begriff im weitesten Sinne zu verstehen ist; und zwar gilt dies für die Komposition wie für die Bearbeitung, die ihrerseits im kompositorischen Schaffen nicht zu treffen sind[437]). Einige Beispiele sollen dies verdeutlichen:

Eine Singstimme bzw. Singstimmen können instrumental behandelt werden, d.h. durch Instrumentalmusik ersetzt werden. Man denke an die Lied-Paraphrasen von *Grieg* und *Liszt*[438]) und an die „Lieder ohne Worte" von *Mendelssohn,* Musikstücke für Klavier zu 2 Händen. Die Arie aus der Oper „Xerxes" von *Händel*[439]) wird oft in Bearbeitung für Violine oder Cello und Klavier bzw. Orgel gespielt. Beliebt sind Fantasien über die Oper „Carmen" von *Bizet* in Bearbeitung für Violine und Klavier. Die Walzer von *Johann Strauß Sohn* „An der schönen blauen Donau", die für Männerchor mit Orchester geschrieben

---

[432]) Dazu Moser Musiklexikon I 313: Eklektiker; über die verschiedene Verwendung des Klaviers in der modernen Unterhaltungsmusik unter I 6 (c/2a) bei Fußn. 648.

[433]) Dazu unter I 5 (b/2 bei Fußn. 56 ff.).

[434]) Dazu DER GROSSE BROCKHAUS: Eklektiker.

[435]) Dazu Moser Musiklexikon II 1238 ff. (1239/1240): Strauß Richard; Riemann Musiklexikon P (Fußn. 46) II 742 ff.: Strauß Richard.

[436]) Dazu unter I 2.

[437]) Dazu unter I 3.

[438]) Dazu unter I 5 (f).

[439]) Dazu unter I 5 (e) bei Fußn. 234.

waren, werden fast nur noch in der wesentlich besseren Bearbeitung als reines Instrumentalstück aufgeführt[440]).

Instrumentalmusik kann gesanglich behandelt werden. Es wird sich vor allem um Umgestaltung eines Instrumentalstücks in ein solches mit Gesang handeln[441]). *Oscar Straus* änderte eine ursprünglich als reine Tanzszene gedachte Stelle am Schluß der Operette „Ein Walzertraum" in ein Stück mit Gesang um[442]).

Als ein Beispiel besonders gelungener Art der Modernisierung ist die Bearbeitung von Instrumentalstücken von Meistern der Romantik für Gesang mit Instrumentalbegleitung durch *Breuer* und *Kunz*, betitelt „Träumerei", zu erwähnen (Schallplatte SLE 14432-Telefunken). In dem Begleittext heißt es u. a.:

„Kleine Stücke großer Meister lassen die Romantic-Singers in einem neuen Gewand erklingen: mit Beat und in Sweet zum Tanzen und zum Träumen . . . Der Stimmklang der Romantic-Singers paßt sich dem Charakter eines jeden Stückes genau an und überläßt die Melodie einmal den leuchtenden Sopranen, dann den frischen jungen Tenören, nun den herbglühenden Altstimmen oder auch den schwarzen Bässen."

Die Begriffe von Konzert und Soloinstrumenten, die begleitet werden, geht ganz ineinander über. Die Kammermusikwerke für eine große Anzahl von Soloinstrumenten, wie von *Franz Schreker* und *Richard Strauß*, kommen einem kleinen Orchester gleich. In dem späteren Opernschaffen von Richard Strauß ist der Übergang von Kammermusik zum Orchester so gut wie aufgehoben. Zu erwähnen sind auch das Konzert für Orchester von *Béla Bartók*, andererseits das Konzert ohne Orchester, wie die Grande Sonate (Concert sans Orchestre) op 14 von *Robert Schumann*. Auch werden Ausdrücke wie Violinkonzert vermieden, und man spricht von Geigenmusik, wie bei *Boris Blacher* und *Werner Egk*.

Die Musikentwicklung geht weiter. In keiner Zeit ist Überkommenes so schnell veraltet und als überholt bezeichnet worden als in unserer.

Um so stärker ist das **Bedürfnis nach Bearbeitungen,** wie sich auch überall ein besonders starkes Interesse daran zeigt. Da der Eklektizismus

---

440) Dazu unter I 5 (f) bei Fußn. 296.
Diese beliebten Walzer sind später vielfach bearbeitet worden; besonders bedeutsam ist die Improvisation darüber für Klavier von Max Reger.

441) Dazu unter I 5 (f) bei Fußn. 261, 262.

442) Dazu unter I 5 (f) bei Fußn. 297.

unser gesamtes Musikleben beherrscht, muß darauf auch die Bearbeitung Rücksicht nehmen, und so werden heute Bearbeitungen geschaffen, die den Stilwünschen aller gerecht werden. Die Musikentwicklung regt auch zu neuen Gestaltungsmöglichkeiten für die Bearbeitung an, so daß in der Gegenwart sich für einen Bearbeiter viel mehr als früher neue Ausdrucksformen ergeben. Ein Bearbeiter muß aber in heutiger Zeit mehr als früher alle kompositorischen Möglichkeiten beherrschen, um die Tonsprache wählen zu können, die er braucht.

h) Wechsel der Auffassung

Der Mensch steht sein Leben lang in der Entwicklung, auch der Künstler. Leben und Schaffen sind nicht voneinander zu trennen. Bei *Hans Pfitzner* trat nach dem Tode seiner Ehefrau, die er sehr liebte, eine jahrelange Pause in seinem Schaffen ein. *Mozart* wurde durch Todesahnung zur Komposition seines berühmten „Requiem“[444]) bewogen. Das Reifen als Mensch und Künstler führt auch zu Entwicklungen im künstlerischen Schaffen. Diese menschliche und geistige Entwicklung wirkt sich auf die Werke aus, die ein Musiker schafft. Wir können daher bei großen wie kleinen Meistern verschiedene Schaffensstufen und -perioden feststellen. Hier ist zu denken an die Entwicklung vom Schaffen nach Vorbildern zum eigenen selbständigen Schaffen, das dann, soweit es sich an Vorbilder anschließt, die Selbständigkeit wahrt[445]). Dann gibt es auch eine musikalische Entwicklung bez. Stil, Instrumentation usw., die sich auch auf das Werkschaffen auswirkt, insbes. von der Harmonik zur Atonalität und zurück[446]). Solche Entwicklungen im künstlerischen Schaffen geben Anlaß zu Bearbeitungen eigener Werke, um sie dem neuen inneren Entwicklungsstand anzugleichen[447]).

i) Wissenschaftliche Bearbeitung

Die **musik-kritischen Ausgaben** von Werken auf wissenschaftlicher Grundlage, vor allem in sog. Gesamtausgaben, haben den Zweck, möglichst original- und stilgetreu zu sein. Hier erfolgt eine kritische Revision, die möglichst weit auf das Original und die Originalhandschrift zurückgeht und

---

[443]) Dazu unter I 5 (f) nach Fußn. 311.

[444]) Dazu unter I 5 (c/3).

[445]) Dazu unter I 5 (d, g/4).

[446]) Dazu unter I 4, 5 (b).

[447]) Dazu unter I 5 (c/1 c f), 6 (a/1); zur rechtlichen Situation, insbes. Rückruf wegen gewandelter Überzeugung unter II 14 bei Fußn. 454, 455.

jeden Zusatz ablehnt; wo es unvermeidbar ist, Zusätze und Ergänzungen besonders kennzeichnet und nur zuläßt, um eine stilgemäße Wiedergabe zu sichern. Da die Musikinstrumente selbst in der Entwicklung begriffen waren und sind, da manche Instrumente später wesentlich vervollkommnet wurden und manche Stücke alter Meister mit den modernen Instrumenten oft besser und schöner wiedergegeben werden können als mit technisch unvollkommenen Instrumenten aus früheren Zeiten, wird allerdings vielfach die original-getreue Wiedergabe zum Problem[448]) und damit zur Auffassungssache. Man ist heutzutage vielfach so weit, daß man pluralistisch nicht mehr nur die eine oder andere Richtung anerkennt, sondern daß man beide Auffassungen nebeneinander bestehen läßt. Denn Werktreue steht neben Modernisierung nebeneinander. Man kann ja ein Original-Werk bei der Aufführung so gestalten, daß die Idee des Komponisten unterdrückt wird. Es ist eigenartig, daß man bei *Bach* und *Bruckner* werkgetreue Aufführungen anstrebt, während man bei *Richard Wagner* die Leitmotiv-Technik und die romantische Inszenierung zu unterdrücken versucht.

Man wird wissenschaftliche Bearbeitungen anerkennen, aber sie sind nicht das A und das O in der Musik. Sie mögen der wissenschaftlichen Forschung dienen, aber sie sind nicht immer für die Werkaufführungen das Ideal, da es eine **Werkverbesserung durch Bearbeitung** gibt[449]).

Man muß sich klar darüber sein, daß man mit wissenschaftlicher Forschung allein noch nicht Musik machen und aufführen kann, daß zwischen Theorie und Praxis eine große Kluft bestehen kann. Wir können die alten Musikinstrumente nur zum Teil wiedererstehen lassen, wir müssen vielfach moderne Instrumente verwenden. Damit aber entfernt sich die Musik — wissenschaftlich betrachtet — vom Original früherer Zeiten. Und wenn die Kastraten-Stimmen durch Frauenstimmen ersetzt werden, so ist dies auch nicht „original"-getreu im Sinne der Wissenschaft. Und wenn man versucht, durch das Cembalo in moderner Aufführung den Charakter alter Stücke zu betonen, so ist dies auch nur teilweise „original"-getreu, weil die Wirkung des modernen Konzert-Cembalos anders wird als bei den früheren Instrumenten[450]). Wenn moderne Orchester *Richard Strauß* nicht mehr in der von dem Komponisten angegebenen Besetzung aufführen, so bedeutet dies eine Klangverschiebung, die wissenschaftlich sicherlich zu beanstanden ist, die man aber ohne weiteres hinnimmt, weil ja die junge Generation nicht mehr

---

[448]) Dazu unter I 5 (b/2), zum Generalbaß unter I 6 (b/2 b), II 8 (13), zu kritischen und wissenschaftlichen Ausgaben II 8 (17). Über Gesamtausgaben Blume MGG Schmieder IV 1850 ff.: Gesamtausgaben; Moser Musiklexikon I 406 ff.: Gesamtausgaben; Riemann Musiklexikon S (Fußn. 3a) 326 ff.: Gesamtausgaben.

[449]) Dazu unter I 5 (b 1/2).

[450]) Dazu unter I 5 (b/2).

den Klang eines Strauß-Orchesters im Ohr hat. Mit dem *Wagner*-Orchester können wir Ähnliches erleben. Und wenn man im letzten Satz der 1. Symphonie von *Brahms* die berühmte Violinstelle am Beginn des Satzes „Allegro non troppo ma con brio" ohne violinistische Ausdrucksweise hört, so entfernt sich dies sehr von der Idee des Komponisten. Man sieht also, daß man da, wo man originalgetreu spielen könnte, es weithin nicht tut.

Die wissenschaftliche Bearbeitung ist notwendig und sehr nützlich, aber sie darf nicht in ihrer Bedeutung für die Musikaufführung überschätzt werden. Denn rein wissenschaftliche Aufführungen sind nicht immer die besten, vor allem nicht immer besser als Bearbeitungen.

Noch etwas ist in diesem Zusammenhang von Bedeutung. Die **Musikliebhaber und -interessierten** sind vielfach nicht mehr wie früher Anhänger einer bestimmten Kunstrichtung. Den Kampf um Komponisten wie in der Zeit von *Richard Wagner, Richard Strauß* u. a., um einige Beispiele aus neuerer Zeit zu nennen, kennen wir nicht mehr; dies gehört der Vergangenheit an. Das **Publikum** ist anders geworden, da die Hausmusik[451]) nur noch geringe Bedeutung hat und durch die Entwicklung der Technik, durch Rundfunk und Fernsehen sowie Schallplatte und Tonband ersetzt wurde. Damit sind die Musik ausübenden Hörer wesentlich geringer geworden. Diese Entwicklung hat dazu geführt, daß die Musikhörer und Interessierten als Eklektiker[452]) angesprochen werden können, die alte und neue Musik, Oper, Operette und Musicals, tonale und atonale Stücke, Symphonien, Oratorien neben Jazz- und Beat-Musik hören, ohne irgend etwas als gegensätzlich oder unvereinbar zu empfinden. Die Duldsamkeit des **Pluralismus** hat hier gesiegt, und damit wird das Schwergewicht bei Aufführungen vor allem auf die vortragenden Künstler gelegt. Die Musikpraxis berücksichtigt dies, vor allem den unterschiedlichen Interessentenkreis. In diese Situation ist auch die Musikbearbeitung hineingestellt. Und hier muß betont werden, wer wirklich Musik als Komponist oder Bearbeiter schafft — vor allem berufsmäßig — berücksichtigt wohl den Unterschied des Kreises der Musikhörer und -interessierten, aber sein Schaffen bleibt verantwortungsbewußt. Es werden hier zwar der unterschiedliche Geschmack und die verschiedenartigen Wünsche berücksichtigt, aber man schafft aus innerer Verantwortung, weil man als „Meister" schafft.

Der heutige Musikbearbeiter wird dieser Entwicklung Rechnung tragen, weil er ja dazu beitragen will, daß die Musik bei den Hörern „ankommt".

---

[451]) Dazu unter I 5 (f) bei Fußn. 256.
[452]) Dazu unter I 5 (g/3) bei Fußn. 432 ff. sowie unter I 6 (c/2). Zur Kritiklosigkeit der heutigen Hörerschaft wurde von Musik-Kritikern schon mehrfach Stellung genommen; dazu z. B. die Ausführungen, auf die Fußn. 458a hingewiesen ist.

Ein moderner **Bearbeiter** muß also **sehr vielseitig** sein und wird in der verschiedensten Art schreiben können und schreiben, gleichgültig wie die Musikentwicklung verläuft, da das Musik-Publikum und die Musik-Interessierten nach Musik Verlangen haben und dieser Wunsch durch rein wissenschaftliche Ausgaben und -Vorführungen allein nicht befriedigt werden kann. Um kein Mißverständnis aufkommen zu lassen — was hier betont und ausgeführt wird, soll sich nicht gegen die wissenschaftlichen Ausgaben richten, die sehr wohl anerkannt werden und für die ernsten Musikliebhaber unendliche Bedeutung haben. Es wird vielmehr nur vom Boden der Tatsachen aus die heutige Situation im Musikleben dargestellt und beleuchtet, wie sie realistisch betrachtet erscheint und weil daraus zu folgern ist, daß zu keiner Zeit das **Bedürfnis nach Bearbeitungen** so **groß** war wie **in der Gegenwart.**

k) Pädagogische und schulische Zwecke

Die Musik hat im Bereiche der Erziehung und der Ausbildung des Musiker-Nachwuchses große Bedeutung. Wir haben „musische" Schulen, in denen der Musikunterricht gegeben wird. Für die Musiker bestehen Konservatorien und Musikhochschulen; daneben gibt es privaten Musikunterricht. Hinzuweisen ist auch auf die vielen Chöre in Schulen und Kirchen, auf die Posaunenchöre im Bereiche der kirchlichen Jugend, auf die Schulorchester usw.[453]).

Hieraus erhellt, daß eine eigene Literatur für derartige Zwecke zur Verfügung stehen muß. Die sog. Kindersymphonie von *Joseph Haydn* dient dazu, Kinder pädagogisch zum musikalischen Zusammenspiel hinzuführen. Berühmt in der Gegenwart ist das Schulwerk von *Carl Orff*[454]), das große Bedeutung hat, vor allem, um die Jugend zum Musizieren anzuregen.

Daneben erscheint es aber notwendig, daß eine besondere Literatur für alle Instrumenten-Arten und für Gesang, auch Chorgesang, vorhanden ist, die zeitgemäß ist. Es kommen hier in Frage Etüden und sonstige technische Übungen, vom Einfachsten angefangen bis zur Konzertetüde, und zwar auch vielfach in Bearbeitungen[455]). Auch die Musikliteratur bedarf der Zusam-

---

[453]) Dazu Moser Musiklexikon II 1147 ff.: Schulmusik, II 1152/1153: Schuloper, II 1153: Schulorchester; Riemann Musiklexikon S (Fußn. 3a) 845 ff.: Schulmusik, 857/858: Schuloper.

[454]) Dazu Blume MGG Laafs X 1996: Orff; Moser Musiklexikon II 903/904: Orff; Riemann Musiklexikon P (Fußn. 46) II 345 ff.

[455]) Es wird hier auf die Unterrichtswerke verwiesen, die es für alle Arten von Instrumenten und Gesang gibt, wie sie aus Verlagsverzeichnissen zu ersehen sind, auch bez. Bearbeitungen. Die sog. Klavierschulen, Orgelschulen, Violinschulen usw. sind zu er-

menstellung nach dem Schwierigkeitsgrad in besonderen Ausgaben, die zugleich Hinweise auf die Ausführung geben, also in „instruktiven Ausgaben" in das richtige Spiel einführen, um zum vollendeten und reifen Spiel den Weg zu bereiten. Hier liegt ein weites Feld für die Bearbeitung, auf das jedoch in diesem Zusammenhang nicht näher eingegangen wird[456]).

l) Bearbeitung als Werk-Bezeichnung

Wenn ein Musiker ein eigenes Werk als Bearbeitung eines anderen bezeichnet, obwohl es ein Original ist, so ist dies nur ein Vorwand und macht das Werk nicht zur Bearbeitung. Es wird hier eigenes Schaffen als fremdes ausgegeben — ein Fall, der wohl sehr selten vorkommt. Immerhin — es ist möglich, und daher bedarf es dieses Hinweises.

Ein typisches Beispiel dieser Art, das musikgeschichtlich allgemein bekannt ist, ist *Fritz Kreisler*[457]), der als Violin-Virtuose bekannt war und einen Namen hatte, sich aber als Komponist schwer durchsetzen konnte. Deshalb bezeichnete er verschiedene eigene Werke als Bearbeitungen älterer Werke und das Publikum nahm sie gut auf; erst später lüftete er das Geheimnis. In dieser Beziehung sind vor allem von Bedeutung seine sog. „Klassischen Manuskripte" und „Vivaldi"-Bearbeitungen, zu denen auch das bekannte „Caprice viennois" zählt. Daneben führte er auch Bearbeitungen im eigentlichen Sinne durch, vor allem Volkslieder[458]).

Ein typisches Beispiel aus der allerneuesten Zeit ist der Schweizer Komponist und Pianist *Hauser,* der sich als *Tartarow* ausgab und angeblich un-

---

wähnen; auch auf die Schulfunksendungen, die modernen Lehrmethoden mit Schallplatten usw. ist hinzuweisen; dazu Riedel Moderne Lehr- und Lernmethoden und Unterrichtsmittel im neuen Urheberrecht / Recht der Jugend (Zeitschrift) 1966, 319.

Nur einige wenige Beispiele typischer Bearbeitungen für Lehrliteratur für Klavier: Bülow-Cramer Etuden (Universal-Edition), Clementi-Tausig Gradus ad Parnassum, Chopin-Scholtz Etüden, Liszt-Sauer Etüden (Edition Peters), Schumann Klavierwerke in Revision von Ruthardt (Edition Peters) bez. Etüden unter I 5 (g/1) bei Fußn. 349, für Orgel: die interessante Schule des Triospiels Bach-Reger-Straube Zweistimmige Inventionen (3stimmig) - dazu unter I (f) bei Fußn. 331 -. Bedeutsam ist auch für Klavier die „Instruktive Ausgabe klassischer Klavierwerke" in Edition Cotta (Stuttgart-Berlin). Die „Chorübungen" der Münchener Musikschule von Wüllner-Schwickerath waren Gegenstand der Begutachtung durch eine Sachverständigenkammer; dazu Wollenberg Gutachten der 5 preußischen Sachverständigenkammer für Urheberrecht (Berlin-Leipzig 1936) 98 ff., auch unter II 8 (10).

456) Dazu über Bearbeitung zu Übungszwecken unter I 5 (g/1) bei Fußn. 354, über vereinfachte Bearbeitung schwerer Stücke unter I 5 (f), insbes. bei Fußn. 325; zur Rechtslage unter II 15 bei Fußn. 469 ff.

457) Dazu Blume MGG Jancik VII 1742/1743: Kreisler; Moser Musiklexikon I 655: Kreisler; Riemann Musiklexikon P (Fußn. 3a) I 964: Kreisler; zur rechtlichen Betrachtung unter II Fußn. 364.

458) Dazu unter I 5 (e) bei Fußn. 225.

bekannte Werke von *Beethoven, Liszt* und *Prokofieff,* in Wirklichkeit eigene Werke spielte, wobei er rauschenden Beifall erntete[458a]).

6. Art der Bearbeitung

Nach dem Überblick über die vielfältigen Gründe zu Bearbeitungen[459]) soll die schon eingangs gestellte Frage über das **Verhältnis von Komposition und Bearbeitung**[460]) noch einmal kurz berührt werden, da man die Bearbeitung gegenüber den sonstigen Kompositionen weithin geringer schätzt. *Engel* hat mit Recht dieses Vorurteil zurückgewiesen und die musikalische Gleichwertigkeit anerkannt[461]). Wenn irgendein eigener oder fremder musikalischer Gedanke bearbeitet wird, so ist dies kompositorisches Schaffen, deshalb waren alle großen Meister der Tonkunst in Vergangenheit und Gegenwart auch Bearbeiter. Wäre Bearbeitung nicht kompositorisches Schaffen, so hätten Musiker — um nur einige Namen zu nennen — wie *Johann Sebastian Bach, Mozart, Beethoven, Pfitzner, Max Reger* und *Richard Strauß,* denen es in Wahrheit nicht an musikalischen eigenen Gedanken fehlte, nicht auch Bearbeitungen vorgenommen[462]). Man ist sich nur weithin nicht im Klaren darüber, wieviel Musik, die wir spielen oder hören, Bearbeitung ist, zumal vielfach auf die Bearbeitung nicht hingewiesen wird[463]). Meistens können wir beim Anhören von Musik sog. originales Schaffen und Bearbeitung gar nicht unterscheiden. Wir werden erst kritisch, wenn wir von Bearbeitung reden. Solche kritische Einstellung verleitet uns dann aber auch leicht zu falschen Wertungen. Lassen wir doch die Musik auf uns wirken, auch wenn sie Bearbeitung ist. Spricht die Musik zum Herzen, dann ist es Musik, musikalisches Schaffen. Oft ist Bearbeitung zugleich eine Verbesserung gegenüber dem unbearbeiteten Werk[464]). Man sollte daher den vielfach gebrauchten Ausdruck von der sog. Originalkomposition ganz vermeiden, weil er nur zu Mißverständnissen und falschen Deutungen Anlaß gibt. *Mozart,* der allgemein und mit Recht als einer der genialsten Komponisten gilt, ist bei ca. 80 % seiner Melodien nicht der sog. Originalschöpfer[465]), wie

---

458a) Dazu Süddeutsche Zeitung 20/21. 4. 1968 Nr. 96 S 4 Köpenick am Piano, S 10 Bluff mit Beethoven.

459) Dazu unter I 5.

460) Dazu unter I 3, II 5 ff.

461) Dazu unter I 3.

462) Dazu unter I 5.

463) Zur rechtlichen Beurteilung solcher unterlassener Hinweise unter II 12, bei Fußn. 362 ff.

464) Dazu unter I 5 (b).

465) Dazu Szabiolcsi Bausteine zu einer Geschichte der Melodie (Bundapest 1959) 232, auch unter II Fußn. 1.

die wenigsten wissen. Wenn sie es wissen, beurteilen sie ihn dann anders? Man sieht, daß man die Bearbeitung nicht geringschätzig beurteilen darf und daß man das Wort „Originalschöpfung“ ganz streichen sollte, sonst könnte man ja bei Mozart auch bei den meisten seiner Werke diesen Ausdruck nicht gebrauchen, wenn man theoretisch sein wollte. Kunst ist Kunst, Musik ist Musik, ohne daß man fragt, woher die Ideen sind[466]).

Hieraus folgt aber, daß man den **Einfall** als musikalischen Gedanken nicht überschätzen darf, weil es bei einem Musikstück wesentlich auf die Ausarbeitung ankommt. Es ist nicht anders, als wenn man für einen Vortrag ein paar Stichworte hat; ohne Ausarbeitung zu einem Vortrag erreichen sie nicht ihre Wirkung. Das Schwergewicht liegt also bei der **Ausarbeitung.** Daher ist auch die Aufgabe des Bearbeiters, der oft Neugestalter ist, sehr wichtig und darf nicht unterschätzt werden.

Um aber die bestehenden weithinherrschenden Mißverständnisse zu beseitigen, sei auf das musikalische Schaffen eingegangen. Das für die Dichtung geltende Wort:

„Wer den Dichter will versteh'n,
Muß in Dichter's Werkstatt geh'n“,

gilt auch für die Musik. Wer den Musiker, den Komponisten und den Bearbeiter, der auch Komponist ist, verstehen will, muß sehen und erkennen, daß der Schaffensvorgang immer derselbe ist.

Es geht hier also darum, den **Begriff der Bearbeitung**[467]), der durch 2 Elemente gekennzeichnet ist, nämlich

ein Bearbeitungsobjekt als Arbeitsgrundlage und
ein Bearbeitungsvorgang als geistig-musikalische Leistung,

zu verdeutlichen und abzugrenzen.

Wenn von Bearbeitungsobjekt gesprochen wird, so dient dies nur der Verdeutlichung des Vorgangs der Bearbeitung, da ein Objekt vorhanden sein muß, das bearbeitet wird. Der Begriff der sog. Originalkomposition wäre auch deshalb ungeeignet, weil auch ein bereits bearbeitetes Musikstück Bearbeitungsobjekt sein kann, wenn mehrfache Bearbeitung vorliegt[468]). Eine Bearbeitung kann sich auf ein ganzes Stück oder auf Teile oder aber nur auf einzelne Stellen desselben beziehen.

---

[466]) Die Frage des Urheberschutzes ist gegenüber den rein musikalischen Betrachtungen selbständig zu beurteilen; dazu unter II 2 ff.

[467]) Dazu unter I 1.

[468]) Dazu unter I 3; über mehrfache Bearbeitungen unter I 5 (f).

Da die Bearbeitung alle Gebiete der Musik umfaßt, ist auch das Gesamtgebiet der **Musik** einzubeziehen, deren Grundelemente Töne und Geräusche sind[469]), also um einige Gesichtspunkte herauszugreifen, tonale und harmonische Musik ebenso wie atonale und elektronische Musik.

So wird dann verständlich, daß **Bearbeitung** in der Musik ein **kompositorischer Vorgang** ist und nicht ein rein handwerksmäßiges, routinemäßiges Arbeiten, das zwar ein gewisses Können, aber keinen musikalischen Schaffensgeist voraussetzt.

Hierbei sind folgende Gesichtspunkte von Bedeutung:

der musikalische Gedanke,

die zur Verfügung stehenden Ausdrucksmittel und

die musikalische Form bzw. Gestaltung.

Es ist dies der Weg von der Idee zur Verwirklichung, also die Konkretisierung eines musikalischen Gedankens.

a) Musikalischer Gedanke

Der musikalische Gedanke geht zurück auf ein Musikschaffen und findet seinen Ausdruck in kompositorischer Gestaltung. Dies gilt für alle Kompositionen, also auch für Bearbeitungen.

1. Musikschaffen

Musikschaffen ist der **kompositorische Vorgang**, das Komponieren, das auch die Musik-Bearbeitung einschließt, wie sich schon daran zeigt, daß sich der Begriff aus der Melodie-Bearbeitung herausgebildet hat[470]). Man hat immer wieder versucht, den geistigen Schaffensvorgang zu entschleiern und begrifflich festzulegen; doch dies ist nicht möglich, weil alles geistige Schaffen etwas Transzentendales in sich schließt. Daher ist ja auch das Schaffen der einzelnen Meister so unterschiedlich. Manche Werke sind in scheinbar unmöglich kurzer Zeitspanne, also in raschem Arbeitstempo entstanden, wie der „Messias“ von *Händel* in 22 Tagen, die Ouvertüre zur „Zauberflöte“

---

[469]) Dazu unter I 4.

[470]) Dazu Leichtentritt aaO. (Fußn. 193) 1 ff., 233 ff.; im übrigen unter I 3, 6 (c/1).

von *Mozart* über Nacht[471]), wie überhaupt das Schaffen des begnadeten Mozart bei aller Höchstleistung und Vollkommenheit ein sehr schnelles war. Auch *Franz Schubert* war von einer unheimlichen Schaffenskraft beseelt, die ihm in seinem kurzen Leben unendlich viel schöne und wertvolle Musik entstehen ließ. Von *Max Reger* ist bekannt, daß er viele seiner Kompositionen gleich druckfertig niederschrieb. Andererseits gibt es ein Schaffen, das einem langsamen Reifen entspricht, so daß ein kompositorischer Schaffensvorgang sich über Jahre, ja Jahrzehnte erstreckt[472]). *Meyerbeer* war es vor allem, der an einzelnen seiner Opern lange Zeit arbeitete. *Beethoven* ist durch seine gründlichen Ausarbeitungen bekannt[473]). Auch *Richard Wagner* ließ in sich die Gedanken von Opern oft langsam reifen. In diesem Zusammenhang sind die Selbstbearbeitungen von Komponisten bedeutsam, die der Werkverbesserung, insbes. bei Neuauflagen, oder sonst der leichteren Einführung von Werken dienen[474]). Das Werkschaffen ist persönlichkeitsgebunden, es ist individuelle Leistung. Leben und Werk hängen eng zusammen; so überschrieb *Smetana* sein Streichquartett in e „Aus meinem Leben", und es sind darin auch persönliche Schicksale zu hören, vor allem kommt auch die ihn quälende, fast völlige Taubheit darin in Tönen zum Ausdruck. Mit Recht wird daher bei *Moser,* nachdem er darauf hinweist, daß Kunst auch bei größter Naturbegabung nur auf Grund der sicheren Beherrschung alles Handwerklichen zu dauergültigen Leistungen führen kann, gesagt[475]):

> Komponieren bedeutet „in jedem Augenblick eine Charakterprobe, eine Tätigkeit von höchster menschlicher Verantwortung, da wir im Gegensatz zu bloß spielerischem und schnellfingrigem Artismus unter Komponieren stets ein Bekennen und selbst im heitersten Kunstwerk ein Rühren an die ewigen Dinge verstehen".

Daher reift mit dem Menschen auch die Kunst, und wir können bei manchem Komponisten zwischen Früh-, Reife- und Altersstil unterscheiden. Persönliches Erleben kann zu vorübergehendem Unterbrechen der Arbeit, zu Schaffenspausen führen, wie es insbesondere bei *Pfitzner* und *Hugo Wolf* bekannt ist[476]).

---

[471]) Dazu Blume MGG Ferand VI 1093 ff.: Improvisation; Ferand-Haase VII 1423 ff.: Komposition; Moser Musiklexikon I 537: Improvisation, I 639 ff.: Komponieren; Riemann Musiklexikon S (Fußn. 3a) 390 ff.: Improvisation, 473 ff.: Komposition. Zu Mozart auch Fußn. 170, im übrigen auch I 5 (b, c), 6.

[472]) Dazu Fußn. 471.

[473]) Dazu unter I 6 (a/2) bei Fußn. 489.

[474]) Dazu unter I 5 (b/1) bei Fußn. 48 ff.

[475]) Dazu Moser aaO. (Fußn. 471) I 640. Ferner ist hinzuweisen auf Fußn. 23 sowie Pfitzner Über musikalische Inspiration, insbes. 28 ff. über Weber und eigenes Schaffen.

[476]) Dazu unter I 5 (h).

Komponieren führt in der Regel zu einer schriftlichen Fixierung oder sonstigen Aufzeichnung, etwa auf Tonband, des musikalischen Schaffens; man bezeichnet dies als Komposition in engerem Sinne[477]). Selbstverständlich läßt sich hier kein Schema aufstellen, da es Schaffensvorgang ist. Komposition bedeutet aber, daß eine Idee geformt wird. Daher wird der notierte Einfall weiterentwickelt zum konkreten musikalischen Gedanken und durch die musikalischen Ausdrucksmittel in musikalischen Formen zum spielbaren oder aufführbaren Musikstück. Komposition ist aber nicht daran gebunden, daß eine derartige Festlegung erfolgt. Auch **Improvisation** kann Komposition sein, ebenso improvisierte Bearbeitungen. Man versteht unter Improvisation ein abgekürztes Verfahren, nämlich das gleichzeitige Erfinden und Ausführen von Musik, also Einheit von Erfindung und Wiedergabe[478]). Bei Improvisation spielt daher oft der Kontakt mit dem Musikhörer eine besondere Rolle, weil das Schaffen meist aus dem Augenblick geboren ist, wenn es auch vorbereitete Improvisation gibt, wie sie zuweilen *Beethoven* handhabte[479]). Improvisation hat es zu allen Zeiten gegeben und fast alle großen Meister waren auch Meister der Improvisation. Um nur einige zu erwähnen, seien genannt *Bach, Händel, Mozart, Beethoven, Schubert, Schumann, Mendelsohn, Chopin, Liszt, Brahms, Bruckner, César Franck*[480]). Vor allem *Bruckner* ist dadurch bekannt, daß er beim Improvisieren den Kontakt mit den Zuhörern wahrte und diese dadurch auch stark beeindruckte. Daß hierbei auch Bearbeitungen eine wichtige Rolle spielen, sei ausdrücklich hervorgehoben. Vielfach erfolgten und erfolgen Improvisationen nach gegebenen Themen oder Melodien, vor allem auf der Orgel. *Bruckner* improvisierte vor hohen Militärs über Armeesignale[481]), bei einer Hochzeit im Kaiserhaus in Ischl über „Gott erhalte Franz, den Kaiser“[482]), vor Publikum aus England im Stile von *Händel*[483]). Auch heute gibt es noch die Improvisation. Im Bereiche der Kirchenmusik ist das Präludieren und Fantasieren als Choralvorspiel und das freie Spiel am Schluß von Gottesdiensten usw. auch heute noch üblich und allgemein in Gebrauch; auch ist auf die „Negro Spirituals“ hinzuweisen[484]). Aber auch in der Unterhaltungsmusik kennen wir das Improvisieren, und zwar als Gemeinschaftsimprovisation bei der volkstümlichen Musik, vor allem im Spiel von Zigeunerkapellen und im Jazz[485]). Auf eine

---

[477]) Dazu Blume aaO. (Fußn. 471) VII 1423 ff.; auch unter I 6 (b, c), im übrigen Fußn. 471.

[478]) Dazu Blume aaO. (Fußn. 471) VI 1093; auch unter I 6 (b/2c), II 8 (14).

[479]) Dazu Blume aaO. (Fußn. 471) VI 1123.

[480]) Dazu Blume aaO. (Fußn. 471) VI 1122/1123.

[481]) Dazu Blume aaO. (Fußn. 471) VI 1095, 1126.

[482]) Dazu Fußn. 481.

[483]) Dazu Fußn. 381.

[484]) Blume aaO. (Fußn. 471) 1127.

[485]) Dazu Fußn. 484; auch unter I 6 (c/2b).

besondere Art der Improvisation ist noch hinzuweisen, die man als Phonomontage bezeichnen kann; es werden mit mechanischer Musikwiedergabe Improvisationen verbunden. In der „musique concréte" von *Boulez, Schaeffer, Cage* finden sich durchaus neue technische Möglichkeiten improvisatorischer Klangkombinationen; es ergeben sich hier Berührungen zwischen mechanischer Komposition (Bandaufnahme) und rein zufälliger spielerischer Improvisation[486]). Es wird hier dem oder den Spielern vom Komponisten ein weiter Spielraum für die musikalische Ausführung überlassen; es fehlt also insoweit an der ausgeschriebenen musikalischen Festlegung durch den Komponisten, so daß der Interpret Freiheit hat. Es ist dies eine Manier, die bis ins 18. Jahrhundert zurückreicht; hier ist bei wiederholten Aufführungen jede derselben anders, weil nie vorauszusehen ist, welche Kombinationen sich jeweils ergeben. In dieser Richtung ist besonders interessant die Komposition von *John Cage*, die „Imaginary Landscape" betitelt ist und bei der 12 als Musikinstrumente verwendete Radioapparate spielen[487]).

2. **Musikalischer Gedanke**

Da Musik Geistesschaffen ist[488]), äußert sich dieses in musikalischen Gedanken.

Die Frage nach der kleinsten musikalischen Einheit als Gedanken hat von jeher die Musiktheorie und -praxis beschäftigt, weil es hier um die musikalische Erfindung geht. Es ist dies für die Komponisten, zu denen auch die Musik-Bearbeiter gehören, nicht gleichgültig, weil es ja darum geht, was persönliches Schaffen ist und wo die Konkretisierung beginnt und frühestens endet. Wie bei allem geistigen Schaffen, so auch in der Musik bleibt viele Planung im Planen stecken. Bei *Beethoven*[489]) haben wir durch die erhaltenen Skizzenbücher einen Einblick in eine musikalische „Werkstatt", d. h. in einen musikalischen Schaffensbereich. Wie viele Musikwerke blieben unvoll-

---

[486]) Dazu Blume aaO. (Fußn. 471) VI 1127/1128.

[487]) Dazu Fußn. 486.

[488]) Dazu unter I 6 (a/1), II 9.

[489]) Bei Moser Musiklexikon I 97 ff. (99) Beethoven wird ausgeführt: „Beethoven's Erfindungsgabe quillt unerschöpflich, nur die Auslese und die endliche Formung der für die Werke benutzten Themen kostet ihn Mühe (vgl. seine zahlreichen Skizzenbücher), während ein Mozart oder Schubert die entsprechende Arbeit ohne schriftliche Fixierung im Kopf leistete. Gegenüber dem vorromantischen Amts- und Auftragskomponieren ist Beethoven der 1., fast nur aus Einfall, Stimmung und Erlebnis schaffende Musiker gewesen, der seine größten Entwürfe (Fidelio, Missa solemnis, 9. Symphonie) durch viele Jahre der endlichen Reifung entgegentrug." — Wie Leben und Schaffen zusammenhängt, wird auch deutlich durch das, was bei Moser aaO. noch gesagt wird: „Wie Beethoven derb und kraftvoll war, so ist auch seine Tonlinie keineswegs körperlos, sondern voll blühenden Nachdrucks, ohne jedoch sinnlich zu lasten."

endet als Fragment, weil der Komponist selbst die Arbeit aufgab oder weil der oft allzu frühe Tod dem Schaffen ein Ende setzte. Solches Gedankengut kann dann später bei Bearbeitungen ausgewertet werden, besonders bei der Vollendung unvollendet gebliebener Werke[490]). Auch wird die einheitliche Betrachtung aller Komposition besonders deutlich, wenn man das kompositorische Schaffen von seinen Grundelementen aus betrachtet.

Die Frage nach der **kleinsten musikalischen Einheit**, den kleinsten musikalischen Elementen geht um die Begriffe Motiv, Thema, Figuren und Melodie, ferner wegen der Einordnung in die Zeit auch Rhythmus.

Motiv

Der kürzeste musikalische Gedanke ist das Motiv[492]). Es muß in sich Charakteristik aufweisen, um als Eigengebilde leben zu können und irgendwelche Spannungen beim Hörer zu erwecken. Es handelt sich hierbei, wenn wir den Gesamtbereich der Musik in Betracht ziehen, die aus den Grundelementen von Tönen und Geräuschen besteht[493]), darum, ob hierzu 1 Ton oder 1 Geräusch, d. h. außerhalb des Tonbereichs befindlicher Höreindruck genügt oder ob mindestens 2 Einheiten notwendig sind. Von der Vergangenheit her, die nur Harmonik und Melodie kannte, ist es verständlich, daß man regelmäßig 2 Töne verlangte. Von dieser Schau her formuliert *Leichtentritt*[494]):

> „Die Motive bestehen aus einzelnen Tönen. Der einzelne Ton allein hat gleich einem einzelnen Buchstaben keinen Ausdruckswert, er ist nur einem kleinen Baustein vergleichbar. Er hat im günstigsten Falle nur die Bedeutung einer Interjektion, eines Ausrufs wie ah! oder o! Mindestens 2 Töne müssen zusammengefügt werden, um etwas dem Wort entsprechendes, etwas Sinnvolles hervorzubringen. Von seltenen Ausnahmen abgesehen (etwa wo ein Motiv aus einer einzelnen Note oder einer Pause besteht), hat ein Motiv mindestens 2 Töne."

Wenn es auch hier als Ausnahme bezeichnet wird, so ist doch davon auszugehen: Zu einem musikalischen Gedanken genügt *1 Ton* oder *1 Geräusch*.

---

[490]) Dazu unter I 5 (c/1 d, 2, 3).

[491]) Dazu unter I 3.

[492]) Dazu Blume MGG Hüschen-Dahlhaus IX 19 ff.: Melodie; Wehnert-Ott XIII 282 ff.: Thema und Motiv; Moser Musiklexikon II 806/807: Motiv; Leichtentritt Musikalische Formenlehre (Wiesbaden 1964) 1 ff. (Der regelmäßige Aufbau musikalischer Phrasen); Riedel Schutz der Melodie, GRUR 1949 236 ff.; Wolpert Der Schutz der Melodie im neuen UrhG, UFITA Bd. 50, 769 (785 ff.).

[493]) Dazu unter I 4.

[494]) Dazu Leichtentritt aaO. (Fußn. 492) 2.

Gerade der Vergleich mit dem Ausruf ah! oder o! zeigt — von der Musik aus betrachtet, die doch das Herz und das Gefühl im Menschen anspricht —, daß hierin schon ein Ausdruck liegen kann. Wir finden dies auch bestätigt von *Wehner*[495]), der beim Motiv zwischen thematischen und harmonischen Motiven unterscheidet und bemerkt:

> „Ein harmonisches Motiv, d. h. ein konstant wiederkehrender Akkord bzw. eine solche Akkordverbindung ist nur denkbar (und auch dort allein in Ausnahmeerscheinungen existent), wo der Zusammenklang als reiner Farbwert, als symbolhafter Leitklang eingesetzt wird."

Es wird hier der einzelne Ton im Rahmen einer Klangverbindung gesehen. Doch ist dies nicht unbedingt erforderlich, wenn der Ton oder das Geräusch für sich allein ausreichend Energie in sich hat.

Daß auch eine *Pause* Motiv, d.h. musikalischer Ausdruck sein kann, mag eigenartig erscheinen, weil hier ja keine Musik erklingt. Aber in der Pause können sehr große Spannungen liegen und daher gehören die Pausen zur Musik. Deshalb wird sie vom Komponisten genauso wie die Musik in Tönen als Spannungsmoment mit Wirkung komponiert.

Einige Beispiele für *Motive mit 1 Ton:*

Robert Schumann hat der Fantasie für Klavier op 17 das Motto von *Fr. Schlegel* zugrunde gelegt:

> „Durch alle Töne tönet im bunten Erdentraum ein leiser Ton gezogen für den, der heimlich lauschet."

Trotz des Melodienreichtums des Stückes hält uns immer wieder ein einzelner Ton als Motiv durch das ganze mehrsätzige Stück gefangen.

Franz Liszt hat in dem Zyklus von 12 Klavierstücken „Der Weihnachtsbaum" Nr. 9, „Abendglocken" im Abschlußteil (Andante quieto) in der Höhe den Ton B, in der Tiefe den Ton As über 16 Takte motivartig verwendet.

Richard Trunk hat in der „Ammersee-Suite" op 85 für Orchester, die auch in Klavier-Bearbeitung erschienen ist, in dem Satz „Kloster Andechs" ebenfalls einen orgelpunktartigen Grundton motivlich gestaltet.

Auch bei Trauermusik spielt der einzelne Ton als Motiv eine besondere Rolle, wobei trotz aller musikalischen Umrahmungen doch die Konzentration auf den immer wiederkehrenden Paukenton erfolgt, weil

---

[495]) Dazu Blume aaO. (Fußn. 492) XIII 292, auch unter II 9 (b).

hier der Grundcharakter seinen Ausdruck findet, wie sich bei *Richard Wagner* im Trauermarsch der Oper „Götterdämmerung" (3. Akt 2. Szene) zeigt. Zu erinnern ist auch an die Böcklin-Suite von *Max Reger* op 128 Satz Nr. 2 „Toteninsel".

Der präludierende Charakter kommt ebenfalls in einzelnen Tönen, meist orgelpunktartig geführt, zum Ausdruck; es kann dann eine gewaltige Steigerung vorbereitet werden. Zu erwähnen sind *Beethoven* Beginn des 1. Satzes der 9. Symphonie, *Anton Bruckner* Beginn des Satzes der 3. Symphonie.

Drohend in balladenhafter Steigerung kann ein gleichbleibender Ton, akkordmäßig verstärkt, wirken, wie sich bei *Richard Strauß* in dem Orchesterstück in Rondoform „Till Eulenspiegels lustige Streiche" op 28 zeigt.

Auch bei Fugen-Themen kann ein einzelner Ton, u. U. ausgehalten oder wiederholt, einen Teil des Themas bilden, wie etwa bei *Bach* im „Wohltemperierten Klavier" Fuge in A zu 3 Stimmen Nr. 19 oder in Präludium und Fuge für Orgel in G.

Daß ein einzelner Ton als Motiv anzuerkennen ist, folgt schließlich daraus, daß es die sog. Klangfarbenmelodie in der neueren Musik gibt, wobei bei einem Ton bzw. Akkord die Klangfarben durch Änderung der Instrumentierung wechseln[496]), wie dies insbes. bei *Schönberg*, aber auch bei *Richard Strauß* und *Pfitzner* vorkommt.

Motive aus mehreren Tönen bedeuten keine Besonderheit und kommen häufig vor, auch schon solche mit 2 Tönen.

Beispiele für *2tönige Motive* sind etwa

Johann Sebastian Bach die 1. Hälfte des Themas der Fuge in Des zu 5 Stimmen im „Wohltemperierten Klavier" Nr. 22,

Ludwig van Beethoven Klaviersonate Nr. 2 in A op 2 Nr. 2 im 1. Satz (Allegro vivace) die ersten beiden Töne,
Fantasie in g op 77 für Klavier in Teil 6/8 Più presto 14 Takte von Anfang an in der linken Hand die Töne fis/fis orgelpunktartig in Oktavenwechsel,

Frédéric Chopin Etüden für Klavier op 25 Nr. 3 in F,

Modest Mussorgskij Bilder einer Ausstellung für Klavier[497]) Nr. 1

---

[496]) Dazu Fußn. 38.
[497]) Dazu auch unter I 3.

„Gnomus", wo mehrfach 2tönige Motive verwendet sind, Nr. 2 „Il vecchio Castello" (Das alte Schloß), wo der Quinten- oder Quartenschritt motivlich gestaltet ist, Nr. 3 „Tuileries" (Spielende Kinder im Streit), Nr. 4 „Bydlo", Nr. 9 „La Cabane sur des pattes de poule" (Die Hütte der Bara-Yaga)[498]),

Franz Schubert Klaviersonate in c op posth letzter Satz,

Robert Schumann Album für die Jugend op 68 für Klavier Nr. 16 „Erster Verlust",

in besonderer Funktion, nämlich einleitend, z. B. bei
Schumann im „Wanderlied" (Wohlauf, noch getrunken) op 35 Nr. 3 für Gesang und Klavier in den Einleitungstakten, die sich später wiederholen,

zur Überleitung, z. B. bei
Schubert in den Klaviersonaten in A op 120 Satz 2 und in a op 143 Satz 1.

Hieraus kann ersehen werden, daß Motive in 2 Tönen sehr häufig vorkommen.

Längere Motive also solche mit 3 und mehr Tönen, die die Regel bilden, sind langatmiger und wirken teilweise schon wie Themen oder Melodien, so daß in anderem Zusammenhang darauf einzugehen sein wird[499]).

Die *Pause* als Motiv erscheint außergewöhnlich, ist uns aber verständlich, wenn wir die Wirkung beurteilen, die in Pausen, vor allem vom Komponisten oder Bearbeiter vorgeschriebenen sog. Generalpausen liegt[500]). Die Pause dient dazu, damit der vorausgehende Effekt ausschwingen kann. So finden wir sie in vielen Werken, vor allem in
Symphonien von *Anton Bruckner,*
im „Till Eulenspiegel" von Richard Strauß op 28 für Orchester vor dem Epilog.

Auch aus Opern kennen wir ungezählte solche Stellen, insbes. bei
Puccini, Richard Strauß und *Richard Wagner.*

Noch ein Wort zur neuen Musik, die sich von der Tonalität entfernt und mehr oder weniger zur Atonalität übergeht. Auch hier sind Gestaltungs-

---

[498]) Dazu Riedel aaO. (Fußn. 492).

[499]) Dazu unter I 6/a 2 bei Fußn. 504 ff., 509 ff.

[500]) Dazu Moser Musiklexikon I 401: Generalpause, II 939/940: Pause; Riemann Musiklexikon S (Fußn. 3 a) 325: Generalpause, 717 ff.: Pause; dazu auch unter I 6 (a/2) bei Fußn. 510.

elemente zu beobachten. Je nachdem können wir Motive oder — besser gesagt — motivliche Anklänge bzw. Elemente feststellen[501]). Die Gestaltung erfolgt mehr in einer Art Rohzustand und ist sehr wandlungsfähig, wobei bestimmte Elementarmotive ostinato-artig vorkommen und beibehalten werden, wie Werke von *Bartok, Orff* und *Strawinsky* zeigen[502]), oder variationsmäßig gestaltet sind, wie etwa bei *Webern*[503]).

Was über das Motiv in tonaler und atonaler Musik gesagt ist, gilt für alle Arten von Kompositionen in gleicher Weise, auch für Bearbeitungen.

Thema

Thema[504]) im Sinne der Musik, und zwar nicht beschränkt auf Variation, beinhaltet einen musikalischen Gedanken, der den Charakter eines musikalischen Stückes bestimmt. Das Thema hat also eine formale und inhaltliche Funktion für ein größeres musikalisches Werk, wobei es sich um ein Gesamtwerk, einen Zyklus, aber auch um einen einzelnen Satz eines größeren Werkes handeln kann. Man muß aber nicht immer nur an Mammut-Werke denken, es kann sich auch um schlichte, kurze Lieder oder kleinere Stücke für ein bzw. mehrere Instrumente oder Orchester handeln, wie etwa die „Peer Gynt Suiten“ op. 46, 55 von *Edvard Grieg*, die in Orchester- und Klaviersatz geschrieben sind[505]).

Ein Thema kann mit einem Motiv identisch sein; es kann sich aber auch aus mehreren Motiven zusammensetzen. Anstatt von Thema spricht man auch verschiedentlich von „subject“. Mehrere Themen nebeneinander gestellt ergeben sog. Themen-Gruppen. Der Begriff des Leitmotivs ist vor allem durch *Richard Wagner* bekannt geworden[506]); dieser Begriff bedeutet die besondere Charakterisierung von Personen oder Situationen durch musikalische Motive oder Themen.

Beispiele dieser Art sind uns geläufiger als die Feststellung von Motiven, da es sich hier um größere und leichter erkennbare Zusammenhänge handelt.

---

501) Dazu Blume aaO. (Fußn. 492) XIII 309/310.

502) Dazu Fußn. 501.

503) Dazu Fußn. 501.

504) Dazu Blume aaO. (Fußn. 492); Moser Musiklexikon II 1284: Thema; Riemann Musiklexikon S (Fußn. 3a) 950/951: Thema, 951/952: Thematische Arbeit; Leichtentritt aaO. (Fußn. 492) 98 ff.

505) Dazu unter I 5 (f) bei Fußn. 280.

506) Dazu Blume MGG Goslich VIII 584 ff.: Leitmotiv; Moser Musiklexikon I 684/685: Leitmotiv; Riemann Musiklexikon S (Fußn. 3 a) 512/513: Leitmotiv.

Dies wird z. B. ersichtlich bei dem

Lied „Ein feste Burg“ [507]), wonach zu gliedern ist:

Ein feste Burg / ist unser Gott /

Ein gute Wehr / und Waffen.

Man wird je eine Zeile als Thema auffassen, das in 2 Motive zerlegt werden kann.

Bei dem 1. Satz des Quartetts in cis bzw. der hiernach bearbeiteten Symphonie [508]) von *Hans Pfitzner* ist am Anfang die Gestaltung der Themen, die sich aus Motiven zusammensetzen, nach der Phrasierung leicht erkennbar.

Die Themen gehen also bei der tonalen Musik leicht ins Ohr, wenn uns die Musik unmittelbar beeindruckt.

Daß der Bearbeiter die gleiche schöpferische Arbeit leistet wie ein anderer Komponist, u. U. sogar größere, zeigen die erwähnten Bearbeitungen über „Ein feste Burg ist unser Gott“. Bei *Johann Sebastian Bach* schwebt die Melodie des Chorals über einem 4stimmigen kanonisch geführten Satz, und zwar bei allen Teilen der Choral-Melodie. *Max Reger* läßt im 100. Psalm eine Doppelfuge neben der Choralmelodie ablaufen — wieder eine ganz andersartige Gestaltung als bei Bach. Bei *Meyerbeer* hat die Melodie in der Ouvertüre zu der Oper „Die Hugenotten“ entsprechend dem Verwendungszweck ganz opernmäßigen Charakter mit Glanz und höchsten Steigerungen. Anders bei *Mendelssohn;* in seiner Reformations-Symphonie wird das Reformations-Lied ganz symphonisch behandelt. Die Fantasie für Orgel von *Max Reger* ist wieder ganz verschieden von den angeführten Bearbeitungen; hier wird die Melodie orgelmäßig umspielt. An den Musikwerken über die Choralmelodie sieht man, wie verschieden die musikalische Gestaltung sein kann.

Figuren

Die Figuren haben in der Musik Bedeutung, und zwar neben den Motiven und Themen [509]). Neben der sog. Figuration gibt es musikalische Figuren, die entsprechend der Rhetorik als Bedeutungssymbole bezeichnet

---

[507]) Dazu unter I 5 (e) bei Fußn. 190.

[508]) Dazu unter I 5 (f) bei Fußn. 254, 287.

[509]) Dazu Blume MGG Schmitz IV 176 ff.: Figuren musikalisch-rethorische; Dadelsen XIII 1526 ff.: Verzierungen; Moser Musiklexikon I 343: Figuralmusik, Figurallehre, Figuration; Riemann Musiklexikon S (Fußn. 3 a) 286: Figuration, 286 ff.: Figuren musikalisch-rhetorische, 1028 ff.: Verzierungen; über Verzierungen unter I 6 (b/2 c) bei Fußn. 580.

werden können. Vor allem zur Zeit von *Johann Sebastian Bach* war diese Art der musikalischen Gestaltung besonders ausgeprägt. Frage, Ausruf wurden durch bestimmte Tonschritte ausgedrückt, die Pause diente als Symbol des Schweigens[510]) usw. Wenn auch heutzutage diese musikalischen Ausdrucksmittel nicht mehr schematisch angewendet werden, so haben sie doch, soweit sie allgemeine Gedanken ausdrücken, noch Einfluß auf die musikalische Ausdrucksweise.

Melodie

Thema und Melodie sind durch die Funktion verschieden, nicht aber unterscheiden sie sich in der Gestaltung[511]). Thema und Melodie können identisch sein, wenn eine Melodie die Voraussetzungen eines Themas[512]) erfüllt; dasselbe gilt umgekehrt von einem Thema. Da Thema und Motiv wiederum in Zusammenhang stehen, kann auch ein Motiv Melodie haben, besonders wenn es länger ist, also aus mehreren Noten besteht. Für Figuren gilt dasselbe.

Der Begriff der Melodie hat sich, wenn wir unseren Kulturkreis betrachten, im Laufe der Musikentwicklung gewandelt. Wesentlich für die Melodie ist, daß sie eine geschlossene Einheit bildet. *Moser* spricht von einer tönenden Linie von sinnvoller Gliederung[513]). *Dahlhaus* ordnet die Melodie dem Melos ein und fordert von ihr eine gewisse Gestalt über eine reine Tonfolge hinaus, wobei Merkmale der Gestalt sind, daß Anschaulichkeit und Transponierbarkeit bestehen[514]). Wenn auch eine exakte Definition nicht möglich ist, so kennzeichnet die Melodie doch die Ganzheit. In der modernen neuen Musik wird die Melodie problematisch[515]). Schon bei *Max Reger* scheint die Melodik die Akkordfolgen zu motivieren. Alterierte und harmoniefremde Töne werden ohne Bindung an bestimmte Regeln gebraucht. Bei *Arnold Schönberg* tritt eine Emanzipation der Dissonanz ein; die Reihe wird

---

510) Dazu unter I 6 (a/2) bei Fußn. 500.

511) Dazu Blume MGG Goos I 1565: Begleitung; Hüschen-Dahlhaus IX 19 ff.: Melodie, aaO. (Fußn. 492) 290; Moser Musiklexikon II 758: Melodie, 758/759: Melodik, 759: melodisch; Riemann Musiklexikon S (Fußn. 3 a) 554 ff.: Melodie; ferner Benker Von Note zu Note - Notenkunde und Melodielehre - (München 1967); Blessinger Melodienlehre (Stuttgart 1930); Leichtentritt aaO. (Fußn. 492) 17/18, 234 ff.; Riedel Schutz der Melodie GRUR 1949, 236 ff., Kommentar (Fußn. 27) UrhG § 2 Bem. B 7, § 24 Bem. B 3; Szabolcsi Bausteine zu einer Geschichte der Melodie (Budapest 1959); Wolpert aaO. (Fußn. 492) 785 ff.; auch unter I 2, 3, 4, II 8 (1 c) bei Fußn. 110, (20), 9 (b).

512) Dazu Blume aaO. (Fußn. 492) IX 31/32, XIII 289 ff.

513) Dazu Moser aaO. (Fußn. 511) II 758.

514) Dazu Blume aaO. (Fußn. 511) IX 25 ff.

515) Dazu Blume aaO. (Fußn. 511) IX 53/54

zum Inbegriff thematisch-motivischer Beziehungen [516]).

Einige Beispiele für moderne melodische Linien, die von der sog. klassischen Melodie weit entfernt sind:

Richard Strauß „Rosenkavalier" Komödie für Musik 2. Akt
Szene der Überreichung der Rose bei Nr. 27 der Partitur die bekannten Akkordfolgen, die die Celesta und andere Instrumente spielen, wobei die Stimmführung eine chromatische und teilweise stark dissonante Linienführung aufweist, und

Max Reger Suite im alten Stil, op. 93 Satz 2 Largo,
wobei von Interesse ist, daß der Anfang dieses Satzes die 5 ersten Töne der Tonleiter, rhythmisch variiert, enthält und die Melodieführung an das Volkslied „Fuchs, du hast die Gans gestohlen" anklingt [517])
sowie einige mit „Melodie" bei Orgel „Melodia" überschriebene Stücke:
Aus meinem Tagebuch op 82 Bd. III Nr. 5, Bd. IV Nr. 6, Blätter und Blüten Nr. 6 für Klavier, op 59 Nr. 11 und op 129 Nr. 4 für Orgel,

Heinrich Kaminski, wobei gleichgültig ist, welches seiner Werke wir näher betrachten. Bei ihm können wir teilweise sehr sprunghafte Linien beobachten, die weit entfernt sind von dem, was man üblicherweise als „Melodie" bezeichnet, z. B. (um einige leicht zugängliche Werke anzuführen) Toccata und Fuge in C und Choralsonate für Orgel.

Die Melodie im tonalen Sinne kann also sehr verschieden sein. Es gibt jedoch keine Melodiebildung durch Tonwiederholung. Soweit es in Stücken vorkommt, daß ein und derselbe Ton mehrmals wiederholt wird, u. U. rhythmisch verschieden, ist dies eine ostinate oder liegende Stimme oder Orgelpunkt, während die eigentliche Melodie in anderen Stimmen liegt, wie z. B. bei dem Lied von *Franz Schubert* „Der Tod und das Mädchen", bei *Ludwig van Beethoven* die Koda des 1. Satzes zur 9. Symphonie, *Chopin* Berceuse für Klavier, *Richard Wagner* Vorspiel zur Oper „Walküre". Die sog. unendliche Melodie von *Richard Wagner* bedeutet die Aneinanderreihung von Melodiefolgen ohne Unterbrechungen.

---

[516]) Dazu Blume aaO. (Fußn. 515); Semmler Vom Eigenklang der Reihen - Die Superskala - op 13 (Zürich 1954).

[517]) Dazu Wolpert aaO. (Fußn. 492) 774; auch unter II 9 (b) bei Fußn. 274.

Man darf aber den Begriff der Melodie nicht auf den Begriff der sog. klassischen oder romantischen Melodie oder gar auf eine wohlklingende Tonfolge nach Art des Belcanto beschränken. Es genügt eine charakteristische Tonfolge, auch wenn sie „unmelodisch“ im Sinne der früheren Auffassung von der Melodie sein mag. Nur so werden wir in der Zeit des Eklektizismus[518]) dem Melodie-Begriff gerecht, zumal wir auch melodische Linien anderer Kulturkreise berücksichtigen müssen[519]).

Rhythmus

Da alles musikalische Geschehen in einen Zeitablauf eingespannt ist, kommt der Rhythmus[520]) als gestaltendes Moment bei Motiv, Thema, Figuren und Melodie hinzu, ebenso bei andersartigen neuen Formen der Musik. Nach *Moser*[521]) ist Rhythmus die Verbindung von Metrum und Akzent zu Motiv usw. Das Tempo, d. h. Zeitmaß reguliert die effektive Dauer der Töne und Tonreihen[522]). Die unendliche Melodie bei *Richard Wagner* kann auch vom Rhythmischen her verstanden werden, weil sich hier Kontrast und Synthese aufgehoben haben[523]), in der neuen Musik wird der Rhythmus bevorzugt und auch die motivische Gestaltung durch Rhythmus besonders geprägt[524]).

b) Ausdrucksmittel

Die Verwirklichung der musikalischen Gedanken kann sehr verschiedengestaltig erfolgen. Als Mittel stehen zur Verfügung

Vokal- und Instrumentalmusik,

Einstimmigkeit und Mehrstimmigkeit,

Besetzungsarten, insbes. Solisten und Ensemble.

Hierzu sind einige Gesichtspunkte hervorzuheben, die für die Bearbeitung von Musikwerken wichtig erscheinen.

---

518) Dazu unter I 5 (g/4) i.

519) Dazu unter II 9 (b).

520) Dazu Blume MGG Dürr-Gerstenberg XI 383 ff.: Rhythmus, Metrum, Takt; Moser Musiklexikon II 1040 ff.: Rhythmus, II 1044: Rhythmik; Riemann Musiklexikon S (Fußn. 3 a) 568 ff.: Metrum, 803 ff.: Rhythmus, 933/934: Takt.

521) Dazu Moser aaO. (Fußn. 520) II 1044.

522) Dazu Blume aaO. (Fußn. 519) XI 384 ff.

523) Dazu Blume aaO. (Fußn. 520) XI 414.

524) Dazu Blume aaO. (Fußn. 520) 415/416.

1. Vokalmusik und Instrumentalmusik

Die Ausdrucksmittel für musikalische Gedanken in Form von Vokal- und Instrumentalmusik [525]) bieten einen sehr weiten Raum.

Vokalmusik

Die Vokalmusik umfaßt die menschliche Stimme in ihren verschiedenen Höhen und zwar als Kinder-, Frauen- und Männerstimmen. Es ergeben sich hier die verschiedensten Kombinationsmöglichkeiten, besonders wenn man berücksichtigt, daß Solo- und Chorgesang in Betracht kommt. Wenn daher eine Bearbeitung vorgenommen wird, so kann sie in diesem weiten Bereich ganz persönlich und individuell sein. Es gibt hier einen großen kompositorischen Bereich für den Bearbeiter. Daß ein harmonischer Chorsatz durchaus schöpferisch ist und sein kann, wenn die Melodie als cantus firmus verwendet wird, zeigen die Choralsätze von Johann Sebastian Bach u. a. [526]). Wie verschieden ein Tonsatz bei ein und demselben Lied sein kann, verdeutlicht z. B. ein Vergleich der 3 Kantaten des Meisters über den Choral „Was Gott tut, das ist wohlgetan“ [527]) oder der Bearbeitungen des Reformationslieds [528]). Auch sei an den klassisch anmutenden schlichten Tonsatz von *Praetorius* zu dem Weihnachtslied aus dem 15. Jahrhundert „Es ist ein Ros' entsprungen“ erinnert [529]); man kann nicht sagen, weil es sich um akkordartige Harmonien handelt, wie sie nach jedem Harmonielehrbuch gesetzt werden können, sei es keine eigenschöpferische Komposition. Dies wäre jedoch unrichtig; denn auch im Rahmen der harmonischen Gestaltung sind die verschiedensten Arten des Tonsatzes möglich. Dies gilt allgemein für Choralbearbeitung [530]), darüber hinaus aber für jede Art der Melodie-Bearbeitung [531]), insbes. im Rahmen der Unterhaltungsmusik [532]), wie der

---

[525]) Dazu Blume MGG Hoffmann I 783 ff.: Aufführungspraxis; Becker-Mayer VI 1252 ff.: Instrumentation; Moser Musiklexikon I 540 ff.: Instrumentalmusik, II 1373: Vokalmusik; Riemann Musiklexikon S (Fußn. 3 a) 59 ff.: Aufführungspraxis, 400 ff.: Instrumentalmusik, 1051/1052: Vokalmusik; auch Leichtentritt aaO. (Fußn. 492) 51 ff., zu Vokalformen 190 ff.

[526]) Dazu unter I 5 (e) bei Fußn. 186 ff.

[527]) Dazu Gesamtausgabe (Fußn. 267) Kantaten Nr. 98 bis 100.

[528]) Dazu unter I 6 (a/2) bei Fußn. 507.

[529]) Dazu Reimann Das deutsche geistliche Lied (Verlag Simrock GmbH Berlin-Leipzig, Volksausgabe Nr. 389) 30.

[530]) Dazu Blume MGG Albrecht II 1303 ff.: Choralbearbeitungen; auch unter I 5 (e) bei Fußn. 186 ff.

[531]) Dazu unter I 5 (e) bei Fußn. 195 ff.

[532]) Dazu unter I 5 (f) bei Fußn. 525, 6 (c/2).

Chorsatz von *Franz Josef Breuer* zu dem „Pfälzer Heimatlied" von *Fritz Wunderlich zeigt*[533]). Wenn hier nur von der einfachen harmonischen Satzweise die Rede ist, so nur deshalb, weil man vielfach meint, es handle sich bei einer solchen Satzweise um keine Komposition, sondern um rein handwerkliches Arbeiten, das nur ein gewisses Geschick und Können voraussetzt, das also jeder etwas musik-theoretisch Geschulte und Geübte machen könne. Bei komplizierteren Satzweisen, insbes. modernen, bei denen das Harmonische zurücktritt, ist man einsichtiger, weil man ein verstricktes Notenbild vor sich sieht. Aber ist nicht gerade das Schlichteste und Einfachste das Genialste und Größte? Denken wir doch an die volksliedhaft anmutenden Gesangsstellen in der lyrischen Komödie „Arabella" von *Richard Strauß* im 1. Akt „Aber der Richtige, wenn's einen gibt für mich auf dieser Welt" und im 2. Akt „Und du wirst mein Gebieter sein"[534]).

Instrumentalmusik

Für die Instrumentalmusik gilt dasselbe. Auch hier gibt es eine unbegrenzte Zahl von Kombinationsmöglichkeiten, wenn man an die Vielzahl der Instrumente denkt, die in Gebrauch sind. Dazu kommen die Instrumente aus früheren Jahrhunderten und vor allem Musikstücke aus früherer Zeit für Instrumente, die nie mehr, auch nicht oder nur beschränkt in Studios, ein Wiedererstehen erleben. Hier liegt daher, wenn es sich um wertvolle Musik handelt, eine wichtige Aufgabe der Bearbeitung[535]). Was instrumental aus einer Melodie gemacht werden kann, zeigen einerseits die Kompositionen von *Meyerbeer, Mendelssohn* und *Max Reger* über das Reformationslied[536]) und die Stücke „Choral" und „Figurierter Choral" op 68 Nr. 4 und 42 im „Album für die Jugend" von *Robert Schumann*[537]). Vom einfachsten bis zum kompliziertesten Satz kann sich die Bearbeitung erstrecken. Immer ist es der Geist des Komponisten, der das Werk beseelt.

Kombinationen

Vokal- und Instrumentalmusik sind in den verschiedensten Kombinationen möglich[538]).

---

[533]) Dazu unter I 5 (e) bei Fußn. 240.
[534]) Dazu unter I 5 (e) bei Fußn. 234.
[535]) Dazu I 2 bei Fußn. 16.
[536]) Dazu unter I 6 (a/1) bei Fußn. 507.
[537]) Dazu unter I 5 (e). Weitere Beispiele unter I 5 (e, f).
[538]) Dazu unter I 5 (c, d, r, f, g).

Elektronische Musik

Im Bereiche der elektronischen Musik kann Vokal- und Instrumentalmusik in Kombination erscheinen. Es ist ein Mixen möglich. Durch die verschiedenartigen Methoden der Ton- und Klang- sowie Geräuscherzeugung ist es auch möglich, insbes. durch Generatoren, Lautsprecher usw., neuartige Klangwirkungen zu erzielen, die bisher unbekannt waren, nicht nur bei Vokal- und Instrumentalmusik für sich, sondern auch in Kombination. Sind schon bei den in erster Linie für tonale Musik verwendeten elektronischen Orgeln für Unterhaltungsmusik ungeheuer variable Klangmöglichkeiten denkbar, vor allem durch die sog. Effektregister, wie den stufenlos regulierbaren Nachhall, die lange und kurze Perkussion, das mehrstufige regelbare Vibrato, die Schweller, und die besonderen Klangregister, wie Banjo, Glissando, Glockenspiel, Hawaii-Gitarre, Harfe, Novavox, Oriental, Pizzicato, Schlagzeug, Spieluhr usw., so zeigt dies, daß sich für die Haus- und die Ensemblemusik, aber darüber hinaus auch für Konzert und Theater, wo ja auch die elektronischen Instrumente in Gebrauch sind, neue Aufgaben für Bearbeitungen ergeben[540]). Darüber hinaus aber ist im Bereich der elektronischen Studios jede Art von Klangerzeugung und -kombination ausführbar, so daß die Grenzen, die sonst der Musik gesetzt sind, hier überschritten werden können[541]). Soweit hier Bearbeitungen erfolgen, unterscheiden sie sich jeweils meist sehr stark von dem zu bearbeitenden Musikstück usw., so daß ein Zweifel über die persönliche Leistung des Bearbeiters seltener als sonst auftaucht. Immerhin — gelten auch hier keine anderen Grundsätze. Wer unverändert ein Musikstück auf einer elektronischen Orgel spielt, wenn auch mit besonderen Effektregistern, bearbeitet noch nicht; er muß schon darüber hinaus Umgestaltungen vornehmen.

Naturlaute

Naturlaute, wie Vogelstimmen, Tierstimmen, die unverändert übernommen werden, etwa auf Tonband, Schallplatte oder im Rahmen einer elektronischen Musik, sind keine Bearbeitung. Es kann ähnlich wie bei einem cantus firmus damit in die übrige Musik die Naturstimme so verwoben sein, daß das Ganze als eine Einheit erscheint. Dies zeigt gerade die Verwendung des Kuckucks-Rufs in einer Komposition[542]); ähnlich ist es bei anderen Naturlauten.

---

[539]) Dazu unter I 4, auch Fußn. 29.

[540]) Dazu unter Fußn. 29 sowie I 5 (f) bei Fußn. 256.

[541]) Über die Verwendung bei Unterhaltungsmusik; Russel Garcia Das moderne Arrangement (München 1961) 147/148.

[542]) Dazu unter I 4, zur rechtlichen Betrachtung unter II 5, 8 (22, 25).

2. Einstimmigkeit und Mehrstimmigkeit

Musik kann einstimmig oder mehrstimmig sein, wobei wiederum die einzelne Stimme vokal oder instrumental[543]) sein kann.

a) Einstimmigkeit

Bei Einstimmigkeit sind zu erwähnen die Monodie und die Homophonie[544]). Es gehören hierher Stücke für eine Gesangsstimme oder ein Musikinstrument allein. Im Laufe der Zeit rechnete man jedoch auch Stücke mit geringer Begleitung hierher. Es sind dies Werke für einzelne Musikinstrumente, vor allem Streichinstrumente, wie sie von *Johann Sebastian Bach, Paganini* und *Max Reger* sowie Paul Hindemith bekannt sind. In Opern finden sich auch solche Stellen, wie bei Richard Wagner das Horn-Motiv Siegfrieds, in der Oper „Siegfried" oder die Hirtenschalmei in den Opern „Tannhäuser" und „Tristan".

Bearbeitungen sind auch bei einstimmigen Stücken möglich[545]).

Beibehaltene Einstimmigkeit

Wird die Einstimmigkeit beibehalten und erfolgt lediglich ein Spielen auf einem anderen Instrument, so liegt keine Bearbeitung vor, auch wenn die Tonhöhe verändert, also transponiert wird, auch dann nicht, wenn geringfügige Änderungen erfolgen, etwa Angleichung von Doppelgriffen für ein Streichinstrument an das Spiel auf einem anderer Art, z. B. bei Ersatz von Baryton[546]) durch ein Cello.

Unverändertes Spiel kommt z. B. in Betracht, wenn die angeführten einstimmigen Stellen aus Opern von *Richard Wagner* in einen Klavierauszug zum Spiel auf dem Klavier übernommen werden. Dasselbe gilt, wenn einzelne Stellen aus Suiten für Cello von *Johann Sebastian Bach* auf der Orgel als Pedalübungen gespielt werden[547]).

---

[543]) Dazu unter I 6 (b/1).

[544]) Dazu Blume MGG Eggebrecht IX 475 ff.: Monodie; Moser Musiklexikon I 521: Homophonie, II 790: Monodie; Riemann Musiklexikon S (Fußn. 3 a) 378: Homophonie 584/585: Monodie; auch Leichtentritt aaO. (Fußn. 492) 276 ff.

[545]) Zur rechtlichen Betrachtung unter II 8 (20, 26).

[546]) Dazu unter I (2) bei Fußn. 15, 16.

[547]) Dazu Keller Die Kunst des Orgelspiels (Edition Peters) 73; auch unter II 8 bei Fußn. 107.

Sonstige Bearbeitungen

Die Bearbeitung mit Umgestaltungen, insbes. durch zusätzliche Stimmen, ist die häufigere Art. Bekannt sind die Bearbeitungen von Stücken für Solo-Violine von *Paganini* für Klavier durch *Robert Schumann*[548]). Hierher kann man auch rechnen die Umarbeitung eines Stückes für Violine mit Begleitung in ein Orchesterstück ohne Soloinstrument, wie *Max Reger* bei seiner Suite im alten Stil, op 93[549]).

In neuerer Zeit ist es üblich geworden, daß ein Sänger oder Kabarettist oder sonst jemand Melodien singt oder niederschreibt und, wenn er keine Noten kennt, auf Tonband aufnimmt, jedoch ohne Begleitung. Es ist dann Sache eines Bearbeiters, aus einer solchen Melodie eines sog. Melodisten ein brauchbares, aufführungsfähiges Stück zu machen[550]). Dies gilt auch dann, wenn nur ein Bruchstück einer Melodie oder einige Noten vorliegen, die als Musikstück bearbeitet werden. In solchen Fällen ist die musikalische Leistung des Bearbeiters das Wesentliche[551]).

b) Mehrstimmigkeit

Der Einstimmigkeit steht die Mehrstimmigkeit, wozu die Polyphonie und die Heterophonie gehören, gegenüber[552]). Daß die Abgrenzung zur Einstimmigkeit nicht immer ganz exakt durchzuführen ist, wurde in anderem Zusammenhang schon erwähnt[553]). Die Mehrstimmigkeit kann horizontal sein; dann handelt es sich um eine harmonische Setzweise. Es gibt aber auch eine vertikale Setzweise, also eine Setzweise mit unabhängigen Stimmen, in kontrapunktischer Form. Heterophonie bezieht sich auf mindestens 2 Stimmen, im übrigen ist der Begriff musikwissenschaftlich sehr unklar[554]). Harmonischer und kontrapunktischer Stil sind in neuerer Zeit nicht mehr so abgegrenzt wie früher und werden schon seit langem nebeneinander verwendet. Da die neueste Musik die Dissonanzen übersteigert, nimmt man auch bei der selbständigen Stimmführung der Kontrapunktik auf Mißklänge weniger Rücksicht als früher.

---

[548]) Dazu unter I 5 (d, f) bei Fußn. 336.

[549]) Dazu unter I 5 (f) bei Fußn. 288.

[550]) Dazu unter I 5 (e) bei Fußn. 240.

[551]) Dazu unter I 5 (e) bei Fußn. 180 ff.

[552]) Dazu Blume MGG Sachs VI 327 ff.: Heterophonie; Moser I 506: Heterophonie, II 972: Polyphonie; Riemann Musiklexikon S (Fußn. 3 a) 371: Heterophonie, 740: Polyphonie; Leichtentritt aaO. (Fußn. 492) 246 ff.

[553]) Dazu unter I 6 (2 a) bei Fußn. 544.

[554]) Dazu unter Fußn. 552.

Harmonische Setzweise

Die harmonische Setzweise, die ihre Grundlage in der Harmonie hat[555]), darf nicht verkannt werden. Die Harmonik früherer Zeiten hat sich weiterentwickelt, vor allem durch *Max Reger*, dessen Modulationslehre ein Bild gibt, wie selbst die kühnsten Modulationen sich rechtfertigen lassen[556]). *Richard Strauß*, der bis an die Grenze des Tonalen geht, schuf in seinen Werken auch sehr neuartige Klang- und Akkordbildungen, wie z. B. im „Rosenkavalier" [557]). Von hier aus geht der Weg zur modernen und modernsten Musik weiter, wie sie durch *Friedrich Ochs* in seinen bekannten Stilvariationen „S'kommt ein Vogel geflogen" so trefflich charakterisiert wird[558]). Da wir in der Zeit des Eklektizismus auf Komponisten- wie auf Musikliebhaberseite leben[559]), werden harmonische Sätze aus dem gesamten Bereich der musikalischen Möglichkeiten geschrieben, und zwar je nach dem Zweck der Bearbeitung — eine Feststellung, die wir leicht treffen können und die den Bedürfnissen der Zeit durchaus entspricht.

Der Generalbaß[560]) hat seine Grundlage in einem harmonischen System, als die Harmonie noch grundsätzlich nur aus Dreiklängen bestand und dem Gebrauch von Dissonanzen durch strenge Regeln enge Grenzen gesetzt waren[561]). Es handelt sich hier um eine Akkord-Kurzschrift. Das Prinzip für die Bezeichnung war daher anfangs sehr einfach[562]). Hiernach blieben alle leitereigenen Dreiklänge in den Grundstellungen unbezeichnet, während Abweichungen bezeichnet wurden; wenn keine Begleitung erfolgen sollte, wurde die Bezeichnung *t s* (tasto solo) gewählt. Die Generalbaß-Schrift sollte aber nicht nur zum Spiel der Begleitstimmen dienen, sondern auch als Direktionsstimme, besonders bei mehrstimmigen Kompositionen dienen. Im Laufe der Zeit wurden die Bezeichnungen immer schwieriger und die Zahl der Abkürzungen immer größer, so daß schließlich *Rousseau* ca.

---

[555]) Dazu Blume MGG Hüschen V 1588 ff.: Harmonie, Rohwer V 1614 ff.: Harmonielehre, Wellek-Dahlhaus VII 1482 ff.: Konsonanz-Dissonanz; Moser Musiklexikon I 275 ff.: Dissonanz, I 479: Harmonielehre, I 644: Konsonanz; Riemann Musiklexikon S (Fußn. 3 a) 223: Diaphonia, 234 Dissonanz, 362/363: Harmonie, 363 ff.: Harmonielehre, 484 ff.: Konsonanz und Dissonanz; Leichtentritt aaO. (Fußn. 492) 246 ff.; auch unter II 8 (23).

[556]) Dazu Max Reger Modulationslehre (Verlag Kahnt, Leipzig).

[557]) Dazu unter I 6 (a/2) bei Fußn. 516/517.

[558]) Dazu unter I 5 (e) bei Fußn. 237.

[559]) Dazu unter I 5 (g/4) bei Fußn. 432, I 6 (b/2 b) bei Fußn. 573.

[560]) Dazu Blume MGG Oberdörffer IV 1708 ff.; Generalbaß; Moser Musiklexikon I 309 ff.: Generalbaß; Riemann Musiklexikon S (Fußn. 3 a) 323 ff.: Generalbaß; auch Keller Schule des Generalbaß-Spiels Bärenreiter Ausgabe 490; zur rechtlichen Beurteilung unter II 8 (13).

[561]) Dazu Blume aaO. (Fußn. 560) VI 1708.

[562]) Dazu Blume aaO. (Fußn. 560) VI 1709 ff.

120 verschiedene Bezifferungen zählte. Die Hauptzeit des Generalbasses war zur Zeit von Johann Sebastian Bach[563]). Seit Mitte des 18. Jahrhunderts wird die Generalbaß-Schrift immer seltener; trotzdem erhielt sie sich noch lange, so daß selbst *Bruckner* in seinem „Requiem" noch die Generalbaß-Schrift verwendete. Je mehr sich die Musikentwicklung harmonisch komplizierte, um so weniger erwies sich der Generalbaß als geeignet und umso weniger bildete diese Schrift eine exakte Grundlage für die Ausführung beim Spiel. Da sich die Generalbaß-Schrift mehrere Jahrhunderte in Gebrauch befand und die Bezeichnungen wechselten, gab es auch zahlreiche Lehrbücher, aus denen die Entzifferung für das Spiel näher erläutert wurde[564]). Wenn heutzutage nach Generalbaß gespielt wird und es sich nicht um einfache Musik handelt, ist es nicht immer leicht, „original" zu spielen. Daher gibt es viele wissenschaftliche Bearbeitungen, die dem Rechnung tragen[565]), vor allem in modernen Gesamtausgaben. Diese Art der Vervollständigung der Stücke ist nur ein Aussetzen, wie es sich aus der abgekürzten Schreibweise ergibt; es handelt sich hier um keine Bearbeitung im musikalischen Sinne, selbst wenn sie mit viel Mühe verbunden ist, weil ein Studium der Lehrbücher und Anweisungen aus der betreffenden Zeit erforderlich ist. Eine Bearbeitung kommt dagegen in Betracht, wenn zwar die ausgeschriebenen Stimmen verwendet werden, im übrigen aber eine Begleitung frei und unabhängig von der Generalbaß-Bezeichnung eingesetzt wird, so daß das Stück anders gestaltet wird und eine persönliche Note des Bearbeiters erhält. Ein Beispiel für freie Ergänzung, die als künstlerisch bezeichnet werden muß, ist die Neuherausgabe des „Capriccio" von Bach durch *Max Reger - August Schmidt-Lindner*, betitelt „Abreise", wozu die Herausgeber bemerken[566]), daß sie bei der Herausgabe sich bez. der Weglassung von Verzierungen und Hinzufügung von Füllstimmen größere Freiheiten gestatten, als es sonst ihr Grundsatz sei.

Kontrapunktische Setzweise

Die kontrapunktische Setzweise ist linear ausgerichtet. Es geht hier um die Technik der Kombination gleichzeitig erklingender musikalischer Linien[567]). Die Unterscheidung zwischen horizontaler und vertikaler Setz-

---

[563]) Dazu Blume aaO. (Fußn. 560) IV 1723 ff.

[564]) Dazu Blume aaO. (Fußn. 560) IV 1732 ff.

[565]) Zur wissenschaftlichen Bearbeitung unter II 5 (1).

[566]) Dazu Max Reger-Schmid-Lindner aaO. (Fußn. 53) Vorbemerkung zu Capriccio.

[567]) Dazu Blume MGG Palisca VII 1521 ff.: Kontrapunkt; Moser Musiklexikon I 645 ff.: Kontrapunkt; Riemann Musiklexikon S (Fußn. 3a) 488 ff.: Kontrapunkt; Leichtentritt aaO. (Fußn. 492) 69 ff., 310 ff.

weise trifft für die spätere Zeit nicht mehr zu, da der Übergang vom strengen zum freien Satz sich immer mehr vollzieht, und zwar in zunehmendem Maße ab Beginn der Klassik. Mit dem Wandel der musikalischen Stile wandelt sich auch die Art der Kontrapunktik. Dies zeigt sich vor allem bei der Kontrapunktik der Fugen-Form, sowohl bei der Thematik wie bei der Durchführung, wenn man Fugen aus verschiedenen Zeiten vergleicht, etwa Fugen von *Johann Sebastian Bach* solchen von *Mozart, Beethoven, Schumann, Liszt, Max Reger* usw. gegenüberstellt[568]). Die Kontrapunktik bei *Bartók, Schönberg, Richard Strauß, Pfitzner* und *Hindemith* ist daher ebenfalls ganz andersgeartet als in den vorausgehenden Jahrhunderten[569]).

Die kontrapunktische Setzweise bei Bearbeitungen ist echte Kompositionstätigkeit, weil sie auf eigene Erfindung aufbaut. Die Bearbeitung von Choralmelodien ist hierfür besonders typisch[570]). Es gibt hier die verschiedensten Gestaltungen von der strengsten bis zur freiesten Form. Der Choralsatz wird im Laufe der Zeit zum Choralkonzert und Kunstmusik höchsten Grades[571]). Der Choral wird hier wie ein freies Thema behandelt, nicht anders als jede andere frei erfundene Melodie; seinem Wesen nach ist ein solches Werk meist als Fantasie aufgebaut, wie es für *Max Reger* vor allem typisch ist. So wird der Choral Basis für freies Kunstschaffen[572]). Die graduell verschiedene Art der Bearbeitung erkennt man, wenn man von *Max Reger* die 4 von ihm stammenden Bearbeitungen des Reformationsliedes nebeneinanderstellt, die Choral-Fantasie für Orgel und die Verwendung des Chorals am Schluß des Monumentalwerkes für Chor und Orchester, des 100. Psalms sowie die 27 weiteren wesentlich einfacheren und kürzeren Bearbeitungen.

Was hier an anerkannten Beispielen der Musikgeschichte verdeutlicht wird, gilt allgemein für alle kontrapunktischen Kompositionen einschl. Bearbeitungen. Da wir in einer Zeit des Eklektizismus leben, gilt hier dasselbe, was bei der harmonischen Setzweise gesagt wurde[573]). Die Bearbeitung der Gegenwart nutzt die kontrapunktischen Gestaltungsmöglichkeiten der verschiedenen Stilarten je nach dem Zweck, auch im Bereich der Unterhaltungsmusik[574]).

---

568) Dazu Blume aaO. (Fußn. 567) I 1521 ff.; Leichtentritt aaO. (Fußn. 567).

569) Dazu Blume aaO. (Fußn. 567) VII 1549 ff.

570) Dazu Blume MGG Albrecht II 1303 ff.: Choralbearbeitung, aaO. (Fußn. 511) IX 44/45; Riemann Musiklexikon S (Fußn. 3a) 145/146: Cantus firmus, 165 ff.: Choralbearbeitung.

571) Dazu Blume aaO. (Fußn. 570) II 1317 ff.

572) Dazu Blume aaO. (Fußn. 570) II 1317.

573) Dazu Fußn. 559.

574) Über Kontrapunktik in der Unterhaltungsmusik Gracia aaO. (Fußn. 541) 133 ff.

c) Kadenz, Klausel, Coda, Verzierungen

Kadenzen, Klauseln, Coda und Verzierungen spielen in Musikstücken je nach den Zeiten, aus denen sie stammen, eine unterschiedliche Rolle. Die Bearbeitung macht von diesen Besonderheiten Gebrauch, vor allem ist die Kadenz von jeher Gegenstand von Bearbeitungen.

Kadenz bedeutet beim Abschluß von Stücken eine bestimmte Form, indem die Dreiklänge der Haupttonart in entsprechender Reihenfolge erklingen, um den Schluß besonders zu kennzeichnen[575]). In neuerer Zeit wird eine schematische Art immer mehr umgangen und eine freiere Art der Auflösung gewählt. Die Bearbeitung macht von diesen Möglichkeiten je nach der Art des zu bearbeitenden Stückes Gebrauch. Dann gibt es die Kadenz als Einschiebsel vor dem Abschluß in größeren Instrumental-Musikstücken, wie Sonaten, Kammermusikwerken, Symphonien, Konzertstücken u.a., aber auch in Gesangswerken, vor allem in Opernarien usw. Hier hat der vortragende Künstler Gelegenheit, sein technisches Können zu zeigen. Diese Art der Kadenz entwickelte sich aus der sog. Diskantklausel. Solche Kadenzen sind in Musikwerken nicht immer ausgearbeitet, sondern, wie es früher üblich war, dem vortragenden Künstler überlassen. Auch hat es zu allen Zeiten Musiker gegeben, die anstelle der in einem Werk befindlichen Kadenzen andere einfügten und ausarbeiteten. Soweit solche improvisierte oder gefertigte Kadenzen nur Wiederholungen der bereits vorhandenen Komposition sind ohne besondere Weiterführung, können sie nicht als Bearbeitung angesprochen werden. Erst wenn noch eigenes und persönliches Schaffen dazukommt — etwa eine Kadenz in Form einer kleinen Fantasie oder Variation über die Motive oder Themen eines Musikwerkes —, liegt eine Bearbeitung vor[576]).

Klausel im musikwissenschaftlichen Sinne ist die Bezeichnung für schematische Abschlüsse von Musikwerken[577]). Auch diese der Abschlußkadenz ähnliche Musik wurde im Laufe der Zeit immer freier. Bei Bearbeitungen, die meist Modernisierungen darstellen, wird daher auch mit diesen Klauseln freier verfahren.

---

575) Dazu Blume MGG Ferand VI 1093 ff.: Improvisation; Pfannkuch VII 406 ff.: Kadenz und Klausel; Moser Musiklexikon I 579 ff.: Kadenz; Riemann Musiklexikon S (Fußn. 3 a) 433/434: Kadenz.

576) Kadenzen zu klassischen Klavierkonzerten wurden geschrieben u. a. von Busoni zu Werken von Beethoven; Edwin Fischer zu Werken von Beethoven (Verlag Schott Söhne, Mainz) und Reinecke zu Werken von Bach, Beethoven, Mozart und Weber, op 87 (Verlag Breitkopf & Härtel, Leipzig).

577) Dazu Fußn. 575.

Da die Abschlüsse von Musikstücken so sehr wichtig sind, sei auch an die **Coda**[578]) erinnert. Sie bedeutet den ganzen Schlußteil eines Stückes, also mehr als die letzten Takte, auf die sich die Abschlußkadenz und die Klausel meist beschränken. Eine erweiterte Coda wird auch als Doppelcoda bezeichnet. Mit einer Coda wird eine besondere Abschlußwirkung erzielt. Bedeutsam sind die Coda-Bearbeitungen von *Wolfgang Amadeus Mozart* und *Richard Wagner* zu der Ouvertüre zur Oper „Iphigenie auf Aulis" von *Christoph Willibald Gluck*, wobei jeder der beiden Komponisten jeweils seiner Zeit entsprechende Abschlüsse formte[579]).

Verzierungen sind bei älteren Werken häufig, sie sind von den Figuren[580]) zu unterscheiden. Man versteht darunter Umspielungen und Ausschmückungen, also Ornamentik[581]). Bei Bearbeitungen spielen solche Ausschmückungen nicht mehr die Rolle wie die Floskeln der Barockzeit, die *Max Reger - August Schmidt-Lindner* bei Bachwerken vereinfachen, um den Gehalt zu heben[582]). Oft werden Ausschmückungen, wie sie bei *Franz Liszt* in seinen Transkriptionen usw. vorkommen, vereinfacht, und zwar aus spieltechnischen Gründen, um Werke einem größeren Kreis zum Spiel zugänglich zu machen[583]). Andererseits kann man ein Musikstück erschweren, indem man es mit Ornamentik ausschmückt. Der Begriff der Ausschmückung geht in den der Variierung[584]) teilweise über und ist nicht immer zu trennen. Es kommt also hier aus verschiedenen Gründen bei Bearbeitungen zu Veränderungen. Regelmäßig wird es sich um geringfügige Eingriffe in ein Werk handeln, soweit diese sich auf die Verzierungen beziehen. Daß jedoch auch weitergehende Umgestaltung vorliegen kann, ergibt sich aus den erwähnten Beispielen von Bearbeitungen durch *Max Reger - August Schmidt-Lindner* und *Franz Liszt*[585]).

c) Musikalische Form

1. Form

Für Bearbeitungen kommt ebenso wie für sonstige Kompositionen der Gesamtbereich der musikalischen Formen in Betracht.

---

[578]) Dazu Moser Musiklexikon I 214: Coda; Riemann Musiklexikon S (Fußn. 3a) 177/178: Coda; Leichtentritt aaO. (Fußn. 567) 163 ff.

[579]) Dazu unter I 5 (c/1) bei Fußn. 70/71.

[580]) Dazu unter I 6 (a/2) bei Fußn. 509, auch Edition Peters Nr. 4580c.

[581]) Dazu Fußn. 509, 575.

[582]) Dazu unter I 5 (b/2) bei Fußn. 53 ff.

[583]) Dazu unter I 5 (f) bei Fußn. 318 ff.

[584]) Dazu unter I 5 (g), 6 (c/1).

[585]) Dazu unter I 6 (b/2c) bei Fußn. 582, 583.

Musikalische Formen

Die musikalischen Formen sind sehr verschiedenartig, und es würde zu weit führen, sie nur aufzuzählen[586]). Die wichtigsten sind

die Liedformen,
die Suite,
die Rondoform,
die Sonate,
Themen mit Variationen,
die Fantasieform,
die kontrapunktischen Formen, insbes. die Fuge,
die Vokalformen, wie Choral, Madrigal, Volkslied usw.,
die großen Formen, wie Symphonie, Oratorium, Oper, Operette u. a.

Es sind dies Formen, die sich im Laufe der Musikentwicklung herausgebildet haben und die daher in vielen Musikstücken zu finden sind. Musikschaffen ist freies Schaffen eines Künstlers, auch die Bearbeitung. Daher sind solche Schemen nicht bindend, und die Musikgeschichte zeigt auch, daß sich die Formen ständig wandelten und änderten. In heutiger Zeit ist ein Komponist freier als früher. Nicht selten werden bei Stücken Formbezeichnungen gewählt, obwohl sie dem Inhalt nicht entsprechen. Man denke, um nur ein paar Beispiele zu geben, an die Orgelsonate III über alte Volkslieder von *Hindemith* oder die Orgelsonaten von *Max Reger*, op 33, 60, die eine Aneinanderreihung mehrerer Orgelstücke, also Suiten, sind, aber keine Sonaten im klassischen Stil mit mindestens einem Satz in Sonatenform, sondern Sonaten im vorklassischen Sinne; dasselbe gilt von der Orgelsonate von *Heinrich Kaminski*. Die Choral-Fantasien für Orgel von *Max Reger* haben die großen Choral-Bearbeitungen von Johann Sebastian Bach mit Chor und Orchester, regelmäßig mit einer cantus-firmus-Stimme, in den großen Passionen zum Vorbild. Auf dem Gebiete der Oper ist *Richard Strauß* zu erwähnen, der bei der „Frau ohne Schatten" im 1. Akt die Themen-Gestaltung vornimmt als Art Exposition und im 2. Akt in symphonischer Form verarbeitet.

Wenn ein Bearbeiter ein Musikstück bearbeitet, das bereits eine gegebene Form hat, so kann er die Form beibehalten oder ändern. Auch wenn die äußere Form beibehalten wird, so ergibt sich vielfach aus der Bearbei-

---

[586]) Dazu Blume MGG IV 524 ff.: Form; Moser Musiklexikon I 356: Formen; Riemann Musiklexikon S (Fußn. 3 a) 295/296: Form, 297 ff.: Formenlehre; Leichtentritt aaO. (Fußn. 492) 51 ff.

tung Anlaß zu Umgestaltungen[587]). Wenn ein Klavierstück zu einem Orchesterstück umgearbeitet wird, so können außer Verstärkungen im Klang mit Rücksicht auf die Größe des verwendeten Klangkörpers auch Erweiterungen des Gesamtstückes sich ergeben, während für den geänderten Klang ungeeignete Stellen aus dem bearbeiteten Werk ausgelassen werden. Es soll dies nur zeigen, daß der Komponist-Bearbeiter bei der Bearbeitung vielfältige Erwägungen kompositorischer Art anstellen muß, damit das neu geschaffene bearbeitete Werk ein Musikstück wird, das seinen Konzeptionen entspricht.

Hat der Bearbeiter nur eine Melodie, ein Melodie-Torso oder ein nur angefangenes Stück vor sich, das er bearbeitet, dann ist für sein Schaffen ein weiter Spielraum[588]). Es ist hier das, was er musikalisch als Grundlage für die Bearbeitung hat, nur Ausgangspunkt seines eigenen Schaffens, da er in solchen Fällen nicht nur die Art der Ausdrucksmittel und die damit verbundenen kompositorischen Erwägungen anzustellen hat, sondern auch die Form zu wählen hat, in der er das neue Werk erstehen läßt. Wenn ein Bearbeiter von einem Musikstück nur einen Teil verwendet und bearbeitet, so hat er auch wegen der Form besondere Erwägungen zu treffen, z.B. wenn ein Bearbeiter nur ein Thema für eine Fuge einem Stück entnimmt, wie etwa die Fugette über das Deutschlandlied für Klavier von *Max Reger*.

So lassen sich also keine Schemen aufstellen, nach denen ein Bearbeiter schafft. Wohl muß er kompositorisch die Formen, in denen er komponiert, beherrschen, damit die Bearbeitung technisch einwandfrei ist. Das Wesentliche ist aber das geistige Schaffen, das sich die Form selbst gestaltet, die erforderlich ist. Bei einem solchen Musikstück, das im wesentlichen durch die Bearbeitung erst entsteht, muß sich der Bearbeiter auf Grund der musikalischen Gedanken, die er ausgestaltet, und seiner eigenen musikalischen Ideen schlüssig werden, welche Form das Werk annehmen soll und an welche Besetzung (instrumental, vokal) gedacht ist; denn ein solches erst werdende Werk kann ja eine sehr verschiedene Gestalt und Größe annehmen, da zwischen kleiner und kleinster Form und großen Formen ein großer Spielraum ist. Ein Musikstück kann nur wenige Takte umfassen, wie die 5 Stücke für Orchester von *Anton von Webern*, op 10[589]), die durch ihre Kürze und Prägnanz Aufsehen erregten; ein Stück kann aber auch sehr lang sein, wie die Symphonien von *Anton Bruckner* oder *Gustav Mahler* zeigen, die übri-

587) Dazu unter I 5.

588) Dazu unter I 5 (c/1 d, 2, 3, e), II 8 (20).
Von Interesse hierzu ist das Beispiel von Raimund Rosenberger, der eine Melodie zu einem Klavierkonzert mit Orchester umgestaltete; dazu unter II Z 8 bei Fußn. 204a.

589) Dazu Blume aaO. (Fußn. 15) VI 1283/1284.

gens alle teilweise Bearbeitungen enthalten[590]). Ob der Komponist eine Zwischenfassung als Skizze fixiert, um darauf weitere Überlegungen aufzubauen oder ob er seine Planungen ganz im Geiste formt, ist verschieden; hierfür gibt es kein Schema[591]).

In diesem Sinne sollen auch die folgenden Beispiele für das kompositorische Schaffen eines Bearbeiters, die sich auf Umarbeitungen und einige wichtige Formen, die für Bearbeitungen bedeutsam sind, beziehen, verstanden werden:

Umarbeitungen,

an die besonders zu denken ist, sind vor allem

Zusammenfassung von Stücken, die an sich selbständig sind,

wie die Bearbeitung von 2 Romanzen von *Robert Schumann* durch *Hans Pfitzner* zu einem einheitlichen Orchesterstück[592]), oder

die Gestaltung eines Singspiels wie „Das Dreimäderlhaus" von *Berté* aus Musik von *Franz Schubert*[593]) oder

Umgestaltungen, vor allem Kürzungen, wie sie besonders für Konzertfassungen von Bühnenwerken, für Auszüge aus Opern, Operetten usw. für Schallplattenaufnahmen, Funksendungen usw. veranlaßt sind.

Zu erwähnen sind etwa

Die Walzerfolgen aus dem 3. Akt des „Rosenkavalier" von *Richard Strauß* oder

die Konzertfassung der Oper „Die Soldaten" von *Bernd Alois Zimmermann*, die dazu dienen soll zu zeigen, daß das als „unaufführbar" bezeichnete Werk sehr gut spielbar ist, und die auch geeignet ist, diesen Zweck zu erfüllen,

die Konzertfassungen von Balletts, wie nach dem Ballett-„Coppélia" von *Léo Delibes*,

wobei es sich jeweils um Eigenbearbeitungen handelt.

---

590) Dazu unter I 5 (b/1).

591) Dazu unter I 6 (a/1).

592) Dazu unter I 5 (f) bei Fußn. 328.

593) Dazu unter I 5 (f) bei Fußn. 311.

Es kann sich auch um Fremdbearbeitungen handeln, wofür klassische Beispiele die Konzert-Paraphrasen für Klavier von *Franz Liszt* über Opern-Werke sind[594]).

Einige wichtige Formen bei Bearbeitungen

Suiten,

Fantasien, zu denen auch u. U. die Potpourris[595]) zählen, und
die Variationen

sind Formen, die bei Bearbeitungen und Umarbeitungen häufig Verwendung finden.

Die **Suite** ist eine Folge von Musikstücken, und zwar früher regelmäßig von Tänzen, später aber auch von anderen Musikwerken[596]). Hier lassen sich zwanglos Musikstücke in Auswahl aneinanderreihen. Von dieser Form machten deshalb vor allem *Grieg, Tschaikowsky, Richard Strauß, Debussy, Strawinsky* u. a. Gebrauch, um Bühnen- oder Ballett-Musik für den Konzertsaal umzuarbeiten. Bei *Grieg* ist auf die bekannten Suiten aus „Peer Gynt" hinzuweisen[597]).

Die **Fantasie** bezeichnet eine freie Form, die sich an kein bestimmtes Form-Schema anlehnt und dem Improvisieren verwandt ist, auch verschiedentlich bewußt den Eindruck solchen Spiels erwecken soll[598]). Jede freiere Handhabung der Form nähert sich der Fantasie, weshalb schon in der Klassik und Romantik auch bewußte Übergänge von der festen Form zur Fantasie verschiedentlich gekennzeichnet wurden. Zu erwähnen sind

die Wanderer-Fantasie von *Franz Schubert*, die ihrerseits von *Franz Liszt* bearbeitet wurde[599]),

Paraphrasen von *Franz Liszt*, besonders soweit sie als Opern-Fantasien bezeichnet sind[600]),

---

594) Dazu unter I 5 (f) bei Fußn. 318 ff., II 8 (18).

595) Dazu unter I 5 (f) bei Fußn. 257.

596) Dazu Blume MGG Blume-Hickmann-Heartz-Kümmerling XII 1703 ff.: Suite; Moser Musiklexikon II 1253/1254: Suite; Riemann Musiklexikon S (Fußn. 3 a) 918 ff.: Suite; Leichtentritt aaO. (Fußn. 492) 89 ff.

597) Dazu unter I 5 (f), insbes. bei Fußn. 280.

598) Dazu Blume MGG Boetticher-Lesure-Meyer usw. III 1762 ff.: Fantasie; Moser Musiklexikon II 954/955: Phantasie; Riemann Musiklexikon S (Fußn. 3 a) 724/725: Phantasie; Leichtentritt aaO. (Fußn. 492) 185/186, 379 ff.; auch unter I 5 (g/2).

599) Dazu unter I 5 (f) bei Fußn. 326, I 5 (g/1) bei Fußn. 364.

600) Dazu unter I 5 (f) bei Fußn. 318 ff.

Opern-Fantasien und Potpourris über Opern, Operetten, Singspiele, Musicals, aber auch andere Musikstücke gibt es in so großer Anzahl und sind auch so verbreitet, daß sich eine Aufzählung erübrigt[601]).

Die Form der **Variation** hat in der Musik große Bedeutung, daher auch für die Bearbeitung, zumal es sich hier um eine besondere Gestaltungsform handelt, die einem Motiv oder Thema innewohnt[602]).

Die Variante ist keine musikalische Form, sondern nur eine Abwandlung einer musikalischen Stelle in einem Satz, sei es eine Erleichterung, sei es eine Erschwerung[603]), es besteht nur insofern eine Verwandtschaft der Variation, weil es sich auch hier um Veränderungen handelt.

Moderne Gestaltungsmöglichkeiten mit einem Thema zeigt *Garcia*[604]) auf, indem er ein Original-Thema darstellt in erweiterten Notenwerten, in gekürzten Notenwerten, in diatonischer Umkehrung (Spiegel), in geometrischer Umkehrung (Spiegel), in freier Umkehrung, im Krebsgang (rückwärts), in rückläufiger Bewegung, in verändertem Rhythmus, kontrapunktisch in mehrfachen Beispielen, mit kontrapunktischer Harmonie, in atonalem Kontrapunkt, im Choral-Stil, in Trauben-Akkorden, mit harmonischen Begleitungen, als Melodie mit Begleitung, in verschiedener Orchestrierung, in Begleitung aus einem Fragment oder Motiv der Melodie, unter hinzugefügter neuer Melodie, in verschiedenen Stimmungen (als Liebesthema, in Komik, in Dramatik, pathetisch und tragisch, feierlich), und er weist darauf hin, daß man dies fortführen könnte bei Verwendung des Themas als Marsch, als Tanz, als Pastorale, nach Art eines bekannten Komponisten, im Charakter eines Landes, eines bekannten Orchesters oder im Stil irgend eines anderen Komponisten usw. Er zeigt dann ein Beispiel, in dem alle melodischen Linien vom 1. Takt abgeleitet sind. Ein musikalisch hochwertiges Beispiel moderner Variation sind die Variationen von *Siegfried Ochs* über „S'kommt ein Vogel geflogen", welche das Thema in verschiedenen Stilarten aus alter und neuer Zeit bringt[605]). Die Variation gibt dem Komponisten Gelegenheit, seine Gedanken zu einem Thema in schöpferischer Weise zu gestalten.

---

[601]) Dazu unter I 5 (f), II 8 (29).

[602]) Dazu Blume MGG Fischer XIII 1274 ff.: Variation; Moser Musiklexikon II 1336/1337: Variation; Riemann Musiklexikon S (Fußn. 3 a) 1015 ff.: Variation; Leichtentritt aaO. (Fußn. 492) 98 ff.; auch unter I 5 (g/1) bei Fußn. 341 ff.

[603]) Dazu Moser Musiklexikon II 1335/1336: Variante; Riemann Musiklexikon S (Fußn. 3 a) 1015: Variante.

[604]) Dazu Garcia aaO. (Fußn. 541) 139 ff.

[605]) Dazu unter I 5 (e) mit Fußn. 227.

Bei der Variation unterscheidet man zwischen strenger und freier Variation[606]), je nachdem das Thema nicht bzw. wenig verändert oder unter starker Umgestaltung von Melodie, Harmonie und Rhythmus sowie Takt geformt wird; bei größeren Werken wird auch eine symphonische Durchführung in einzelnen Teilen des Variationswerkes vorgenommen, auch werden mehrere Variationen gruppenweise und satzartig zusammengefaßt. Variationen, wie die von *Max Reger* und „Don Quixote" von *Richard Strauß* sind Beispiele, was in Form der Variation musikalisch ausgesprochen werden kann[607]).

Eine andere Einteilung ist auch möglich nach *Fischer*[608]), der unterscheidet zwischen Cantus-firmus-Variation, Ostinato-Variation, harmoniekonstanter Variation, Melodie-Variation, Fantasie-Variation und serieller Variation, bei der einzig der Bezug auf eine oder mehrere Grundgestalten (tonische, rhythmische, dynamische usw. Reihen) konstant ist. Seit *Beethoven* wird die Variationsform so in die Mitte der Komposition gerückt, daß es kaum einen Komponisten von Namen gibt, der nicht die Variationsform nutzte[609]). *Beethoven* hat bis 1800 unter seinen Kompositionen mehr als 1/3 in Variationsform; später bezog er die Variationsart mehr und mehr in größere Formeinheiten ein, so daß in der Zeit zwischen 1800 und 1812 mehr als die Hälfte seines ganzen kompositorischen Schaffens Variationen sind oder variations-ähnlich ist. In der Zeit danach baute er die Variationsform in die Sonatenform ein und verquickte beide Formen zu einer großen Einheit; in dieser Schaffensperiode enthält mindestens jedes 2. Werk Variationen oder variationsähnliche Sätze[610]). Dies ist deswegen interessant, weil dieser Titane der Musik, der an musikalischen Gedanken überschwellte, zur Variation griff, um sie zur höchsten Steigerung zu erheben. Daher ist es nicht zu verwundern, daß in der Zeit nach ihm die Variationsform so hoch im Kurse war und bis auf den heutigen Tag blieb. In der neuesten Musik, im 20. Jahrhundert, nimmt die Variation ab und wird weniger verwendet; soweit die Variationsform vorkommt, wird die Gestaltung selbst immer freier und zu einem variablen und wiederholbaren konstanten Element, so daß man nicht mehr von Variation im herkömmlichen Sinne reden kann[611]).

An typischen Variationswerken der Gegenwart sind zu nennen[612]):

---

[606]) Dazu Leichtentritt aaO. (Fußn. 492) 98 ff.
[607]) Dazu unter I 5 (g/1).
[608]) Dazu Blume aaO. (Fußn. 602) XIII 1276.
[609]) Dazu Blume aaO. (Fußn. 602) XIII 1296.
[610]) Dazu Fußn. 609.
[611]) Dazu Blume aaO. (Fußn. 602) XIII 1304 ff., auch zum folgenden, auch unter I 5 (g/1).
[612]) Dazu Blume aaO. (Fußn. 602) XIII 1301 ff.

Béla Bartók, der vom Volkslied kommend eine besondere Variationsart entwickelte,
3. Streichquartett, 2. Satz des 2. Violinkonzerts,
„Mikrokosmos“ für Klavier,

Alban Berg 4. Szene des 1. Aktes der Oper „Wozzeck“, als Passacaglia gestaltet[613]),
Variationen für Klavier aus dem Jahre 1908,
Violin-Konzert (letztes Werk) Adagio mit 2 Variationen über den Choral von *Johann Sebastian Bach* „Es ist genug, Herr, so nimm denn meinen Geist“,

Pierre Boulez 3. Klaviersonate (unvollendet) mit moderner Variationsart nach Art von Stockhausen[613a]),

Benjamin Britten „A boy was born“ für gemischten Chor,

Joseph Haas Variationen und Rondo über ein altdeutsches Volkslied op 45, Variations-Suite über ein Rokokothema op 64 für Orchester,

Karl Amadeus Hartmann 6. Symphonie mit 3 Fugen über dasselbe Thema, eine Art Variations-Ricercare.

Paul Hindemith Variationen über ein amerikanisches Thema für Violoncello, Thema und 4 Variationen für Streichorchester und Klavier,

Karl Höller Partita über den Choral „O wie selig seid ihr doch, ihr Frommen“, op 1 Choralvariationen über „Helft mir Gottes Güte preisen“ und „Jesu meine Freude“, op 22, Choral-Passacaglia über „Die Sonn‘ hat sich mit ihrem Glanz gewendet“, op 61, jeweils für Orgel[163b]),

Arthur Honnegger Toccata et Variations für Klavier,

Zoltân Kodály Variationen über ein ungarisches Volkslied für Orchester „Flieg, Pfau, flieg“,

Rimsky-Korssakow in Gemeinschaft mit *Winkler, Blumenfeld, Sokolow, Wihtol, Ljadow* und *Glasunow* „Variationen sur un thème russe“[614]),

---

[613]) Dazu Blume aaO. (Fußn. 602) XIII 1307; auch Fußn. 188.
Alban Berg hat in seinem „Wozzeck“ eine besondere Gestaltung durchgeführt, nämlich den 1. Akt als Suite, den 2. Akt als Symphonie und den 3. Akt als Invention mit der Haupteinteilung A-B-A.

[613a]) Dazu Reclams Klaviermusikführer (Fußn. 16 b) II 975 ff. (Besprechung mit Notenbeispielen).

[613b]) Dazu Lukas Orgelmusikführer (Bem. 186) 240 ff. (Besprechung mit Notenbeispielen).

[614]) Dazu Blume aaO. (Fußn. 602) XIII 1304.

Arnold Schönberg 2. Streichquartett Satz „Litanei", Passacaglia des Pierrot lunaire, Serenade op 24, Suite op 29, Orchester-Variationen op 29,

Karlheinz Stockhausen Klavierstücke XI, wo 19 Teilstücke in beliebiger Reihenfolge zu spielen sind,

Igor Strawinsky kanonische Variationen über den Choral von *Johann Sebastian Bach* „Vom Himmel hoch" für Chor und Orchester,

Karol Szymanowski Variationen über ein polnisches Lied,

Anton von Webern Passacaglia op 1, ferner 2. Satz der Symphonie op 21 sowie Variationen op 27 für Klavier, Variationen für Orchester op 30.

Unvollendete Werke

Es gibt auch unvollendete Werke, bei denen vom Komponisten nur Skizzen oder Entwürfe vorhanden sind oder nur teilweise ausgearbeitet sind, weil der Komponist erkrankt oder verstorben ist bzw. die Weiterarbeit aus irgendwelchen Gründen aufgab, so daß das Werk ein Torso blieb[615]).

Hier kann die Aufgabe des Bearbeiters sehr verschieden sein. Will er das angefangene Werk zu Ende führen, so behält er die bereits angefangene Form bei, wie es meistens der Fall ist. Wird dagegen nur auf Grund von Skizzen oder Entwürfen eine Bearbeitung vorgenommen, so fehlt meist noch eine feste Form, und der Bearbeiter ist frei in der Art der Gestaltung. Ein Beispiel dieser Art ist die Bearbeitung von *Max Reger - August Schmid-Lindner*, die das Capriccio (Abreise) von *Johann Sebastian Bach* zum Gegenstand hat, soweit die Bearbeitung aus einer „zum Teil nur andeutungsweise entworfenen Skizze" schöpfte[616]).

2. **Ensemble**

In Zusammenhang mit der Weiterentwicklung der Formen von der Strenge zur freieren und freien Gestaltung[617]) ging die Entwicklung der Besetzung,

---

[615]) Dazu unter I 5 (c/1 d), 2, 3), zur vollständigen Komposition usw. auch unter I 6 (c/1) bei Fußn. 588 ff., zur Rechtslage II 8 (7).

[616]) Dazu unter I 5 (b/2).

[617]) Dazu unter I 6 (c/1) bei Fußn. 586.

insbes. des Ensembles und der Bearbeitung hierfür[618]), Hand in Hand, und zwar in gleicher Richtung. Es bestehen daher heutzutage für die Bearbeitung ganz andere Möglichkeiten als früher. Mit der **Zunahme der Gestaltungsmöglichkeiten** wächst aber auch der Bereich der Formung. Ein Bearbeiter ist an kein Schema mehr gebunden, er kann jede Art der Kombination gestalten, die ihm vorschwebt, ohne bei der Besetzung an bestimmte Typen gebunden zu sein.

In diesem Zusammenhang ist auf die Unterhaltungsmusik und im besonderen die Jazz-Musik und deren Entwicklung kurz einzugehen.

a) **Unterhaltungsmusik**

Begriff

Die Unterhaltungsmusik, die in Fachkreisen als **U-Musik** bezeichnet wird, hat zu allen Zeiten große Bedeutung gehabt[619]). Die Gegenüberstellung der sog. ernsten Musik, die man auch **E-Musik** nennt, ist nur bedingt berechtigt, da die Grenzen flüssig sind, wie die verbindende Ausdrucksweise von der gehobenen Unterhaltungsmusik zeigt, die einen Übergang von U-Musik, die auch leichte Musik genannt wird, zur E-Musik kennzeichnen soll. Früher war kirchliche und weltliche Musik nicht wesentlich verschieden; man bezeichnet dies als Ungespaltenheit der damaligen Musik. So konnte es sein, daß noch zu Zeiten des *Johann Sebastian Bach* weltliche Vokal- und Instrumentalstücke in Kirchenmusik und Passionen sowie Kantaten übernommen wurden[620]). Erst allmählich ergab sich im Rahmen der Musik immer mehr eine gewisse Abgrenzung von geistlicher und weltlicher Musik, einerseits die „musica sacra“ und andererseits die „ars nova“ sowie „ars antiqua“, wobei allerdings zu bemerken ist, daß auch diese Begriffe schillernd sind und nie exakte Grenzen bedeuteten[621]). Die Kirchenmusik der Klassik und Romantik zeigt durchaus die Verwandschaft

---

[618]) Dazu Blume MGG Goos I 199 ff.: Akkompagnement; Goos I 1565 ff.: Begleitung; Moser III 1417 ff.: Ensemble, Ferand VI 1093 ff.: Improvisation; Becker-Mayer VI 1252 ff.: Instrumentation; Moser Musiklexikon I 5: Accompagnement, I 104: Begleitstimme, I 104/105: Begleitung, I 323: Ensemble, I 537: Improvisation, I 543/544: Instrumentation; Riemann Musiklexikon S (Fußn. 3 a) 6/7: Accompagnato, 94: Begleitung, 260/261: Ensemble, 330 ff.: Improvisation, 402 ff.: Instrumentation.

[619]) Dazu Blume MGG Würz XIII 1138 ff.: Unterhaltungsmusik; Moser Musiklexikon II 1330/1331: Unterhaltungsmusik; Riemann Musiklexikon S (Fußn. 3 a) 1007/1008: Unterhaltungsmusik.

[620]) Dazu Moser Musiklexikon I 608 ff.: Kirchenmusik; Riemann Musiklexikon S (Fußn. 3 a) 453/454: Kirchenmusik.

[621]) Dazu Moser aaO. I 49/50: Ars antiqua, I 50/51: Ars nova, II 822: Musica sacra; Riemann Musiklexikon S (Fußn. 3 a) 54/55: Ars antiqua, 56: Ars nova.

zur Symphonie und Opernmusik ihrer Zeit; man denke insbes. an die kirchenmusikalischen Werke von *Haydn, Mozart, Beethoven, Berlioz, Liszt, Gounod, Carl Maria von Weber.* Auf diesem Hintergrund wird deutlich, daß man in Nachwirkung dieser früheren Unterscheidungen immer wieder die U-Musik der E-Musik gegenüberstellt, obwohl diese **Unterscheidung** von der Musik her gesehen **nicht berechtigt** ist, da alles Musik ist, ob ernst oder heiter[622]). Deshalb sagt *Würz* mit Recht[623]):

> „Hier handelt es sich um eine nicht zu ändernde Gegebenheit, deren Ursachen gleicherweise im Wandel der gesellschaftlichen Strukturen wie in der Entwicklung der Musik zu suchen sind. Einen deutlich fixierten historischen Zeitpunkt oder gar Anlaß der Spaltung der musikalischen Produktions-Entwicklungsgänge und der Hörerschichten festzustellen, ist nicht möglich. . . . So besteht kein plausibler Grund zur Annahme, die Menschen hätten sich . . . in ihren Ansprüchen und Wünschen wesentlich geändert, und ebensowenig ließe sich ernstlich behaupten, die schaffenden ernsten Musiker seien seit der 2. Hälfte des 19. Jahrhunderts und in der Gegenwart allem „Popularen", jeder Einwirkung des Einfach-Volksmäßigen so abgeneigt, daß sie für das musikliebende Volk weiterhin eben nichts anderes gab und gibt als das, was ihm die Unterhaltungsmusiker anzubieten hatten und haben."

Wie ein Blick in die Musikgeschichte zeigt, hat es zu allen Zeiten eine klare Abgrenzung zwischen U- und E-Musik nie gegeben. Viele Meister der leichten Muse kamen von der E-Musik her, wie *Nico Dostal, Richard Heuberger, Eduard Künneke, Franz Lehár,* um nur einige bekannte Namen zu nennen. Wir wissen, daß *Richard Strauß* auch leichte Musik schreiben wollte und im „Rosenkavalier" ein Meisterwerk der Verbindung von Ernst und Heiter schuf, vor allem in den berühmten „Walzerfolgen" aus dem 3. Akt. Andererseits strebte die Operette eine Zeitlang hin zur Oper, vor allem *Johann Strauß Sohn, Oscar Straus* und *Franz Lehár.* Neuerdings löst das Musical die Operette und Revue ab, wobei Namen wie *Leonhard Bernstein* („West Side Story"), *Franz Josef Breuer* („Mister Poppkorn"), *Jerry Herman* („Hallo Dolly" und „Mame"), *Frederick Löwe* („My Fair Lady"), *Lotar Olias* („Heimweh nach St. Pauli"), *Cole Porter* („Kiss Me Kate"), *Richard*

---

[622]) Im GEMA-Verteilungsplan findet sich die Unterscheidung zwischen E- und U-Musik; dazu Blume aaO. (Fußn. 619) XIII 1151/1152; Moser Musiklexikon II 1330. Es ist zu erwägen, ob man diese Unterscheidung fallen lassen oder einschränken kann; dazu auch Fußn. 642.

[623]) Dazu Blume aaO. (Fußn. 619) XIII 1141.
Wenn Würz in diesem Zusammenhang mehrfach zitiert wird, so dehalb, weil er das Verhältnis von E- zu U-Musik zutreffend würdigt und seine Ausführungen daher das unterstreichen, was hier hervorgehoben wird; dazu auch Fußn. 633, 636, 638, 639.

Rodgers („Oklahoma", „South Pacific" und „The King And I") und *Harold Rome* („Fanny") zu erwähnen sind. Der Geschmack der Musikinteressenten und -hörer ist verschieden und war immer schon verschieden. Wie die Formenlehre von früher und jetzt zeigt, umfaßt die Musik Formen, die alle Möglichkeiten der Gestaltung zulassen, insbesondere auch Märsche und Tänze[624]). Daß die Tanzformen gewechselt haben, ist zeitbedingt. Märsche und Tänze spielen nicht nur in der U-Musik eine große Rolle, sondern auch in der E-Musik, ob wir an *Beethoven, Schubert, Chopin, Liszt* oder in neuerer Zeit an *Bizet, Tschaikowsky, Richard Strauß, Hindemith, Strawinsky, Krenek, Mark Lothar, Kurt Weill* denken. Unterhaltungsmusik ist auch nicht mit Volksmusik[625]) gleichzusetzen; denn auch die Volksmusik durchzieht den ganzen Bereich der Musik und ist nicht auf einen Teil derselben beschränkt. Bei der Vielseitigkeit der Musik gehen die Wege von der E-Musik zur U-Musik und umgekehrt. Allerdings lehnt sich die U-Musik öfters an die E- Musik an oder bearbeitet sie wie umgekehrt. Immerhin gibt es auch Jazz im Bereich der Konzertmusik[626]). Daher ist es nur bedingt richtig, daß die ernste Musik mit der wachsenden Kompliziertheit der Ausdrucksmittel einen Weg eingeschlagen habe, der es ihr weniger als je zuvor möglich macht, das Verlangen nach Unterhaltung in einem einfachen Sinne zu befriedigen[627]); dies trifft daher nur auf einen Teil der E-Musik zu. Der Bereich der Kompositionen der E-Musiker ist auch heutzutage bei vielen sehr weit gespannt und bezieht den Tanz und das Heitere ein, wie bei *Werner Egk* die Oper „Die Zaubergeige", die Orchester-Variationen über ein karibisches Thema oder die 3 Bauernstücke für Orchester[628]), weshalb mit Recht von ihm gesagt wird, seine stark triebhafte Musik verbinde bayerische Heimatkunst mit kühnen Modernismen[629]), oder bei *Richard Strauß*, der in „Feuersnot" das alte Münchener Volkslied „Mir san net von Pasing" verwendet[630]).

Da ein großes Bedürfnis nach Musik besteht, die volkhaft ist und der Unterhaltung und dem Vergnügen weiter Kreise entgegenkommt, ist auch die Zahl der Komponisten und Bearbeiter sehr groß, die auf diesem Gebiete schaffen. Es wird hier musikalisch Bedeutendes geleistet, da die Musiker vom Fach das tonsetzerische Handwerk sicher beherrschen und über eine reiche, speziell in der Erfindung gefälliger Musik sich bewährende Einfallsgabe ver-

---

[624]) Dazu Leichtentritt aaO. (Fußn. 492) 52 ff.
[625]) Dazu unter I 5 (e) bei Fußn. 195 ff.
[626]) Dazu unter I 6 (c/2 b) bei Fußn.
[627]) Dazu Blume aaO. (Fußn. 619) XIII 1141.
[628]) Dazu unter I 5 (e).
[629]) Dazu Moser Musiklexikon I 308: Egk.
[630]) Dazu unter I 5 (e) bei Fußn. 231.

fügen[631]). Man darf freilich keine Abwertung der U-Musik vornehmen, wie es leicht und oft geschieht, weil man sie als Musik minderen Grades betrachtet. Gute und schlechte Werke gibt es auf allen Gebieten der Kunst, auch in der Musik. Aber diese Linie geht bei der Musik nicht in der Richtung, als sei die E-Musik wertvolle, die U-Musik wertarme Musik. Es ist vielmehr so, daß es sowohl bei der E-Musik wie bei der U-Musik gutes und schlechtes Schaffen früher gab und jetzt gibt. Schwache Produktion ist also nicht nur bei der U-Musik zu finden; daß bei einer großen Zahl von Veröffentlichungen auch zahlenmäßig mehr nicht gelungene Werke zu finden sind als bei den wenigen Werken der E-Musik, die aufgeführt werden, ist eine zwangsläufige Folge und spricht nicht für die E-Musik, als seien bei ihr nur Genies und große Meister und als gebe es bei ihr keine „kleine" Münze, die nur zeitbedingt ist und schnell wieder vergeht. Bei aller Achtung vor der ernsten Musik schätzt man sie falsch ein, wenn man bei ihr nur erhabene Musik, die die Zeiten überdauert, sucht. Insofern darf man bei der Beurteilung und Kritik nicht in Einseitigkeit verfallen. Auch bei großen Meistern ist das Schaffen unterschiedlich und nicht alles gleichwertig oder gleich genial; dies übersieht man vielfach, wenn man zu besonderen Zeiten einzelne große Meister popularisiert. Vor allem bei der Romantik ist der Schritt vom Gefühl zur Sentimentalität nicht weit, und bei einzelnen Werken sind auch Meister wie *Grieg, Jensen, Mendelssohn* und *Karl Loewe* dieser Versuchung erlegen[632]). So wie derartige Abwertungen auf den Raum begrenzt werden müssen, für den sie gelten, so ist es überall in der Musik, auch bei der U-Musik zu handhaben. Dann aber ergibt sich die **Gleichstellung beider Musikarten,** und der Gedanke von der **Einheit der Musik** über ihr Gesamtgebiet bedarf in diesem Zusammenhang der besonderen Betonung. Es ist auch wichtig, was *Würz* feststellt[633]):

> „Mit Ausnahme der Kirchenmusik, der durchkomponierten Oper, der Kammermusik strenger Observanz und Orgelmusik sowie, vom Formalen her gesehen, mit Ausnahme der Polyphonie gibt es, wie ein geschichtlicher Überblick bezeugt, keine von der U-Musik unberührt gebliebenen Reservate der E-Musik. Ihr Einzugs- und Wirkungsbereich umfaßt gleicherweise das musikalische Theater, die Orchester- und Klavier-Musik, das Solo- und das mehrstimmige (Chor-)Lied, wie, im Umkreis des Instrumentalen, besetzungsmäßig eine vielgestaltige Reihe von Kombinationen vom Duo über Kleinensembles bis zu umfänglich besetzten großen Unterhaltungsorchestern."

---

[631]) Dazu Blume aaO. (Fußn. 619) XIII 1141.

[632]) Dazu Blume aaO. (Fußn. 619) XIII 1150.

[633]) Dazu Blume aaO. (Fußn. 619) XIII 1145; dazu Fußn. 623.

Wenn die Unterhaltungsmusik dadurch gekennzeichnet ist, daß sie unterhaltend wirken soll, so ist dies ein Merkmal, das alle echte Musik kennzeichnet, das insbes. in der Zeit der Klassik gefordert wurde[634]). Man kann das Charakteristikum auch darin sehen, daß die U-Musik in gefälliger Aussage und Klangform dem Hörvergnügen dient und sich an einen breiten Kreis von Menschen wendet[635]). Deshalb definiert *Würz*[636]);

> „Der Begriff umfaßt, ohne dies auch nur andeutend zu differenzieren, die komplexe Gesamtheit aller Erscheinungsformen der „leichten", d. h. der mühelos leicht aufzufassenden, nicht nur der leichtbeschwingten Musik; zugleich bezeichnet er Musik solcher Art, die neben der flüchtig-gegenwärtigen, modischen Produktion nur das im Laufe der (ein gutes Jahrhundert währenden) Sonderentwicklung des Genres Entstandene einschließt, keineswegs jedoch alles das, was in einem allgemeineren Sinne innerhalb der geschichtlichen Gesamtentwicklung bis zur Gegenwart „unterhaltende" Musik genannt werden kann."

Man darf also die Begriffe „Ernst" und „Unterhaltung" nicht schematisch gegenüberstellen, da sie ineinander verzahnt sind und sich überschneiden. Sie werden auch im täglichen Sprachgebrauch ohne klare Abgrenzung verwendet. Der Begriff der Unterhaltungsmusik, wie er sich im Laufe der Zeit in Fach- und Verlagskreisen herausentwickelt hat, ist auch sehr weit und keineswegs präzise; man vermeidet regelmäßig sogar die Begriffe der E- und U-Musik und spricht von „beliebten Stücken", die früher also sog. „Salon-Musik" angeboten wurden[637]). Es sind ernste und heitere Stücke, erforderlichenfalls für den Hausgebrauch bearbeitet; sie beziehen sich auf große und kleine Meister der ernsten und der heiteren Muse in Vergangenheit und Gegenwart.

Um U-Musik zu werten, kann man nicht etwa eine Fuge von *Johann Sebastian Bach* oder einen Sonatensatz von *Beethoven* einem Tanzstück gegenüberstellen, da jedes Musikstück in seiner Art verstanden werden muß. Und daß auch Tänze musikalisch bedeutsam sein können, zeigen die Werke von *Mozart, Beethoven, Berlioz, Schubert, Liszt, Brahms, Chopin, Reger, Richard Wagner, Smetana, Tschaikowsky, Orff, Hindemith, Strawinsky,*

---

[634]) Dazu Moser Musiklexikon II 1330: Unterhaltungsmusik; Riemann Musiklexikon S (Fußn. 3 a) 1007/1008: Unterhaltungsmusik.

[635]) Dazu Blume aaO. (Fußn. 619) XIII 1138.

[636]) Dazu Fußn. 635, auch Fußn. 623.

[637]) Der Ausdruck „Salonalbum" wird sogar jetzt noch gebraucht. Meist spricht man von klingenden, bekannten oder beliebten Melodien, Volkslieder-Sammlungen, Tanzbuch, Marschbuch usw. Es ist hier ein weites Feld für Bearbeitungen; dazu unter I 5 (f) bei Fußn. 256, über Jazz-Musik unter I 6 (c/2 b); über Salonmusik Riemann Musiklexikon S (Fußn. 3 a) 834.

Werner Egk, um einige Namen aus dem Bereich der sog. E-Musik zu nennen. *Würz* sagt daher zutreffend[638]):

„Die an sich schwer zu ermittelnden Kriterien der U-Musik sind ..., wenn überhaupt, durch Berufung auf hohe Wertbegriffe oder Geschmacksansichten nicht zu finden. Auch lassen sich angesichts der qualitativ sehr verschiedenen, bedeutenderen oder geringeren Arten von U-Musik keine generalisierenden Kennzeichen dafür benennen. Selbst wenn die schmückenden oder tadelnden Beiworte, die in Zusammenhang mit ihren Erzeugnissen häufig gebraucht werden, als unmißverständlich charakterisierende Begriffe anwendbar wären, könnten doch weder positive Epitheta, wie hübsch, anmutig, elegant oder schwungvoll, noch negative wie billig, banal, schmalzig, ordinär oder kitschig nicht so eindeutig zu Kennzeichnungen dienen, daß sie zweifelsfrei wesentliche Eigenschaften solcher Werke erhellen; niemals wäre damit etwas unbedingt Verbindliches ausgesagt, da auch hier wie immer in Kunstfragen, die geistige und geschmackliche Position des jeweiligen Hörers entscheidend für sein Urteil bleibt. Was dem einen unerträglich sentimental erscheint, empfindet ein anderer als einen ihm gemäßen innigen Ausdruck echten Gefühls; was jener als zu schmissig und gewöhnlich ablehnt, macht diesem als animierende Kundgebung ungebrochener Lebenslust Spaß."

Können also Gesichtspunkte der Bewertung nicht herangezogen werden, so sucht man nach einer anderen Abgrenzung. *Würz*[639]) stellt für die Unterhaltungsmusik vor allem folgende Voraussetzungen auf:

Melodik einfach, leicht faßbar, in ihrer Entwicklung durchschaubar, möglichst zum Nachsingen geeignet,

Rhythmus ebenso einfach eindeutig und klar, ins Blut gehend,

Harmonik unproblematisch und gefällig-ohrenschmeichlerisch, reizsame harmonische Mischklänge als koloristischer Aufputz, auch wenn über schlichtere Stufenverbindungen, Akkordformen, Kadenzbildungen und Modulationen hinausgegangen wird,

Klangfaktur ähnlich, wobei eine Fülle gegensätzlicher Möglichkeiten offensteht,

Formgestaltung möglichst knapp und einfach, bei größeren Stücken kurze melodische Formteile, Großformen im allgemeinen ausgeschlossen.

---

[638]) Dazu Blume aaO. (Fußn. 619) XIII 1139, auch Fußn. 623.

[639]) Dazu Blume aaO. (Fußn. 619) XIII 1139/1140, auch Fußn. 623.

Es werden hier wesentliche Charakter-Eigentümlichkeiten der U-Musik gekennzeichnet, die gerade deshalb auch interessant sind, weil sie Gesichtspunkte hervorheben, die nicht nur auf die U-Musik kleinen Stils zutreffen. Man kann diese Voraussetzungen auch auf große Formen, wie Operetten und Musicals anwenden, ja weithin auch auf E-Musik, die wirklich in die Ohren geht und zum Herzen einen Weg findet; man denke nur an Stücke von *Mozart* und *Schubert* oder aus neuerer Zeit an den Boléro von *Ravel*. Damit rechtfertigt es sich auch, daß die U-Musik fast alle Bereiche der E-Musik beherrscht, wie bereits erwähnt ist.

Bei *Moser*[640]) wird die Abgrenzung der U-Musik von anderer Seite her versucht, wenn ausgeführt wird:

> „Während man den Wert der „ernsten" Komponisten vom Einhalten gewisser Stillinien her bemißt, ist der U-Musiker durchaus frei in der Wahl seiner Mittel (es sei denn, daß statt des Stils die Mode ihm bestimmte Üblichkeiten aufzwingt), wenn er nur das Ziel der Gattung U-Musik, d.h. Gefälligkeit, Reiz, Zeitvertreib voll erreicht."

Dazu kommt, daß viele ausübende Künstler zugleich Bearbeiter der Werke sind, die sie aufführen, und daß hier Künstler mit höchstem technischen und musikalischen Können schöpferisch tätig sind. Hierzu wird bei *Moser* gesagt[641]):

> „Hinsichtlich der Ausübung vermögen die Interpreten der U-Musik vielfach höchsten Ansprüchen an Können und Gepflegtheit zu genügen, so von *Lanner* und der Familie *Strauß* bis zu den heutigen . . . , die . . . ihre eigenen Bearbeiter sind."

Und er fügt weiter vermittelnd hinzu:

> „Statt sich gegeneinander weiter abzugrenzen, sollten beide Gruppen, die U- wie die E-Musiker, sich möglichst einander zu nähern und gegenseitig zu durchdringen suchen, steht doch eine ganze Reihe vortrefflicher Könner heilsam auf der Grenze, so etwa *Künneke, Edmund Nick, Richartz* und zahlreiche Vertreter der Operetten- und Tonfilmkomponisten, während ausgesprochen „ernste" Tonsetzer es nicht unter ihrem Range gehalten haben, auch ernste U zu schreiben."

Dieses Schlagen von Brücken ist das Wichtigste, um dem Streit zwischen U- und E-Musik ein Ende zu machen[642]).

---

[640]) Dazu Moser Musiklexikon II 1330: Unterhaltungsmusik; Riemann Musiklexikon S (Fußn. 3 a) 1007/1008: Unterhaltungsmusik.

[641]) Dazu Fußn. 640.

[642]) Dies ist auch im Rahmen des GEMA-Verteilungsplans zu erwägen; dazu Fußn. 622.

Wenn man die Kirchenmusik[643]) ausnimmt, ist das Interesse des Publikums für Musik sehr groß. Der kleine Bereich der ernsten Musik außerhalb der Kirchenmusik, der die Unterhaltung Musikinteressierter nicht erstrebt, wird immer mehr zu einer Musik für Esoteriker, für Eingeweihte; es ist hier vor allem zu denken an die atonale Musik und noch mehr an die elektronische Musik, die anstelle der Melodie und des Wohlklangs immer mehr Geräusche und andere Klangkombinationen treten läßt. Solche Musik entfernt sich immer mehr von der Volkstümlichkeit und damit auch von der Musik, die der Unterhaltung im weitesten Sinne dienen kann. Die modernen Kommunikationsmittel tragen zur Verbreitung der Werke und ihrer Bearbeitungen wesentlich bei und zeigen, daß man bei Musikhörern und -interessenten solche Musik liebt und gerne hört[644]). Der Schlager besonders geht ins Ohr[645]); man versteht darunter eine zündende Melodie, die gesanglich oder instrumental sein kann. Meist handelt es sich um kurzlebige Stücke, notwendig ist dies nicht. So war die Arie „O wie so trügerisch" aus der Oper „Rigoletto" von *Giuseppe Verdi* ein Schlager; ähnlich war es mit der Melodie „Immer nur lächeln" aus der Operette „Das Land des Lächelns" von *Franz Lehár.*

Ensemble

Die Art der Bearbeitung ist sehr verschieden, je nach dem Ensemble oder der Besetzung instrumental oder vokal, für die der Komponist schreibt.

Das Bedürfnis zu Bearbeitungen ist auf diesem Gebiet besonders groß, weil die Unterhaltungsmusik aller Art besonders gefragt ist. Daher werden auch sehr verschiedenartige Bearbeitungen notwendig, je nach dem Zweck der Aufführung und je nach dem Orchester, der Kapelle usw., die spielen, oder je nach den Gesangskräften, die zur Verfügung stehen. Daher kommt es vielfach vor, daß die Orchester, Kapellen, Gesangsgruppen usw. teilweise die Bearbeitungen von Musikstücken selbst vornehmen.

Bei instrumentalen Besetzungen waren früher bestimmte Arten üblich, wie Berliner, Wiener, Pariser Besetzung, Salonorchester sowie Kaffeehaus-Kapellen mit Stehgeiger, die auch heute noch, wenn auch selten, vor-

643) Über die Ausnahmen von der U-Musik, insbes. Kirchenmusik, unter I 6 (c/2 a) bei Fußn. 633, über Grenzfälle von U-Musik und kirchlicher Musik Fußn. 188.

644) Dazu Blume aaO. (Fußn. 619) XIII 1142 ff.

645) Dazu Blume MGG Moser III 1417 ff. (1438): Ensemble; Burkhardt VI 1797 ff. (1809, 1812): Schlager, aaO. (Fußn. 619) XIII 1151; Moser Musiklexikon I 323: Ensemble, II 1115: Schlager; Riemann Musiklexikon S (Fußn. 3 a) 260/261: Ensemble, 847/848: Schlager; DER GROSSE BROCKHAUS: Schlager.

kommen[646]). Solche bestimmte Ensemble-Arten sind großenteils überholt. Der Komponist bzw. Bearbeiter ist gegenüber früheren Zeiten wesentlich freier; es werden geeignet erscheinende Besetzungen vorgeschrieben. Das persönliche Schaffen hat damit größeren Spielraum. Im allgemeinen versteht man unter Ensemble im Bereich der U-Musik Kleinbesetzung im Gegensatz zum Orchester[647]), wobei allerdings darauf hinzuweisen ist, daß die Übergänge flüssig sind. Die sich entwickelnde U-Musik mit ihren verschiedenen Besetzungsmodellen hat auch die Bearbeitungspraxis beeinflußt und geändert, so daß auch die früher übliche Art der Instrumentierung nicht mehr ohne weiteres anwendbar ist[648]). *Becker* sagt daher von dem Bearbeiter für Unterhaltungsmusik, daß er, der zumeist nicht mit dem Komponisten identisch ist, seine Vorlage nicht nur zu instrumentieren, sondern auch zu bearbeiten hat, so daß mit seiner primär schöpferischen Funktion die Rolle des Glareanschen „Symphoneta" wieder auflebt. Hieraus erhellt, daß die schöpferische Leistung des Bearbeiters richtig eingeschätzt werden muß und nicht verkannt werden darf.

Für vokale Besetzungen gilt dasselbe; ebenso für Kombinationen aus instrumentaler und vokaler Besetzung[649]).

Eine wesentliche Aufgabe der Bearbeitung ist es, den inneren Gehalt eines Werkes zu steigern[650]).

Bei kabarettistischen Aufführungen werden häufig irgendwelche Gesangs- oder Instrumentalstücke verwendet, und hierbei kann leicht eine abfällige Bewertung erfolgen. Beispiele origineller Art sind die klassischen Darbietungen von *Karl Valentin,* bei denen die verwendeten Musikstücke nicht in den Staub gezogen werden. Es sei erinnert an „Die Uhr von

---

[646]) Dazu Blume aaO. (Fußn. 645) III 1437/1438; Ferand VI 1093 ff. (1126 ff.): Improvisation; Becker-Mayer VI 1252 ff. (1257): Instrumentation; Riemann Musiklexikon S (Fußn. 3 a) 330 ff.: Improvisation, 402 ff.: Instrumentation.

[647]) Dazu Blume aaO. (Fußn. 645) III 1436; Moser Musiklexikon I 323: Ensemble; Riemann Musiklexikon S (Fußn. 3 a) 260/261: Ensemble.

[648]) Dazu Blume aaO. (Fußn. 646) VI 1257; über neue Instrumentazionsmethoden bei der Unterhaltungsmusik Russel Garcia aaO. (Fußn. 541) 17 ff., Helmut Gardens Arrangiermethode (Frankfurt a. M. 1959) 29 ff.
Das Klavier, das aus der Zeit der Klassik und Romantik her uns als ein Instrument bekannt ist, mit dem große und größte Gedanken ausgesprochen wurden, wird in der modernen Tanzmusik zur Rhythmus-Gruppe gezählt; dazu Gardens aaO. 19 ff., zur Jazz-Konzertmusik unter I 6 (c/2 b) bei Fußn. 664 ff. Es soll dies zeigen, wie verschieden Instrumente je nach dem Zweck der Bearbeitung verwendet werden. In Bearbeitungen anderer Art wird das Klavier nach wie vor im bisherigen Sinne verwendet. Dies ist ein Zeichen des Eklektizismus; dazu unter I 5 (g/4) bei Fußn. 432, auch Riedel aaO. (Bem. 27), UrhG) 2 Bem. B 7.

[649]) Dazu als Beispiel die Schallplatte Breuer-Kunz „Träumerei" unter I 5 (f) bei Fußn. 311/312 und I 5 (g/4) bei Fußn. 442/443.

[650]) Dazu unter I 5 (b/2)

Loewe"[651]), bei der die kabarettistische Plauderei und Erzählungskunst das Wesentliche ist und der Anfang der Ballade von *Karl Loewe* mit Gitarren-Begleitung gesungen wird. Dasselbe gilt von dem Kauf „Im Schallplattenladen"[652]), wobei neben den Sprechszenen Musik erklingt, und zwar kurze Zitate aus dem Radetzky-Marsch von *Johann Strauß Vater*, aus „Bajazzo" von *Leoncavallo* (gesungen von *Caruso*), aus „La Traviata" von *Verdi*, aus einem Männerquartett und aus einem Ländler.

b) **Jazz-Musik**

Entwicklung

Die Jazz-Musik ist ein Teil der Unterhaltungsmusik[653]). Es handelt sich hier in erster Linie um Tanzmusik, obwohl Jazz nicht hierauf beschränkt ist. Jazz ist eine weithin improvisierte Musik, die aus der Folklore der amerikanischen Neger hervorgegangen ist und sich europäisch-afrikanischer Melodik und afrikanischer Rhythmik und Artikulation bedient[654]). Der Rhythmus hat besondere Bedeutung bei dieser Art der Musik, vor allem Trommel-Rhythmen, wobei der Hauptschlag als „beat" das Grundmetrum bestimmt und durch die Off-Beat-Phrasierung die Betonung der schweren Taktteile erfolgt. Bei den Negern ist das rhythmische Gefühl viel stärker als bei uns ausgeprägt, auch kommen wesentlich feinere Unterteilungen der Takte vor, als wir es gewohnt sind, wobei durch Improvisieren und dadurch bedingte überraschende Wendungen die Rhythmen in lebendigen Fluß erhalten werden. Da auf die Färbung des Tons mit Ausdruck mehr Wert gelegt wird als auf reine Tongebung, sind die Intonation und die Artikulation bei solistischen Effekten u. U. unrein, vor allem bei Verwendung von Vibrato und Glissando[655]). Die Melodik knüpft an das koloniale Amerika an und weicht daher bei der Tonleiter bei der Terz und Septe insofern ab, als diese beiden Töne in Schattierungen intonierbar sind („Blue Notes", „Blues-Skala"). Vor allem im Spiritual und bei Jazz-Improvisation zeigen sich diese besonderen Tonschritte. Die Harmonik ist weitgehend europäisch; jedoch werden auch unaufgelöste Dominantseptakkorde verwendet,

---

[651]) Als Schallplatte erschienen bei Elektrola Köln: Unvergänglich, unvergessen Folge 53 E 40 077/7 EGW 8387 Karl Valentin I.

[652]) Dazu Fußn. 651, auch unter II 15 bei Fußn. 480.

[653]) Dazu Blume MGG Burkhardt VI 1797 ff.: Jazz; Moser Musiklexikon I 566: Jazz; Riemann Musiklexikon S (Fußn. 3 a) 424 ff.: Jazz; DER GROSSE BROCKHAUS: Jazz, auch Fußn. 619, 648.

[654]) Dazu Blume aaO. (Fußn. 653) VI 1797.

[655]) Dazu Blume aaO. (Fußn. 653) VI 1799/1800.

die die Harmonik aufreizend beleben[656]). Die Wurzeln des Jazz beruhen auf früheren Arbeitsliedern amerikanischer Neger (work-song) und geistlichen Liedern (spiritual), also Volksmusik, wobei die spirituals auf das christliche Kirchenlied zurückgehen und daher in Melodik und Harmonie an die Tradition der abendländischen Musik anknüpfen[657]). Der Blues wurde etwa um 1870 bekannt und verbreitete sich in der Zeit nach dem 1. Weltkrieg in Europa sehr, so daß man diese Zeit als die Zeit des klassischen Blues bezeichnet[658]). Eine Blues-Strophe besteht im Regelfall aus 3 Viertaktgruppen; die beiden ersten Gruppen haben denselben Text und die gleiche Melodie, während die 3. Gruppe den Abschluß bringt. Es gibt aber verschiedene Schemen für andere Blues-Arten.

Die Entwicklung ging dann weiter. Es kam der klassische Jazz, auch „Traditional Jazz" oder „Oldtime Jazz" oder „Beat Jazz" genannt[659]). Es handelte sich damals vor allem um

die traditionelle New-Orleans-Band mit einer Melodie- und einer Rhythmus-Gruppe, wobei viel improvisiert wurde,

den Dixieland-Jazz, der durch Betonung der leichten Taktteile gekennzeichnet ist, und

den Chicago-Stil mit schiebenden Rhythmen und farbiger Harmonik, so daß für die Improvisation großer Spielraum war.

In der Zeit nach 1929 kam dann der Swing[660]) auf, besonders mit den Kapellen „New York" und „Kansas City". Bekannt ist der Name des großen Komponisten *Gershwin*.

Moderner Jazz

Über den Renaissance-Jazz[661]) um etwa 1940 ging dann die Entwicklung weiter zum modernen Jazz[662]). Es entstand zunächst der Boogie und dann der „Bebop", wobei zur Rhythmus-Gruppe oft eine Trompete und ein Saxophon hinzukommen.

---

656) Dazu Blume aaO. (Fußn. 653) VI 1800.
657) Dazu Blume aaO. (Fußn. 653) VI 1800.
658) Dazu Blume aaO. (Fußn. 653) VI 1803 ff.
659) Dazu Blume aaO. (Fußn. 653) VI 1803 ff.
660) Dazu Blume aaO. (Fußn. 653) VI 1813 ff.
661) Dazu Blume aaO. (Fußn. 653) VI 1815 ff.
662) Dazu Fußn. 661.

Im Jahre 1950 setzte dann eine Bewegung ein, die man als „Cool Jazz" bezeichnet. Durch weiße Musiker kam eine Angleichung an die deutsche Musikentwicklung[663]). Man suchte Anlehnung an *Bach, Hindemith* und *Milhaud;* bei dieser Art Jazz steht die Improvisation nicht so im Vordergrund wie sonst. Daneben gab es natürlich auch andere Jazz-Arten, vor allem amerikanischen Einschlags.

Die Jazz-Konzertmusik ist bedeutsam und steht ebenbürtig neben der Jazz-Tanzmusik[664]). Das Instrumentarium des Jazz-Orchesters wurde schon frühzeitig von vielen Komponisten der E-Musik übernommen[665]). Es besteht in der Gegenwart größtes Interesse an der Aufführung von klassischen und romantischen Musikstücken in Bearbeitung für Jazz; man denke an die Klaviervirtuosen *Jacques Loussier, Peter von Pachmann* und *Friedrich Gulda,* die mit ihren Ensembles *Bach, Mozart, Beethoven, Chopin* u.a. in Bearbeitungen mit Publikumserfolg spielen. Auch die Bearbeitung romantischer Musik von *Breuer-Kunz* „Träumerei" ist in diesem Zusammenhang zu erwähnen[666]). So wird also auch bei der Jazz-Musik der Übergang zwischen U- und E-Musik flüssig.

Ensemble

So bietet auch die Jazz-Musik dem Bearbeiter viele Möglichkeiten zu kompositorischer Gestaltung, ob es sich um ernste oder heitere Musik handelt. Bezüglich der Methoden zur Bearbeitung in diesem Stil ist auf die Lehrwerke von *Russel Garcia* und *Helmut Gardens* zu verweisen[667]). Der heutige Tanzorchesterstil ist sehr mannigfaltig, weil die Zahl der möglichen Besetzungen sehr groß ist. An besonderen Besetzungen sind hervorzuheben Combo-Besetzung, Dixieland und Tanzorchester (früher Salonorchester). Soweit der Chorus Bedeutung hat, versteht man darunter das einmalige Durchspielen des Themas, also der Melodie, die dann meist in weiteren Chorussen, eventuell variiert, wiederholt wird.

---

[663]) Dazu Blume aaO. (Fußn. 653) VI 1817 ff.

[664]) Dazu Blume aaO. (Fußn. 646) VI 1257, aaO. (Fußn. 653) VI 1818/1819.
Die Frage, ob Beat-Musik-Aufführungen Konzerte oder sonstige musikalische und gesangliche Aufführungen sind, hat Bedeutung für die Vergnügungssteuerpflicht, ob derartige Veranstaltungen vergnügungssteuerfrei sind; dazu Raum Ist Beat Krach oder Musik? / Süddeutsche Zeitung 30. 4./1. 5. 1968, Nr. 104, S 16.

[665]) Dazu Fußn. 664.
Das Saxophon fand Eingang in die E-Musik, vor allem bei Debussy, Hindemith, Strawinsky, Milhaud, Krenek, Kurt Weil, Gershwin u. a.; dazu Riemann Musiklexikon S (Fußn. 3 a) 842: Saxophon.

[666]) Dazu unter I 6 (c/1) mit Fußn. 649.
Das Klavier wird bei der Jazz-Konzertmusik virtuos und im Sinne früherer Zeiten gehandhabt; über andersartige Verwendung des Klaviers in der modernen Unterhaltungsmusik Fußn. 648.

[667]) Dazu Fußn. 648, auch Blume aaO. (Fußn. 653) 1808.
Bei Garcia und Gardens wird auch aufgezeigt, wie eine Bearbeitung für Jazz-Musik zweckmäßigerweise vorgenommen wird, angefangen von der Skizzierung.

II.

Bearbeitung im Urheberrecht

1. Urheberschutz

Das neue Urheberrechtsgesetz (UrhG)[1]) behandelt ebenso wie das frühere Gesetz betreffend das Urheberrecht an Werken der Literatur und der Tonkunst (LitUrhG) das musikalische Urheberrecht im Rahmen des sonstigen Urheberschutzes. Einzelfragen sind daher — abgesehen von einigen wenigen Punkten — der Rechtslehre und der Rechtsprechung überlassen. Das UrhG bringt verschiedene Neuerungen, weil es urheberfreundlicher als das bisherige Recht ist.

Im Gesamtbereich des Musikschaffens kommt der Bearbeitung eine besondere Bedeutung zu[2]). Sie ist viel verbreiteter, als man allgemein annimmt und als bekannt ist. Deshalb ist eine Überprüfung der neuen Rechtssituation veranlaßt, um klarzustellen, wie für Bearbeitung von Musik die Rechtslage nunmehr ist und inwieweit bei der weiteren Reform des Urheber- und Urhebervertragsrechts Veranlassung besteht, die besonderen Belange der Musik zu berücksichtigen.

Urheberrecht ist das Recht des Urhebers an seinem Werk, dem Ergebnis seines geistigen Schaffens. Der Urheber hat das geistige Eigentum an seinem Werk. Dies ist ein Naturrecht, das wie das sonstige Eigentum

---

[1]) Dazu Riedel Neues Urheberrecht — Textausgabe / Wiesbaden 1966; Riedel Urheberrechtsgesetz und Verlagsgesetz mit Nebengesetzen / Wiesbaden 1966 ff. — Loseblattausgabe; Fromm-Nordemann Urheberrecht / Stuttgart-Berlin 1966; von Gamm Urheberrechtsgesetz München 1968; Gerstenberg Die Urheberrechte an Werken der Kunst, der Architektur und der Photographie / München 1968; Hubmann Urheber- und Verlagsrecht 2. Aufl., München-Berlin 1966; Schulze Urheberrechtskommentar / Frankfurt a. M.-Berlin, Rechtsprechung zum Urheberrecht — Entscheidungssammlung — (RzU); Samson Das neue Urheberrecht UFITA 1 47, 1 ff., auch UFITA-Schriftenreihe Heft 32.

Musiklexika: Blume Die Musik in Geschichte und Gegenwart (MGG); Moser Musiklexikon / 4. Aufl. mit Ergänzungsband; Riemann Musiklexikon Personenteil (P), Sachteil (S) 12. Aufl. Weitere Literatur-Hinweise im Kommentar Riedel aaO. unter E 6 ff. Zu eingehenden, insbes. komplizierten Fragen rechtlicher Art, ebenso zu Fragen, die nicht die Musik betreffen, wird auf den Kommentar von Riedel aaO. verwiesen, da sich dort die weiteren Zitate für Literatur und Rechtsprechung befinden. finden.

Beispiele aus Rechtsprechung und Praxis, auch aus früheren Zeiten, sind, soweit nichts angegeben wird, jeweils für den Gesichtspunkt gedacht, zu dem sie angeführt sind. Historisch anerkannte Beispiele vermögen manchesmal mehr zu überzeugen, als wenn Beschränkung auf gegenwärtig noch geschützte Werke erfolgen würde. Um dies zu verdeutlichen, sei erwähnt, daß von Mozart bekannt ist, daß ca. 80% seiner Melodien bei Zeitgenossen vorkommen, also nicht „original" sind (dazu unter I 6 bei Fußn. 465); weiß man dies, so wird man manche Frage im Bereich der Musik und des Geistesschaffens überhaupt in anderem Lichte sehen, als man gewohnt ist.

[2]) Die Bedeutung der musikalischen Bearbeitung ergibt sich aus Teil I.

durch Art. 14 GG verfassungsmäßig geschützt ist[3]). Die modernen Urhebergesetze haben sich aus dem früheren Privilegienrecht entwickelt[4]). Daher kommt in dem Gesetz, auch im UrhG, die Eigentums-Garantie nicht voll zum Sieg, sondern es wird das Recht des Urhebers als ein Sonderrecht der geistig Schaffenden, als sog. Immaterialgüterrecht angesehen, wonach der Gesetzgeber als der Gebende erscheint[5]), während in Wirklichkeit der Urheber Herr und Eigentümer seines Werkes ist und nur nach Maßgabe der Ausnahmen des Art. 14 GG in der Freiheit und in der Nutzung beschränkt werden kann[6]). Diese Spannung durchzieht als Zwiespalt das neue UrhG und sollte daher bei der weiteren Reform zugunsten der Urheber verbessert werden[7]).

Gesetz und Rechtsprechung gehören zusammen; denn in Streitfällen wird durch die Rechtspraxis das Gesetz verwirklicht und konkretisiert. Es ist daher daran gelegen, daß die zukünftige Rechtsprechung auf dem Gebiete des Urheberrechts die urheber-freundliche Konzeption des neuen UrhG übernimmt und durchsetzt und sich von festgefahrenen Begriffen vergangener Zeiten, die als überholt anzusehen sind, freimacht. Nur so kann ein neues Urheberrecht Wirklichkeit werden. Das UrhG und die Rechtsprechung dazu müssen zum Anliegen der Urheber, ihrer Verbände und Verwertungsgesellschaften werden. Unsere heutige Rechtspraxis geht ja auf vielen Gebieten des Lebens und der Wirtschaft nebenher und ist den Beteiligten weithin unbekannt. Man denke z.B. an das komplizierte Straßenverkehrsrecht mit nicht mehr zählbaren gerichtlichen Entscheidungen zur Auslegung, die den wenigsten Autofahrern und Teilnehmern am Straßenverkehr bekannt sind; ähnlich ist es auch mit großen Teilen des BGB und des StGB. Daß Rechtspraxis und Leben immer mehr nebeneinander her-

---

[3]) Dazu Riedel UrhG aaO. (Fußn. 1) unter E 1 ff.

[4]) Dazu Riedel aaO. (Fußn. 1) unter E 1, 4.

[5]) Dazu Riedel aaO. (Fußn. 1) unter E 3, 4, UrhG § 1 Bem. A, B.

[6]) Dazu Riedel aaO. (Fußn. 1) unter E 4.

[7]) Dazu Riedel aaO. (Fußn. 1) unter E 5 sowie die Bemerkungen bei den einzelnen Vorschriften des UrhG.
Die Urheberrechtsform ist noch nicht abgeschlossen, da das Urhebervertragsrecht noch aussteht und auch das Geschmacksmusterrecht noch nicht neu geregelt ist. Der Gesetzgeber war sich im klaren darüber, daß bei dieser Gelegenheit eventuelle Änderungen des UrhG, wo ein Bedürfnis besteht, berücksichtigt werden können. Das UrhG ist gesetzestechnisch kein gutes Gesetz, da es ein Kompromißgesetz ist, dem die Einheit der Konzeption fehlt. Die Reformbestrebungen dürfen daher nicht aufgegeben werden; zur bisherigen Reform Ermecke Die soziale Bedeutung des geistigen Eigentums INTERGU-Schriftenreihe Bd. 30; Hubmann das Recht des schöpferischen Menschen 1954; Lehmann-Ermecke-Overath-Richartz Urheberrechtsform ein Gebot der Gerechtigkeit 1954; Richartz Betrachtungen zur Urheberrechtsreform 1963; Riedel Naturrecht — Grundrecht — Urheberrecht INTERGU aaO. Bd. 31; Roeber Urheberrecht oder geistiges Eigentum UFITA Bd. 21, 150; Schulze Recht und Unrecht — eine Studie zur Urheberrechtsroform 1954 — weitere Hinweise Riedel aaO. (Fußn. 1) unter E 7. Dazu auch Fußn. 508.

laufen, ist ein Grund für unsere Krise des Rechts und unserer Rechtsprechung[7a]), die überwunden werden muß. Die Urheber sollten sich daher mehr als bisher über die — allerdings sehr komplizierte und teilweise lebensfremde — Regelung des Urheberrechts informieren und die Entwicklung des Rechts und der Rechtsprechung beobachten, damit Fehlentscheidungen nicht zu falschen Richtungen in der Rechtsprechung führen. Bei der Unmasse von gerichtlichen Entscheidungen und Aufsätzen, die veröffentlicht werden, auch im Urheberrecht, besteht — wie sich auf anderen Gebieten des Rechts zeigt — sonst die Gefahr, daß sich auf Grund einiger ähnlich lautender Entscheidungen zu Einzelfragen eine sog. „herrschende Meinung" bildet, die dann für die weitere Zukunft ein Bollwerk bildet, gegen das nur schwer anzukämpfen ist. „Principiis obsta!" (Den Anfängen widerstehe!), heißt ein lateinisches Sprichwort, das beherzigt werden muß. Nur wenn die Urheber die Rechtspraxis beobachten und unrichtige Entscheidungen durch Fachliteratur bekämpfen, nur wenn die Fachzeitschriften im Bewußtsein der hohen Verantwortung Fehlentscheidungen sofort bei Besprechung als solche kennzeichnen, ist auf dem Weg in die Zukunft die Konzeption der urheberfreundlichen Auffassung des UrhG durchsetzbar. Zeigt schon ein Blick in die Literatur zum neuen UrhG über viele Fragen die unterschiedlichsten Auffassungen, gerade weil das neue UrhG nicht als ein juristisch gutes Gesetz bezeichnet werden kann, so ergeben sich für die Rechtsprechung schwierige Aufgaben. Die Gefahr, daß die Konzeption des Gesetzgebers nicht zum Durchbruch kommt, ist groß. Nur wenn alle beteiligten Kreise sich einer großen Verantwortung bewußt sind, sind befriedigende Ergebnisse zu erwarten.

2. Werk der Musik

Zu den nach §§ 1, 2 UrhG geschützten Werken der Kunst gehören auch die Werke der Musik, die bei den Beispielen in § 2 Abs. 2 Z 2 UrhG besonders aufgeführt sind.

Musik umfaßt alles musikalische Schaffen im weitesten Sinne, und zwar ohne Rücksicht auf musikästhetische Gesichtspunkte, also tonale, atonale sowie elektronische Musik, auch fremdländische Musik[8]).

[7a]) Dazu Riedel Jugendwohlfahrtsrecht (6. Aufl. München 1965) 4 ff.: Zur Krise des Rechts.

[8]) Dazu Riedel UrhG § 2 Bem. B 7, § 24 Bem. B 3 sowie unter I 4/6 (c/2).
Fremdländische Musik ist hierher zu rechnen, mag sie uns auch ungewöhnlich oder „unmusikalisch" vorkommen, weil sie nicht unserem europäischen Kulturkreis angehört. Denn ein deutscher Komponist oder Bearbeiter kann sie zum Gegenstand oder Vorbild seines Schaffens machen, oder nach internationalem Recht kann fremdländische Musik eines ausländischen Komponisten oder Bearbeiters geschützt sein; dazu unter Z 9.

Werk ist nach der Legaldefinition des § 2 Abs. 2 UrhG nur eine persönlich geistige Schöpfung. Diese gesetzliche Ausdrucksweise ist nicht sehr glücklich und mißverständlich, zumal das Wort „nur“ auf eine Einengung hinweist[9]). Tatsächlich aber wollte der Gesetzgeber am bisherigen weiten Werkbegriff des Urheberrechts festhalten und sich nur einer von der Rechtsprechung vielfach gebrauchten Formulierung anschließen[10]). Deshalb kommt der gesetzlichen Definition keine besondere Bedeutung zu, zumal die Rechtspraxis bei der unteren Schutzgrenze auf den Einzelfall abstellt. Ästhetische Gesichtspunkte sind auch hier außer Betracht zu lassen. Wie die Rechtsprechung seit jeher anerkennt und auch ausdrücklich ausspricht, sind **an das Maß der geistigen Leistung nur geringe Anforderungen** zu stellen[11]), so daß das Wort „nur“ in der gesetzlichen Definition

---

[9]) Dazu Hubmann aaO. (Fußn. 1) § 21 I 1; Riedel UrhG § 2 Bem. B 3.

[10]) Dazu Fußn. 9; auch von Gamm UrhG § 2 Bem. 1, 2.

[11]) Dazu RG RGZ 116, 292, BGH BGHZ 18, 319 = NJW 1955, 1918 = GRUR 1956, 88 = UFITA Bd. 21, 77 = Schulze Rechtsprechung zum Urheberrecht (RzU), BGHZ 20 (Neumann-Duesberg); auch von Gamm UrhG § 2 Bem. 16, wozu allerdings darauf hinzuweisen ist, daß die Auffassung von strengeren Anforderungen an den Werk-Begriff durch das neue UrhG und seine Tendenzen nicht gerechtfertigt erscheinen.

Gerstenberg aaO. (Fußn. 1) UrhG § 2 Bem. 11, kritisch und an der Handhabung der Praxis zweifelnd, der für den Urheberschutz der sog. kleinen Münze mit Recht eintritt und darauf hinweist, daß es nicht angehe, bei der Frage der Schutzfähigkeit mit zweierlei Maßen zu rechnen.

Wenn das Urheberrecht wie bisher von der künstlerischen Wertung absieht, so geschieht dies deshalb, weil der Urheberschutz unabhängig von solchen Wertungen sein muß. Ob ein Werk nur kurze Zeit Bedeutung hat oder ob es in die Musikgeschichte als Werk eingeht, das über Jahrzehnte oder Jahrhunderte oder für immer Interesse findet, entscheidet sich meist nicht im Zeitpunkt, da es erstmals an die Öffentlichkeit tritt, sondern oft viel später. Auch die Musikerpersönlichkeiten werden oft ebenso wie Dichter und Künstler von ihrer Zeit mißverstanden. Selbst Beurteilungen durch bedeutende Zeitgenossen oder anläßlich von Wertbewerben enthalten oft Fehler und führen zu Verkennungen. So wurde Richard Strauß von Brahms und Hans von Bülow unterschätzt, während Richard Strauß seinerseits Arnold Schönberg nicht verstand und daher unterbewertete; dazu Riedel UrhG § 2 Bem. 3 (S. 13). Hector Berlioz fand in Paris keine Anerkennung und wurde deshalb dort nur als Konservator, später als Bibliothar am Konversatorium angestellt; dazu Riemann Musiklexikon P (Fußn. 1) I 150/151: Berlioz. Giacomo Puccini hatte mit seiner Abschlußarbeit am Konversatorium „Capriccio sinfonico“ keinen Erfolg und fand damit bei seinen prüfenden Professoren keine Anerkennungen, obwohl sie so gut war, daß später Teile dieses Werks in der Oper „La Bohème“ Verwendung fanden; dazu Riemann aaO. II 445/446: Puccini. Max Reger wurde zwar von dem Musikforscher Hugo Riemann stark gefördert, aber doch falsch beurteilt; dazu Riemann aaO. II 473 ff. (474): Reger, 505 ff.: Riemann Hugo. Man könnte die Zahl der meist unbewußten und zeitbefangenen Beurteilungen, welche Verkennung von Künstlerpersönlichkeiten enthalten, beliebig vermehren; dies ist auch allgemein bekannt. Es ist daher verständlich, daß ein Urheberrecht alle Wertungen ausschließen muß und die Schutzgrenze von unten her möglichst tief ansetzen muß, um — um der guten Werke willen — allem geistigen Schaffen Schutz zu geben und es so zu fördern. Daß damit auch viel „Spreu“ neben dem wertvollen „Weizen“ geschützt wird, nimmt das Urheberrecht hin; die Ausscheidung ist späteren Zeiten überlassen. Wenn so auch Werke ohne künstlerischen oder geistigen Wert mitgeschützt werden, so ist dies kulturell ohne Bedeutung, weil sie ohnedies untergehen. Die Zeit klärt. So muß man das Urheberrecht sehen; dann wird man auch die untere Schutzgrenze begreifen. Aus dieser Schau heraus sollte die Rechtspraxis mehr entscheiden, dann würde wohl auch bald mehr Einheitlichkeit erzielt werden.

ungerechtfertigt ist. Die **untere Grenze des Urheberschutzes** ist also sehr tief anzusetzen. Für den Nichtjuristen, also gerade für die Kreise, die das Gesetz in erster Linie angeht, und für die Fachexperten, die u.U. als Gutachter in Prozessen tätig werden sollen, entsteht durch die gesetzliche Werk-Definition ein völlig unrichtiges Bild. Man sollte daher bei einer Reform diese Vorschrift streichen oder den Zusatz anbringen, daß geringe Anforderungen genügen. Die unvollständige Übernahme der Formulierung der Rechtsprechung ergibt eine Legaldefinition, die dem Willen des Gesetzgebers nicht entspricht und die auch von der Praxis, die die bisherige Rechtsprechung fortsetzt, nicht verwendet werden kann. Wie tief die untere Grenze zu setzen ist, geht daraus hervor, daß z.B. eine Kinderzeichnung und ein Reklamevers in der Regel Urheberschutz haben.

Der Bereich unter der unteren Schutzgrenze ist daher sehr gering; er bezieht sich auf die sog. rein handwerkliche Tätigkeit, die kein geistiges Schaffen ist. Ein geringer Grad zusätzlicher geistiger Tätigkeit bedeutet bereits schutzfähiges Werkschaffen. Wenn man hiervon ausgeht, spricht eine tatsächliche Vermutung (prima-facie-Beweis) für Urheberschutz, da die geringen Voraussetzungen regelmäßig erreicht sind. Der Grundsatz „In dubio pro autore" müßte sich mehr als bisher in der Rechtsprechung durchsetzen [12]).

Eine obere Grenze des Grades der Geistesleistung besteht nicht. Ist also eine Geistesleistung im Bereich des schutzfähigen Werkschaffens, dann hat es Schutz, und es ist gleichgültig, ob das Schaffen auf dem Grund einer gewissen Routine, der Begabung eines Talents oder eines genialen Einfalls beruht. Der Grad persönlichen geistigen Schaffens hat aber für den Schutzumfang des Werkes Bedeutung; je mehr persönlicher schöpferischer Inhalt in einem Werk ist, um so stärker der Schutz, weil bei Eingriffen in ein Urheberrecht sich die Verletzung immer nur auf das beziehen kann, das persönliches Gepräge hat [13]).

---

[12]) Dazu Abel Schulze RzU (Fußn. 11) Ausl. Austr. 2 Anm.
Da die Rechtsprechung bei Aufführung von moderner Tanz- und Unterhaltungsmusik davon ausgeht, daß es sich um schutzfähige Werke handelt, die bei der Verwertungsgesellschaft GEMA sind (dazu BGH BGHZ 17, 376), legt sie bereits eine tatsächliche Vermutung (prima-facie-Beweis) der Entscheidung zugrunde; dazu Riedel UrhG § 2 Bem. B 3.
Wenn man von dieser tatsächlichen Vermutung ausgeht, kann die Frage der Schutzfähigkeit eines Werkes in der Regel ohne Sachverständige entschieden werden. Auch werden dann die Schwierigkeiten der Abgrenzung geringer, weil im Regelfall Urheberschutz zu bejahen ist und nur, wenn ein wirklich rein mechanisches Arbeiten vorliegt, das keinerlei oder fast keine Geistestätigkeit erfordert, Verneinung zu erfolgen hat. Da jedes Kunstschaffen Können voraussetzt, ist die routinemäßige Leistung nicht ein Zeichen nicht-geistigen Schaffens. Routinemäßige geistige Leistung, die bei einem Werkschaffen angewendet wird, hat also Urheberschutz. Dazu auch Fußn. 17 sowie unter Z 6 mit Fußn. 59.

[13]) Dazu Riedel UrhG § 2 Bem. 3 (d), über eine gesetzliche Grenze, die freie Benutzung unter Z 5 bei Fußn. 25, 32/33 sowie unter Z 7 bei Fußn. 71 ff. und unter Z 8.

Sobald und soweit die Werkvoraussetzungen vorliegen, besteht Urheberschutz. Es ist also durchaus denkbar, daß ein Musikstück teilweise nicht schutzfähig ist. Auch kann ein Musikstück lang oder ganz kurz sein, ja selbst eine Skizze oder ein unfertiger Entwurf zu einem Stück kann bereits unter Urheberschutz stehen. Es ist ferner nicht notwendig, daß das Musikstück schriftlich aufgezeichnet wird; auch ein improvisiertes Spiel kann Komponieren sein[14]). Auch ein musikalischer Gedanke, wie Motiv und Thema, kann schutzfähig sein[15]).

3. Bearbeitung

Die Bearbeitung, also auch die musikalische Bearbeitung, ist, wenn die Voraussetzungen für ein **Werk** im Sinne des § 2 UrhG vorliegen, geschützt. Deshalb wiederholt § 3 UrhG die gesetzliche Legaldefinition des § 2 Abs. 2 UrhG. Die besondere Vorschrift des § 3 UrhG dient also lediglich der Klarstellung, indem die Bearbeitung gegenüber dem bearbeiteten Werk urheberrechtlich für selbständig erklärt wird. Es ergeben sich hier also keine weiteren, insbes. keine zusätzlichen Voraussetzungen für den Werkschutz[16]).

Es sind also auch keine erhöhten Anforderungen an die **untere Grenze** zu stellen. Es spricht auch hier eine tatsächliche Vermutung (prima-

---

[14]) Dazu Riedel UrhG § 2 Bem. B 8, auch unter I 3, 6 (2/c, c/2 b).

[15]) Dazu Riedel UrhG § 2 Bem. B 8, auch unter I 6 (a/2) sowie Z 9.

[16]) Dazu Riedel UrhG § 3 Bem. B, im übrigen unter Z 2, auch bez. der Vermutung für die Schutzfähigkeit der Bearbeitung.

Zum Begriff der Bearbeitung BGH NJW 1968 = MDR 1968, 385 = BB 1968, 265 = GRUR 321 (Bielenberg) = DRspr II (244) 66 b, bez. der Liedbearbeitung „Schwarzbraun ist die Haselnuß" durch Franz Josef Breuer (dazu auch Fußn. 417); danach dürfte feststehen, daß der Werk-Begriff bei Bearbeitung kein anderer ist als in § 2 Abs. 2 UrhG. Dies ist allgemeine Auffassung; so auch von Gamm UrhG § 3 Bem. 3; Gerstenberg aaO. (Fußn. 1) UrhG § 3 Bem. 1 ff. Leider ist die Einigkeit nur theoretischer Art. In der Praxis der Gerichte ist die Handhabung wie beim Werk-Begriff auch hier eine unterschiedliche und der berechtigte Vorwurf von Gerstenberg (dazu Fußn. 11) von den zweierlei Maßen gilt auch hier. Zu einer einheitlichen, dem UrhG entsprechenden Auslegung kann man auf dem hier aufgezeigtem Wege der Schutz-Vermutung kommen, die den Bedürfnissen der Praxis und der Lebenserfahrung entspricht und dem weiten Gesetzes-Begriff am nächsten kommt. Alle anderen Versuche nach Lösungen auf Grund des Einzelfalls führen zu unterschiedlichen Behandlungen und damit zu Ungerechtigkeiten, wie ein Blick auf die Rechtsprechung der zurückliegenden Jahrzehnte mit ihren teilweise sehr unbefriedigenden Ergebnissen zeigt. Die Schematisierung ist auch ein moderner Zug der Zeit, der sich immer mehr durchsetzt, auch im Urheberrecht; es sei nur an die Regelung der Tonbandfrage und des Ersatzanspruchs in § 53 Abs. 5 erinnert (dazu Riedel UrhG § 53 Bem. A). Auch der Werk- und damit auch der Bearbeitungs-Begriff muß schematisiert werden entsprechend der Weite des Urheberschutzes, die möglichst viel erfaßt und erfassen will. Der rechtliche Urheberschutz ist weit und kann nicht mit kunstästhetischen Gesichtpunkten verquickt werden; eine solche Verquickung führt zwangsläufig zu Fehlresultaten. Im Urheberrecht muß man sich also klar darüber sein, daß der Begriff der Bearbeitung in Kunst und Recht auseinandergeht, insbes. auch im Bereich der Musik; dazu Riemann Musiklexikon S (Fußn. 1) 91, auch unter I 1.

facie-Beweis) für die Bejahung der Schutzfähigkeit[17]), so daß für eine rein handwerkliche ungeschützte Tätigkeit auch hier wenig Raum ist.

Eine Bearbeitung setzt ein **Bearbeitungsobjekt** voraus[18]). Der neutrale Ausdruck muß gewählt werden, weil das Bearbeitungsobjekt Urheberschutz haben kann oder nicht. In beiden Fällen aber ist eine schutzfähige Bearbeitung möglich. Nur wenn die Vorlage Urheberschutz hat, wird die Frage des selbständigen Urheberschutzes der Bearbeitung gegenüber dem anderen Urheber praktisch. Hat das Bearbeitungsobjekt keinen Urheberschutz, so kann sie jeder andere auch benutzen und bearbeiten. Der neue § 3 UrhG ist gegenüber dem früheren § 2 Abs. 1 S. 1 LitUrhG nicht so gut abgefaßt, als von Bearbeitung eines Werkes, d.h. eines geschützten Werkes die Rede ist und dadurch der Eindruck entsteht, als würden Bearbeitungen geschützte Werke voraussetzen[19]). Man muß also die Vorschrift ohne die Worte „eines Werkes" lesen und anwenden[20]).

Es bedeutet einen Fortschritt in dem neuen Recht, daß bei den Befugnissen des Urhebers die kasuistische, wenn auch beispielhafte Aufzählung in § 12 Abs. 2 LitUrhG nicht in das UrhG aufgenommen wurde[21]). Diese Aufzählung wirkte sich auf die Auslegung des Begriffs der Bearbeitung aus, insbes. auch auf die musikalische Bearbeitung, da in § 12 Abs. 2 Z 4 LitUrhG die Herstellung von Auszügen aus Werken der Tonkunst sowie die Einrichtung solcher Werke für einzelne oder mehrere Instrumente oder Stimmen genannt war. Nunmehr ist die Handhabung frei und kann aus dem Begriff der Bearbeitung heraus frei der Sachlage entsprechend erfolgen[22]).

---

17) Dazu Riedel UrhG § 3 Bem. B (c); auch Fromm-Nordemann UrhG § 3 Bem. 3, 4, im übrigen Fußn. 2.

18) Dazu Riedel UrhG § 3 Bem. B (b); auch unter Z 6 sowie unter I 1, 3.

19) Dazu Fußn. 18, aA. Fromm-Nordemann UrhG § 3 Bem. 5, wonach eine schutzfähige, aber nicht unbedingt geschützte Vorlage vorausgesetzt wird, und § 3 UrhG in diesem Sinne verstanden wird.

20) Dazu Riedel UrhG § 3 Bem. B (b); bei der Reform sollte man dies ändern. Dies gilt auch, soweit die Vorschrift an § 2 Abs. 2 UrhG angeglichen ist; dazu Riedel aaO. § 2 Bem. B 3 (a).

21) Dazu Riedel UrhG § 3 Bem. B (f), § 23 Bem. A, B; auch unter Z 8 (28) bei Fußn. 240. Das frühere Literaturuhrhebergesetz (LitUrhG) ist abgedruckt in den beiden Werken von Riedel aaO. (Fußn. 1).

Erfreulich ist, daß das neue UrhG nur einen Begriff der Bearbeitung kennt, der mit dem des Werkes nach § 2 Abs. 2 UrhG identisch ist, und daß dadurch eine klare Rechtslage bez. der Voraussetzungen des Urheberschutzes geschaffen ist. Früher unterschied die Rechtslehre mit Rücksicht auf § 12 LitUrhG zwischen einem engeren und einen weiteren Begriff der Bearbeitung; dazu Allfeld LitUrhG § 12 Bem. 2, 3; Hoffmann-Ritter Das Recht der Musik (Leipzig 1936) 28, wobei der engere Begriff die schutzfähige Bearbeitung betraf, während der weitere Begriff der Bearbeitung auch nicht schutzfähige Änderungen mitumfaßte. Diese Rechtslage ist beseitigt; dazu Riedel UrhG § 3 Bem. B 4.

22) Dazu Fußn. 21. § 2 Abs. 2 VerlG wurde irrtümlicherweise vom Gesetzgeber nicht aufgehoben; dies wäre bei einer Reform nachzuholen. Bez. Text des Verlagsgesetzes (VerlG) Riedel aaO. (Fußn. 1, 21).

Eine Bearbeitung ist ein Werk der Musik nach § 2 UrhG. Die Regelung in § 3 aaO. dient lediglich zu der Klarstellung des Verhältnisses zum Bearbeitungsobjekt und steht insoweit in Zusammenhang mit §§ 23, 24 UrhG, wenn es sich bei dem Bearbeitungsobjekt um ein geschütztes Werk handelt. Die kompositorische Leistung des Bearbeiters ist also rechtlich nicht anders zu beurteilen als sonst. Der Begriff der Selbständigkeit in § 3 UrhG darf nicht mißverstanden werden; er ist rein rechtlich gemeint, nicht etwa kompositorisch, schöpferisch. Er besagt also nur, daß die Bearbeitung gegenüber dem Bearbeitungsobjekt rechtlich, auch urheberrechtlich, für sich zu beurteilen ist, so daß — soweit eine Trennung möglich ist — eine Einzelverwertung durchaus möglich ist. Dagegen wird, soweit es sich um eine geschützte Vorlage handelt, durch den Begriff der Selbständigkeit in § 3 UrhG nichts über das Verhältnis mehrerer Urheber oder des Bearbeiters zu anderen Urhebern gesagt; hiefür sind §§ 7 ff. UrhG maßgebend. Das Wort „selbständig" in § 3 UrhG schließt daher Miturheberschaft nach § 8 UrhG nicht aus.

4. Sammelwerk

Auch die Vorschrift über Sammelwerke dient der Ergänzung der Regelung über den Werkschutz nach § 2 UrhG, deshalb wird in § 4 aaO. ähnlich wie in § 3 aaO. die gesetzliche Legaldefinition des § 2 Abs. 2 UrhG wiederholt[23]). Musikstücke können in **Sammlungen** verschiedener Art Verwendung finden; man denke an die Sammlungen von Unterhaltungsstücken, von Musikstücken verschiedener Schwierigkeitsgrade usw. Vor allem Bearbeitungen erscheinen vielfach in solchen Sammelbänden. In eine Sammlung können geschützte oder ungeschützte Werke oder beide Arten nebeneinander aufgenommen werden. Es handelt sich hier um eine schöpferische Verbindung von Werken in Gegensatz zur äußeren Werkverbindung nach § 9 UrhG, die keine Urheberleistung darstellt.

Die **Werkeigenschaft** der einzelnen Beiträge zu einem Sammelwerk ist unabhängig von der Urhebertätigkeit des Herausgebers, der die Auslese und Anordnung vornimmt[24]).

---

[23]) Dazu Riedel UrhG § 4 Bem. B, B 1 ff. Zur Änderung des Gesetzestextes bei einer Reform, soweit dieser dem § 2 Abs. 2 UrhG angeglichen ist, Fußn. 20; zum Verhältnis Sammelwerk / Werkverbindung nach § 9 UrhG unter Z 11 (c); zu § 38 UrhG Z 14 bei Fußn. 442.

[24]) Dazu Riedel UrhG § 4 Bem. B 3; auch Fromm-Nordemann UrhG § 4 Bem. 4; von Gamm UrhG § 4 Bem. 11; Gerstenberg (Fußn. 1) UrhG § 4 Bem. 3.

5. Ungeschütztes Material

Das Urheberschaffen, auch des Bearbeiters, ist Geistesschaffen. Ein Werk, auch ein Musikstück, wirkt als Einheit, wie es geschaffen ist. Und doch ergibt eine urheberrechtliche Betrachtung, daß in einem solchen Werk auch ungeschütztes Material verwendet ist. Dies ist keine Besonderheit der Bearbeitung, sondern gilt für den ganzen Bereich des Urheberschaffens aller Gebiete, also für Literatur, Kunst und Wissenschaft ohne Ausnahme. Auch für große und kleine Meister besteht kein Unterschied. Es bedeutet dies keine Minderung der Leistung, da ja das Schwergewicht der künstlerischen Leistung, auch bei Musik, in der Verarbeitung des Materials liegt[25]).

Die Verwendung des ungeschützten Materials steht jedem frei, ob er Urheber ist oder nicht. Es kann also auch ein Urheber oder Bearbeiter nicht verbieten, daß ein anderer dasselbe Material verwendet, insbes. als Zitat oder zur Bearbeitung. Ein Eingriff in ein Urheberrecht liegt erst vor, wenn solches Material in der in Bearbeitung verwendeten Gestaltung anderweitig benützt wird. Es wird auch der Begriff der Gemeinfreiheit gebraucht; da diese Ausdrucksweise meist in Zusammenhang mit dem Ablauf der Schutzfrist verwendet wird, kann leicht eine zu enge Handhabung vorkommen.

Der **Schutzumfang** oder **Schutzbereich eines Werkes** umfaßt ein Werk nach § 2 Abs. 2 UrhG, also nach §§ 1 ff. UrhG, als Ganzes und in seinen Teilen, also bei einem Musikstück, auch bei einer Bearbeitung, nach Melodie, Harmonie und Rhythmus usw., wobei ausgenommen ist das ungeschützte Material einschl. gesetzlicher Begrenzungen und Schranken. Es wird also die geformte geistige Idee des Urhebers geschützt. Je persönlicher und individueller ein Werk ist, um so mehr Schutz hat es. Dies bedeutet: je weniger freies Geistesgut, allgemeine Stilelemente usw. in einem Werk enthalten sind, die ja ungeschützt sind, um so mehr ist an dem betreffenden Werk geschützt.

Zu dem **ungeschützten Material** rechnet man, wie allgemein anerkannt ist[26]),

die **Welt**, die Natur, das menschliche Leben und die Geschichte. Dazu gehören Laute und Geräusche von Menschen (Schreie in Freude oder Gefahr, Rufe u.a.), Tieren (Vogelstimmen, Hundegebell, Brüllen eines Lö-

---

[25]) Dazu unter I 3.

[26]) Dazu Riedel UrhG § 2 Bem. B 3 (b, c, d, e), § 24 Bem. B1 a; Fromm-Nordemann UrhG (Fußn. 1) § 24 Bem. 1; von Gamm UrhG § 2 Bem. 14 ff., § 24 Bem. 5; Gerstenberg aaO. (Fußn. 1) UrhG § 24 Bem. 1; Hubmann aaO. (Fußn. 1) § 5 II 2, § 6 I 3, § 32 I.

wen usw.) oder Maschinen (Lärm eines vorbeifahrenden Zuges — man denke an das Orchesterstück von *Honegger* „Pacific 231" —, Lärm von Fabrikarbeit, Autos usw.)[27]). Hierher zu rechnen sind auch die Lebensschicksale von Menschen oder Ausschnitte eines solchen, wie etwa einer Szene in einem Wirtshaus, bei Sport, bei Tanz usw.; wenn auch Urheberschutz nicht in Betracht kommt, solange nicht eine mündliche oder schriftliche Fixierung vorliegt, so kann doch das Persönlichkeitsrecht bei Verwertung verletzt werden,

Ideen; denn Gedanken sind frei. Ein geschaffenes Werk kann einen anderen anregen. Ein Gedanke, ob er Gemeingut ist oder vielleicht eigenpersönlichen Charakter trägt, genießt in seiner Abstraktheit keinen urheberrechtlichen Schutz. Es kann daher jeder einen solchen Gedanken aufgreifen und seinerseits durchführen, ohne eine Verletzung des Urheberrechts zu begehen. Die Regelung der sog. freien Benutzung in § 24 UrhG dient in dieser Richtung der Klarstellung. Es kann jedoch der allgemeine Rechtsschutz in besonderen Fällen eingreifen, insbes. der Schutz nach UWG, bei vorsätzlicher Schadenszufügung nach § 826 BGB[28]) oder Schadenersatz bei Ausnutzung fremden Arbeitsergebnisses[29]),

Urheberschaffen der Vergangenheit, das nie Urheberschutz hatte, weil es keinen Urheberschutz gab, oder das infolge Ablauf der Schutzzeit nach §§ 64 ff. UrhG bzw. nach ausländischem Recht gemeinfrei geworden ist[30]). Wenn eine Komposition der Vergangenheit, die ungeschützt ist, Gegenstand einer Bearbeitung ist, dann handelt es sich um ungeschütztes Material, das Bearbeitungsobjekt ist, so daß keine Beziehungen zum früheren Urheber sich ergeben, auch §§ 8, 9 UrhG keine Anwendung finden. § 3 UrhG hat insofern Bedeutung, als das ungeschützte Bearbeitungsobjekt und die Bearbeitung selbständig zu beurteilen sind, daher die Bearbeitung einer anderweitigen Verwertung des ungeschützten Bearbeitungsobjektes nicht entgegensteht und ein Bearbeiter dies auch nicht verhindern kann,

allgemeines Geistesgut nach Inhalt und Form, auch in Wissenschaft und Technik, da dieses der einzelne nicht für sich als persönliches Schaffen in Anspruch nehmen kann. Dies gilt vor allem für wissenschaftliche Lehrmeinungen und Theorien, also auch für Musiktheorie, wie Harmonielehre, Kontrapunkt, musikalische Formenlehre, Musikästhetik u. a.[31]). Auch

---

27) Dazu unter Z 6 (22, 25); auch I 4 bei Fußn. 37, I 6 (b/1) bei Fußn. 542.

28) Dazu Kopsch Der Schutz des künstlerischen Einfalls GRUR 1930, 747.

29) Dazu RG RGZ 146, 247, BGH BGHZ 28, 387/33, 20, im übrigen Riedel UrhG § 2 Bem B 3 (b/1).

30) Dazu Riedel UrhG § 24 Bem. B 1b; Fromm-Nordemann aaO. (Fußn. 26); Hubmann aaO. (Fußn. 1) § 5 II 2 c; auch unter Z 16 bei 505.

31) Dazu unter I 6.

Volkslieder und Volkstanz sowie Signale und kirchliche Litaneien aus früherer Zeit sind gemeinfrei; auch sind hierher die sog. wandernden Melodien[32]) zu rechnen. Man versteht darunter Melodien, die durch die Musikgeschichte bei den verschiedensten Komponisten sich wiederholen und so zum allgemeinen Geistesgut gehören; zu denken ist an das Glocken-Motiv aus „Parsifal" von *Richard Wagner*, das man in sehr vielen Musikstücken wiederfindet, an das Motiv aus „Ases Tod" von *Grieg* in der Peer-Gynt-Suite, das ebenfalls oft wiederkehrt, an den Anfang der Tannhäuser-Ouvertüre von *Richard Wagner* und dazu an den Liedanfang „Das Wandern ist des Müllers Lust". Bei Signalen sind solche hierher zu rechnen, die aus früherer Zeit stammen und deshalb keinen Urheberschutz haben, die also gemeinfrei sind. Kirchliche liturgische Gesänge und Litaneien, insbes. Gebete, auch Wechselgesänge, die von früher her in Gebrauch sind, sind ohne Urheberschutz. Die Verwendung in Opern war zu manchen Zeiten sehr beliebt und kommt auch in neuerer Zeit noch vor, teilweise in Anklängen; es sei hingewiesen auf *Mark Lothar*'s Opern „Schneider Wibbel" und „Der widerspenstige Heilige",

sonst noch freies Geistesgut, weil kein Werk nach § 2 Abs. 2 vorliegt, weil gesetzliche Ausnahmen von dem Schutz bestehen, insbes. nach §§ 5, 24, 45 ff. UrhG, oder weil nur eine bestimmte Stilart usw. verwendet wird.

Schutzfrei sind daher auch die Töne und Geräusche, die Elemente der Musik, aus denen erst die musikalischen Gedanken geformt werden[33]). Ferner ist schutzfrei das Ergebnis einer Arbeit, die unter der unteren Schutzgrenze des UrhG liegt; dasselbe gilt daher auch von Änderungen, die ebenfalls ohne Urheberschutz sind[34]).

Wichtige Ausnahmen von dem Urheberschutz sind ein bestimmter Stil, eine bestimmte Manier oder Methode, auch die vom Gedankeninhalt losgelöste äußere Formgebung als Merkmal einer bestimmten Gattung eines Musikwerkes usw., also z.B. Form einer musikalischen Ballade[35]). Stil ist im weiterem Sinne zu verstehen als Ausdruck eines Zeitgeistes wie Barock,

---

[32]) Dazu unter I 5 (e).
Zu den wandernden Melodien Grunsky Musikästhetik (Berlin-Leipzig 1969) 47 ff. vergleichende Melodiekunde; R. Engländer Das musikalische Plagiat als ästhetisches Problem UFITA Bd. 3, 33; Riedel Schutz der Melodie GRUR 1949, 236; Szabolsci Bausteine zu einer Geschichte der Melodie (Budapest 1959) 232 ff,; Tappert Wandernde Melodien (Leipzig 1890); Wolpert aaO. (Fußn. 114) 831/832. Zu Signalen unter Z 9, zu kirchlichen Litaneien unter I 5 (e) mit Fußn. 188.

[33]) Dazu unter I 4, 6.

[34]) Dazu unter Z 2, 3, 6, 7.

[35]) Dazu RG RGZ 127, 206 / 155, 199 = Schulze RzU (Fußn. 11) RGZ 9 (Seybold), BGH BGHZ 5, 1/18, 175 = NJW 1955, 1753 = GRUR 1955, 598 = UFITA Bd. 21, 65 = Schulze aaO. BGHZ 31 (Ulmer); auch Riedel UrhG § 2 Bem. B 3 (c).

Klassik, Romantik. Manier oder Methode ist die besondere Eigenart einzelner Künstler usw., etwa von *Richard Strauß, Schönberg, Hindemith, Orff*[36]). Stilvariationen, wie die Variationen über das Volkslied von *Friedrich Ochs*[37]), sind daher zulässig und bedeuten keinen Eingriff in ein Urheberrecht, soweit nicht eine Plagiierung vorliegt. Bei der elektronischen Musik überwiegen vielfach die maschinellen Einrichtungen für die Ton- und Geräuscherzeugung, dadurch tritt das persönliche Schaffen des Komponisten oft stark zurück, und wir beobachten deshalb große Ähnlichkeiten bei derartiger Musik. Solche unpersönlichen Stilelemente sind ungeschützt, kehren auch ständig in Werken der verschiedensten Art wieder.

6. Schöpferische Leistung und handwerksmäßiges Können

Der Begriff der Bearbeitung[38]) ist dadurch gekennzeichnet, daß sie ein Bearbeitungsobjekt als Arbeitsgrundlage hat und einen Bearbeitungsvorgang als geistig-musikalisches Schaffen beinhaltet[39]).

Die Ausdrucksweisen dienen nur der Verdeutlichung der Bearbeitung musikalisch und rechtlich. Es wäre unrichtig, wenn man das Hauptgewicht stets auf das **Bearbeitungsobjekt** legen würde. Es ist natürlich in vielen Fällen ein ganzes Musikstück Vorlage für die Bearbeitung; weitaus häufiger sind aber die Fälle, in denen das Bearbeitungsobjekt mehr oder weniger nur den Ausgangspunkt für eigenens kompositorisches Schaffen bildet und durch den Bearbeitungsvorgang musikalisch etwas Neues entsteht und auch so von dem Hörer empfunden wird, mag auch rechtlich der Begriff der Bearbeitung erfüllt sein[40]). Auch ist sehr oft das Bearbeitungsobjekt ungeschützt[41]), also kein Werk nach § 2 Abs. 2 UrhG[42]). Wenn daher vielfach das Bearbeitungsobjekt als Originalkomposition bezeichnet wird, so ist dies mißverständlich und sollte vermieden werden, weil eine solche Gegenüberstellung dem musikalischen Vorgang nicht gerrecht wird und auch rechtlich eine falsche Bewertung erfolgt, in all den Fällen nämlich, in denen das Schwergewicht bei der Bearbeitung liegt[43]). Die unrichtige Gegenüberstellung von Originalmusik und Bearbeitung führt nicht nur zu einer Ver-

---

[36]) Dazu unter I 5 (g/4).

[37]) Dazu unter I 5 (e) bei Fußn. 227.

[38]) Dazu unter Z 3 sowie I 3.

[39]) Dazu Riedel UrhG § 3 Bem. B (a).

[40]) Dazu unter I 5.

[41]) Dazu unter Z 3.

[42]) Dazu unter Z 2, 3.

[43]) Dazu unter I 3, 5, 6.
Im GEMA-Verteilungsplan sollte man daher die Begriffe der Originalkomposition und der Originalmusik vermeiden und in Wegfall bringen; dazu Fußn. I 17.

kennung der Bedeutung und der sachgemäßen Beurteilung der kompositorischen Leistung eines Bearbeiters; sie hat zur Folge, daß man die durch die Rechtsprechung geformte und vom Gesetzgeber ausdrücklich gebilligte untere Grenze des Urheberschutzes zu hoch anzusetzen versucht.

Der Begriff der **Bearbeitung in seiner rechtlichen Umgrenzung** kann den musikalischen Begriff der Bearbeitung[44]) nur als Ausgangspunkt nehmen. In der Musik fehlt eine einheitliche klare Begriffsabgrenzung, weil sie nicht benötigt wird und weil der in der Musikästhetik verwendete Begriff mit den verschiedenen Auffassungen über die Bearbeitung und deren Wertung im Urheberrecht nicht verwertbar ist. Da für eine rechtliche Einstufung eines Werks der Musik in den Werkbegriff des § 2 Abs. 2 UrhG jede musikästhetische Betrachtung und Wertung ausscheidet, ergibt sich eine gänzlich unterschiedliche Betrachtungsweise. Auch die rechtlich tief angesetzte Schutzgrenze, wonach weitgehend Urheberschutz gewährt wird, kann bei der Beurteilung eines Musikwerks oder einer Bearbeitung nur gezogen werden, wenn man die Musikästhetik ganz außer Betracht läßt.

Das **Minimum** der schöpferischen Leistung, die zur Bejahung des Urheberschutzes nötig ist, ist sehr gering[45]). Wenn ein Satz wie:

> „Alle haken sich unter und gröhlen hart und rauh wie die Töne eines verrosteten Grammophons in demselben abgehackten Tempo wie der Klavierspieler den Refrain mit“ [46])

als schöpferische Leistung gilt, darf auch bei der Musik kein strengerer Maßstab angelegt werden. **Handwerkliche Leistung** ohne Urheberschutz ist daher ein **sehr kleiner Bereich,** der sich hauptsächlich in mechanischen Arbeiten erschöpft. Es handelt sich im wesentlichen um Tätigkeiten auf bestimmte Weisungen eines Urhebers als sog. Urhebergehilfe[47]), z. B. eine rein formale Textrevision bez. Druckfehler bei Schriftwerken[48]), also auch bei Notendruck, während eine darüber hinausgehende Tätigkeit, wie Prüfung, ob Widersprüche oder entbehrliche Wiederholungen in einem Sprachwerk enthalten sind bzw. ob dem Komponisten oder Bearbeiter Fehler bei der Instrumentierung unterlaufen sind, über das Mechanische hinausgeht und bereits Urheberleistung ist, wenn auch in geringem Umfange. Handwerkliche Leistungen sind das Abschreiben von Orchesterstimmen aus der Partitur,

---

[44]) Dazu unter I 1.

[45]) Dazu unter Z 2.

[46]) Dazu Wollenberg Gutachten der 5 preußischen Sachverständigenkammern für Urheberrecht (Berlin - Leipzig 1936) 57.

[47]) Dazu unter Z 11 (e).

[48]) Dazu Fußn. 47.

[49]) Dazu OLG München Schulze RzU (Fußn. 11) OLGZ 7 (Lange).

etwa für eine Probeaufführung, Numerierung der Takte eines langen Musikstücks, Reinschrift einer Partitur nach dem Autograph, vollständiges Ausschreiben abgekürzter Schreibweisen, die der Komponist im Entwurf der Partitur anwendet, usw., also **keine kompositorischen Leistungen;** auch Änderungen gehören hierher[50]).

Die Musikästhetik faßt das Handwerkliche vom Musikalischen her und kommt so zu einer musikästhetischen Abgrenzung des Begriffs der Bearbeitung, der vom rechtlichen abweicht. Wenn ein Musikästhetiker Bearbeitung bejaht, ist sie auch rechtlich zu bejahen. Aber — und darin liegt der Unterschied — wo die Musikästhetik handwerkliches Schaffen sieht, liegt rechtlich bereits Bearbeitung vor. Einige Beispiele sollen dies verdeutlichen, die diese Abweichungen des Rechts von der Musikästhetik zeigen.

Moser unterscheidet zwischen handwerklichem Arangement ohne Urheberschutz und künstlerischer Einrichtung mit Urheberschutz, wobei er die Einrichtung eines für Wiener Besetzung geschriebenen Stücks für Combo-Ensemble oder Saxophon mit Harmoniumbegleitung als kunsthandwerkliche Maßnahme bezeichnet, und zwar auch dann, wenn eine korrekte Imitation in einer Begleitstimme hinzugefügt wird[51]). Eine derartige Umarbeitung ist rechtlich gesehen Bearbeitung im Rechtssinne, vor allem wenn eine Stimme hinzugefügt wird[52]). Daß eine gewisse routinemäßige Arbeitsleistung vorliegen kann, steht nicht entgegen[53]). Das ist bei jeder geistigen Arbeitsleistung, auch bei der schöpferischen, sogar Voraussetzung für Höchstleistungen. Müßte sich ein Komponist oder Bearbeiter abquälen um die Formgebung, dann hat er auch nicht die Fähigkeit, in sich das Klangbild zu hören, das er niederschreibt. Jeder große Komponist hat auch eine Routine, die man als kunsthandwerkliches Können bezeichnen kann[54]).

---

[50]) Dazu Riedel UrhG § 8 Bem. B 3; zu Änderungen unter Z 7, zu Generalbaß unter Z 8 (13).

[51]) Dazu Moser Bearbeitung und wissenschaftliche Behandlung von Tonwerken GEMA-Nachrichten 1960 November Nr. 48 S. 43.

[52]) Die Einfügung einer Begleitstimme hat regelmäßig Urheberschutz, auch wenn das Musikstück, zu dem sie geschrieben wird, selbst unverändert bleibt. Meist wird es sich um eine Bearbeitung handeln. Da dies ein rechtlicher Begriff ist, kann es auch eine Werkverbindung nach § 9 UrhG sein. Wenn auch Werkverbindung aus Rechtsgründen zu verneinen ist, besteht Schutz nach § 2 UrhG; ein solcher Fall liegt vor bei der Schule des Triospiels von Bach-Max Reger-Karl Straube. Dazu unter I 5 (f) bei Fußn. 331/332, auch unter Z 8 (1) mit Fußn. 106 sowie Z 8 (28) bei Fußn. 236 sowie Fußn. 231 und unter Z 11 (c).

[53]) Dazu Riedel UrhG § 3 Bem. B 4; auch Fußn. 12.

[54]) Dazu unter Z 8, insbes. unter aaO. (1, 28) nähere Ausführungen hierzu, da hier nur die Grundsatzfrage berührt ist.

Auch *Fellerer*[55]) faßt den Begriff des Werkes und damit den der Bearbeitung zu eng und den des Handwerksmäßigen zu weit, wenn er sagt:

> „Neben der Bearbeitung eines charakteristischen Klangmaterials in einer Komposition steht die Bearbeitung gleich Arrangement eines Tonsatzes... Maßgebend ist die Neuschöpfung, die die Eigenart des Komponisten bestimmt, nicht nur eine musikalisch technische, handwerklich gekonnte Gestaltung. Der Satz, wie die Besetzung, die Stimmführung und die Ausdrucksgestaltung bestimmen, ob es sich um eine Eigenschöpfung und damit um eine schutzfähige Komposition oder um ein technisches Arrangement als kunsthandwerkliche Leistung handelt. Die Ermessensentscheidung als künstlerische Frage ist an den Einzelfall gebunden und — wie laufende Prozesse zeigen — sehr schwierig. Denn es wird die subjektive Entscheidung sein, wieweit die Bearbeitung auf das handwerkliche Können und eine handwerkliche Leistung eines Arrangeurs geht bzw. wo die künstlerische Eigenleistung in bestimmter Instrumentation bzw. Satzführung, Harmonisierung etc. beginnt. Dabei spielt eine modegebundene Schablonisierung und zeitgebundene Handwerkstechnik vor allem in Klang und Rhythmus eine besondere Rolle, der gegenüber eigene Einfälle als Eigenschöpfung festzustellen wären.
>
> Liegen diese vor, so werden auch Arrangements und Transkriptionen, d.h. Einrichtungen für bestimmte Besetzungen, Instrumentationen, z.B. auch Klavierauszüge, als Eigenleistungen betrachtet werden müssen. Die Grenze der handwerklichen und eigenschöpferischen Bearbeitung ist nicht durch den künstlerischen Wert, sondern die selbstständige geistige Leistung bestimmt. In der Bearbeitung als Arrangement ist die kunsthandwerkliche Tätigkeit von der künstlerisch schöpferischen zu unterscheiden. Etwa aus einer symphonischen Besetzung eine Wiener Besetzung oder eine Besetzung vom Combo-Ensemble herauszuziehen und satzgerecht einzurichten oder Solostimmen auf andere Instrumente zu übertragen, ist ebenso wie die Transposition von Stücken eine handwerkliche Arbeit."

Hier ist die Verquickung zwischen der musikalischen und der rechtlichen Betrachtung deutlich ersichtlich, indem das Transponieren mit dem Umin-

---

[55]) Dazu INTERGU-Schriftenreihe Bd. 37 Fellerer Bearbeitung und Elektronik als musikalisches Problem im Urheberrecht 11 ff. (22/23). Fellerer versucht im Anschluß an Ulmer Urheber- und Verlagsrecht (2. Auflage 1960) 140 und Runge (Urheber- und Verlagsrecht 1953) 104/ 105, die von dem richtigen Begriff des Werkes ausgehen, von der Musik her die Frage der Bearbeitung zu klären, jedoch wird aus der musikalischen Schau heraus der Rechtsbegriff mißverstanden. Daraus kann einem Musikwissenschaftler kein Vorwurf gemacht werden; aber es zeigt sich, daß die nunmehrige neue Werk-Definition in § 2 Abs. UrhG erst recht zu solchen Mißverständnissen bei Fachkreisen führen muß.

strumentieren weitgehend auf eine Stufe gestellt und als handwerkliche Tätigkeit angesehen wird[56]).

Handwerksmäßiges und routinemäßiges Schaffen darf also, wo es um Komposition und Bearbeitung geht, nicht nur mit musikkritischen Augen gesehen werden. Dazu kommt, daß man nicht selten von Handwerk spricht, wo man schöpferische Leistung und deren Voraussetzungen meint; man denke daran, daß man z. B., wenn über das Schaffen von *Puccini* berichtet wird, vom Handwerk des Komponisten spricht[57]).

Es bedarf deshalb eines besonderen Hinweises, weil nicht nur in der Musikwissenschaft, sondern auch in den Kreisen, mit denen Komponisten und Bearbeiter zusammenzuarbeiten haben, an die sie ihre Werke zur Veröffentlichung abgeben, diesselbe Unklarheit herrscht.

So wird z. B. von der *Electrola GmbH* in Köln der Standpunkt eingenommen[58]): „Arrangements von vorhandenen Melodien können handwerkliche Einrichtungen sein, die keinerlei Urheberrechtsschutz genießen; sie können aber auch, wenn sie eigenschöpferische Prägung besitzen, Bearbeitungen im Sinne des Urheberrechts darstellen. Es kommt von Fall zu Fall darauf an, ob sich das Arrangement im Ganzen vom angeeigneten oder erlernten handwerklichen Rüstzeug eines guten Musikers abhebt.... Nicht schlechthin jede Harmonisierung, Orchestrierung bzw. Besetzung ist schon als eigenschöpferisch zu betrachten."

Solche und ähnliche Auffassungen kann man nicht selten hören, vor allem von Seiten der Schallplattenindustrie; man stellt an die schöpferische Leistung bei Schutzfähigkeit erhöhte Anforderungen. Man glaubt mit solchen Auffassungen die Ansprüche der Urheber und der sie vertretenden GEMA als unberechtigt bezeichnen zu können, da man meint, bei solcher Beurteilung als handwerkliche Leistung gehe gegen Bezahlung des vereinbarten Honorars die Bearbeitung in den Besitz des Auftraggebers zur uneingeschränkten Verwendung über.

Die Unrichtigkeit einer solchen von der Industrie vertretenen Auffassung wird schon vom Musikalischen her deutlich, wenn man die unendliche Fülle des

---

[56]) Dazu unter Z 8 (2) bei Fußn. 125 sowie Z 8 (28) bei Fußn. 233 ff.; im übrigen Fußn. 54.
Bei der Frage der Ausarbeitung einer Generalbaßschrift wird eigenartigerweise von Fellerer zugunsten des Wissenschaftlers ein sehr weitgehender Standpunkt im Sinne der Bejahung einer Bearbeitung eingenommen; dazu unter Z 8 (13); dies erscheint widerspruchsvoll und nicht verständlich.

[57]) Sendung im Hörfunk des Bayerischen Rundfunks vom 3. 1. 1968.

[58]) Das deutsche Magazin 1966, Heft 1 S. 4.

Materials in der Musikgeschichte der Vergangenheit bis in die Gegenwart betrachtet[59]).

Kompositorische Leistung ist immer geistiges Schaffen, im Kleinen wie im Großen, ob es ein Musikstück von großem Umfang ist oder nur wenige Takte umfaßt. Handwerkliches Arbeiten steht daneben und ist mit Kompositionen nicht identisch, wie bereits erwähnt ist.

Es liegt also ein großes Mißverständnis vor, das durch das neue Urheberrecht, insbes. durch die Werk-Definition in § 2 Abs. 2 UrhG und die Textierung in §§ 3, 4 UrhG, die diese Ausdrucksweise wiederholen, scheinbar eine Grundlage zu haben scheint. Tatsächlich aber ist der Werk-Begriff weiter und kann nicht auf das routinemäßige Können abgestellt werden. Von dem weiten Begriff des Werkes aus bereitet die Feststellung der Schutzfähigkeit einer Bearbeitung keine Schwierigkeit, da eine tatsächliche Vermutung für den Urheberschutz spricht[59]).

7. Änderung — Bearbeitung — freie Benutzung

a) Rechtlich betrachtet bedeutet **Bearbeitung** Änderung des Bearbeitungsobjekts. Die Bearbeitung, die ja den überwiegenden Teil komposito-

---

[59]) Aus der Fülle des Materials an Bearbeitungen in Vergangenheit und Gegenwart wird unter I 5 (e) zur Melodie-Bearbeitung eine kleine Auswahl gegeben, die verdeutlicht, daß derartige Bearbeitungen nie handwerkliche Leistungen sind; im übrigen unter Z 8 (20). Zur tatsächlichen Vermutung der Schutzfähigkeit unter Z 2 mit Fußn. 12.

Geht man von diesem weiten Standpunkt des gesetzlichen Begriffs des Werkes, also auch eines Werkes der Musik und einer Bearbeitung, aus, so erweist sich für das Gericht, das im Prozeßfalle zu entscheiden hat, die Frage der Schutzfähigkeit keineswegs so schwierig, als man verschiedentlich annimmt. Besonders bei Einbeziehung der tatsächlichen Vermutung (prima-facie-Beweis), bedarf es also hierzu regelmäßig nicht der Zuziehung eines Sachverständigen, da die handwerksmäßigen Tätigkeiten, die ungeschützt sind auf einem anderen als kompositorischen Gebiet liegen. Das Gericht hat also im Regelfall die erforderliche Sachkunde und benötigt nicht einen Sachverständigen. Soweit es einen Sachverständigen zuzieht, insbes. wenn es um den Umfang von Änderungen geht (dazu unter Z 7), wird es den Sachverständigen erforderlichenfalls darüber aufzuklären haben, daß der rechtliche Begriff der Bearbeitung von den musikwissenschaftlichen abweicht, und dies gegebenenfalls in dem Beweisbeschluß zum Ausdruck bringen, in dem die Voraussetzungen und Richtlinien für die Begutachtung aufgestellt werden können, da der Sachverständige Gehilfe des Gerichts ist. Dazu BGH BGHZ 37, 389, DRiZ 1967, 198, auch DRiZ 1963, 27, 90, RG IWC 902, 588 sowie Riedel UrhG § 3 Bem. B 4, im übrigen unter Z 7 sowie Fußn. 66, 70, 73.

Wenn daher Gerstenberg aaO. (Fußn. 1) UrhG § 2 Bem. 5 zur Frage der Schutzfähigkeit Sachverständige, auch Sachverständigenkammern, empfiehlt, wobei er allerdings vor allem an die bildenden Künste denkt, so ist dies mit Bedenken aufzunehmen. Im Bereich des Urheberrechts hat, wenn es um den Schutz eines Werkes geht, die Zuziehung eines Sachverständigen für das Gericht nur Bedeutung, wenn es sich über die Praxis informieren will. Die Entscheidung des Minimums der Schutzgrenze ist immer eine Rechtsfrage, die dem Gericht überlassen ist und zu deren Lösung ein Sachverständiger wenig beitragen kann. Die Zuziehung von Sachverständigen hat dagegen in anderen Fragen für das Gericht besondere Bedeutung, etwa wenn es um die Aufklärung eines Plagiats geht bei Feststellung der Gleichheit und Unterschiede der Werke sowie bei dem Umfang der Verbreitung des plagiierten Werkes, bei der Feststellung der Schadenshöhe usw. Manche der früheren Entscheidungen, die zu unrichtigen

rischen Schaffens beinhaltet[60]), darf aber deshalb musikalisch nicht unterbewertet werden[61]).

Die Bearbeitung kann sich auf das ganze Bearbeitungsobjekt oder auf einen oder mehrere Teile desselben beschränken; sie kann aber dasselbe auch als Ausgangspunkt für eine eigene Komposition verwenden. Es kann sich auch um mehrere Bearbeitungsobjekte handeln, die einheitlich bearbeitet werden. Auch kann eine Bearbeitung bearbeitet werden, und zwar mehrfach nacheinander. Es können auch mehrere Bearbeiter dasselbe Bearbeitungsobjekt zum Gegenstand von Bearbeitungen machen. Es ist also ein **weites Feld** für die Bearbeitung gegeben, angefangen von den unbeholfen entworfenen Noten eines Kindes, die ein Komponist zu einem aufführbaren Musikstück für den Rundfunk bearbeitet, bis zu einer großen Oper oder Symphonie, die überarbeitet wird[62]). Nur wenn man sich darüber im klaren ist und Einblick nimmt in das umfangreiche und vielseitige Schaffen der Bearbeiter und ihre kompositorische Leistung, vermag man auch urheberrechtlich dieses Werkschaffen richtig einzuschätzen und versteht es, daß das UrhG zwischen **Werk der Musik** in § 2 UrhG und **Bearbeitung** in § 3 UrhG **keinen Unterschied** macht. Beides ist dasselbe. Es wird hier also anerkannt, was auch eine musikästhetische Betrachtung ergibt, daß **Bearbeitung Komposition** ist[63]).

b) Das neue Urheberrecht verwendet in § 23 UrhG den weiteren Begriff der **Umgestaltung**, der außer der Bearbeitung auch die Änderungen umfaßt, die nicht Bearbeitungen sind[64]). Es stehen also solche Änderungen neben der Bearbeitung. Vervielfältigung nach § 16 UrhG bedeutet daher, daß die Vervielfältigungsstücke ohne Änderungen erfolgen; eine Vervielfältigung muß also mit dem Original identisch sein, so daß eine Be-

---

Ergebnissen kamen, ist auf die unsachgemäße Zuziehung von Sachverständigen zurückzuführen. Man sollte sich daher in der Rechtspraxis anläßlich des neuen UrhG besinnen und die Zuziehung von Sachverständigen da vermeiden, wo deren Kunstauffassungen unerheblich und daher für die rechtliche Beurteilung ohne Einfluß sind. Um ein Beispiel hier aus neuester Zeit anzuführen, sei auf den bekannten Rechtsstreit um die Liedbearbeitung „Schwarzbraun ist die Haselnuß" von Breuer (dazu BGH Fußn. 16) verwiesen; in 1. Instanz schloß sich das Gericht voll an das Gutachten eines anerkannten Musiksachverständigen an und kam so zu einer Fehlentscheidung, weil es den rechtlichen und musikwissenschaftlichen Begriff der Bearbeitung nicht auseinanderhielt.

[60]) Dazu unter I 3, über die Fülle von Bearbeitungen unter Anführung von Beispielen unter I 5; sowie rechtliche Würdigung von Beispielen unter Z 8.

[61]) Dazu unter I 1, 2, 3, 6.

[62]) Dazu Fußn. 60, 61.

[63]) Dazu unter I 1 ff.

[64]) Dazu Riedel UrhG § 3 Bem. B (c), § 23 Bem. B; auch Fromm-Nordemann UrhG § 23 Bem. 1; von Gamm UrhG § 23 Bem. 8; Gerstenberg aaO. (Fußn. 1) UrhG § 23 Bem. 2; Schulze UrhG (Fußn. 1) § 23 Bem. 2.
In Art. 12 BU (Fußn. 123) wird der Ausdruck Umarbeitung im Sinne einer Umgestaltung nach § 23 UrhG gebraucht.

arbeitung niemals Vervielfältigung ist[65]). Dies hat mit Rücksicht auf § 23 UrhG nur Bedeutung, wenn ein geschütztes Werk der Musik Bearbeitungsobjekt ist, weil dann bei einer Verwertung die Einwilligung des Urhebers erforderlich ist, während bei einer Bearbeitung eines nicht geschützten Werkes für den Bearbeiter diese Beschränkung nicht besteht, er also die unbeschränkte Verwertung nach Maßgabe des UrhG hat. Ein nicht geschütztes Werk der Musik, etwa ein Stück von *Johann Sebastian Bach*, kann also geändert und bearbeitet werden, ohne daß für den Bearbeiter eine Beschränkung besteht. Liegt dagegen geschützte Musik der Bearbeitung zugrunde und erfolgt Verwertung der Bearbeitung, so spielt die Unterscheidung zwischen Änderungen und Bearbeitung für die Frage der Zustimmung des Urhebers keine Rolle, weil beide Arten gesetzlich gleichgestellt sind. Die Begriffe der Änderungen und der Bearbeitung sind objektiv festzulegen, während subjektive Momente keine Rolle spielen[66]).

c) **Änderungen** sind nur solche, die sich **unterhalb der unteren Grenze** für Urheberschutz sich befinden[67]). **Bearbeitung** ist daher **keine Änderung im Rechtssinne,** d. h im Sinne des UrhG. Wenn daher das UrhG von Bearbeitung spricht, wie in § 37 UrhG, so fällt eine Änderung nicht darunter; umgekehrt beziehen sich die in §§ 5, 8, 9, 39, 62 UrhG erwähnten Änderungen nicht auch auf Bearbeitung[68]). Änderungen, die die Schutzgrenze überschreiten, sind Bearbeitung des Bearbeitungsobjekts, u. U. nur eine Teilbearbeitung des Werkes. Da die Schutzgrenze so tief liegt, ist auch hier bei **Änderungen** der **Bereich** der Änderungen, die keine Bearbeitungen sind, **sehr klein.** Sobald ein geringer Grad geistigen Schaffens vorliegt, handelt es sich um eine Bearbeitung, nicht um eine Änderung.

Es ist also schematisch betrachtet so, daß

Vervielfältigung Identität bedeutet und keine Änderungen aufweist,

Änderungen einen sehr kleinen Bereich umfassen, der unter der Schutzgrenze liegt,

---

[65]) Dazu Riedel UrhG § 16 Bem. B; auch zur Änderung der Rechtslage gegenüber dem bisherigen Recht.

[66]) Dazu Riedel UrhG § 3 Bem. B (c), § 23 Bem. A, B; auch dazu, daß die Gesetzesbegründung von einer unrichtigen, teilweise subjektiven Auffassung ausgeht. Soweit § 23 UrhG anzuwenden ist und es nur um die Frage der Zustimmung des Urhebers geht, wird regelmäßig ein Sachverständiger entbehrlich sein; dazu auch Fußn. 59, 70, 73.

[67]) Dazu Riedel UrhG § 3 Bem. B (c), § 23 Bem. B, Fromm-Nordemann UrhG (Fußn. 1) § 23 Bem. 1; teilweise aA. Hubmann aaO. (Fußn. 1) § 17 I 3, § 27 II.

[68]) Dazu Riedel UrhG § 3 Bem. B (c).
Zum Bereich der Änderungen gehören auch die gesetzlich zugelassenen Änderungen, nämlich die Änderungen nach §§ 39, 62 UrhG, die auch im Bereich der verwandten Schutzrechte für anwendbar erklärt sind, §§ 70, 71, 72, 84, 85, 87, 94, 95 UrhG.

Bearbeitungen dagegen einen sehr breiten Bereich einnehmen, da sie die Regel bilden.

Auch hier gilt für den Bereich der handwerklichen Tätigkeit nichts anderes. Es kommen daher nur solche Änderungen als Änderungen im Rechtssinne in Betracht, die keine kompositorische Tätigkeit beinhalten, sich vielmehr auf äußere geringe, meist mechanische Arbeiten beschränken, die daher das Werk als solches, auch in Teilen nicht berühren[69]). Auch bei Änderungen ist daher die Frage, ob es sich nur um solche handelt oder ob eine Bearbeitung vorliegt, in der Regel einfach zu beurteilen, so daß auch hier die tatsächliche Vermutung (prima-facie-Beweis) Platz greift[70]).

d) Ein Werk und daher auch eine Bearbeitung hat an sich nur eine untere Schutzgrenze, keine obere[71]). Das Urheberrecht hat die **freie Benutzung** als gesetzliche **obere Grenze der Bearbeitung** festgelegt, um das freie Kunstschaffen zu fördern und eine Einengung zu verhindern[72]). Die freie Benutzung ist daher ebenso wie die Änderung ein gesetzlicher Begriff, und damit wird auch die Abgrenzung des Begriffs der Bearbeitung zu einer gesetzlichen[73]). Auch hier bezieht sich die gesetzliche Regelung nur auf ein geschütztes Werk, das bearbeitet wird, da sich nur in diesem Falle Rechtsbeziehungen zu einem anderen Urheber ergeben, da dann, wenn das Bearbeitungsobjekt ungeschützt ist, sich keine Rechtsbeziehungen dieser Art ergeben können[74]). § 24 Abs. 1 UrhG stellt als Voraussetzung für freie Benutzung auf, daß es sich um ein selbständiges Werk handelt, das in freier Benutzung des Werkes eines anderen Urhebers geschaffen worden ist. Der Schutz der Melodie ist nach § 24 Abs. 2 aaO. von der freien Benutzung aus-

---

[69]) Dazu Riedel UrhG § 3 Bem. B (d), auch unter Z 6.

[70]) Dazu Fußn. 59, 66, 73. Auch hier wird die Zuziehung eines Sachverständigen nur ausnahmsweise erforderlich sein.

[71]) Dazu Riedel UrhG § 2 Bem. B 3 (d), § 3 Bem. B (d), 5.

[72]) Dazu Riedel UrhG § 24 Bem. B 1 a, 1 b sowie unter Z 2 bei Fußn. 13, Z 5 bei Fußn. 32/33; auch Fromm-Nordemann UrhG § 24 Bem. 2 ff.; von Gamm UrhG § 24 Bem. 4 ff.; Gerstenberg aaO. (Fußn. 1) UrhG § 24 Bem. 2 ff.

[73]) Dazu Riedel UrhG § 3 Bem. B (d).
Daher wird es verständlich, weshalb nicht von künstästhetischen oder wissenschaftlichen Gesichtspunkten aus die Grenzen gezogen werden können. Der rein rechtliche Begriff muß auch rein rechtlich ausgelegt werden und entfernt sich daher leicht von Beurteilungen durch Fachleute aus Kunstgebieten. Sachverständige haben daher nur eine begrenzte Bedeutung bei der Zuziehung in Prozessen zu Gutachtenserstattungen. Das Gericht hat, wenn es um die Frage der Schutzfähigkeit geht, die zu entscheidende Rechtsfrage unter Würdigung eines etwa erstatteten Gutachtens zu klären und zu entscheiden. Es wird dies deshalb betont, weil gerade zu diesem Punkt die rechtliche Beurteilung wesentlich von der künstlerischen und wissenschaftlichen abweicht, während es im Bereich des Urheberrechts und in Prozessen viele Fragen gibt, bei denen wie auch sonst in gerichtlichen Verfahren der Sachverständige durch seine Begutachtung prozeßentscheidend das Ergebnis beeinflußt. Dazu auch Fußn. 59.

[74]) Dazu unter Z 7 (b).

genommen, soweit sie erkennbar benutzt wird; es wird hier also die freie Benutzung eingeschränkt[75]).

Die Grenze gegenüber der freien Benutzung ist schwieriger zu finden als die untere Grenze der Schutzfähigkeit eines Werkes. Da ein Urheber und sein Werk geschützt werden sollen, die freie Benutzung aber eine Ausnahme darstellt, ist die Auslegung in Rechtsprechung und Rechtslehre einengend[76]). Es darf jedoch der gesetzliche Begriff nicht überspannt und zu sehr eingeengt werden, da er sonst nur ausnahmsweise erfüllt wäre, während der Gesetzgeber mit der Schaffung der freien Benutzung den Urheber, der bearbeitet, begünstigen will. Es soll also das freie Schaffen gefördert werden. Es muß daher mit einer gewissen Großzügigkeit die Grenze festgelegt werden. Insbes. dürfen rein kunstkritische Erwägungen, die ein Werk bis auf kleinste Kleinigkeiten sezieren, um irgendwelche Ähnlichkeiten festzustellen, nicht in den Vordergrund treten. Es ist vielmehr von einer allgemeinen Betrachtung auszugehen, wobei fachliche Beurteilungen berücksichtigt werden können; denn nur so läßt sich eine brauchbare Gesetzesauslegung erzielen. Es darf also auch hier eine tatsächliche Vermutung (prima-facie-Beweis) für die Selbständigkeit gelten, wo die Identität erheblich zurücktritt[77]).

Bei freier Benutzung muß sich das neue Werk von der geschützten Vorlage soweit lösen, daß es als eine völlige Neuschöpfung angesehen werden kann, als eine eigentümliche Schöpfung[78]). Der Werk-Begriff des neuen Werkes ist kein anderer als in § 2 Abs. 2 UrhG[79]).

Selbständigkeit hat eine doppelte Bedeutung[80]). Es wird einerseits zum Ausdruck gebracht, daß das neue frei geschaffene Werk gegenüber dem Vorbild selbständig ist, auch urheberrechtlich, so daß die Verwertung des Vorbildes und des neuen Werkes unabhängig voneinander sind. Die Selbständigkeit bezieht sich auf den Schaffensvorgang; es muß ein Werk entstehen, das keine abhängige Schöpfung ist, sondern das andere Werk frei benutzt.

Freie Benutzung[81]) bezieht sich auf das Urheberschaffen, das über Änderungen und Bearbeitung hinausgeht, wobei der künstlerische Wert außer Betracht zu bleiben hat. Wichtig ist, daß freie Benutzung nur inso-

---

[75]) Dazu Riedel UrhG § 24 Bem. B 3; auch unter Z 9.
[76]) Dazu Riedel UrhG § 3 Bem. B (d), § 24 Bem. B 1 b.
[77]) Dazu Riedel UrhG § 3 Bem. B (d), auch Fußn. 12, 90.
[78]) Dazu Riedel UrhG § 24 Bem. B 1 b.
[79]) Dazu Fußn. 78.
[80]) Dazu Fußn. 87, 78.

weit vorliegt, als die Änderung am Vorbild über Änderungen im gesetzlichen Sinne[82]) und über Bearbeitung im gesetzlichen Sinne[83]) hinausgeht. Anders ausgedrückt — § 24 Abs. 1 UrhG ist eine Ausnahme von § 23 UrhG; wenn § 23 UrhG erfüllt ist, kommt § 24 Abs. 1 UrhG nicht zur Anwendung und umgekehrt. Ob dies zutrifft, ist objektiv festzustellen. Es ist denkbar, daß dieses Ziel der freien Benutzung nur teilweise erreicht wird — bewußt oder unbewußt, ist unerheblich —; dann ist nur insoweit § 24 Abs. 1 UrhG anzuwenden. Es kann also, wenn jemand eine freie Benutzung anstrebt, das Ergebnis sein, daß teilweise freie Benutzung zu bejahen ist, teilweise aber Bearbeitung, u. U. sogar nur Änderung vorliegt, wie man es insbes. bei Variationswerken beobachten kann[84]). Je nach dem individuellen und persönlichen Gehalt der Vorlage und dem damit zusammenhängenden Schutzumfang[85]), also je nachdem, wieweit sich die Vorlage über das Minimum der Schutzfähigkeit erhebt, ist auch die Abhängigkeit des neuen Werkes leichter oder schwieriger zu erreichen. Die Regelung des Melodieschutzes[86]) berührt die Voraussetzungen der freien Benutzung nicht, soweit andere Teile eines Werkes als Melodie in Betracht kommen. Bei einem sehr individuellen Werk mit hohem Schutzumfang ist freie Benutzung deshalb schwerer, weil viel mehr Elemente vorhanden sind, die charakteristisch sind, und erst, wenn sie ihr besonderes Gepräge verlieren, nichts Typisches mehr vorliegt. Werden Veränderungen vorgenommen, um freie Benutzung zu erreichen, so erfordert dies ein Aufgeben aller wesentlichen charakteristischen Eigenheiten. Damit aber verliert die freie Benutzung vielfach ihren Sinn[87]), weil ja der frei Nachschaffende das Vorbild benutzen will.

Die maßgebenden Gesichtspunkte werden in der Rechtsprechung nicht immer einheitlich gehandhabt. Die Entscheidung kann nur auf den Einzelfall erfolgen, wenn es darum geht, die freie Benutzung von der Bearbeitung abzugrenzen, da eine für alle Fälle passende Begriffsbestimmung für eine scharfe Scheidung kaum zu finden ist[88]). Abhängigkeit vom Vorbild besteht,

---

[81]) Dazu Fußn. 78.

[82]) Dazu unter Z 7 (c) bei Fußn. 67.

[83]) Dazu unter Z 3, 7 (a) bei Fußn. 60.

[84]) Dazu Beispiele unter I 5 (g/1), 6 (c/1).

[85]) Dazu unter Z 2 bei Fußn. 13.

[86]) Dazu Fußn. 78, auch unter Z 9.

[87]) Besteht Abhängigkeit vom Vorbild, so liegt Änderung oder Bearbeitung vor, so daß § 23 UrhG anzuwenden ist, und es ist dann für die Verwertung die Einwilligung des Urhebers der Vorlage nötig, während bei freier Benutzung diese Einwilligung entfällt; dazu auch unter Z 8 (10), 9 (c); auch unter I 5 (g/4) bei Fußn. 382 ff.

Daß auch eine „Liedbearbeitung" in Wirklichkeit freie Benutzung sein kann, zeigt besonders typisch die Transkription von Franz Liszt über das Lied „Die Heimkehr" von Chopin - Edition Peters Nr. 36602 a.

[88]) Dazu Riedel UrhG § 24 Bem. B 1 b; auch Allfeld LitUrhG § 13 Bem. 2.

wenn Abänderungen oder Bearbeitung vorliegen, während bei bloßer Anregung durch ein anderes konkretes Werk die Abhängigkeit vom Vorbild fehlt[89]). Da jedoch der Begriff der freien Benutzung nicht überspannt werden darf, damit das freie Schaffen nicht zu sehr eingeengt wird, muß, wenn eine erhebliche Selbständigkeit erreicht ist, zugunsten der freien Benutzung eine tatsächliche Vermutung (prima-facie-Beweis) Platz greifen, so daß also in solchem Falle im Zweifel zugunsten des freien Benutzers, nicht des Urhebers des benutzten Werkes ausgelegt werden muß[90]). Wenn schon an die Selbständigkeit eines neuen Werkes strenge Anforderungen gestellt werden, um die Unabhängigkeit des Schaffens festzustellen, so darf nicht noch durch eine Vermutung zugunsten des Urhebers des benutzten Werkes eine weitere Einengung erfolgen, da bei solcher Handhabung die Einengung zu stark wird. Darin liegt wohl letzten Endes überwiegend die Überspannung der Rechtsprechung, weil so die Klippe von abhängiger zu unabhängiger Schöpfung schwerer überbrückbar ist. Die neuere Rechtsprechung ist milder als die frühere[91]). Es wird freie Benutzung angenommen, um durch den Urheberschutz neues Schaffen nicht zu unterbinden, wenn gegenüber dem Vorbild die übernommenen Wesenszüge verblassen[92]). Die Problematik zwischen freier und unfreier Benutzung bleibt auch hiernach bestehen, so daß Überspannungen der Handhabung in der Rechtspraxis möglich sind. Auch bei freier Benutzung ist eine untere Grenze zu ziehen, und zwar gegenüber der Bearbeitung, deren Schutzbereich sehr groß ist. Ein Verblassen der Wesenszüge des Vorbildes bedeutet bei sachgemäßer Auslegung, daß die Wesenszüge des Vorbildes nicht offen zutage treten, sondern noch durchschimmern können, also nicht ganz aufgehoben sind. Wo daher die Erkennbarkeit zurücktritt[93]), liegt freie Benutzung vor.

8. Bearbeitungs-Abgrenzung in Einzelfällen

— ABC der Bearbeitung —

Die Bearbeitung ist im neuen Urheberrecht leicht und klar feststellbar[94]), ebenso der Begriff der Änderungen[95]). Auch bei der freien

---

[89]) Dazu OLG Frankfurt a. M. JW 1935, 1103 (Hoffmann).

[90]) Dazu Fußn. 77.

[91]) Dazu BGH (Lili Marleen) MDR 1958, 402 = GRUR 1958, 402 (Kleine) = UFITA Bd. 25, 445 = Schulze RzU (Fußn. 11)BGHZ 42 (von Erffa) sowie Riedel UrhG § 3 Bem. B 2, § 24 Bem. B 1 b.

[92]) Dazu Fußn. 91.

[93]) Hier besteht der Zusammenhang mit § 24 Abs. 2 UrhG, dem Melodieschutz; dazu unter Z 9.

[94]) Dazu unter Z 2, 3.

[95]) Dazu unter Z 7 (c).

Benutzung ist gegenüber der Bearbeitung eine brauchbare Abgrenzung möglich[96]). Dies gilt auch für den Bereich der Musik[97]).

Da die rechtlichen Begriffe von den musikwissenschaftlichen, soweit hier überhaupt begriffliche Festlegungen bestehen[98]), grundsätzlich abweichen, soll ein **Überblick über wichtige Einzelfälle** gegeben werden, und zwar von der rechtlichen Seite her[99]). Hier ergibt sich, daß die oft musikalisch kompliziert erscheinenden Tatbestände auf Grund der in dem sonst so schwierigen UrhG einfachen Regelung über die Schutzfähigkeit, die aus dem bisherigen Recht übernommen ist, leichter zu lösen sind, als man weithin annimmt. Da im neuen Urheberrecht die Tendenz besteht, den Urheberschutz zugunsten der Urheber zu stärken, muß mehr als bisher eine Auslegung zugunsten der Urheber Platz greifen. Dies gilt besonders für Grenzfälle und erleichtert dabei die Entscheidung, auch in Prozeßverfahren.

Zur Handhabung der Übersicht ist auf folgendes hinzuweisen:

Als Bearbeitung ist das Urheberschaffen geschützt, während die Änderungen zu handwerklichen Leistungen gehören. Daher ist der Begriff der Änderungen eingehend behandelt, weil sich von ihm aus ergibt, was Bearbeitung ist, nämlich alles, was über Änderungen im Rechtssinne hinausgeht. Da bei Urheberschaffen nur die freie Benutzung wegen der besonderen rechtlichen Behandlung auszuscheiden ist, läßt sich der große Mittelbereich der Bearbeitung leicht abgrenzen.

1. **Änderungen** im Rechtssinne[100]), die keine Bearbeitung sind, kommen wegen der Weite des Rechtsschutzes des UrhG nur in geringem Umfange in Betracht. Eine Änderung in diesem Sinne liegt ganz in der Nähe der Gleichheit mit dem Vorbilde. Sobald die Gleichheit etwas stärker zurückgedrängt wird, handelt es sich bereits um eine Bearbeitung.

Da die Änderung bei objektiver Betrachtung für die Abgrenzung des Begriffs der Bearbeitung nach unten wichtig ist, bedarf es der Klarstellung in kasuistischer Weise; denn nur so kann auch praktisch die so kompliziert erscheinende Begriffs-Abgrenzung erfolgen. Die Verhältnisse erscheinen bei

---

[96]) Dazu unter 7 (d).

[97]) Dazu unter Z 2.

[98]) Dazu unter Teil I, insbes. I 1, 2, 3.

[99]) Die musikalische Betrachtung ergibt sich aus Teil I, in dem auch zahlreiche Beispiele angeführt sind. Weitere Beispiele zu den folgenden Ausführungen sind insbes. unter I 5, 6 zu ersehen. Zum folgenden Riedel UrhG § 3 Bem. B 5, auch, soweit nicht ausdrücklich hierauf verwiesen ist.

[100]) Dazu unter Z 7 (c), 12 bei Fußn. 379 ff., Z 14 bei Fußn. 436, über Zitate unter Z 15 bei Fußn. 477.

solcher Betrachtung viel klarer, als es den Anschein hat. Das Merkmal des Handwerksmäßigen[101]) ist hierbei maßgebend, da ja ein sehr geringer Grad schöpferischer Leistung bereits Bearbeitung ist[102]).

Man kann die bedeutsamsten Änderungen in folgender Weise charakterisieren:

a) Transponieren eines Musikstücks, indem das ganze Stück oder ein großer oder kleiner Teil desselben in der Tonhöhe verändert wird. Damit ändert sich die Tonart. Diese Art der Änderung liegt im Bereich des Handwerksmäßigen.

Wenn mit der Tonart zugleich der Charakter des Stückes wechselt, wie von Dur in Moll oder umgekehrt, so sind damit meist größere sonstige Änderungen verbunden, und in solchem Falle liegt regelmäßig Bearbeitung vor, die schutzfähig ist[102]). Das rein schematische Übertragen von Dur nach Moll oder umgekehrt würde natürlich zu einer Bearbeitung nicht ausreichen.

b) Unverändertes Spielen oder Singen eines Musikstücks, jedoch mit einem anderen oder anderen Instrumenten bzw. Singstimmen oder beiden[103]).

Ein Klavierstück wird unverändert auf der Orgel gespielt, wie „Consolations" IV in Des von *Franz Liszt* für Klavier, das der Komponist auch als Orgelstück, betitelt „Adagio", herausgebracht hat[104]), oder Lieder für eine Singstimme und Klavier von *Max Reger* sind auch als Stücke für Violine und Klavier erschienen, wobei die Gesangstimme unverändert als Violinstimme übernommen ist[105]). In dem Klavierkonzert in f von *Max Reger* op 114 finden sich „verschlüsselt" — worauf der Komponist in einem Brief selbst hinwies — in den beiden ersten Sätzen Teile bzw. Anklänge an die Choräle „Wenn ich einmal soll scheiden" . . .[105a]). Die freie Benutzung ist in so starkem Maße erfolgt, daß selbst ein erfahrener Musiker sich schwer tun wird, die Melodieteile zu finden.

---

[101]) Dazu unter Z 6, wobei darauf hinzuweisen ist, daß der von der Musikwissenschaft her entwickelte weitere Begriff des Handwerksmäßigen nicht angewendet werden kann, da er von der rechtlichen Beurteilung abweicht.

[102]) Dazu Hoffmann-Ritter Das Recht der Musik (Leipzig 1936) 33; Riedel aaO. (Fußn. 99).

[103]) Dazu Hoffmann-Ritter aaO. (Fußn. 102) 32/33.

[104]) Edition Peters Nr. 3604 und 3628 h.

[105]) Max Reger op 103 c / 12 kleine Stücke nach eigenen Liedern aus den schlichten Weisen, op 76.

[105a]) Dazu Reclams Klavierführer (Fußn.) II 441/442.

Es ist auch denkbar, daß man bei *Johann Sebastian Bach* die 2- und 3stimmigen Inventionen auf 2 bzw. 3 Instrumenten unverändert spielt[106]). Dies kann etwa geschehen mit oder ohne Instrumentenwechsel bei den einzelnen Stimmen, oder anstatt auf dem Klavier oder Cembalo auf einer Orgel, bzw. indem man Solo-Suiten für Violoncello auf der Orgel unverändert im Pedal spielt[107]).

Im Bereich des Handwerksmäßigen liegt es auch, wenn ein Musikstück unverändert gespielt wird, wenn aber die Noten aus einer schwer zu spielenden Tonart enharmonisch umgeschrieben werden, also z.B. aus Cis-Dur in Des-Dur, etwa im „Wohltemperierten Klavier" von *Johann Sebastian Bach* bei dem bekannten Präludium mit Fuge in Cis. Dasselbe gilt von dem Noten-Umschreiben bei Schrift mit besonderen Schlüsseln (Alt-, Tenorschlüsseln usw.) in eine uns geläufige Schreibweise mit Violin- und Baßschlüssel, etwa bei dem Triosatz für Orgel von *Johann Sebastian Bach*

---

106) Das Hinzufügen von Begleitstimmen verändert das Werk und bedeutet Bearbeitung, da der Bereich des Handwerklichen überschritten wird und Komposition vorliegt; die abweichende Auffassung von Moser (dazu unter Z 6 bei Fußn. 52) mag musikwissenschaftlich zutreffen, juristisch ist sie nicht zu billigen. Dazu auch unter Z 8 (28) bei Fußn. 236.

Ein rechtlich besonders interessanter Fall ist die Schule des Triospiels für Orgel — 2stimmige Inventionen von Bach im 3stimmigen Satz von Max Reger-Karl Straube — vor; dazu unter I 5 (f) bei Fußn. 331. Die Übertragung der Cembalo- oder Klavierstimmen auf die Orgel ist als bloße Änderung ungeschützt. Die Hinzufügung einer weiteren Stimme könnte, wenn es unter lebenden Komponisten im gemeinsamen Schaffen geschieht, Miturheberschaft nach § 8 UrhG sein. Werkverbindung nach § 9 UrhG würde andernfalls vorliegen, wenn solche Gemeinsamkeit fehlt bei Betrachtung lediglich unter dem Gesichtspunkt der äußeren Verbindung. Da die Vorlage jedoch gemeinfrei ist, scheidet auch die Anwendung dieser Vorschriften aus — abgesehen davon, daß gemeinsame Verwertung vorliegen müßte. Es handelt sich daher um eine zusätzliche Stimme mit selbständigem Urheberschutz und zwar in Miturheberschaft von Max Reger und Karl Straube nach §§ 2, 8 UrhG, mag auch musikästhetisch oder musikwissenschaftlich der Eindruck einer Bearbeitung vorliegen; dazu auch Fußn. 52, 231 sowie unter Z 11 (c) auf Fußn. 349. Dieses Beispiel zeigt, daß selbst dann, wenn aus Rechtsgründen der Begriff der Bearbeitung zu verneinen ist, Urheberschutz bei einer Urheberleistung auf alle Fälle besteht, wenn auch unter einem anderen rechtlichen Gesichtspunkt.

107) Dazu I 6 (b/2 a) bei Fußn. 547.

Bei Musikstücken aus der Zeit von Bach und vorher, aber auch aus späterer Zeit kann man solche, die für Tasteninstrumente geschrieben sind, anstatt auf Klavier oder Cembalo auf Harmonium oder Orgel spielen oder umgekehrt, bei Musikstücken aus der Zeit von Bach und vorher oft auch auf Saiten- oder Holzblasinstrumenten, weil derartige Aufführungsarten vom Komponisten vielfach mit einkalkuliert sind. Ein typisches Beispiel dieser Art sind „Kunst der Fuge" und „Das wohltemperierte Klavier" von Johann Sebastian Bach. So kann auch das „Pedalexercitium" für Orgel (Edition Peters Nr. 248 Bd. IX Nr. 11) als Solo-Edüde für Violincello unverändert gespielt werden.

Auch die Stücke von Joseph Haydn für Baryton können meist unverändert auf Violincello zum Vortrag kommen. Die Stücke von Robert Schumann für Pedalflügel kann man ohne weiteres auf einer Orgel spielen, also auch ohne Bearbeitung auf Grund bloßer Änderung. Das Stück „Adagio und Rondo" in c/C von Mozart für Flöte, Oboe, Viola, Violincello und Glasharmonika (KV Nr. 617) kann unverändert so gespielt werden, daß die Glasharmonika durch ein Klavier oder Cembalo ersetzt wird; ähnlich ist es auch bei anderen Stücken, bei denen eine Glasharmonika verwendet wird. All dies sind bloße Änderungen, keine Bearbeitungen.

„Wachet auf, ruft uns die Stimme", in dem Violin-, Alt-, Tenor- und Baßschlüssel verwendet sind.

Unverändertes Abspielen oder Singen eines Stücks, jedoch unter Umstellung der einzelnen Sätze oder von Satzteilen, bei Oper und Operette Umstellung der Akte oder Szenen (etwa bei der Oper „Hoffmanns Erzählungen" von *Jacques Offenbach* Umstellung des 2. und 3. Akts, so daß die Erzählung von Antonia vor der Erzählung von Giulietta kommt), ist bloße Änderung, keine Bearbeitung.

c) Änderungen in Melodie, Harmonie, Rhythmus[108]), wenn sie gering sind, daß sich an dem Charakter nichts ändert, wobei jedes dieser 3 Elemente der Musik jedes für sich allein betrachtet werden kann; dazu *Erläuterungen.* Für Geräusche[109]) gilt sinngemäß dasselbe.

Bei der Melodie bzw. melodischen oder kontrapunktischen Linie und bei ihr gleichstehenden anderen musikalischen Gedanken, wie Thema, Motiv[110]), darf nur ein geringe Änderung erfolgen, so daß die musikalische Linie wie vor der Änderung als Einheit empfunden wird. Zu denken ist an die Änderung einzelner Noten, die dem Sänger oder der Sängerin Schwierigkeiten machen und die man deshalb in der Tonhöhe nach oben oder unten abändert oder ausläßt. Dies ist eine häufige Manier, die uns gar nicht auffällt, wenn wir die Stücke nicht ganz genau kennen. So werden in der Ballade „Der Nöck" von *Karl Loewe* und in der Arie „O Isis und Osiris" in der „Zauberflöte" von *Mozart* manchesmal bei den tiefen Stellen einzelne Töne eine Oktave höher gesungen. Hierbei ist wesentlich, daß keine charakteristische Stelle, welche die Linienführung bestimmt, geändert wird; dies wäre bereits Bearbeitung, da dann eine stärkere Entfernung von der Gleichheit erfolgen würde. Auch bei Spielen von Instrumenten werden verschiedentlich Vereinfachungen vorgenommen, vor allem bei sogenannten unspielbaren Stellen, wenn der Interpret nicht die erforderliche Technik hat. Aber auch wenn Stellen auf modernen Instrumenten nicht spielbar sind, z. B. weil bei Tasteninstrumenten die genormte Tastgröße Griffe in älteren Werken aus einer Zeit, in der es Instrumente mit schmäleren Tasten gab, nicht mehr ausführbar sind, wie z. B. bei *Cesar Franck,* in dessen Orgelwerken Griffe bis zur Duodezime vorkommen, nimmt man Änderungen vor, soweit nicht durch die Spieltechnik solche Schwierigkeiten ausgleichbar sind (Pedal-Manual-Koppel). Zu den spieltechnischen Schwierigkeiten bei Liszt Paganini-Etüden wegen der besonderen Griffweite, vor allem bei

---

108) Dazu unter I 4, 6 (a/2).
109) Dazu unter I 4, 6 bei Fußn. 469.
110) Dazu unter I 2, 3, 4, 6 (a/2) bei Fußn. 511 (b/1, 2).

der 1. Fassung ist auf Reclams Klavierführer II 300 ff. zu verweisen. Auch Anbringen von Verzierungen [111]) an einzelnen Stellen gehört hierher, wenn etwa auf eine einzelne betonte Note oder an ein paar Stellen ein Vorschlag oder Triller gesetzt wird, während durch eine Trillerkette u. U. der Charakter des Stückes beeinflußt werden kann, wenn dies variationsartig wirkt. Solche Ornamentik kann auch in ein Stück eingebaut sein und für die Wirkung des Stückes typisch werden, also Kompositionselement; dann wird sie zur Bearbeitung, wie sich in den Choralvorspielen von *Johannes Brahms* und *Max Reger* Beispiele finden. Ebenso sind die Melodie-Abwandlungen in der Choralsonate für Orgel von *Kaminski* und in der Sonate III über alte Volkslieder für Orgel von *Hindemith* Bearbeitungen, nicht bloße Änderungen.

Für Änderungen bei der Harmonie gilt dies ebenfalls. Denkbar sind Vereinfachungen, etwa bei zu weiten Griffen auf dem Klavier oder einem Streichinstrument, wo Akkorde arpeggiert oder (unter Auslassung eines oder mehrerer Töne) zusammengezogen werden, soweit dadurch der Höreindruck nicht verändert wird. Die Varianten, die *Franz Liszt* bei den Transkriptionen verschiedentlich selbst gibt, gehen regelmäßig über diese einfachen Veränderungen hinaus und sind entweder als Doppelkomposition derselben Stelle oder als andere Bearbeitungsart aufzufassen [112]). Auch eine geringfügige Harmonieänderung, die bei Anhören nicht weiter empfunden wird, bleibt im Bereich der Änderungen, etwa wenn zu einer bewegten Melodie die Begleitung anstatt c/e/g in Änderung c/e/a spielen würde.

Bei dem Rhythmus ist es nicht anders. Änderungen in Zeitablauf und Dynamik, nämlich Akzent und Takt, halten sich nur dann im Rahmen der bloßen Änderung, wenn sie gering, insbes. vereinzelt sind und das Stück nicht stärker beeinflussen, also so sind, daß sie nicht auffallen. Dies ist möglich, wenn die rhythmischen Veränderungen geringfügig, insbes. nur vereinzelt sind oder zwar eine längere Melodie betreffen, aber deren Charakter sich nicht erheblich verändert. Wenn z. B. bei der Melodie „Fuchs, du hast die Gans gestohlen" bei der gleichmäßig verlaufenden Tonreihe c^1/d^1 $e^1/f^1/g^1$ nur bei den ersten beiden Noten anstelle von 2 Vierteln eine 3/8 und eine 1/8 Note gesetzt würden, so wäre dies Änderung, nicht Bearbeitung. Dies müßte auch dann gelten, wenn die erwähnte Änderung des Rhythmus

---

111) Dazu unter I 6 (c).
Bei dem Vortrag von Orgelwerken von Max Reger kann man verschiedentlich Vereinfachungen hören, so z. B. bei op 52 Nr. 3 — Choral-Phantasie —, indem Triller oder Trillerketten als ausgehaltene Noten gespielt werden. Da bei Reger die Triller eine Stil-Eigenheit darstellen und die Triller bei ihm daher mit den verschiedensten Effektwirkungen verwendet werden, leidet ein Vortrag seiner Werke durch derartige Veränderungen sehr.

112) Dazu unter I 5 (f) bei Fußn. 318 ff.

gleichmäßig für das ganze Lied beibehalten würde, etwa entsprechend der Rhythmusveränderung der Melodie im Choralvorspiel von *Johannes Brahms* für Orgel „Herzlich tut mich erfreuen", in dem der 6/4 Takt an die Stelle von 4/4 Takt gesetzt wird. Erst wenn und soweit der Charakter der Melodie bzw. des Stückes durch die Änderung berührt wird, handelt es sich um eine Bearbeitung. Bei *Mozart* sehen wir z. B. bei den bekannten Variationen der Klavier-Sonate in A deutlich, was Bearbeitung der Melodie ist, da die Melodie in allen Variationen abgewandelt wird. *Brahms* nimmt in der Klaviersonate op 1 bei den Variationen über das Lied „Verstohlen geht der Mond auf" an der Melodie nur Änderungen vor, die geringfügig sind, während er bei den Variationen und Fuge über ein Thema von Händel op 24 bei den Variationen 1 und 2 die Melodie in Bearbeitung abwandelt. *Max Reger* bringt in den Variationen und Fuge über ein Thema von Bach für Klavier, op 81, in der 1. Variation die Melodie so gut wie unverändert, während die 2. Variation eine Bearbeitung der Melodie bedeutet. Wenn bei der Arie „Ach wie so trügerisch" aus „Rigoletto" von *Verdi* aus dem 3/4 Takt ein harter Rhythmus für das ganze Stück verwendet wird, so ist dies Bearbeitung, da die Wirkung einer Variation entsteht[113]). Auch Änderungen des Tempos eines Stückes, nämlich zunehmende Verlangsamung oder Beschleunigung, die ein bestimmtes Maß je nach der melodischen Linie und Harmonie des Stückes überschreitet, bedeutet mehr als Änderung, sondern bereits Bearbeitung. Wenn man etwa das Thema des langsamen Satzes aus der Klaviersonate von *Beethoven* op 13 (Pathétique) ganz schnell spielt, so wird der ganze Charakter der ausdrucksvollen Melodie verändert, so daß die zugehörige Harmonik mitgeändert werden müßte — ein Zeichen, daß dies eine Bearbeitung ist[114]). Ein Interpret wird daher eine solche ungewöhnliche Tempoverschiebung nicht vornehmen; würde er dies tun, so wäre es Bearbeitung. Es ist darauf hinzuweisen, daß selbst Komponisten über die genauen Tempoangaben im Unklaren sind. Dies gilt besonders von *Max Reger*, der erst in seinen Spätwerken die richtigen Tempoangaben machte, während bei den früheren Werken die Tempoangaben nach Metronomziffern 1 1/2

---

113) Unzutreffend Nordemann Das Recht der Bearbeitung gemeinfreier Werke GRUR 1964, 117 (118), wonach lediglich Plagiat angenommen wird.

114) Dazu Wolpert Der Schutz der Melodie im neuen UrhG UFITA Bd. 50, 769 ff. (789/790, 795). Beispiele für Melodieveränderungen durch Tempowechsel sind sehr zahlreich, besonders in Variationen (dazu unter I 5 (g/1), 6 (c/1), in Choralvorspielen (dazu unter I 5 (e) mit Fußn. 187) und bei den Fantasien, z. B. über BACH (dazu unter I 5 (g/4 bei Fußn. 427 ff.); dies gilt auch sonst. Man denke daran, daß bei einer Melodie oder einem Melodieteil die einzelnen Töne sehr lange (etwa jeweils über mehrere Takte) als liegende Stimme oder Orgelpunkt ausgehalten werden; dann werden die Töne nicht mehr zusammenhängend als Melodie erfaßt. Umgekehrt kann eine Melodie bzw. ein Melodieteil zusammengezogen und schnell gespielt als virtuoser Lauf (etwa in Zweiunddreißigstel) oder nur als Art Figuration erscheinen.

bis 2mal so hoch sind, als sie wirklich gemeint sind[115]). Derartige Tempounterschiede liegen im Rahmen der Interpretation und bedeuten nicht eine außergewöhnliche Veränderung[116]).

d) Änderung in der Spielart bei der Interpretation (dazu *Interpretation)* hält sich regelmäßig auch im Bereich der bloßen Änderung, ist daher nicht Bearbeitung. Es kommen hier in Betracht Änderungen bzw. vom Komponisten angegebene Phrasierungen in ungebundenes Spiel, eventuell Staccato-Spiel, und umgekehrt, ebenso Veränderungen in der Lautstärke, etwa laut anstatt leise, oder Unterbrechungen, etwa Pauseneinschaltungen, wo keine vorgezeichnet sind, oder Verlängerung oder Verkürzung von Pausen. Dies gilt auch für Veränderungen im Tempo[117]).

So ist bekannt, daß die dynamischen Angaben von *Max Reger* nicht wörtlich realisiert werden dürfen[118]). *Busoni* geht in der Bearbeitung des Wohltemperierten Klaviers von *Johann Sebastian Bach* mit den dynamischen Zeichen usw., soweit solche vorhanden sind, und mit der Vortragsweise sehr großzügig um im Interesse eines modernen Klavierspiels; man kann daraus ersehen, daß derartige Veränderungen regelmäßig keine Bearbeitung ausmachen, sondern Interpretation sind, während seine technischen Studien und Varianten Bearbeitungen sind[119]). Ähnlich ist es auch mit Angaben zum Vortrag von Werken von *Bach* und Bearbeitungen durch *Max Reger*[120]). Moderne Aufführungen der Werke von Richard Wagner, bei denen man bewußt oder unbewußt bei Gesang und Orchester die Leitmotive zurücktreten läßt, wie auch die Aufführungen von *Pierre Boulez* zeigen, sind Interpretation, nicht Bearbeitung.

e) Erweiterungen und Kürzungen können sich im Bereich der Änderungen halten; dazu *Erweiterung, Funkbearbeitung, Kürzung, Potpourri.*

f) Zusammenfassend ergibt sich, daß alle weitgehenden Änderungen an einem Musikstück, also solche, die keine Änderungen im Rechtssinne sind,

---

115) Dazu Max Reger Sämtliche Werke / Verlag Breitkopf & Härtel, Wiesbaden Bd. 15 S. XI, Klotz Erläuterungen zum Verständnis der Regerschen Vortragsanweisungen.

116) Dazu unter Z 8 (1 d).

117) Dazu unter 28 (1 c).
Bei Sängern und Sängerinnen kann man heutzutage vielfach beobachten, daß Phrasierungen nicht oder wenig beachtet werden, ebenso daß das leise Singen vielfach unterlassen wird. Der bekannte Dirigent Jochum läßt im Orchester vom Blech sforzato als tenuto spielen, obwohl es sich musikalisch um verschiedene Bezeichnungen handelt; dies zeigt, was persönliche Interpretation ist.

118) Dazu Max Reger aaO. (Fußn. 115) S. XI/XII.

119) Dazu unter I 5 (b/2) bei Fußn. 54 sowie I 5 (f) bei Fußn. 313.

120) Dazu unter I 5 (b/2) bei Fußn. 53 sowie I 5 (f) bei Fußn. 331.

Bearbeitungen sind, von denen ihrerseits nach oben die freie Benutzung auszuscheiden ist. Da die Fälle der Änderung stets kein geistiges Schaffen, handwerksmäßige, meist mechanische Tätigkeit sind[121]), die leicht als solche erkennbar ist, andererseits dieser Bereich sehr begrenzt ist, besteht die Vermutung für die Schutzfähigkeit von Musikwerken und Bearbeitungen[122]) zu Recht.

Eine Mehrheit von Änderungen, die sich in deren Bereich halten, bedeutet noch keine Bearbeitung, z. B. wenn ein langes Musikstück transponiert wird. Andererseits handelt es sich sofort um eine Bearbeitung, wenn der enge rein handwerkliche Bereich überschritten und kompositorische Tätigkeit entfaltet wird, mag diese auch nur geringe Höhe haben; dazu *Umarbeitung*. Auch wenn in Musikstücken, insbes. in Variationswerken, die Melodie — isoliert betrachtet — nur geringfügig geändert wird, so daß insoweit keine Bearbeitung der Melodie vorliegt, wird ein solches Stück infolge der Gestaltung der Begleitstimmen, die eine solche Melodie unter veränderter Situation erscheinen lassen, zur Bearbeitung; dazu *Melodie-Bearbeitung*. Wenn man dies berücksichtigt, wird die Frage der Schutzfähigkeit solcher Werke regelmäßig einfach und klar.

2. **Arrangement** ist ein Ausdruck, der schon viel Verwirrung angerichtet hat und den man besser vermeiden sollte. Es handelt sich um ein französisches Wort, das nicht in allen Musiklexika aufgeführt wird[123]). In Art. 12 BÜ wird der weite Begriff der Umarbeitung im Sinne von Umgestaltung[123]) gebraucht und als Beispiel neben Adaptionen auch Arrangement aufgeführt; dazu *Umarbeitung*. Im neuen deutschen Urheberrecht hat man diesen Ausdruck, den auch unser früheres Urheberrecht nicht kannte, nicht übernommen, und das ist erfreulich. Man sollte deshalb auch den Ausdruck bei der Gesetzauslegung nicht verwenden.

---

[121]) Dazu unter Z 6.

[122]) Dazu unter Z 2, 3.

[123]) Der Begriff ist nicht aufgeführt in dem großen Musiklexikon Blume MGG, auch nicht bei Schulze Urheberrecht in der Musik (3. Aufl. Berlin 1965), unter ABC der Praxis 63 ff.

Soweit der Begriff des Arrangement in der Musikliteratur erwähnt wird, wird er nur musikwissenschaftlich gesehen und ist daher juristisch nicht verwertbar. Er wird bei Moser Musiklexikon I 49 erläutert als Einrichtung eines Werkes für eine andere als die ursprüngliche Besetzung, bei Riemann Musiklexikon S (Fußn. 1) 54 als Einrichtung eines Musikstücks für eine durch gegebene Verhältnisse bedingte oder für sie bestimmte andere Besetzung als die ursprüngliche, bei Hoffmann-Ritter aaO. (Fußn. 102) als Einrichtung eines Werkes für andere Musikgattungen. Bei Schwarz-Reiflingen ABC der Musik 27 wird auf Bearbeitung verwiesen.

Der Text zur Berner Übereinkunft (BÜ) ist abgedruckt in den beiden Werken von Riedel aaO. (Fußn. 1). Art 12 BÜ sollte mindestens in der deutschen Übersetzung an § 23 UrhG angeglichen werden.

Von Arrangement sprach man ursprünglich in der Tanzmusik und bezeichnete auf diesem Gebiet die Anordnung ihrer Teile, der sog. Chorusse, und die sich daraus ergebende Instrumentations-Methode. Wenn ein solches Arrangement gedruckt wird, bezeichnet man es als Druck-Arrangement im Gegensatz zum Spezial- oder Spiel-Arrangement, das sich meist als Manuskript in den Händen der ausführenden Musiker befindet und auf deren spezielle Wünsche und Eigenarten eingestellt ist[124]). Im Laufe der Zeit aber wurde der Begriff des Arrangements über dieses eng begrenzte Gebiet hinaus verwendet, und so kam es, daß er mißverständlich wurde. Der Fachausdruck wird nicht mehr im ursprünglichen Sinn verwendet, sondern nähert sich im Sprachgebrauch dem Begriff der Bearbeitung. Wenn man von der BÜ ausgeht, wird er rechtlich als schutzfähige Bearbeitung angesehen, während man unrichtigerweise den Begriff verschiedentlich gerade für handwerksmäßige ungeschützte Leistung anwenden will[125]). In diesem Sinne kann also das Wort keinesfalls in der Rechtssprache gebraucht werden. Man kann den Begriff des Arrangements auch nicht durch den der Einrichtung ersetzen; dazu *Einrichtung*.

Den vielfachen Gestaltungsmöglichkeiten der Bearbeitung wird der Begriff des Arrangements, wenn man von der Entwicklung des Begriffs ausgeht, nicht gerecht. Man sollte daher in den Fachkreisen die Ausdrücke, die mit Arrangement zusammenhängen, auch Spezial- und Druck-Arrangement, vermeiden, weil sie als überholt anzusehen sind[126]). Wenn man versucht, hierher einzureihen, was man üblicherweise unter den weiteren Begriff des Arrangements rechnet, so sind dies vor allem

Melodie-Bearbeitungen; dazu *Melodie-Bearbeitung*, und

Umarbeitungen eines Stückes für andere Instrumente oder Singstimme; dazu *Umarbeitung*.

3. **Choral-Bearbeitung** gab es in früherer Zeit sehr häufig; sie ist auch in neuerer Zeit noch bedeutsam. Die Kirchenmusik hat auf diesem Gebiet

---

[124]) In diesem Sinne sind auch die Bücher von Gardens Arrangiermethode und Garcia Das moderne Arrangement, Anleitungen für moderne Tanzorchester und für Komposition von Tanzmusik; dazu unter I 6 (c/2) mit Fußn. 648, 667.

[125]) Dazu unter Z 6 bei Fußn. 55.
Fellerer geht von einem unrichtigen Begriff der Bearbeitung aus. Er kommt bei dem Begriff des Arrangements, da ihm die Verwendung des Ausdrucks in der BÜ vermutlich nicht bekannt ist, zu einem dem Urheberschutz, wie er gesetzlich geregelt ist, nicht entsprechenden Ergebnis. Daher kann seine Auffassung zum Arrangement in Zweifelsfällen, auch bei gerichtlichen Entscheidungen, nicht zugrunde gelegt werden.

[126]) Man sollte auch im Rahmen der GEMA die Ausdrücke „Arrangement" usw. vermeiden, insbes. im Anmeldebogen; dazu unter I Fußn. 182.

wertvolle Schöpfungen hervorgebracht[127]). Es handelt sich um ein Spezialgebiet der Melodie-Bearbeitung (dazu *Melodie-Bearbeitung);* daher sind Choral-Bearbeitungen für die rechtliche Betrachtung ebenfalls von besonderem Interesse.

Unter Choral-Bearbeitung versteht man alle mehrstimmigen Kompositionen, die einen Choral in Bearbeitung zum Gegenstand haben[128]). Meist handelt es sich um die Bearbeitung der Choralmelodie, teilweise in variierender Veränderung, indem Begleitstimmen dazugefügt werden. Es kommen aber alle möglichen Formen vor, wie Kanon, Fuge, Fantasie, Variation usw. Wird die Choralmelodie als sog. cantus firmus bearbeitet, so ist dies Bearbeitung einer Melodie, und zwar mindestens ein der Melodie-Erfindung gleichwertiges Schaffen, häufig sogar die überwiegende kompositorische Leistung[129]).

Die Choral-Bearbeitungen beziehen sich auf Instrumental- und Vokalmusik[130]). Daß kontrapunktische Bearbeitungen[131]) von Choralmelodien die Werkvoraussetzungen des UrhG erfüllen, wird wohl kaum angezweifelt. Anders ist es bei den harmonischen Begleitungen[132]). Hier ist man allzusehr geneigt, von einer handwerklichen Leistung zu sprechen. Dies ist jedoch völlig unzutreffend. Auch der einfache harmonische Satz bietet so viele Gestaltungsmöglichkeiten, daß es keinem Zweifel unterliegen kann, daß jede harmonische Setzweise ebenfalls als schutzfähige Bearbeitung angesprochen werden muß. Dies wird an unbestreitbaren klassischen Beispielen deutlich; es wird hierzu verwiesen auf die Choralbearbeitungen von *Johann Sebastian Bach* und die kleinen Choral-Vorspiele von *Max Reger* sowie die Choralsätze in Orgelsonaten von *Mendelssohn Bartholdy*[133]), ferner an den schlichten Choral in dem Album für die Jugend von *Schumann*[134]) sowie den Choral in den Variationen über „Weinen, Klagen, Sorgen, Zagen" von *Franz Liszt*[135]).

---

[127]) Dazu unter I 5 (e) bei Fußn. 186 ff.; ferner Blume MGG (Fußn. 1) Albert II 1303 ff.: Choralbearbeitungen; Moser Musiklexikon (Fußn. 1) I 202: Choral; Riemann Musiklexikon S (Fußn. 1) 164/165: Choral, 165 ff.: Choralbearbeitung; auch Lukas Orgelmusikführer (2. Aufl. Stuttgart 1967).

[128]) Dazu unter I 5 (e).

[129]) Dazu unter I 2, 3, 5 (e) sowie unter Z 8 (20), bzw. Urheberschaft auch unter Z 11.

[130]) Dazu unter I 6 (b).

[131]) Dazu unter I 6 (b/2 b) bei Fußn. 567.

[132]) Dazu unter I 6 (b/2 b) bei Fußn. 555.

[133]) Dazu unter I Fußn. 187.

[134]) Dazu unter I 5 (f) bei Fußn. 192/193.

[135]) Dazu Fußn. 134. Weitere Beispiele unter I 5 (f) bei Fußn. 187 ff. ferner die Sammlung von Choral-Bearbeitungen von Pfatteicher-Davison (unter I Fußn. 188).

Wer Einblick in diese Werke nimmt, muß erkennen, daß auch der harmonische Satz so vielgestaltig sein kann, daß von einer rein handwerksmäßigen Setzweise nicht die Rede sein kann. Daher sind auch die für kirchlichen Gebrauch bearbeiteten Choralbücher mit Orgelsatz geschützt[136]). Würde man die einfachste Choralmelodie gleichzeitig verschiedenen Musikern zur Bearbeitung geben, so würde sie jeweils ganz verschieden ausfallen, auch wenn nur harmonischer Satz angewendet wird. Daß dies richtig ist, dafür sei aus der Gegenwart auf die zahlreichen Schallplatten mit Weihnachtsliedern und -chorälen hingewiesen, die ganz unterschiedlich sind[137]). Auch ein Vergleich einer solchen Aufnahme mit kirchlichen Choralbearbeitungen zeigt, wie verschiedenartig solche Bearbeitungen sind, so daß gegen die Schutzfähigkeit keine Bedenken erhoben werden können.

4. **Einrichtung** von Musikstücken für andere Instrumente oder Singstimmen bedeutet Veränderung der Klangmittel. Der Ausdruck sollte ebenso wie der des Arrangements vermieden werden. Er erinnert an das Handwerksmäßige und kann daher ebenfalls leicht mißverstanden werden, da je nach der Art der Einrichtung entweder bloße Änderungen (dazu *Änderungen*) oder Bearbeitung, nämlich Umarbeitung (dazu *Umarbeitung*) vorliegt. Auch wurde der Ausdruck in dem nicht mehr in Geltung befindlichen § 12 Abs. 2 Z 4 LitUrhG gebraucht und gab schon früher Anlaß zu Mißdeutungen[138]). Es handelt sich also auch hier um keinen Ausdruck des UrhG[139]). Der neu eingeführte Begriff der Umgestaltung in § 23 UrhG hat einen fest umrissenen Inhalt[140]) und ist daher ungeeignet, anstelle von Arrangement oder Einrichtung gebraucht zu werden.

5. **Entstellung** des Bearbeitungsobjekts kann durch eine Bearbeitung erfolgen. Gesetzliche Regelung besteht nach § 14 UrhG, soweit die Vorlage Urheberschutz hat[141]). Bei gemeinfreien Werken kann eine Entstellung nicht

---

[136]) Dazu Wollenberg aaO. (Fußn. 46) 102 bzw. Schutz eines Choralbuchs für Harmonium bzw. Klavier, auch unter Z 8 (10).

[137]) Aus der großen Anzahl der Schallplatten-Bearbeitungen seien nur 2 Beispiele angeführt: „Süßer die Glocken nie klangen" Starlet STA LP 3202, „Stille Nacht, heilige Nacht" Globus-Musik-Edition.

[138]) Dazu Allfeld LitUrhG § 12 Bem. 23; Hoffmann-Ritter aaO. (Fußn. 102) 32/33, wobei letztere den Ausdruck „Einrichtung" vermeiden, auch Riedel UrhG § 3 Bem. B 5.

[139]) Dazu zu dem aufgehoben § 12 LitUrhG und zu der nicht mehr anzuwendenden Vorschrift des § 2 Abs. 2 VerlG unter Z 3 mit Fußn. 22.

[140]) Dazu unter Z 7 (b).

[141]) Dazu unter Z 12 bei Fußn. 382.

verhindert werden. Das Ausland hat zum Teil eine abweichende Regelung aus dem Gesichtspunkt des Denkmalschutzes[142]).

6. **Erläuterung** von Musikstücken für die Spiel- und Vortragsweise sind sehr häufig, vor allem in sog. instruktiven Ausgaben von Musikwerken. Es handelt sich hier um Angabe von Fingersätzen bei dem Spiel für Instrumente, Angabe von Lagen bei Streichinstrumenten, Angabe von Phrasierungen, Staccatos, Lautstärken usw., bei Gesang vor allem Hinweise auf die Atemverteilung, bei Orgel Registrierangaben u. a. Dazu kommen meist noch zusätzliche Erläuterungen durch Texte, wie etwa in der berühmten Busoni-Ausgabe von Werken von Johann Sebastian Bach, insbes. im Wohltemperierten Klavier[143]). Die erläuternden Texte sind als Schriftwerke geschützt. Die musikalischen Angaben sind in der Regel Änderungen, nur ausnahmsweise Bearbeitung; dazu *Änderungen*[144]).

7. **Erweiterung** eines Musikstücks durch Einschaltungen kann durch Bearbeitung erfolgen, wenn Teile oder musikalische Gedanken des Stückes ausgebaut werden, etwa in Form von Varianten; dann handelt es sich um eine Bearbeitung (dazu *Umarbeitung).* Oder es wird ohne Verwendung fremder Gedanken eine Erweiterung durch eigene Musik vorgenommen; dann ist es insoweit eine selbständige eigene Komposition und als solche geschützt, während im übrigen Bearbeitung vorliegt[144a]). Dazu auch *Fortsetzung, Improvisation, Kürzung, Melodie-Bearbeitung, Potpourri, Variation.*

Eine Erweiterung kann aber auch nur Änderung (dazu *Änderung)* sein, z. B. wenn in der Gesamtausgabe von *Max Reger* bei op 73 Introduktion, Variationen und Fuge über ein Originalthema für Orgel die Takte 102 bis 116 abgedruckt sind, während sie vom Komponisten gestrichen wurden — worauf der Revisionsbericht zutreffend hinweist; dazu *Kritische Ausgaben.*

---

[142]) Dazu bez. Dänemark Schulze RzU (Fußn. 11) Ausl. Dän. 1, 2 (Schatz) bez. Schallplattenaufnahmen einer entstellten Fassung der gemeinfreien „Venetianischen Serenate" von Johann Svendsen und bez. Ungarn aaO. Ung 1 (Greuner) bez. Umarbeitung einer Klavieretüde von Chopin zu einem Tanzlied, wobei darauf hinzuweisen ist, daß in Ungarn der Begriff der Bearbeitung eine neue Komposition erfordert, also von unserem Recht abweicht. Bei Bearbeitungen für das Ausland ist also der Denkmalschutz zu beachten, ebenso abweichende rechtliche Regelungen.

[143]) Dazu Änderungen Z 8 (1 d).

[144]) Dazu bez. Nordamerika Schulze RzU (Fußn. 11) Ausl. USA 7 (Derenberg) bez. einer Sammlung von der gemeinfreien Piano-Literatur entnommenen Klavierstücken, die Zeichen für Fingersätze, Phrasierung und Ausdruck entfällt und Originalität und Erfindungsgabe im herausgeberischen Material aufweist, und als Bearbeitung anerkannt wird.

[144a]) Erweiterung von Musikstücken bei Bearbeitungen, angefangen von bloßen Änderungen über Bearbeitungen im Rechtssinne bis zur freien eigenen Komposition findet man bei Liszt Lieder-Bearbeitungen (Edition Peters Nr. 3602 a).

Hierher gehört auch die Vollendung unvollendet gebliebener Werke durch einen anderen Komponisten[145]). Ferner ist hierher zu rechnen, wenn ein Komponist aus einigen Noten, die ein anderer geschrieben hat und ihm zur Bearbeitung gibt, die u. U. nicht einmal schutzfähig sind, wie etwa ein Dreiklang oder eine Tonleiter, ein aufführungsfähiges Stück gestaltet[146]).

8. **Filmmusik**, die besonders für einen Film umgestaltet wird, ist Bearbeitung. Es gibt auch Filmmusik, die unmittelbar für einen Film geschrieben ist und daher keiner Bearbeitung bedarf. Für den Urheberschutz solcher Musik gilt keine Besonderheit. Die Filmmusik ist daher, ob sie speziell für den Film geschrieben oder für ihn bearbeitet ist, selbständig verwertbar, § 89 Abs. 3 UrhG; abweichende Vereinbarungen können natürlich getroffen werden[147]).

9. **Fortsetzung** eines Werkes ist in der Regel Bearbeitung, wenn die Abhängigkeit vom Vorbild erkennbar ist[148]). Im übrigen *Erweiterung, Freie Benutzung.*

10. **Freie Benutzung** der Vorlage schafft ein im Urheberrecht unabhängiges Werk, § 24 UrhG[149]).

Freie Benutzung kommt in der Musik sehr häufig vor[150]), vor allem bei epigonenhaften Werken, im besonderen bei Jugendwerken auch großer Komponisten. Der Übergang von freier Verwendung zur Übernahme des Grundcharakters eines Stückes, besonders wenn es sich um die spezielle Gestaltungsart eines bestimmten Komponisten handelt, ist oft nicht zu trennen, wie dies auch bei den sog. Stilvariationen ersichtlich ist. Wenn wir moderne Musik, besonders elektronische Musik, hören, fallen uns Ähnlichkeiten wohl ohne Schwierigkeiten auf.

Mit Rücksicht auf die Bedeutung der Melodie, vor allem für die Unterhaltungsmusik, besteht der Melodieschutz, wobei in den Bereich der freien Benutzung die nicht erkennbare Verwendung einer Melodie gehört[151]). Freie Benutzung kann auch vorliegen bei frei gestalteter Vollendung eines unvollendeten Werkes eines verstorbenen Komponisten; man denke an *Rimskij-Korsakoff*, der das Fragment der Oper „Fürst Igor“ von *Borodin*

---

145) Dazu unter I 5 (c/1 d, 2, 3).

146) Dazu unter I 6 (b/2 a) bei Fußn. 550 und I 6 (c/1) bei Fußn. 615, 616.

147) Dazu Riedel UrhG § 89 Bem. A zur Filmmusik BGH (Bel ami) GRUR 1957, 611 (Ulmer) = UFITA Bd. 24, 406 = Schulze, Schulze RzU (Fußn. 11) BGHZ 37 (Kleine).

148) Dazu Riedel UrhG § 3 Bem. B 3 (bei „Fortsetzung) bez. Sprachwerke mit Hinweisen auf Rechtsprechung.

149) Dazu Z 7 (d), 9 (c).

150) Dazu unter I 5 (g/4) bei Fußn. 382 ff.

151) Dazu unter Z 9.

vollendete[152]). Es kann auch bei Neuauflage eines Werkes eines anderen Komponisten freie Benutzung vorliegen, u. U. nur teilweise, je nach der Art und dem Umfang der Neugestaltung, wie etwa bei *Wüllner-Schwickerath* Chorübungen der Münchener Musikschule[153]) und bei *Paul Hassenstein* Choralbuch für Harmonium oder Klavier[154]). Auch bei freien Variationen (dazu *Variation)* sind einzelne Teile des Werkes freie Benutzung[155]). Die elektronische Musik unterscheidet sich wesentlich von der traditionellen Musik[156]). Wenn daher tonale Musik, auch mit Text, als elektronische Musik bearbeitet wird, ist es im Regelfall freie Benutzung, falls nicht ausnahmsweise die übernommene Musik in einzelnen Takten erkennbar übernommen wird und insoweit als Bearbeitung zu werten wäre.

Die sog. Programm-Musik nach Werken der Dichtung oder der bildenden Künste fällt unter freie Benutzung; dazu *Programm-Musik.* Parodien können freie Benutzung eines Musikstücks sein.

11. **Funkbearbeitung** ist die Bearbeitung eines Musikstückes für eine Rundfunkaufführung, einer Oper oder Operette für den Hör- oder Fernsehfunk. Die Bearbeitung kann sehr verschiedenartig sein. Es kann sich um bloße Änderungen handeln, wenn etwa Ausschnitte aus einer Oper oder Operette unverändert aufgeführt werden und es nur darum geht, diese Teile auszusuchen. Bearbeitung liegt dagegen vor, mindestens teilweise, wenn ein Werk auf die Besonderheiten einer Funksendung zugerichtet wird[157]).

12. **Gemeinfreiheit** oder sonstige urheberrechtliche Ungeschütztheit des Bearbeitungsgegenstandes, die sich auch auf einen Teil beschränken kann[158]), schließt die Bearbeitung nicht aus. Gemeinfreiheit besteht, wenn ein Musikstück ohne Urheberschutz ist, insbes. weil es früher nie einen Urheberschutz hatte, wie die Musik alter Meister, Choräle und Volkslieder[159]), oder weil die Schutzfrist abgelaufen ist, wie bei *Richard Wagner*[160]).

Wenn mehrere Komponisten dasselbe gemeinfreie Lied, etwa einen Choral oder ein Volkslied[161]) (dazu *Choral-Bearbeitung, Volkslied),* unabhängig voneinander benutzen, so ist dies unabhängiges Schaffen, auch wenn ein Kompo-

---

[152]) Dazu unter I 5 (c/1 d) bei Fußn. 148.
[153]) Dazu Wollenberg aaO. (Fußn. 46) 98.
[154]) Dazu Fußn. 136.
[155]) Dazu Riedel UrhG § 24 Bem. B 1.
[156]) Dazu unter I 4, 6 (b/1).
[157]) Meist handelt es sich um Kürzungen; dazu Kürzungen Z 8 (18).
[158]) Dazu unter Z 5.
[159]) Dazu unter I I 5 (e).
[160]) Dazu auch Wollenberg aaO. (Fußn. 46) 106, 111.
[161]) Dazu Fußn. 159.

nist ein solches Lied durch die Bearbeitung eines anderen kennen lernt. Wenn er aber die Bearbeitung eines anderen benützt, also seiner Bearbeitung zugrunde legt, ist es abhängiges Schaffen im Sinne des § 23 UrhG, also seinerseits Bearbeitung. Bekannt ist die Melodie vom Schwedenmädel [162]). Der Komponist *Hugo Alfvén* übernahm eine schwedische, nirgends aufgezeichnete Volksmelodie vor vielen Jahren von einem schwedischen Fischerknaben, der sie sang. Er bearbeitete sie dann, unter Zuziehung von *Percy-Faith* und nahm künstlerische Veränderungen vor, so entstand sein Werk „Midsommervarka", eine schwedische Rhapsodie. *Franz Midi* schuf im Anschluß an die bearbeitete Volksmelodie das Musikstück „Schwedenmädel". Da die Bearbeitung von *Franz Midi* nicht auf das ungeschützte Original zurückgriff, verletzte er fremdes Urheberrecht; dazu *Mehrheit, Volkslied.*

13. **Generalbaß.** Das Aussetzen des Generalbasses kann Bearbeitung sein; es ist es dann nicht, wenn es sich lediglich um mechanisches Aussetzen der abgekürzten Notenschrift handelt, also um eine tatsächlich rein handwerkliche Tätigkeit, die nur die genaue Kenntnis der Abkürzungszeichen voraussetzt [163]). Der Streit, ob Bearbeitung zu bejahen oder zu verneinen ist, löst sich hier nach keinen anderen Gesichtspunkten als nach den auch sonst maßgebenden.

Die Notation im Generalbaß [164]) entstand zu einer Zeit, da die Harmonie noch grundsätzlich aus Dreiklängen bestand und dem Gebrauch der Dissonanzen enge Grenzen gesetzt waren; dies war kurz vor 1600. Als dann im Laufe der Zeit die Musik komplizierter wurde, wurde auch diese Notenschrift immer differenzierter. Es gab eine immer größere Anzahl von Zeichen und Deutungen. Es waren schließlich ca. 120 Bezifferungen. Einfache Regeln und Leitsätze genügten nicht mehr, es erfolgten die Belehrungen in Lehrbüchern. So zeigt die Geschichte des Generalbasses, daß die Bezeichnungen, die anfangs klar waren, immer unverständlicher wurden und geübte Spieler vielfach abweichend von der Vorlage spielten.

Wenn in heutiger Zeit Generalbaß ausgesetzt wird, so wird nur in geringem Umfange der Bearbeiter rein technisch die Übertragung in unsere Notenschrift vornehmen, nämlich nur, wenn die Bezeichnungen klar und deutlich sind, während die schwierigen Bezeichnungen weithin unbekannt sind. Daher wird das mechanische Umschreiben oder Spielen nach der Generalbaßschrift an Bedeutung verlieren. Die freie Ergänzung der ausgeschriebenen Noten zu einem Musikstück steht deshalb im Vordergrund und entspricht übrigens auch mehr unserer Zeit.

---

[162]) Dazu LG Frankfurt a. M. UFITA Bd. 22, 372 = Schulze RzU (Fußn. 11); LGZ 44 (Greuner); auch Wolpert aaO. (Fußn. 114) 808.

[163]) Dazu zum Handwerksmäßigen unter Z 6.

[164]) Dazu unter I 6 (b/2 b) bei Fußn. 560 ff.

Das reine Aussetzen des Generalbasses kommt natürlich in musikkritischen Ausgaben (dazu *Kritische Ausgaben*), die möglichst danach streben, das Original herzustellen, noch vor, wobei musikwissenschaftliche Studien und Forschungen dies ermöglichen; hier mag eine langwierige und umständliche wissenschaftliche Forschung vorliegen, das Aussetzen der Generalbaßschrift wird hier im Bereich des rein Mechanischen auf Grund der uns vielfach unbekannten Abkürzungszeichen vorgenommen und ist daher keine Bearbeitung, hat aber dann als wissenschaftliche Ausgabe Schutz nach § 70 UrhG[165]). Nur soweit bei wissenschaftlichen Ausgaben der Wissenschaftler den sog. Urtext nicht herstellen kann, weil die Gerneralbaßschrift unzureichend oder auch wissenschaftlich nicht aufklärbar erscheint oder dem Interpreten freien Spielraum läßt, er also frei ergänzt, wenn auch sinngemäß und aus dem Geist des Komponisten, liegt eine Bearbeitung auch hier vor, die über § 70 UrhG hinausgeht und unter die Bearbeitung nach § 3 UrhG fällt. *Fellerer*, der an sich von einem strengeren Begriff des Werkes ausgeht, als § 2 Abs. 2 UrhG festlegt[166]), führt zu der Frage der schöpferischen Leistung bei Herstellung von Urtexten nach Generalbaß aus[167]):

> „Wie in der Auffassung der Edition alter Musik hat sich auch in der Auffassung der Generalbaßgestaltung in den letzten Dezennien ein Wandel auf Grund der musikwissenschaftlichen Forschung vollzogen. Während noch *Riemann*, der zu den bedeutendsten Musikforschern zählt, den Generalbaß vom Klang des modernen Klaviers aus als eine überladene Komposition zum Original der Stimmen fügte, geht die neuere Auffassung auf Grund historischer Erkenntnisse vom Klang der Akkord- und Melodieinstrumente sowie der Einfügung des Generalbasses in Besetzung und Satz in das betreffende historische Kunstwerk aus. Die stilistische Entscheidung ist bei ernster Ausführung des Generalbasses ebenso wesentlich wie bei der Herstellung des „Urtextes". Auf Grund des Könnens der Harmonie erfolgt die Generalbaßgestaltung als eine vom originalen Kunstwerk her bestimmte schöpferische Bearbeitung... Es ist ein künstlerisches Gestalten, das die Ausführung des Generalbasses im Sinne des Komponisten und seiner Zeit bestimmt."

Es wird hier davon ausgegangen, daß der Urtext-Bearbeiter im Sinne des Komponisten und seiner Zeit in das Werk hineinkomponiert. Für die rechtliche Beurteilung ist es bedeutungslos, ob eine solche Art der Bearbeitung des Urtextes als echte Urtext-Bearbeitung angesehen werden kann oder ob sie

[165]) Dazu Riedel UrhG § 70 Bem. A, auch unter I 5 (i).

[166]) Dazu unter Z 6 bei Fußn. 55, 56.

[167]) Dazu Fellerer Musikwissenschaftliche Darstellung GEMA-Nachrichten 1958, Nr. 51, S. 29 (31), ebenso Fellerer aaO. (Fußn. 55) 24 ff.

nicht doch wieder persönliche Auffassung über die Musik der früheren Zeit ist[168]). Wesentlich ist:

Ob die Generalbaß-Ausarbeitung in freier oder in an die frühere Zeit imitierter Weise erfolgt, stets ist es Bearbeitung. Nur wenn und soweit rein mechanisch die Generalbaß- in Notenschrift „übersetzt" bzw. übertragen wird, ist es keine Bearbeitung[168a]); dies kann natürlich bei einem Teil eines Musikstücks zutreffen, und dann ist es insoweit keine Bearbeitung und ungeschützt, bzw. nur nach § 70 UrhG geschützt.

Die Feststellung, ob eine reine Übertragung der Generalbaßschrift erfolgt oder darüber hinausgehend eine urheberrechtlich geschützte Bearbeitung vorliegt, kann einfach und klar nach der Übersetzung festgelegt werden, erforderlichenfalls unter Zuziehung eines Sachverständigen, der klarlegt, was sich aus der reinen Schriftübertragung ergibt. Dann steht fest, was darüber hinaus geändert ist. Es ist möglich, daß es sich nur um geringfügige Änderungen handelt, die keine Bedeutung haben und daher ungeschützte Änderungen im Rechtssinne sind[169]). Es ist aber auch denkbar, daß die Handhabung freier ist, und dann handelt es sich um Bearbeitung. Wenn eigene Gedanken zum Ausdruck kommen, kann es auch Musik sein, die nicht als Bearbeitung anzusehen ist. Insofern liegt die Entscheidung bei dem Einzelfall, wie auch *Moser*[170]) und *Runge*[171]) erklären. *Fellerer*[172]), der bei

---

[168]) Dazu unter I 5 (b/2).

[168a]) So auch Riemann Musiklexikon S (Fußn. 1) 91/92: Bearbeitung, 323 ff.: Generalbaß; Keller Schule des Generalbaßspiels (Bäreneiter-Ausgabe 490) mit Auszügen aus theoretischen Werken der einschlägigen Jahrhunderte und zahlreichen Notenbeispielen läßt deutlich ersehen, was bloßes Aussetzen der Abkürzungszeichen ist und was ergänzende Bearbeitung darstellt, insbesondere auch freie kompositorische Ergänzung. Im Musikalischen Opfer von Johann Sebastian Bach ist bei der Trio-Sonate die Continuo-Stimme als Generalbaß geschrieben; ein Vergleich der mehr strengeren Aussetzung durch Joh. Philipp Kirnberger (1721—1783) und der modernen freieren Gestaltung durch L. Landshoff mag dies verdeutlichen — Edition Peters Nr. 237a, 4203b. Keller (1874—1941) aaO. bezeichnet die Aussetzung von Kirnberger als schulmäßig korrekt in Gegensatz zu der freien Satzart. Zu dem bekannten Orgeltrio von Bach „Wachet auf, ruft uns die Stimme" (Ausgabe Keller Bd. VII, Nr. 57 — Edition Peters Nr. 246a, Keller Die Kunst des Orgelspiels 90 ff. — aaO. Nr. 4517), das eine Eigenbearbeitung eines Chorals aus der Kantate Nr. 140 ist, besteht auch eine Generalbaßbezeichnung, die bei Keller Schule des Generalbaßspiels 84 ff. abgedruckt ist. Die Bearbeitung des Orgeltrios durch Wilhelm Kempff für Klavier (Kempff Musik des Barock und Rokoko Nr. 6 — Verlag Bote & Bock, Berlin-Wiesbaden), die Nebenstimmen enthält, läßt nicht ersehen, ob sie diese Generalbaßbezeichnung als Grundlage hatte; jedenfalls handelt es sich bei den Ergänzungen um eine Bearbeitung im Rechtssinne, gleichgültig, ob sie auf dem Generalbaß beruht oder nicht. Das erwähnte Orgeltrio ist als Schallplattenaufnahme erschienen / Pergola Stereo 832014 PGY, gespielt von Hans Otto: Bach Orgelwerke (Nr. 3).

[169]) Dazu unter Z 8 (1).

[170]) Dazu Moser Bearbeitung und wissenschaftliche Behandlung von Tonwerken GEMA-Nachrichten 1960, Nr. 48, S. 43.

[171]) Dazu Runge (38) Edition und Generalbaß, GEMA-Nachrichten 1958, Nr. 41, S. 32.

[172]) Dazu unter Z 6 mit Fußn. 55, 56 sowie Z 8 (28) bei Fußn. 233 ff.

der Umarbeitung von Musikstücken den Begriff des Handwerksmäßigen so weit spannt, engt ihn hier bei der wissenschaftlichen Tätigkeit ein; daher kann ihm insoweit nicht gefolgt werden, als die wissenschaftliche Urtextforschung musikalisch überbewertet wird, da rechtlich der Begriff der Bearbeitung einheitlich ist und daher auch bei wissenschaftlichen Bearbeitern von Generalbaßschriften nichts anderes festzustellen ist als sonst. Daß eine Bearbeitung von Generalbaß als urheberrechtliche Bearbeitung angesehen werden kann, bejaht auch *Greuner*[173]).

14. **Improvisation** ist kompositorisches Schaffen, und zwar gleichzeitiges Erfinden und Ausführen von Musik[174]). Es spielt in der neuen Musik, insbes. in der elektronischen Musik sowie in der Tanz- und Jazz-Musik eine besondere Rolle[175]). Improvisation ist auch eine fixierte musikalische Gestaltungsweise, nämlich ein Musikstück, bei dem für den Hörer der Eindruck des unvorbereiteten Schaffens entstehen soll.

Improvisation kann eigene oder fremde Gedanken beinhalten; in beiden Fällen kann es Bearbeitung sein. Besonders hervorzuheben sind die Kadenzen[176]). In Konzerten aus früherer Zeit ist vielfach die Ausführung der Kadenzen dem Spieler überlassen, wie es damals üblich war. Die Ausgestaltung der Kadenzen ist dann regelmäßig Bearbeitung des thematischen Materials des betreffenden Satzes, wobei die technische Fertigkeit des Spielers sich besonders zeigt; dazu *Melodie-Bearbeitung*. Es gibt auch ausgearbeitete Kadenzen zu solchen Konzerten, in denen sie vom Komponisten offen gelassen wurden.

Improvisation kann den Bereich der bloßen Änderungen (dazu *Änderungen)* nicht überschreiten, etwa wenn nur Teile des Stückes in einer Kadenz vom Interpreten transponiert wiederholt werden. Es kann sich auch um Kompositionen handeln, die keine Bearbeitung sind, dann nämlich, wenn noch nicht geäußerte eigene musikalische Gedanken Inhalt der Improvisation sind.

Eine Improvisation hat, wenn sie als Werk anzusehen ist, Urheberschutz, ob sie durch Tonband festgehalten oder nachträglich schriftlich fixiert wird oder nicht.

---

[173]) Dazu Greuner Schulze RzU (Fußn. 11), Ausl. Ung. 1 Anm.
[174]) Dazu unter I 6 (a/1) bei Fußn. 478.
[175]) Dazu unter I 4, 6 (c/2), auch Fußn. 174.
[176]) Dazu unter I 6 (b/2 c).

15. **Interpretation** von Musikstücken, also der Vortrag und die Ausführung derselben[177]), ist regelmäßig keine Bearbeitung. Auch Änderungen, die ein Interpret vornimmt, sind regelmäßig keine Bearbeitung; dazu *Änderungen*. Dies gilt auch, wenn er besonders angegebene Spiel- und Vortragszeichen, die von den Angaben des Komponisten abweichen, ausführt; dazu *Erläuterung*. Änderungen kommen insbes. auch vor, wenn Aufführungen ohne genügende Vorbereitung erfolgen und daher das Orchester oder Sänger oder der Dirigent unsicher sind, daß die Aufführung mit Fehlern erfolgt, indem hin und wieder unrichtig gesungen oder gespielt wird, etwa ein Einsatz verspätet oder falsch kommt. Hierher gehören auch die Fälle, daß mit Auslassungen gespielt wird, etwa wenn ein Klaviervirtuose, der auswendig spielt, einige Takte irrtümlich ausläßt, oder — wie es vorkam —, daß ein Sänger bei der Oper „Tosca" von Puccini im ganzen 2. Akt nicht sang, weil er infolge einer zu kurzen Vorbereitung nicht mehr dazukam, sich die ganze Rolle einzuprägen.

Ausnahmsweise wird der Interpret zum Komponisten bzw. Bearbeiter; dazu *Improvisation*.

16. **Kadenz** vgl. *Improvisation*.

17. **Kritische Ausgaben** sind nach § 70 UrhG geschützt[178]). Kritische Textausführungen genießen Urheberschutz als Werk der Literatur. Wenn allerdings in einer kritischen Ausgabe eigenes musikalisches Schaffen mit verbunden ist, so kann dies insoweit Bearbeitung sein, u. U. wenn es sich um noch nicht geäußerte Gedanken handelt, eine Komposition, die nicht Bearbeitung ist. Bei der Musik zeigt sich, daß bei den sog. kritischen Ausgaben, die auf den Urtext zurückgehen wollen, weitergehend als bei der Literatur Bearbeitungen in Frage kommen, weil Ergänzungen und Verbesserungen vorgenommen werden. Die Ausführung von Stücken mit Generalbaß erfolgt sehr verschiedenartig und enthält oft Bearbeitungen; dazu *Generalbaß*.

Zu textkritischen Ausgaben ist noch auf folgendes hinzuweisen, da solche Ausgaben verschiedentlich daneben teilweise musikalische Bearbeitungen

---

177) Dazu unter I 4 bei Fußn. 21.
Es ist bekannt, daß Ravel nach einer Aufführung seines „Boléro" durch Toscanini, weil das Tempo seiner Auffassung nicht entsprach, diesem verbot, dieses Stück jemals wieder aufzuführen — ein Zeichen, wie die Auffassungen des Komponisten und des Interpreten auseinandergehen können.

178) Dazu Riedel UrhG § 70 Bem. A, auch § 3 Bem. B 3, 5 sowie unter I 5 (i).

sind[179]). So wird in *Mozart* Gesamtausgabe[180]) bez. Konzerte im Vorwort von *Engel* und *Heußner* der Hinweis gebracht, daß es keinem Zweifel unterliegt, daß die Konzerte teilweise unter den Händen Mozarts und seiner Zeitgenossen anders erklangen, als sie in der Notenschrift erscheinen, insbes. bei den großen Notenwerken. Es wird nun in der Ausgabe ein Deutungsversuch unternommen unter Hinweis auf solche bearbeitete Stellen durch *Cramer, Hummel* u. a. Hier muß der kritische Herausgeber also stellenweise zum Bearbeiter werden, wenn die Ausgabe für die Praxis brauchbar sein soll. Dies ist auch ersichtlich aus der kritischen Ausgabe für Orgel von *Dennerlein-Pröger* Mozart auf der Orgel[181]), wobei bei einem Präludium zuerst die unaufgelösten Noten abgedruckt sind und dann 2 verschiedene Bearbeitungen von den Herausgebern folgen, die zeigen, wie vielgestaltig solche Stellen spielbar sind. Ohne „Auflösung" aber sind solche Stellen in Werken von *Mozart* für den Interpreten unserer Tage wohl ein Rätsel, mit dem er nichts anfangen kann. Bei *Johann Sebastian Bach* finden wir in seinen Werken ähnliche Stellen; es sei insbes. die Chromatische Fantasie erwähnt, wobei die aufzulösenden Stellen z. B. von *Edwin Fischer*[182]) anders inter-

[179]) Dazu Fellerer, Greuner, Moser und Runge bez. Generalbaß unter Generalbaß bei Fußn. 167 ff.
Wenn der bekannte Dirigent Jochum bei einer der späten Symphonien von Haydn, bei der in der neuen Gesamtausgabe einige von Haydn stammende Takte für Cembalo, und zwar für ein Solospiel, angegeben werden, für die ganze Symphonie eine Cembalo-Stimme schreibt, und zwar im Bestreben nach Originaltreue, so ist dies insoweit Bearbeitung, wobei es unerheblich ist, daß an der Orchesterpartitur keine Änderungen vorgenommen sind. Wird die Symphonie anderweitig ohne diese Ergänzung der Cembalo-Stimme aufgeführt, so wird in das Recht der Bearbeitung nicht eingegriffen. Zur Problematik der Aufführungen in der sog. Originalfassung oder im Originalklang unter I 5 (b, i).

[180]) Mozart Gesamtausgabe (Bärenreiter Verlag, Kassel) Serie V Konzerte Werkgruppe 15, Bd. 6.

[181]) Dennerlein-Präger Mozart auf der Orgel Bd. I (Verlag Merseburger, Berlin) Präludium S. 12 ff.

[182]) Edwin Fischer Chromatische Fantasie von Bach (Verlag Ullstein, Tonmeister-Ausgabe Nr. 7) — nach dem Vorwort handelt es sich um eine kritische Ausgabe, die Bach unverfälscht bringen will.
Die Urtextausgabe von Keller — Edition Peters Nr. 9006 — bringt den Originaltext mit 2 handschriftlichen Varianten sowie bez. der Ausführung der Arpeggien mit Spielbeispielen nach Abschriften aus dem 18. Jahrhundert und nach Mendelssohn Bartholdy.
Wenn man im Musikalischen Opfer von Johann Sebastian Bach die Kanons im Urtext liest (dazu Edition Peters Nr. 219), kann sie heutzutage ein Musikliebhaber kaum unmittelbar nach dem Original spielen, wohl auch ein Berufsmusiker nur ausnahmsweise, da die kompliziertesten Arten von Kanons vorkommen, wie Krebs-, Spiegel- und Rätselkanon. Hier ist für die Übertragung kein freier Raum, also ist es auch keine Bearbeitung; dazu Bunk Edition Breitkopf Nr. 6227 (Ausgabe für Orgel). Eine solche Aussetzung von Kanons ist aber wissenschaftliche Arbeit, die besondere Fachkunde voraussetzt, und daher als wissenschaftliche Ausgabe iSd § 70 UrhG anzusehen.
Andererseits sollte freilich bei Urtextausgaben die Spieltechnik sachgemäß berücksichtigt werden und man sollte in dieser Beziehung Unrichtigkeiten vermeiden; erforderlichenfalls sollte ein Wissenschaftler einen Musiker aus der Praxis zuziehen. Wenn daher zu Johann Sebastian Bach Inventionen und Sinfonien (Urtextausgabe von L. Landshoff — Edition Peters Nr. 4201 mit Beilagen) zu Takt 13 der 2. Invention bei einem Praller bemerkt wird (aaO. Beilagen II), derselbe sei nur auf einem

pretiert werden als in einer kritischen, von Wissenschaftlern herausgegebenen Ausgabe[183]). Daß auch bei einem Komponisten aus neuerer Zeit wie bei *Max Reger*, wenn auch in Grenzen, bei einer kritischen Ausgabe Unklarheiten auftreten, zeigt sich bei der Gesamtausgabe[184]). Hier wird z. B. in Bd. XI im Vorwort von *Sievers* ausgeführt[185]), unerwähnt blieben u. a. Korrekturen bedeutungsloser Ungenauigkeiten, nämlich Notenwert konstituierende, aber die Harmonik nicht berührende Intervall- und Akkord-Doppelkaudierungen, die im Autograph oft flüchtig, in der Erstausgabe dementsprechend vielfach willkürlich gedeutet und inkonsequent gesetzt sind, ferner Verbesserungen einiger die musikalische Substanz nicht betreffender Notierungsweisen. Da die Erstausgaben von *Max Reger* selbst korrigiert wurden, kann es sehr wohl einen Eingriff in dessen Schaffen bedeuten, wenn nunmehr etwaige Unklarheiten ohne nähere Angabe geändert werden. Meist wird es sich hier wohl um Änderungen, nicht um Bearbeitungen im Rechtssinne handeln; ob letzteres bei einzelnen Stellen in Frage kommt, kann allerdings nur nach dem Einzelfall festgestellt werden. Hierzu wäre aber nötig, daß die wissenschaftlichen Ausgaben auch solche Stellen genau angeben. Bei den Orgelwerken sagt der Revisionsbericht von *Klotz* zu den verschiedenen Lesarten[186]), daß trotz der bekannten Sorgfalt des Schreibers und Korrekturenlesers Reger eine Anzahl von Schreib- und Druckfehlern zu berichtigen gewesen sei: vergessene Staccatopunkte, Bindebogen, Akzidentien und Registrieranweisungen sowie überzählige Verlängerungspunkte, Bögen und Töne, ferner daß auch Differenzen dadurch entstehen, daß Reger Verbesserungen bei Abschreiben oder Korrigieren anbrachte, indem er die polyphonen Linien charakteristischer zog und das System der Vortragsanweisungen sinnvoll durchgliederte, wobei auch einzelne Stellen neu gefaßt oder weggelassen wurden, daß bei der Neuausgabe Schreib- und Druckfehler stillschweigend berichtigt seien und bei der Ermittlung der korrekten Lesart mehrfach Parallelstellen und

---

zweimanualigen Cembalo bzw. auf einer Orgel ausführbar, wobei auf den Revisionsbericht, Seite 43, verwiesen wird, so ist dies nicht recht verständlich. Wohl ist ein gewisses geschicktes Ineinanderspiel der beiden Hände nötig, aber wenn für jede der 2 Stimmen eine ganze Hand mit 5 Fingern zur Verfügung steht, so ist die bezeichnete Stelle leicht einwandfrei zu spielen, auch auf einem Klavier oder einmanualigem Cembalo. Die hierzu erforderliche Technik des Spiels ist gering im Verhältnis zu dem, was Chopin, Liszt u. a. an Technik erfordern. Soweit solche Unrichtigkeiten in wissenschaftlichen Ausgaben enthalten sind, sollte man sie beseitigen.

[183]) Klassiker der Tonkunst, herausgegeben von Prosnitz, Epstein u. a. (Universal-Edition/Wien/Leipzig) Johann Sebastian Bach mit Einführung von Albert Schweitzer.

[184]) Max Reger Sämtliche Werke (Breitkopf & Härtel/Wiesbaden).

[185]) Max Reger aaO. (Fußn. 184, Bd. 11 (Bd. III der Werke für zweihändig Klavier).

[186]) Dazu Max Reger aaO. (Fußn. 184) Bd. 15 bis 18 (Bd. I—IV der Werke für Orgel).

[187]) Es werden nur die hier interessierenden, sich auf Auslassungen beziehenden Stellen des Revisionsberichts angeführt.

Kontext berücksichtigt wurden, auch Regers englische Bezeichnungen bez. Zuordnungen bei den Manualen weggelassen sind. Wenn man in Originalausgaben der verschiedenen Meister Einblick nimmt, kann man feststellen, daß es bei der Handhabung wohl noch an einheitlichen Richtlinien fehlt, teilweise auch in derselben Gesamtausgabe[188]), und daher auch Hinweise u. U. verschieden aufzufassen sind. Es ist nicht auszuschließen, daß das, was ein Autor als unbedeutend ansieht, einem anderen wichtig erscheint. Auch ist bei solchen anonymen Änderungen, die möglicherweise im Einzelfall Bearbeitungen sein können, bei Ausgaben von bereits gemeinfreien Meistern und bei solchen, deren Schutzzeit zwar noch läuft, aber früher oder später auch endet, nicht feststellbar, was bei der Revision geändert wurde. Soweit aber ausnahmsweise solche Änderungen als Bearbeitung irgendwie schutzfähig sind, muß das Urheberrecht solcher Bearbeiter beachtet werden. Dies kann zu Schwierigkeiten führen. Es müßte also entweder restlose Klarstellung ersichtlich sein oder, soweit dies nicht geschieht, ein Verzicht auf etwaige Urheberbefugnisse im Rahmen eines Revisionsberichts ausgesprochen werden[189]). Es ist daher zu empfehlen, solche Stellen zu kennzeichnen, wie es zutreffend bei op 73 von *Reger* beim Abdruck einer Erweiterung, die als Änderung aufzufassen ist, geschieht; dazu *Erweiterung.*

18. **Kürzung** von Musikstücken kommt häufig vor. Dies ist nicht ohne weiteres Bearbeitung. Wenn vom Komponisten Wiederholung einzelner Teile eines Satzes oder „da capo" vorgeschrieben ist und dies unterbleibt beim Vortrag zwecks Kürzung bzw. ein Herausgeber von Musikwerken gibt dies an, indem beim Druck die Wiederholungszeichen weggelassen werden, so ist dies Änderung[190]), aber keine Bearbeitung. Wenn ein Stück mit Kürzungen, d. h. mit Auslassungen, sonst aber unverändert gespielt wird, so ist dies ebenfalls keine Bearbeitung, sondern Änderung[191]). Wenn in Zusammenhang damit geringfügige Änderungen vorgenommen werden, so kann auch dies noch außerhalb der Bearbeitung liegen; dazu *Änderungen.* Häufig wird jedoch in Zusammenhang mit Kürzungen eine etwas stärkere Änderung am Bearbeitungsobjekt vorgenommen, mindestens bei Überleitungen (dazu *Erweiterung);* dann liegt insoweit Bearbeitung vor, wobei aber rechtlich klarzustellen ist, wieweit diese Bearbeitungstätigkeit reicht, da sie u. U., wie häufig in einem solchen Falle, nur auf einen Teil des gekürzten Werkes sich beschränkt. Eine besondere Gestaltungsform ist das sog. Potpourri; dazu

---

[188]) Wie z. B. in der Gesamtausgabe von Reger, dazu Fußn. 185, 186.

[189]) Über Verzicht auf Urheberbefugnisse Riedel UrhG § 31 Bem. B (4); dazu auch unter Z 14 bei Fußn. 408 ff.

[190]) Dazu unter I 6 (c/1) bei Fußn. 594, über Änderungen im Rechtssinne unter Z 7 (c).

[191]) Dazu Fußn. 190.

Potpourri. Auch Querschnitte oder Ausschnitte aus einer Oper[192]) oder Operette[193]) sind hierher zu rechnen.

19. **Mehrheit** von Bearbeitungen kann in der Weise erfolgen, daß mehrere Komponisten dasselbe Stück unabhängig voneinander bearbeiten. Dann ist es ein Doppelschaffen[194]), bei dem jede Bearbeitung nur im Verhältnis zum Bearbeitungsobjekt zu betrachten ist. Es war dies früher schon sehr häufig üblich und ist bis in die Gegenwart vor allem bei Choral- und Volksliedbearbeitungen von Bedeutung[195]). Dazu kommt, daß auch in der modernen Unterhaltungsmusik dieselben Melodien verschieden bearbeitet von Tanzkapellen usw. gespielt werden[196]). Dazu kommen die besonderen Bearbeitungen für Schallplatten[197]) und Funk.

Dann gibt es eine mehrfache Bearbeitung in der Art, daß eine Bearbeitung selbst Bearbeitungsobjekt für eine andere Bearbeitung wird, daß also eine Bearbeitung bearbeitet wird. Es sind hier die verschiedensten Varianten denkbar. Eine Bearbeitung kann von mehreren nach Art des Doppelschaffens verwendet und bearbeitet werden. Es kann aber auch eine Bearbeitung bearbeitet werden und diese Bearbeitung wird ihrerseits wieder bearbeitet usw., also in mehrfacher Reihenfolge[197]). Dazu auch *Gemeinfreiheit, Volkslied.*

Ein Doppelschaffen liegt z.B. vor bez. des „Ave verum" von *Mozart,* das *Franz Liszt* in einem Orgelstück „Evocation à la Chapella Sixtine" und *Peter Tschaikowsky* in seiner „Mozartiana", op 61, für Orchester bearbeitet haben[198]).

Eine Bearbeitung in Reihenfolge ist bez. des Ständchens aus dem Schwanengesang von *Franz Schubert* (Leise flehen meine Lieder) erfolgt durch *Franz Liszt* als Transkription, die ihrerseits von *Robert Heger* für großes Orchester instrumentiert wurde[199]).

---

[192]) Dazu KG Schulze RzU (Fußn. 11) KGZ 13 (Schulze) bez. Querschnitt aus der Oper „Carmen".

[193]) Dazu BGH (Eisrevue) NJW 1960, 1900 = GRUR 1960, 604 = UFITA Bd. 32, 348 = Schulze RzU (Fußn. 11) BGHZ 74 (Schulze), NJW 1960, 1902 = Schulze aaO. BGHZ 75 (Schulze), KG Schulze aaO. KGZ 35 (Schulze) bez. Verwendung von Teilen aus Operetten in einer Eisrevue.

[194]) Dazu Schulze RzU (Fußn. 11) Ausl. Ital. 10 (Fabiani) bez. Umarbeitung eines Werks der leichten Musik in einen „Tango argentino" und durch einen anderen Bearbeiter zu einem „popular song"; Riedel UrhG § 2 Bem. B 3 (h), § 3 Bem. B 2 (d), 5; auch unter Z 7 (a).

[195]) Dazu unter I 5 (e).

[196]) Dazu unter I 6 (c/2a).

[197]) Dazu Fußn. 137.

[198]) Dazu unter I 5 (b/2) bei Fußn. 73.

[199]) Dazu unter I 5 (6/2) bei Fußn. 68.

20. **Melodie-Bearbeitung,** wobei Melodie im Rechtssinne zu verstehen ist[200]).

Geringfügige Änderungen an der Melodie halten sich im Bereich der Änderungen (dazu *Änderungen),* während stärkere Änderungen an der Melodie, die deren Charakter umgestalten können, Bearbeitung sind. Über Melodieschutz enthält § 24 Abs. 2 UrhG eine Regelung, wonach es nicht als freie Benutzung angesehen wird, wenn eine Melodie erkennbar einem Werk entnommen wird[201]). Es kann sogar freie Benutzung vorliegen, insbes. bei Fantasie oder freier Variation; dazu unter *Freie Benutzung, Variation.*

In diesem Zusammenhang soll die für die Praxis wichtige Frage erörtert werden, ob Bearbeitung vorliegt, wenn zu einer gegebenen Melodie eine Begleitung geschaffen wird[202]). Es wird für solche Bearbeitungen vielfach das Wort Arrangement gebraucht, das mißverständlich ist und daher besser vermieden werden sollte; dazu *Arrangement, Umarbeitung.* Man sollte deshalb von Melodie-Bearbeitung sprechen, da es sich im Regelfall um eine solche handelt. Der Anwendungsbereich ist sehr groß über den Gesamtbereich der Musik, in der ernsten ebenso wie in der leichten Musik. Die Choral- und Volkslied-Bearbeitungen sind ein Teilgebiet solcher Bearbeitungen; dazu *Choral-Bearbeitung, Volkslied.*

In der leichten Muse sind die Melodisten bekannt dadurch, daß sie Melodien erfinden und irgendein Bearbeiter, den man verschiedentlich als Arrangeur bezeichnet, die Begleitung dazu fertigt. Nicht immer liegt eine volltönige Melodie vor; manchesmal handelt es sich nur um einen Teil einer solchen oder um eine Melodie mit Mängeln oder Fehlern, so daß auch die Melodie noch geändert oder umgestaltet werden muß. Es kommt nicht selten vor, daß eine Melodie gleichzeitig an verschiedene Bearbeiter gegeben wird; dazu *Mehrheit.*

Liegt nur eine unvollständige oder mangelhafte Melodie oder gar nur ein Torso von Melodie mit wenigen Noten vor, die für sich allein keine besondere Wirkung auf den oder die Hörer auszuüben vermögen[203]), so hat der Komponist, der hieraus ein aufführungsfähiges Musikstück zu gestalten hat, in der Regel zuerst die Melodie als brauchbare Grundlage für das zu formende Werk zu formen. Da geistiges Schaffen frei und aus innerem Drang heraus erfolgt, ist dies natürlich nicht der einzige Weg. Die Gestal-

---

[200]) Dazu unter Z 9 (b)

[201]) Dazu Fußn. 200

[202]) Dazu Riedel UrhG § 3 Bem. B 5

[203]) Dazu unter I 5 (e), 6 (c/1) bei Fußn. 588.

tung eines Musikstücks kann also u. U. mit der richtigen Formung der Melodie Hand in Hand gehen. Dazu im übrigen unter *Themen-Bearbeitung*.

Auch wenn eine brauchbare Melodie vorliegt, die von einem Komponisten zu einem Musikstück auszuarbeiten ist, wird durch solche Bearbeitung die Musik erst zu einem aufführungsfähigen Stück, jedenfalls zu einem Stück, das eine weitaus größere Wirkung erzielt als die Melodie allein, selbst wenn die Melodie gut und für sich wirkungsvoll ist. In unserer Zeit sind die Hörer gewohnt, eine Melodie mit irgendeiner Begleitung zu hören, angefangen vom Einzelinstrument (wie Klavier, Orgel, Gitarre, Zither u. a.) bis zum großen Orchester. Daher werden die Melodien von Melodisten, ob es sich um Schlager oder um Melodien anderer Art handelt, auch regelmäßig erst in irgendeiner Bearbeitung aufgeführt. Das Schwergewicht liegt bei der Bearbeitung, da sie erst die Melodie zu dem macht, was man erwartet. Daher darf man — schon vom rein Musikalischen her — die Leistung des bearbeitenden Komponisten nicht unterschätzen. Zu dem Pfälzer Heimatlied „Mein Kusel" hat *Fritz Wunderlich* eine ausgezeichnete, auch sanglich ansprechende Melodie geschrieben. Trotzdem war sich der anerkannte Sänger darüber im klaren, daß die Melodie nur auf der Grundlage einer Orchesterbegleitung voll wirkt und einen Publikumserfolg hat. *Franz Josef Breuer* schrieb zu der Melodie die Orchesterbegleitung, und so wurde eine Schallplattenaufnahme gemacht[204]). Ein weiteres interessantes Beispiel: Der bekannte Komponist *Raimund Rosenberger* erhielt von einem Kollegen eine 16taktige bezifferte Melodie zur Verfügung gestellt und erhielt den Auftrag für einen Film, in dem ein Komponist ein klassisches Klavierkonzert zu schreiben hatte, aus den 16 Melodietakten eine Partitur für großes Orchester und Solo-Klavier auszuarbeiten[204a]).

Rechtlich betrachtet handelt es sich um eine Bearbeitung, bei gegenseitiger Zusammenarbeit in Miturheberschaft, wobei vom UrhG in § 8 aaO. anerkannt wird, daß das Übergewicht an schöpferischer Leistung bei dem Bearbeiter liegt, der die umfangreichere Urhebertätigkeit entfaltet[205]). Melodie-Bearbeitungen kommen auch bei Potpourris häufig vor; dazu *Potpourri*.

Wenn seitens der Schallplatten-Industrie eingewendet wird, daß die Bearbeitungen von Melodien handwerkliche Einrichtungen sein können, die keinen Urheberschutz genießen, daß sie aber nur dann Bearbeitungen seien,

---

[204]) Schallplatte Polydor Nr. 54076 L, auch unter I 5 (e) bei Fußn. 240.

[204a]) Dazu Fußn. 343.

[205]) Dazu unter Z 8 (3) bei Fußn. 129

wenn sie eigenschöpferische Prägung besäßen[206]), so entspricht diese Auffassung weder einer sachgemäßen musikalischen Betrachtung noch der Rechtslage[207]).

21. **Melodist** vgl. *Melodie-Bearbeitung.*

22. **Naturlaute,** wie insbes. Vogelstimmen[208]) sind ungeschützt, wenn sie in Musikstücken verwendet werden, ob sie auf Band oder Schallplatte aufgenommen und in Musik eingeblendet werden oder ob sie unverändert imitiert werden, u. U. etwas höher oder tiefer transponiert oder geringfügig verändert (etwa mit Rücksicht auf das Instrument, das die Nachahmung vornimmt)[209]). Musik, die dazu gespielt wird, hat Urheberschutz ohne Rücksicht auf dieses ungeschützte Material. Anders ist es bei den Naturlauten, wenn sie nur anregend auf dem Komponisten wirken und daher keine unmittelbaren Naturlaute in der Komposition vorkommen, wie etwa die Vogelpredigt des Franz von Assisi, die *Franz Liszt* in der Legende I für Klavier gestaltet hat, oder wie die wundervolle Vogelpredigt in glänzender orchestraler Gestaltung in der Oper „Der widerspenstige Heilige" von *Mark Lothar*[210]). Solche Musik ist nicht mehr Natur, sondern vergeistigte Vogelmusik, daher auch ein Werk nach § 2 Abs. 2 UrhG, soweit Vogelstimmen usw. nachgeahmt werden, geschützt ist. Im übrigen unter *Programm-Musik.*

23. **Potpourri** ist ein Tonstück, das aus verschiedenen, meist bekannten Melodien oder Musikstücken zusammengestellt ist[211]). Es besteht in der Regel für den Bearbeiter Schutzfähigkeit; allerdings muß nach dem Einzelfall der Umfang dieses Schutzes festgestellt werden, da die Gestaltung sehr verschieden sein kann. Werden einzelne Teile von Musikstücken oder kürzere ganze Musikstücke unverändert aneinandergereiht, so liegt insoweit keine Bearbeitung vor, höchstens eine Änderung; dazu *Änderungen, Erweiterung, Kürzung.* Die Schutzfähigkeit der benutzten Musikstücke beurteilt sich unabhängig von der Bearbeitung; sie können ohne Urheberschutz sein[212]) oder Schutz haben, als Musikstücke oder Bearbeitungen von solchen[213]). Bei Urheberschutz der bzw. einiger oder eines der benutzten Werke liegt eine Werkverbindung nach § 9 UrhG vor, wenn dessen Voraussetzungen erfüllt

---

206) Dazu unter Z 6 bei Fußn. 58, 59.

207) Dazu Fußn. 205; auch Franz Josef Breuer Gedanken zum Recht der Bearbeiter, Das Deutsche Magazin 1966, Heft 1, S. 4, unter I 5 (e) bei Fußn. 183.

208) Dazu unter I 4 bei Fußn. 37, I 6 (b/1) bei Fußn. 542.

209) Dazu unter Z 5.

210) Dazu unter I Fußn. 188.

211) Dazu unter I 5 (f) bei Fußn. 257, I 6 (c/1) bei Fußn. 601.

212) Dazu unter Z 5.

213) Dazu unter Z 2, 3.

sind[214]). Handelt es sich um ungeschützte Melodien, die verwendet werden, dann ist dies Melodie-Bearbeitung, wie z. B. bei der Akademischen Festouvertüre von *Brahms* oder bei der Vaterländischen Ouvertüre op 140 oder bei dem Orgelwerk op 145 von *Max Reger*; dazu unter *Melodie-Bearbeitung*. Es kann aber auch eine Bearbeitung der verwendeten Musikstücke erfolgen, und zwar je nach dem Verwendungszweck in größerem oder kleinerem Umfange; dann besteht insoweit Schutz als Bearbeiter. Die Überleitungen oder einzelne Teile, insbes. Einleitung und Schluß, können eigene Schöpfung oder Bearbeitung von musikalischen Gedanken der verwendeten Stücke, eventuell in freier Benutzung (dazu *Freie Benutzung)*, sein.

Bedenklich erscheint es, wenn verschiedentlich der Standpunkt vertreten wird[215]), übliche schulmäßige Modulationen als Verbindung der Stücke seien nicht schutzfähig. Zu einer schutzfähigen Komposition genügt ein sehr geringer Grad geistigen Schaffens; auch einfache harmonische Akkordaneinanderreihungen genügen, können übrigens, wie auch die Werke großer Meister zeigen, gerade in ihrer Einfachheit künstlerisch sehr wertvoll sein[216]). Von einer einfachen schulmäßigen Modulation kann — und darin liegt der Fehler der unrichtigen Beurteilung — man übrigens nicht gut sprechen, da jede Modulation durch die besondere Setzweise persönlichen Charakter erhält[217]).

24. **Neuauflage** vgl. *Fortsetzung*.

25. **Programm-Musik** will bestimmte Situationen usw. in Musik gestalten; es wird eine Realistik angestrebt, wobei echte Programm-Musik letztlich absolute Musik bleibt[218]). Diese Art der Musik bringt Naturschilderungen usw.[219]). Man spricht auch von Tonmalerei. Soweit Naturelemente unverändert in ein Musikstück übernommen werden, sind diese ungeschützt, während bei irgendeiner Form der kompositorischen Verarbeitung Schutzfähigkeit besteht; dazu *Naturlaute*. Dies gilt auch sonst entsprechend für sonstige Laute und Geräusche, die in die Kunst übernommen werden[220]).

---

[214]) Dazu Riedel UrhG § 9 Bem. B, B 1, 2, auch unter Z 11 (c).

[215]) Dazu Allfeld LitUrhG § 1 Be, 36; Hoffmann-Ritter aaO. (Fußn. 102) 34, Z 8 (3).

[216]) Dazu unter I 6 (b/2 b) sowie unter Choral-Bearbeitung Z 8 (3) bei Fußn. 132.

[217]) Dazu Gardens aaO. (Fußn. 124) 67 ff.; Garcia aaO. (Fußn. 124 93 ff.) mit Notenbeispielen, die zeigen, wie selbst einfache Modulationen bei entsprechender Setzweise persönliche Züge tragen und damit schutzfähig sind.

[218]) Dazu unter I 4 bei Fußn. 35, I 6 (b/2) bei Fußn. 542.

[219]) Dazu Fußn. 218.

[220]) Dazu Z 5.

Freie Benutzung ist es auch, wenn ein Musikstück ein Werk der Literatur oder der bildenden Künste als Programm zur Grundlage hat[221]). Zu denken ist an Werke von

Franz Liszt Fantasie für Klavier „Nach einer Lesung Dantes",

die Legenden für Klavier I Vogelpredigt des Franz von Assisi,

II Schreiten des Franz von Paula über das Meer,

das Werk für Klavier und Orchester „Danse macabre" (Totentanz), ein gewaltiges Variationswerk phantastischer Art, dem das Dies-irae-Thema der gregorianischen Totenmesse zugrunde liegt und das unter dem Eindruck eines Wandgemäldes „Der Triumph des Todes" in Pisa entstand[221a]).

Richard Strauß Tondichtung „Also sprach Zarathustra",

andererseits an Werke von

Mussorgski „Bilder einer Ausstellung" für Klavier nach Aquarellen und Zeichnungen des Architekten Hartmann,

Max Reger Böcklin-Suite, Tondichtung nach Bildern von Arnold Böcklin, op 108.

Auch sonst kommt Programm-Musik dieser Art vielfach vor, besonders in Opern und Operetten sowie Liedern. Da wegen der Verschiedenheit der Kunstarten die Frage der freien Benutzung unbestritten ist, erübrigen sich weitergehende Beispiele[222]).

26. **Themen-Bearbeitung.** Es kommt in der Gegenwart häufig vor, daß man ein paar Noten oder Takte, Themen oder Motive, eine unvollständige, vielleicht sogar falsche Melodie (dazu *Melodie-Bearbeitung)* oder dilettantische Notenvorlage einem Komponisten oder Bearbeiter vorlegt und daß er danach ein Musikstück gestaltet[223]). Wenn z. B. ein Rundfunk- oder Fernsehsender Kinder zur Einsendung von Kompositionen auffordert und es gehen nun Einsendungen ein, die ein Komponist zu aufführbaren Werken formt, so ist er der eigentliche Gestalter, der das wenige Material verwertet. Handelt es sich um ein paar Noten, die keinen Urheberschutz haben[224]), wie etwa die Noten eines Dreiklangs nachein-

---

[221]) Dazu Riedel UrhG § 3 Bem. B 2, 6.
[221a]) Dazu Reclams Klaviermusikführer (Stuttgart 1967) II, 365.
[222]) Dazu Riedel UrhG § 3 Bem. B 2.
[223]) Dazu unter I 5 (e), 6 (c/1).
[224]) Dazu unter Z 2 ff., 19 (2).

ander ohne rhythmische Besonderheiten gespielt, so liegt bei der Tätigkeit des Komponisten keine Bearbeitung vor, sondern ein Werk nach § 2 UrhG. Es besteht also keine Abhängigkeit von dem, der die Noten, die Grundlage des Musikstücks schrieb.

Handelt es sich dagegen um eine geschützte Vorlage[225]), liegt also ein schutzfähiger musikalischer Gedanke[226]), etwa ein schutzfähiges Thema oder Motiv, vor, so wird die Komposition mindestens teilweise Bearbeitung sein, nämlich soweit, als die gegebene Notenfolge musikalisch gestaltet wird[227]), während die frei eingefügten Teile, die vielleicht den größeren Teil eines solchen Stückes ausmachen, überwiegen[228]). Es kann sich auch um Miturheberschaft nach § 8 UrhG handeln, wenn die Voraussetzungen vorliegen.

Dies gilt entsprechend, wenn sonst ein begonnenes, nur teilweise fertiges Stück vorliegt und zu einem aufführbaren Werk ausgestaltet wird.

27. **Transponieren** vgl. *Änderungen*

28. **Umarbeitung** von Musikstücken für andere Instrumente oder Singstimmen oder für beides bzw. umgekehrt oder von Instrumentalstücken in Gesangsstücke bzw. umgekehrt wird häufig als Arrangement oder Einrichtung bezeichnet. Beide Ausdrücke sind mißverständlich und sollten daher nicht mehr gebraucht werden; dazu *Arrangement, Einrichtung.* Derartige Bearbeitungen kommen in weitem Umfange vor. Die Bearbeitung von Melodien hat besondere Bedeutung; dazu *Choral- Bearbeitung, Melodie-Bearbeitung, Volkslied.*

Im UrhG wird der Ausdruck Umarbeitung nicht gebraucht; es handelt sich also um keinen gesetzlichen Ausdruck. Art. 12 BÜ spricht zwar — in deutscher Übersetzung — von Umarbeitungen und meint damit Umgestaltung nach § 23 UrhG[229]). Damit wird aber der Ausdruck „Umarbeitung" nicht zu einem gesetzlichen Begriff, da die Übersetzung keinen neuen Rechtsbegriff schaffen kann. Es erscheint vielmehr eine Angleichung der Übersetzung an die Gesetzessprache des UrhG notwendig. Weil das Wort „Umarbeitung" kein Rechtsbegriff unseres Urheberrechts ist, steht nichts im Wege, ihn in diesem Zusammenhang in einem in der Musik gebräuchlichen Sinne zu verwenden.

---

225) Dazu Fußn. 224.

226) Dazu unter I 6 (a/I).

227) Dazu unter I 6 (b, c).

228) Dazu unter Melodie-Bearbeitung Z 8 (20) mit Fußn. 205, zur Miturheberschaft unter Z 11 (b).

229) Dazu unter Arrangement Z 8 (2) bei Fußn. 123.

Umarbeitung von Musikstücken bedeutet hiernach, wenn man die BÜ außer Betracht läßt, **Veränderung der Klangmittel**[230]). Es kommen als Bearbeitungsgrundlage alle Arten von Musikstücken in Betracht, also Gesang für eine oder mehrere Stimmen, Instrumentalmusik für ein oder mehrere Instrumente oder eine Verbindung von beiden[231]). Es kann eine

Erweiterung der Klangmittel erfolgen, etwa durch Instrumentierung eines Stücks für Klavier, Klavier und Violine, Streichquartett usw. für Orchester, wie die Bearbeitung des Klavierstücks „Bilder einer Ausstellung" von *Mussorgski* durch *Ravel,* die Bearbeitung der Suite im alten Stil für Klavier und Violine von *Max Reger,* op 93, zu einem Orchesterstück ohne Soloinstrument oder die Bearbeitung des Streichquartetts in cis von *Pfitzner,* op 36, in ein Stück für großes Orchester. Zu denken ist auch an die Umarbeitung von Liedern für Gesang und Klavier in Orchesterlieder.

Verringerung des Klangs kann umgekehrt erfolgen, etwa indem Orchesterstücke von Überinstrumentierung befreit, Orchesterstücke für kleinere Ensemble umbearbeitet oder Opern, Opernauszüge usw. für Klavier gesetzt werden. Zu erwähnen sind auch die Klavierauszüge oder die Liedbearbeitungen von *Liszt, Brahms, Grieg* u. a. sowie die Transkriptionen von *Liszt.*

Ungefähre Beibehaltung des Klanges liegt etwa vor bei Umarbeitung von Stücken für Orgel, für Klavier, Cembalo oder Harmonium oder umgekehrt. So hat *Franz Liszt* sein Präludium mit Fuge über BACH für Orgel auch für Klavier bearbeitet, ebenso die Variationen über „Weinen, Klagen, Sorgen, Zagen" von *Johann Sebastian Bach.* So bearbeitete *Max Reger* Präludium und Fuge in es für Klavier, ebenso *Busoni* Präludium und Fuge in e von *Bach,* wobei letzterer im Anhang zu Bd. I des Wohltemperierten Klaviers zugleich umfangreiche Hinweise für derartige Bearbeitungen gibt. *Wilhelm Kempff* hat das bekannte Choralvorspiel „Wachet auf, ruft uns die Stimme", das *Bach* nach einem Satz aus der gleichnamigen Kantate bearbeitet hat, für Klavier gesetzt. Die 2stimmigen Inventionen von Bach sind von *Max Reger - Karl Straube* durch Hinzufügung einer 3. Stimme für Orgel „bearbeitet" worden, wobei die 2 Originalstimmen unverändert geblieben sind —

---

[230]) Dazu Riedel UrhG § 3 Bem. B 5.

[231]) Derartige Umarbeitungen nehmen in der Musik einen weiten Raum ein; eine kleine Auswahl ist unter I 5 (f) ersichtlich, insbes. weitere Beispiele als im folgenden angeführt sind.

Zum Verhältnis von Bearbeitung und Werkverbindung nach § 9 UrhG, Fußn. 52, 106 sowie unter Z 11 (c), insbes. auch zu „Ave maria" von Bach-Gounod und zur Schule des Triospiels von Bach - Max Reger - Karl Straube.

rechtlich betrachtet ist dies keine Werkverbindung nach § 9 UrhG, ein Zeichen, wie musikästhetische und musikwissenschaftliche sowie rechtliche Betrachtungen voneinander abweichen. Von *Reger* gibt es auch 2 Transkriptionen für Harmonium, die er später für Orgel bearbeitete.

Es wurden einige bekannte leicht zugängliche Beispiele aus der Musikliteratur gewählt. Da für den Urheberschutz weder die Güte des Stücks noch der besondere musikalische Wert maßgebend sind, dürfen die Beispiele nicht unter dem Gesichtspunkt der Genialität verstanden werden. Über moderne Setzweisen, auch Bearbeitungen *Garcia* Das moderne Arrangement und *Gardens* Arrangiermethode für moderne Tanzorchester[232]). *Moser*[233]) und *Fellerer*[234]), die von einem gehobenen Werk-Begriff ausgehen, der enger ist als der gesetzliche nach § 2 Abs. 2 UrhG[235]), fassen die Uminstrumentierung weitergehend, als es dem UrhG entspricht, als handwerkliche Leistung auf, auch wenn eine weitere Begleitstimme hinzukomponiert wird[236]). Man kann jedoch eine solche Uminstrumentierung nicht dem Transponieren und der Übertragung eines Solostücks für ein Instrument (etwa Flöte) auf ein anderes Instrument (etwa Klarinette) gleichstellen — nicht einmal vom rein musikalischen Standpunkt aus, geschweige denn aus einer rechtlichen Schau. *Fellerer*[237]) sieht von seiner engeren Auffassung aus zutreffend in der Orchestrierung eines originalen Klavierstücks eine Bearbeitung, weil das Stück in neuer Klanglichkeit zum Ausdruck kommt. Bei einer sonstigen Uminstrumentierung ist der Vorgang ähnlich, weil eine andere Orchesterzusammensetzung auch andere Klangwirkungen erzeugt und dies bei der Komposition der Bearbeitung berücksichtigt werden muß. Dies gilt sinngemäß auch für Gesangswerke und Kombinationen von Gesang und Instrumenten.

Berücksichtigt man all dies, so ergibt sich urheberrechtlich folgende klare und einfache Rechtslage, wobei die musikwissenschaftlichen Auffassungen von *Fellerer* und *Moser*[238]), die keine rechtlichen Kriterien enthalten, außer Betracht bleiben müssen:

Die **Umarbeitung** ist **regelmäßig geschützt**, hat auch die **Vermutung der Schutzfähigkeit**[239]), da nur die Fälle der bloßen Änderungen im Rechtssinne ausscheiden. Insofern bedeutet die Neufassung des UrhG, die

---

[232]) Dazu Fußn. 124.

[233]) Dazu unter Z 6, bei Fußn. 51.

[234]) Dazu unter Z 6 mit Fußn. 55, 56.

[235]) Dazu unter Z 2, 3.

[236]) Dazu Fußn. 52.

[237]) Dazu Fußn. 234.

[238]) Dazu Fußn. 233, 234.

[239]) Dazu unter Z 2 mit Fußn. 12 sowie Z 3 mit Fußn. 17.

§ 12 Abs. 2 insbes. Z 4 LitUrhG nicht mehr aufnahm[240]), eine Verbesserung, weil nach der früheren Textierung auch bloße Änderungen als Bearbeitungen behandelt wurden[241]). Es ist also jeweils zu prüfen, ob eine Änderung vorliegt, die im Bereich des Handwerksmäßigen liegt, also keine kompositorische Leistung im Sinne des Werkschaffens nach § 2 Abs. 2 UrhG gegeben ist; nur dann ist der Begriff der Bearbeitung zu verneinen. Der Begriff der Änderung aber ist im UrhG leicht und klar abgrenzbar[242]). Zu beachten ist auch, daß man in einem Musikstück, das Bearbeitung ist, sehr wohl einzelne Stellen, die bloße Änderungen oder sogar, wenn keine Veränderung erfolgt ist, reine Vervielfältigung (dazu *Vervielfältigung)* sind, feststellen kann. Dies ist nichts Besonderes, da man bei allem Urheberschaffen — rechtlich betrachtet — geschützte und ungeschützte Elemente nebeneinander in Werken feststellen kann[243]). Vor allem bei Klavierauszügen nach Bühnenwerken und Orchesterstücken sind solche Stellen, die eine unveränderte Übertragung der Orchester- und der Gesangsstimmen darstellen, keine Bearbeitung, sondern Änderung; es wird dies immer nur auf einzelne, vor allem orchestral dünnbesetzte Stellen oder Gesangsstellen mit Begleitung eines oder mehrerer Instrumente zutreffen, während im übrigen eine Bearbeitung zu bejahen ist. Werden bei Klavierauszügen die Gesangsstimmen, auch die Stimmen der Chöre unverändert abgedruckt, während sich der Klavierauszug darauf beschränkt, die Orchesterstimmen klaviermäßig gesetzt wiederzugeben, so liegt insoweit überhaupt keine Bearbeitung, sondern bloße Vervielfältigung vor, als unveränderter Abdruck erfolgt. Manchesmal sind auch einzelne Orchesterstimmen unverändert zusätzlich im Klavierauszug abgedruckt, vor allem bei Soloinstrumenten; dann ist auch dies nur Vervielfältigung. Die Frage, ob Änderung oder Bearbeitung, bezieht sich dann nur auf den übrigen Teil des Klavierauszugs. Wenn Konzertstücke als Klavierauszug gedruckt werden, so ist es vielfach üblich, den Solopart, z. B. den Klavierpart, unverändert abzudrucken, also als Vervielfältigung, und daneben einen Klavierauszug für die Orchesterbegleitung zu bringen, eventuell mit dem Hinweis, daß dies auf einem 2. Klavier zu spielen ist. Wenn man die Bearbeitung des Themas aus der Klaviersonate von *Mozart* durch *Max Reger* in op 132 betrachtet, so ist die Orchestrierung zweifellos eine Bearbeitung, bei der man keine Unterscheidung treffen kann, etwa dahingehend, daß ein Teil nur handwerksmäßige Änderung sei. Anders ist es, wenn man das Thema in der Bearbeitung des Orchesterwerks für 2 Klaviere, op 132 a, betrachtet. Hier sind alle die Stellen, die unver-

---

240) Dazu unter Z 3 bei Fußn. 21, 22.

241) Dazu Allfeld LitUrhG § 12 Bem. 23; auch Riedel UrhG § 3 Bem. B 5.

242) Dazu unter Z 7 (c).

243) Dazu Riedel UrhG § 24 Bem. B 1, auch unter Z 5.

ändert von dem Soloinstrument gespielt werden, mit dem Original identisch, also Vervielfältigung, nicht Änderung. Die Frage, ob Änderung oder Bearbeitung, taucht bei den Stellen auf, bei denen eine Verteilung auf 2 Klaviere erfolgt ist oder eine verschiedene Klangverstärkung vorgenommen wird durch das 2. Instrument, insbes. auch durch Oktavenverstärkung. Diese Gestaltungen gehen über das Handwerksmäßige hinaus und sind daher Bearbeitung, da durch diese Abweichungen vom Original eine andersartige Wirkung erzielt wird. Reine Vervielfältigungen finden wir auch bei solchen Stücken, bei denen schwer spielbare Stücke vereinfacht werden und daher die leichten Stellen unverändert bleiben, während die schweren Stellen bearbeitet sind, z. B. bei der Bearbeitung von Transkriptionen von *Franz Liszt* durch *Gustav Lazarus*[244]).

Der Bereich der Bearbeitungsmöglichkeiten ist sehr groß. Man kann auch nicht bei einem Musikstück den Begriff der Bearbeitung verneinen, wenn ein Orchesterwerk für Klavier umgearbeitet wird oder umgekehrt[245]). Ein Hinweis auf die Opernfantasien von Liszt genügt wohl, um die Unrichtigkeit einer solchen Auffassung zu widerlegen. Zur Frage der Klangverringerung wird bei *Wollenberg*[246]) zutreffend ausgeführt:

„Auch Instrumentationen, deren Zweck es ist, Werke, die im Original für großes Orchester geschrieben sind, auch für das kleinere sog. Salonorchester (bis zur kleinsten Triobesetzung) spielbar zu machen, und zwar so, daß das Original möglichst erhalten bleibt, haben ihre künstlerische und kulturelle Bedeutung und sind nicht das bloße Ergebnis rein technischer Hilfsarbeit. Es müssen Pianostimmen, Harmonien als Ersatz für Bläser, Violine obligato, Direktionsstimmen usw., ... auch Saxophone, hinzugeschrieben und überall sog. Einziehungen gemacht werden. Das Orchester muß auch in kleinster Besetzung „klingen", und dazu gehört ein musikalisch-künstlerisches Hineinarbeiten und Einfühlen des Bearbeiters."

Und *Willy Richartz* sagt treffend[247]):

„Eine Orchesterpartitur stellt ausnahmslos eine eigenschöpferische Leistung dar, ganz gleich, ob es sich um die Partitur eines Komponisten oder eines Musikbearbeiters handelt. Dies gilt auch, wenn die vom Musikbearbeiter geschaffene Verlagspartitur oder Spezialpartitur auf der Originalproduktion des Komponisten beruht."

---

[244]) Dazu unter I 5 (f) mit Fußn. 325.

[245]) Dazu Nordemann Das Recht der Bearbeitung gemeinfreier Werke GRUR 1964, 117 (118).

[246]) Dazu Wollenberg aaO. (Fußn. 46) 107.

[247]) Dazu Willy Richartz Das deutsche Musikmagazin 1966, Heft 1, S. 5.

Franz Josef Breuer bemerkt dazu[248]):

„Eine Bearbeitung ist niemals eine handwerkliche Tätigkeit. Dem Komponisten und dem Bearbeiter steht das gleiche Material zur Verfügung: die 12 Töne der Tonleiter. Es ist nicht einzusehen, warum der Bearbeiter, der diese Töne in viel größerem Umfang und mit viel mehr Können verwenden muß, um zum Erfolg zu kommen, schlechter behandelt werden soll als der Komponist. Zudem ist es jedem Komponisten unbenommen, es so wie ich zu machen: selbst zu bearbeiten. Dann hat er alle Rechte in seiner Hand. Jedes verwendete Arrangement muß lizenziert werden.... Kriterien für die Schutzfähigkeit eines Arrangements gibt es nicht. Ein 2stimmiger Volksliedsatz kann in seiner Satztechnik wertvoller sein als ein Orchester-Arrangement."

Die Vielgestaltigkeit des Materials, das der Komponist und der Bearbeiter zur Verfügung haben, ist bei dem Erfindungsreichtum und der Schöpferkraft des menschlichen Geistes keineswegs erschöpft, auch nicht das tonale System, wie die Schöpfungen und Bearbeitungen bis in unsere Zeit hinein zeigen. Ein Blick in die Musikliteratur zeigt uns auch, wie selbst einfache Harmoniefolgen und Akkordgestaltungen großartige Wirkungen zu erzielen vermögen. Und wenn man so gerne Musikstücke aus der Klassik und Romantik durch Bearbeitungen gegenwartsnah macht, so geschieht dies nicht nur, weil ein großer Hörerkreis solche Stücke in neuem Gewande hören will, sondern auch, weil solche Stücke in sich so viel musikalische Gedanken haben, die moderne Bearbeiter zu Geistesschaffen anregen.

Wie bei Melodie-Bearbeitung, so ist auch bei der Umarbeitung von Musikstücken das Schwergewicht vielfach bei der Bearbeitung; dazu *Melodie-Bearbeitung.*

29. **Variation** ist eine musikalische Form, die weit verbreitet ist und große Bedeutung hat[249]). Die Variation eigener und fremder Werke ist eine beliebte Kompositionsform. Bei Schaffung des neuen Urheberrechts wurde erwogen, beim Zitat eine besondere gesetzliche Regelung für Variationen einzuführen, aber man sah davon ab[250]). Variation kommt übrigens nicht nur in Variationsstücken vor, sondern auch in anderen Musikstücken, in denen Melodien oder Tonsätze in abgewandelter Form gestaltet werden. Die Passacaglia ist eine besondere Art der Variation, bei der zu einem gleichbleibenden Thema regelmäßig im Baß stets wechselnde Begleitstimmen auf-

---

[248]) Dazu Franz Josef Breuer aaO. (Fußn. 247); bez. Arrangement unter Z 8 (2).
[249]) Dazu unter I 5 (g/1), 6 (c/1).
[250]) Dazu Riedel UrhG § 51 Bem. A; auch unter Z 15 bei Fußn. 481 ff.

treten. Diese Form ist insbesonders für Orgelstücke geeignet und im Anschluß an *Johann Sebastian Bach* von *Max Reger* neu entwickelt worden. *Brahms* verwendet diese Form im Finale seiner 4. Symphonie.

Die Variation und das Variieren haben auch in der Bearbeitung eine besondere Bedeutung, insbes. bei den Liedbearbeitungen, wie bei *Liszt* und *Brahms* sowie *Grieg* deutlich zu sehen ist. Urheberrechtlich nimmt die Variation keine Sonderstellung ein.

Ist ein geschütztes Werk bzw. ein Teil eines solchen Grundlage der Variation und wird dieses unverändert verwendet, so ist dies kein Musikzitat nach § 51 Z 3 UrhG[251]), auch keine Bearbeitung oder Änderung (dazu *Änderungen)*, sondern Übernahme als Vervielfältigung (dazu *Vervielfältigung)*. Auch der Melodieschutz nach § 24 Abs. 2 UrhG ist zu beachten[252]). Bei Variationswerken kommt dies vor allem für das Thema in Betracht, ferner für Stellen, in denen zur Rückerinnerung und zur leichteren Erfassung für den Hörer Stellen des Themas wiederholt werden. Bei der Passacaglia bleibt die Melodie im Regelfalle unverändert und wird in der Form bearbeitet, daß die Begleitstimmen ständig variieren, so daß eine Art Melodie-Bearbeitung vorliegt; dazu *Melodie-Bearbeitung.* Oder aber bei freierer Gestaltung wird die Melodie hin und wieder geändert (dazu *Änderungen)*, während eine Bearbeitung der Melodiestimme nur ausnahmsweise vorkommt.

Bei einem Variationswerk kann die Variation in strenger oder in freier Weise erfolgen. Das Thema kann bearbeitet sein; dies ist häufig der Fall, insbes. bei Orchestervariationen, bei denen das Thema besonders instrumentiert ist. Die strenge Variation ist Bearbeitung, sie kann Melodie-Bearbeitung oder sonstige Umarbeitung sein; dazu *Änderungen, Melodie-Bearbeitung, Umarbeitung.* Bei solchen Variationen ist die Melodiestimme unverändert, oder es werden nur geringe Abwandlungen vorgenommen; dasselbe gilt für Harmonie usw. Stets ist dies mehr als bloße Änderung, da ein Geistesschaffen vorliegt. Beispiele für strenge Variation sind die Air in der 3. Suite von *Händel* und die 6 leichten Variationen über ein Schweizerlied von *Beethoven.* Bei freier Variation sind nicht selten einzelne Variationen nach Art der strengen gestaltet. Die Variationen in freierer Gestaltung sind ebenfalls noch Bearbeitungen, bis das Thema so verändert ist, daß es nicht mehr erkennbar ist; dann handelt es sich um freie Benutzung (dazu *Freie Benutzung)*. Typische Beispiele sind die Variationswerke von *Max Reger,* insbes. die besonders frei gestalteten Variationen und Fuge über ein Originalthema für Orgel, op 73. Hier wird deutlich, was freie Benutzung des thematischen Materials ist.

---

[251]) Dazu Fußn. 250.

[252]) Dazu Z 9.

30. **Vervielfältigung** ist unveränderte Wiedergabe des Originals ohne Änderungen[253]); dazu *Umarbeitung, Variation.*

31. **Vogelstimmen** vgl. *Naturlaute, Programm-Musik.*

32. **Volkslied** als Bearbeitungsgegenstand ist zu beurteilen wie die Änderung und Bearbeitung einer Melodie; dazu *Änderungen, Melodie-Bearbeitung.* Regelmäßig sind solche Lieder gemeinfrei; dazu, auch zur Bearbeitung desselben Liedes durch mehrere, *Gemeinfreiheit, Mehrheit.* Volkslieder und volksliedähnliche Melodien spielen in der Musik eine besondere Rolle[254]). Vielfach wissen wir gar nicht, welche Stellen in Musikstücken aus Volksliedern stammen, da es von Komponisten nur verhältnismäßig selten angegeben wird.

Auch bei Volkslied-Bearbeitungen dürfen an die Schutzfähigkeit keine höheren Anforderungen an den Werkbegriff[255]) gestellt werden als sonst[256]).

9. Melodieschutz

a) Ein Werk iSd § 2 UrhG, also auch ein Werk der Musik[257]) oder eine Bearbeitung[258]), hat Urheberschutz, soweit der Schutzbereich sich erstreckt[259]). Dazu gehören auch die musikalischen Gedanken, soweit sie eine gewisse Charakteristik aufweisen[260]), also Melodie, Motiv und Thema. Das neue UrhG kennt in § 24 Abs. 2 aaO. den besonderen Melodieschutz[261]). Diese Regelung, die im Anschluß an das frühere Recht erfolgt ist, dient im wesentlichen der Klarstellung, da bei einer Streichung der bisherigen Vorschrift die Gefahr bestanden hätte, daß man weithin der Meinung gewesen wäre, es gäbe für die Zukunft keinen Melodieschutz mehr. Diese Feststellung ist nur deshalb erforderlich, weil hier nicht, wie man teilweise annimmt, für die Musik eine Sonderstellung geschaffen wurde. Der Melodieschutz hat nur

253) Dazu unter Z 14 bei Fußn. 397 ff.

254) Dazu unter I 5 (e) bei Fußn. 195 ff.

255) Dazu unter Z 2, 3, 5.

256) Dazu RG RGZ 153, 71, LG Frankfurt a. M. UFITA Bd. 22, 372 = Schulze RzU (Fußn. 11) LGZ 44 (Greuner); auch Wolpert aaO. (Fußn. 114) 808 sowie unter Gemeinfreiheit, Riedel UrhG § 3 Bem. B, aA. (zu eng) Hubmann aaO. (Fußn. 1) § 17 I 2.

257) Dazu unter Z 2.

258) Dazu unter Z 3.

259) Dazu unter Z 5.

260) Dazu unter I 6 (a/2).

261 Dazu Riedel UrhG § 24 Bem. B 3; Wolpert aaO. (Fußn. 114), auch zur geschichtlichen Entwicklung des Melodieschutzes in Deutschland; Fromm-Nordemann UrhG § 24 Bem. 5; von Gamm UrhG § 24 Bem. 15 ff.

eine Melodie zum Gegenstand, die Urheberschutz hat, bezieht sich also nicht auf gemeinfreie Melodien, die ohne weiteres allgemein verwendet werden können, also auch in Änderungen.

b) Der Begriff der **Melodie** kann im modernen Urheberrecht als Rechtsbegriff nur so verstanden werden, wie er sich aus der Gegenwart ergibt[262]). Da der Melodieschutz in Zusammenhang mit Zitat, Änderungen, Bearbeitung und freier Benutzung geregelt ist, also lauter Rechtsbegriffen, kann auch der Begriff der Melodie im Urheberrecht nur rechtlich verstanden werden, was seinen Inhalt und seine Abgrenzung betrifft. Es wäre daher unrichtig, mit Blick auf die Vergangenheit von einem musikwissenschaftlichen Begriff[263]) auszugehen, der der klassischen Melodiegestaltung entspricht, wie es offenbar die Auslegung zum früheren Recht, den § 13 Abs. 2 LitUrhG, tat[264]). Es wäre auch unrichtig, lediglich mit dem Blick auf die Unterhaltungsmusik den Melodieschutz zu betrachten, wie es vielfach geschieht. Die Vorschrift des Melodieschutzes gilt für alle Musik[265]). Die Gegenwart muß als Zeit des sog. Eklektizismus[266]) bezeichnet werden, in der auch beim Musikschaffen alle Stilarten des In- und Auslandes vorkommen. Es gibt tonale, atonale und elektronische Musik nebeneinander, ebenso ernste Musik einschl. Kirchenmusik und Unterhaltungsmusik[267]). Dies muß bei der Auslegung und Handhabung des § 24 Abs. 2 UrhG beachtet werden. Der Begriff der Melodie ist daher weit zu verstehen und darf nicht auf eine melodische längere Tonfolge beschränkt werden. Es kann deshalb auch keine der musikwissenschaftlichen Definitionen herangezogen werden[268]). Der Streit um Melodie, Thema und Motiv, der früher so bedeutsam erschien[269]), kann als überholt bezeichnet werden[270]). Es gibt eine Melodik, die mit dem Belcanto

---

[262]) Dazu Riedel UrhG § 2 Bem. B 7, 8, § 24 Bem. B 3; Wolpert aaO. (Fußn. 114) 795.

[263]) Dazu Allfeld LitUrhG § 13 Bem. 6; Wolpert aaO. (Fußn. 114).

[264]) Dazu Fußn. 263, 269, 270, 278.

[265]) Dazu unter I 4.

[266]) Dazu unter I 6 (g/4) bei Fußn. 432.

[267]) Dazu unter I 4, 6 (b/1, c/2).

[268]) Dazu Riedel UrhG § 24 Bem. B 3; Hubmann aaO. (Fußn. 1) § 32 II; Wolpert aaO. (Fußn. 114), wobei letzterer die musikwissenschaftlichen Auffassungen im einzelnen anführt und nachweist, daß sie juristisch nicht verwertbar sind. Fellerer aaO. (Fußn. 55) 17 ff. berücksichtigt die juristische Betrachtung zu wenig.

[269]) OLG Dresden GRUR 1909, 332 bez. Noren Kaleidoskop mit Verwendung von Themen von Richard Strauß aus „Heldenleben", nahm eine Unterscheidung zwischen Melodie sowie Thema und Motiv nicht mehr vor, so daß die früheren Auffassungen seitdem überholt sind; dazu Riedel UrhG § 24 Bem. B 3; Fromm-Nordemann UrhG § 24 Bem. 5, § 51 Bem. 8; Wolpert aaO. (Fußn. 114) 789, 797 ff., 804, aA. (u Unrecht); insbes. Hubmann aaO. (Fußn. 1) § 32 II. Dazu auch unter I d mit Fußn. 174 sowie unter Z 15 mit Fußn. 483.

[270]) Dazu Fußn. 269.
Die überwiegende Meinung bejaht die einheitliche Betrachtungsweise; dazu Wolpert aaO. (Fußn. 114) 802 mit Einzelnachweisen.

nichts zu tun hat, wie man bei *Johann Sebastian Bach* ebenso wie bei *Max Reger* und *Hindemith* beobachten kann. Auch Themen über Namen wie BACH[271]) sind Melodie. Eine Tonfolge von zwei Tönen kann bereits Melodie sein, während ein Ton nicht ausreichen würde, als Melodie bezeichnet zu werden, obwohl er als solcher Material für ein ganzes Musikstück sein kann[272]). Bei längeren melodischen Linien ist, auch wenn ein Teil entlehnt wird, § 24 Abs. 2 UrhG einschlägig. Da eine schutzfähige Melodie einschl. Motiv und Thema als Werk nach § 2 Abs. 2 UrhG — mag sie lang oder kurz, schönklingend oder unmelodiös sein — eine, wenn auch geringe gewisse Charakteristik aufweisen muß, die durch Tempo, rhythmische Akzente usw. bestimmt werden kann, scheiden Tonfolgen ohne solche Charakteristik aus und sind schutzlos[273]). Daß auch Tonleiter- und Akkordfolgen Melodie bzw. Tonfolgen mit melodischem Einschlag sein können, zeigen z. B. das Wohltemperierte Klavier von *Johann Sebastian Bach*, besonders das bekannte Präludium Nr. 1, oder die 3 Orgelstücke op 7 von *Max Reger*, ferner der Anfang (Takt 1) mit Wiederholung (Takt 29) im langsamen Satz (Largo) seiner Suite im alten Stil für Violine und Klavier bzw. Orchester (Bearbeitung), der die ersten 5 Töne der Tonleiter enthält und an das Volkslied „Fuchs, du hast die Gans gestohlen" erinnert[274]). Daß es sich hierbei um Melodien, d. h. um Tonfolgen mit Charakteristik handelt, ergibt sich insbes. am besten, wenn man einzelne Stellen mit gewissen Änderungen und seien es auch Vereinfachungen spielt, und man wird feststellen, ob eine geringe Charakteristik vorhanden ist. Auch bei Teilentlehnung einer Melodie muß sich die Entnahme auf einen geschützten Teil nach § 2 Abs 2 UrhG

---

[271]) Dazu unter I 5 (f) bei Fußn. 309.
Weitere Beispiele für Melodien, die Namen beinhalten: Max Reger Allegretto grazioso über BAGENSKI, Andante EvB (Elsa von Bagenski) / Gesamtausgabe Fußn. 184) Bd. 12, Klavierwerke Bd. IV, S. 152, 154 — Elsa von Bagenski ist der Name seiner Braut, mit der er sich 1902 vermählte; dazu Riemann Musiklexikon P (Fußn. 1) II 473 ff. (474): Reger. — Robert Schumann ABEGG-Variationen, op. 1. ASCH-SCHA/Carnaval, op. 9 Nr. 10. GADE Album für die Jugend, op. 68 Nr. 41 für Klavier und Heinrich Kaminski Präludium und Fuge über ABEGG für Streichquartett.
Zu erwähnen ist in diesem Zusammenhang das Salonstück von Max Reger „Ewig dein" (aaO. 233 ff.), gerichtet gegen einen damaligen Kritiker namens KREBS — ein Stück zum Spielen auch von rückwärts.

[272]) Dazu unter I 6 (a/2).

[273]) Dazu unter Z 5; denn solche Tonfolgen gehören dann zu den ungeschützten Grundelementen. Dies kommt etwa in Betracht bei einem Melodie-Torso; dazu Z 8 (26), unter Themen-Bearbeitung; auch Riedel UrhG § 24 Bem. B 3 mit Fußn. 2 mit Beispiel aus Hindemith 3. Orgelsonate über alte Volkslieder, Satz I, da die Melodie in Takt 1 bis Anfang von Takt 2 zu einem Torso wird, wenn man nur die beiden ersten Achtel der beiden Takte spielt, weil dann der As-Dur-Dreiklang als ungeschützte Tonfolge ohne Charakteristik entsteht. Es wird in solchem Falle auch nicht erkennbar entlehnt.

[274]) Dazu unter I 6 (a/2) bei Fußn. 517.

beziehen[275]). Es gibt keine Melodiebildung durch Tonwiederholung, beschränkt auf 1 Ton[276]).

Soweit es in Musikstücken vorkommt, daß ein und derselbe Ton mehrmals wiederholt wird, u.U. rhythmisch verschieden, ist dies als musikalischer Gedanke durchaus schutzfähig. Aber es ist dies eine Art ostinato oder liegende Stimme oder Orgelpunkt, während die eigentliche Melodie in anderen Stimmen des Musikstückes liegt, wie z.B. bei dem Lied von *Schubert* „Der Tod und das Mädchen", bei *Beethoven* der Anfang des 1. Satzes der 9. Symphonie, bei *Chopin* Berceuse für Klavier und bei *Richard Wagner* Vorspiel zu „Rheingold" Die sog. unendliche Melodie von *Richard Wagner* bedeutet die Aneinanderreihung von Melodiefolgen ohne Unterbrechungen.

Melodie umfaßt also auch Motive und Themen, mithin die geformten musikalischen Gedanken, auch wenn sie kurz sind, wenn sie nur eine gewisse Charakteristik aufweisen. An die Charakteristik sind entsprechend dem geringen Mindestgrad der notwendigen schöpferischen Leistung keine hohen Anforderungen zu stellen. Da die Melodie den Gesamtbereich der Musik umfaßt, also auch deren musikalischen Grundtatsachen, bezieht sich eine Melodie im Rechtssinne auf Töne und Geräusche[277]). Es gibt also nicht nur eine Melodie als Tonreihe — wozu auch eine Melodie auf Pauken gehört, wie sie z.B. in der tonalen Musik verwendet wird, etwa bei *Beethoven* im Scherzo der 9. Symphonie oder bei *Richard Strauß* in seiner Burleske —, sondern auch eine Geräusch-Melodie mit unterschiedlicher Geräuschhöhe, wie es durchaus denkbar ist. Der musikwissenschaftliche Begriff der Melodie ist, wie erwähnt, nicht maßgebend, auch nicht der Begriff, wie er sich in der Musikgeschichte gewandelt hat[278]). Deshalb müssen die Geräusche einbezogen werden. Die Melodie in dem weiten Sinne muß mindestens 2 Töne oder 2 Geräusche unterschiedlicher Höhe bzw. 1 Ton und 1 Geräusch umfassen, während 1 Ton oder 1 Geräusch allein zwar ein musikalischer Gedanke ist und als solcher bei entsprechender Charakteristik durchaus Schutz haben kann, Melodie aber, auch im weitesten Sinne,

---

[275]) Dazu unter Z 2, 3.

[276]) Dazu unter I 6 (a/2) bei Fußn. 495; auch Leichtentritt Musikalische Formenlehre (Wiesbaden 1964), 234/235, wobei jedoch der Hinweis auf die Coda des 1. Satzes der 9. Symphonie von Beethoven als Beispiel nicht zutreffen dürfte.

Für die sog. unendliche Melodie besteht bei dem Melodieschutz keine Sonderstellung, auch auf sie ist § 24 Abs. 2 UrhG anwendbar. Wolpert aaO. (Fußn. 114) 812 hat Bedenken; jedoch zu Unrecht, da ja auch eine Teilentnahme in Frage kommen kann.

[277]) Hierzu aA. Wolpert aaO. (Fußn. 114) 815, wonach von dem bisher üblichen Begriff der Melodie als Tonreihe, also dem Normalfall ausgegangen wird.

[278]) Dazu Fußn. 262 ff.; auch Blume MGG Hüschen-Dahlhaus IX 19 ff. IX 19 ff.: Melodie; Wolpert aaO. (Fuß. 114) 777 ff., 797.

setzt eine Mehrheit von Tönen oder Geräuschen voraus[279]). Daher ist die sog. Klangfarbenmelodie, die einen Wechsel der Klangfarben auf ein und demselben Ton oder Akkord ist[280]), keine Melodie im Rechtssinne, wiewohl eine solche Musikgestaltung als Teil eines Musikstücks schutzfähig ist. Erfolgt der Klangfarbenwechsel mit mindestens 2 unterschiedlichen Tönen oder Geräuschen, so ist hier eine Melodie durchaus denkbar. Soweit Stücke für Schlagzeug keine unterschiedliche Tonhöhen aufweisen, handelt es sich zwar nicht um Melodien, aber Urheberschutz besteht auch da; für Signale kommt es ebenfalls nur darauf an, ob eine charakteristische Tonfolge vorliegt, und dies wird in der Regel zutreffen, so daß hier Melodieschutz besteht, falls sie nicht gemeinfrei sind[281]).

Eine solche weite Auslegung des Begriffs der Melodie muß auch deshalb Platz greifen, weil ein deutscher Komponist oder Bearbeiter sich fremdländischer Melodien bedienen oder nach ihrem Vorbild solche erfinden kann, aber auch, weil nach dem internationalen Urheberschutz nach §§ 120 ff. UrhG in Verbindung mit der BÜ oder dem WUA sowie Staatsverträgen und Abkommen das UrhG, mithin auch der Melodieschutz, auch ausländischen Staatsangehörigen und Staatenlosen zugute kommt und daher Melodien von Komponisten, die nicht dem europäischen Kulturkreis angehören und auch durch ihn nicht beeinflußt sind, Schutz haben[282]). Der Begriff der Melodie darf also nicht von der klassischen Melodie und dem Belcanto her eng gefaßt und nur auf schönklingende, ästhetisch ausgeglichene Tonfolgen beschränkt werden. Wie bereits erwähnt, ist nicht einmal im europäischen Kulturkreis eine solche eingeengte Auslegung gegenwartsnah; sie erscheint völlig ungeeignet, wenn man über den europäischen Kulturkreis hinausgeht und die Melodie, wo es rechtlich notwendig erscheint, der ganzen Welt einbezieht. Man könnte von einer **Welt-Melodie** sprechen. Man kann hierzu nicht einwenden, nur die deutsche Musik sei maßgebend, da das Urheberrecht von deutschen Verhältnissen ausgehe. Es ist hier bei Musik anders als bei

---

[279]) Dazu Wolpert aaO. (Fußn. 114) 813.

[280]) Dazu unter I 4 bei Fußn. 38.

[281]) Es ist also auch eine Schlagzeug-Melodie denkbar, aA. Wolpert aaO. (Fußn. 114) 815. Zu Signalen unter I 4 bei Fußn. 35 sowie Z 5; dazu auch Wolpert aaO. (Fußn. 114) 812/813.
Signale sind sehr häufig, bei Militär, bei sportlichen Spielen (wie insbes. bei Olympiaden), bei Rundfunk (Pausenzeichen), im Theater, vor allem bei Festspielen (z. B. in Bayreuth bei den einzelnen Vorstellungen), in Opern und Operetten (z. B. in „Carmen" von Bizet, im „Lohengrin" von Richard Wagner). Die Schutzfähigkeit ist im Regelfall zu bejahen, wenn sie nicht aus früherer Zeit stammen und gemeinfrei sind. Es ist auch eine Bearbeitung gemeinfreier Signale denkbar.

[282]) Dazu Scabolcsi Bausteine zu einer Geschichte der Melodie (Budapest 1959); auch Fußn. 8.
Der Text der Berner Übereinkunft (BÜ) und des Welturheberabkommens (WUA) sind abgedruckt in den beiden Werken von Riedel aaO. (Fußn. 1); dazu Fußn. 304.

ethischen und weltanschaulichen Begriffen, für die die sog. Vorbehaltsklausel des Art. 30 EG BGB (ordre public) eine Grenze bildet. Die Musik ist Geistesgut der Menschheit und macht vor Grenzen nicht Halt; so wie deutsche Musik die ausländische beeinflußt, so ist es umgekehrt. Daher muß auch von deutschen Verhältnissen aus betrachtet der Begriff der Melodie in dem erörterten weiten Sinn verstanden werden. Dann ist auch Melodie, was „unmelodiös" im Sinne der klassischen Melodie oder des Belcanto erscheint. Es genügt also zum Begriff der Melodie eine **Folge von mindestens 2 unterschiedlichen Tönen oder Geräuschen mit gewisser Charakteristik,** die nicht höher zu sein braucht als die untere Grenze des Werk-Begriffs nach § 2 Abs. 2 UrhG[283]).

c) Der Melodienschutz bezieht sich nach § 24 Abs. 2 UrhG darauf, daß eine Melodie nicht ohne Einwilligung des Urhebers zwecks Verwertung **für die Benutzung** eines Werkes der Musik **erkennbar entnommen** und einem neuen Werk zugrunde gelegt werden darf.

Es handelt sich beim Melodieschutz nur um eine scheinbare Ausnahme von der freien Benutzung; tatsächlich hält sich die gesetzliche Regelung im Rahmen des § 24 Abs. 1 UrhG[284]).

Unveränderte Übernahme einer geschützten Melodie einschl. Motiv und Thema ist Vervielfältigung nach § 16 UrhG[285]) und bedeutet daher einen Eingriff in das Urheberrecht des benutzten Werkes. Eine Ausnahme besteht kraft Gesetzes im Rahmen des § 51 Z 3 UrhG als Musikzitat und ist insoweit erlaubt[286]). Nicht erfaßt wird hiervon ein Musikzitat zwecks Grundlage für eine Variation, da der Gesetzgeber diese Erweiterung ausdrücklich abgelehnt hat[287]). Bei solchen Zitaten[288]) ist Quellenangabe nötig, § 63 UrhG, und Änderung nur im Rahmen des § 62 aaO. zulässig[289]). Hier ist also die Sonderregelung maßgebend und daher § 24 Abs. 2 UrhG nicht anwendbar.

Ungeschützte Elemente scheiden ebenfalls vom Melodieschutz aus, da eine Entnahme ohne weiteres erlaubt ist[290]). Es kommen hier vor allem in Betracht Verwendung oder Entnahme von sog. wandernden Melo-

---

283) Dazu unter Z 2, 3.
284) Dazu unter Z 7 (d).
285) Dazu unter Z 14 bei Fußn. 397.
286) Dazu unter Z 15 bei Fußn. 481.
287) Dazu Riedel UrhG § 51 Bem. A.
288) Dazu unter I 4, 5 (d, g/4).
289) Dazu Riedel UrhG § 39 Bem. A, B, § 62 Bem. A, § 63 Bem. A.
290) Dazu unter Z 5.

dien[291]) und Anklänge an Vorbilder[292]). Auch insoweit ist der Melodieschutz nicht einschlägig.

Da die Regelung der freien Benutzung nach § 24 UrhG eine Ausnahme von § 23 UrhG ist, die sich auf **Änderungen und Bearbeitungen** bezieht, betrifft auch der Melodieschutz nur die Änderungen und Bearbeitungen, so daß das Zugrundelegen dem neuen Werk dahin zu verstehen ist, daß es sich hier um Änderungen oder Bearbeitungen handelt[293]). Melodieschutz bedeutet daher, auf eine einfache Formel gebracht, daß Verwertung eines Werkes der Musik nur mit Einwilligung des Urhebers erfolgen darf, wenn eine Melodie in einem neuen Werk geändert oder bearbeitet wird. Die Einwilligung ist bei freier Benutzung entbehrlich. Hieraus erhellt zugleich, daß bewußte und unbewußte Entlehnung wie auch sonst gleichstehen[294]).

Die Erkennbarkeit bzw. Nichterkennbarkeit der Melodie in dem neuen Werk ist praktisch zu verstehen und bringt zum Ausdruck, daß beim Vorliegen der freien Benutzung die Berufung auf den Melodieschutz versagt. Nicht erkennbar ist eine Melodie dann, wenn die übernommenen Wesenszüge derselben verblassen[295]), die Melodie also so stark abgewandelt ist, daß sie nicht mehr erfaßbar und hörbar ist, wobei die Erkennbarkeit für einen Musiker zu beurteilen ist, nicht etwa für jedermann, insbes. nicht für einen Unmusikalischen[296]). Typische Beispiele sind die freien Variationen[297]). Wenn in der atonalen und elektronischen Musik Melodien übernommen werden, so handelt es sich meist um freie Benutzung. Eine solche kommt auch in der modernen Unterhaltungsmusik vor, insbes. auch bei dem

---

[291]) Dazu unter Z 5 mit Fußn. 32.

[292]) Dazu unter Z 5 (g/4) bei Fußn. 382 ff.

[293]) Dazu Riedel UrhG § 24 Bem. B 3.
Bei § 24 UrhG bezieht sich Abs. 1 auf freie Benutzung; dazu unter Z 7 (d). Abs. 2 aaO. regelt den Melodieschutz als besonderen Tatbestand der freien Benutzung; er ist, wenn man die mißverständliche Ausdrucksweise der Zugrundelegung bez. des neuen Werks vermeidet im Anschluß an § 23 UrhG wie folgt zu lesen: (2) Abs. 1 gilt nicht für die Benutzung eines Werkes der Musik, durch welche eine Melodie erkennbar in einem neuen Werk geändert oder bearbeitet wird. Bei einer Reform wäre eine entsprechende Fassung wünschenswert.

[294]) Dazu Riedel UrhG § 24 Bem. B 2, 3. Die Frage ist bestritten, aA. u. a. Wolpert aaO. (Fußn. 114) 829 ff. mit weiteren Nachweisen. Es besteht jedoch für unbewußte Entlehnung keine Sonderregelung. Da die abweichende Meinung eine Urheberrechtsverletzung auf Grund der sonstigen Vorschriften des UrhG bejaht, wirkt sich dieser Meinungsunterschied nicht aus. Zugleich ergibt sich jedoch aus dieser Gegenauffassung, daß der Melodieschutz keine Sonderstellung hat, da auf Grund der sonstigen Vorschriften derselbe Schutz Platz greift.

[295]) Dazu unter Z 7 (d), 8 (10).
Eine tonale Melodie in Ganzton-Abstand erscheint nicht mehr erkennbar, wenn aus Ganzton-Abstand Halbton-Abstand gemacht wird oder wenn die verschiedenen Melodietöne nacheinander in verschiedenen Oktaven gespielt werden (z.B. die Melodie c-d-e-d-e geändert wird in c-cis-d-cis-d oder c-d^1-e^2-d^3-e^4 oder andere Reihen).

[296]) Dazu Allfeld LitUrhG § 13 Bem. 7, Riedel UrhG § 24 Bem. B 3.

[297]) Dazu unter I 5 (g/1), 6 (c/1).

Improvisieren von Jazz-Kapellen[298]). Nur soweit, als die freie Benutzung Platz greift, ist der Melodieschutz ausgeschaltet; ist also eine Melodie nur teilweise abgewandelt und ist ein Teil derselben unverändert übernommen, so wirkt insoweit der Melodieschutz[299]).

Unbewußtes Doppelschaffen ist möglich, aber sehr selten[300]). **Unbewußte Entlehnung** aus fremden Werken, insbes. einer Melodie, ist dagegen sehr häufig[301]). Soweit gemeinfreie Werke benutzt werden, steht nichts im Wege. Bei Eingriff in den Melodienschutz liegt eine Urheberrechtsverletzung vor; die Fahrlässigkeit des Benutzers der Melodie liegt darin, daß er sich nicht Gedanken machte, woher die Melodie stammen könne und wo er sie gehört hat[302]). Auch beim Improvisieren, also bei Spielen aus dem Gedächtnis, etwa nach Art der Zigeunerkapellen, ist unbewußte Entlehnung von geschützten Melodien leicht möglich[303]).

10. Urheber

a) Der **Urheber** ist der **Schöpfer des Werkes,** § 7 UrhG. Urheber und Werk nach §§ 2 ff. UrhG gehören zusammen. Alles Urheberschaffen ist originäres Schaffen, das in der Person des Urhebers entsteht; daher gibt es keine sog. fiktive Urheberschaft[304]). Urheber kann deshalb nur eine

---

[298]) Dazu unter I 6 (a/1, c/2); Riedel UrhG § 24 Bem. B 2.

[299]) Dazu Riedel UrhG § 24 Bem. B 3.

[300]) Dazu Riedel UrhG § 24 Bem. B 2; auch Fromm-Nordemann UrhG § 24 Anh. Bem. 7 ff.; Gerstenberg aaO. (Fußn. 1) UrhG § 24 Bem. 7.

[301]) Dazu Riedel UrhG § 24 Bem. B 2; Wolpert aaO. (Fußn. 114) 829 ff.

[302]) Dazu Fußn. 298, bez. Selbstplagiat Fußn. 429.

[303]) Dazu Fußn. 197; Wollenberg aaO. (Fußn. 46) 114 bez. eines improvisierenden Leiters einer Kapelle.

[304]) Dazu Riedel UrhG § 7 Bem. B, auch bez. der ehelichen Güterstände; Fromm-Nordemann UrhG § 7 Bem. 1, 2; von Gamm UrhG § 7 Bem. 2 ff.; Gerstenberg UrhG § 7 Bem. 1; Schulze UrhG (Fußn. 1) § 7 Bem.; auch unter Z 14 bei Fußn. 456 ff.
Im UrhG sind neben dem Urheberrecht die verwandten Schutzrechte geregelt. Zu erwähnen sind: die wissenschaftliche Ausgabe, § 70 UrhG; die Ausgaben nachgelassener Werke, § 71 UrhG; der Schutz des ausübenden Künstlers, §§ 73 ff. UrhG, also insbes. auch der Musikinterpreten; der Schutz der Hersteller von Tonträgern, §§ 85, 86 UrhG; der Schutz des Sendeunternehmens, § 87 UrhG.
Für den Film bestehen besondere Vorschriften in §§ 88 ff. UrhG, während man für andere Gebiete des Urheberrechts solche Sonderregelungen unterließ. Bei der Reform des Urhebervertragsrechts, bleibt zu erwägen, ob es nicht erforderlich erscheint, für die einzelnen Gebiete des Urheberrechts Sonderregelungen zu treffen. — Zum Anwendungsbereich des UrhG, insbes. auch aus Ausländer und Staatenlose §§ 120 ff. UrhG. Übergangsbestimmungen enthalten §§ 129 ff. UrhG, Schlußbestimmungen §§ 138 ff. UrhG.
Zur Reform der BÜ (Fußn. 282) auf der Stockholmer Konferenz Härtel-Reimer-Ulmer-Schiefler-Mast-Krieger-Rogge Die Stockholmer Konferenz für geistiges Eigentum 1967 GRUR 1967, 425, sowie Schulze Stockholmer Konferenz für geistiges Eigentum 1967 INTERGU Schriftenreihe Nr. 39.

natürliche Person, keine juristische Person sein. Die Urheberschaft entsteht auch unabhängig davon, ob der Urheber selbstständig ist oder ob er sich in einem Arbeits- oder Dienstverhältnis befindet, § 43 UrhG[305]).

b) Ein Urheber, also auch ein Komponist, kann einen **Auftrag** übernehmen, ein urheberrechtliches Werk zu schaffen[306]). Der Urheber kann selbständig sein; dann handelt es sich bei Bestellung meist um einen Werk- bzw. Werk-Geschäftsbesorgungsvertrag nach §§ 631 ff., 675 BGB[307]). Er kann sich in einem Angestelltenverhältnis befinden, dann liegt meist ein Dienst-, bzw. Dienst-Geschäftsbesorgungsvertrag nach §§ 612 ff., 675 BGB vor; es kann sich auch um ein Beamtenverhältnis handeln[308]). Vielfach bestehen auch Geschäftsbedingungen bzw. Formularverträge[309]), besonders wenn für die Schallplattenindustrie oder den Rundfunk gearbeitet wird. Neben Vereinbarungen gemäß Geschäftsbedingungen oder Formularverträgen können zusätzlich besondere Vereinbarungen getroffen werden. Dies **muß regelmäßig** in Schriftform geschehen, damit es der darin sich befindlichen Schriftlichkeitsklausel entspricht[310]).

Es besteht Vertragsfreiheit. Ein Auftrag, der nur darauf geht, eine handwerkliche, keine kompositorische Leistung auszuführen[311]), ist denkbar und zulässig, aber nur soweit, als es sich um Arbeiten handelt, die sich im Rahmen dieser Grenze halten können, wie etwa bei Vereinbarung von Arbeiten eines Urhebergehilfen[312]) oder bei Vereinbarung für eine musikkritische Ausgabe von klassischen ungeschützten Klavierwerken, die nur Fingersätze und ähnliche Hinweise bringt[313]). Wenn aber ein Musik- oder Schallplattenverlag an einen Komponisten den Auftrag gibt, daß er ein Volkslied[314]) oder eine von einem Melodisten erfundene Melodie[315]) für Singstimme und Instrumentalbegleitung bearbeiten soll, so gibt er einen Auftrag für ein urheberrechtlich geschütztes Werk, wie sich aus

---

305) Dazu Riedel UrhG § 43 Bem. B; Fromm-Nordemann UrhG § 43 Bem. 2 ff.; von Gamm UrhG § 43 Bem. 1, 2; Gerstenberg aaO. (Fußn. 1) UrhG § 43 Bem. 1 ff.; Schulze UrhG (Fußn. 1) § 43 Bem.

306) Dazu Riedel UrhG § 7 Bem. B, § 8 Bem. B.

307) Dazu Riedel UrhG § 7 Bem. B.

308) Dazu Riedel UrhG § 43 Bem. B.

309) Dazu Riedel UrhG § Bem. B 4; auch unter Z 12 mit Fußn. 369.

310) Dazu unter I 14 bei Fußn. 418 sowie Fußn. 446.

311) Dazu unter Z 6.

312) Dazu unter Z 11 (e).

313) Es handelt sich hier um Ausgaben, die nach § 70 UrhG Leistungsschutz haben; der Schutz bezieht sich auf wissenschaftliche Leistungen, die keinen Urheberschutz haben; dazu Riedel UrhG § 7 Bem. B, § 70 Bem. A.

314) Dazu Beispiele für Volkslied-Bearbeitungen unter I 5 (e) bei Fußn. 195 ff.

315) Dazu unter I 5 (e) bei Fußn. 180 ff., 6 (c/1) sowie Z 8 (20, 26).

§ 3 UrhG ergibt[316]). Vertragsinhalt kann also in solchem Falle nicht sein, ein Musikstück zu schreiben, das ohne Urheberschutz ist. Da der Schutzbereich des UrhG sehr groß ist, ist für Vereinbarungen im urheberschutzlosen Raum wenig Möglichkeit[317]). Ein ungeschütztes Werk hier zum Vertragsinhalt zu machen, wäre eine unmögliche Leistung, und ein solcher Vertrag wäre nach § 306 BGB nichtig, falls nicht durch Umdeutung nach § 140 BGB es doch als Wille der Parteien angesehen wird, den Vertrag mit Schaffung eines geschützten Werkes aufrecht zu erhalten. Wenn ein Verlag einem Komponisten den Auftrag gibt, aus einer geschützten Melodie ein aufführbares Musikstück zu schreiben[318]) oder ein geschütztes[319]) Instrumentalstück für einen bestimmten Zweck anders zu instrumentieren, so gehört es zu den Pflichten des Verlags, die Noten und auch die Einwilligung des Urhebers im voraus zu beschaffen und dem Bearbeiter vorzulegen, da er andernfalls nach § 642 BGB haftet; der Verlag kann also nicht die Beschaffung des Materials und der Urheber-Einwilligung dem Bearbeiter auferlegen[320]). Bei der Neuherausgabe gemeinfreier Werke kann ein Verlag interessiert sein, daß seine Ausgabe Urheberschutz hat, wenigstens teilweise, und deshalb einen Auftrag dahin geben, daß die Bearbeitung so vorgenommen wird, daß sie schutzfähig wird. Dies ist deshalb zulässig, weil es keine erheblichen Schwierigkeiten macht, eine solche schutzfähige Ausgabe herauszubringen[321]).

Es gibt kein urheberrechtliches Werk, das in sich nicht ungeschützte Elemente hat[322]). Bei einem Theaterstück, bei einer Oper, einer Operette, einer Symphonie, einer Messe usw. kommt niemand auf den Gedanken einer Abwertung. Nur bei Bearbeitungen ist man leicht geneigt, sie geringer einzuschätzen[323]). Dies geschieht zu Unrecht, da die kompositorische Leistung des Bearbeiters keine andere ist als eines sonstigen Urhebers[324]). Es darf daher auch die Vergütung des Bearbeiters nicht deshalb niedriger sein, weil es sich um eine „Bearbeitung" handelt[325]). Mehrwertsteuer,

---

[316]) Dazu unter Z 2, 3.
[317]) Dazu unter Z 6.
[318]) Dazu Fußn. 314, 315.
[319]) Dazu unter Z 8 (28).
[320]) Dazu Riedel UrhG § 8 Bem. B 4.
[321]) Dazu Fußn. 320.
[322]) Dazu unter Z 5.
[323]) Dazu unter I 3 bei Fußn. 17.
[324]) Dazu unter I 2, 3, 5, 6.
[325]) Dazu Riedel UrhG § 7 Bem. B; Schulze aaO. (Fußn. 306).
Auch im Rahmen der GEMA, insbes. des GEMA-Verteilungsplans sollte dies mehr berücksichtigt werden, vor allem dadurch, daß eine Bearbeitung anderen Kompositionen gleichgestellt wird. Es dürfte dies auch mit der Neuregelung des Urheberrechts in Einklang stehen, wonach Werk und Bearbeitung nicht unterschiedlich betrachtet werden und hieraus in § 8 UrhG bei Miturheberschaft die entsprechende Folgerung für die Verteilung der Einnahmen aus Verwertung gezogen werden. Dazu unter Z 11 mit Fußn. 343.

die beim Urheber oder Bearbeiter anfällt, kann nach § 14 Mehrwertsteuergesetz abgewälzt werden, und zwar einschl. der Mehrwertsteuer für Auslagen; jedoch kann eine abweichende Vereinbarung getroffen werden[326]).

11. Mehrere Urheber

a) Wenn mehrere bei der Schaffung eines geschützten Werkes mitwirken, so kann die Art sehr verschieden sein[327]). Gesetzlich geregelt ist die **Urheberschaft bei Mitwirkung mehrerer** für die Fälle der Miturheberschaft und der Urheberschaft verbundener Werke, §§ 8, 9 UrhG. Hier wird jeweils eine Gemeinsamkeit verlangt. Fehlt es hieran, so liegt Mehrurheberschaft vor. Ein Sonderfall ist die mittelbare Urheberschaft, insbes. der Fall des Schaffens in Hypnose[328]). Der Anreger eines Werkes ist regelmäßig nicht Urheber, ausnahmsweise nur dann, wenn er konkretisierte Anregungen gibt[329]). Der Urhebergehilfe ist nicht Urheber; wenn er allerdings eine Urhebertätigkeit ausübt, wird er zum Urheber. Wo Urheberschaffen vorliegt, handelt es sich stets um Urheberschaft. Es geht also hier nur um die Rechtsbeziehungen mehrerer Urheber.

b) **Miturheberschaft** nach § 8 UrhG setzt gemeinsames Schaffen voraus, ohne daß sich die Anteile gesondert verwerten lassen[330]). Da die Werke nach §§ 2 ff. UrhG hier in Frage stehen, kann auch der Bearbeiter Miturheber sein. Es handelt sich um Schaffen in gegenseitigem Einverständnis, um Urheberschaffen, also um einen Realakt, kein Rechtsgeschäft[331]). Es muß ein Gesamtwerk vorliegen, so daß nur einheitliche Verwertung in Betracht kommt, wobei auf die Verkehrsfähigkeit abzustellen ist[332]). Wenn einverständlich zu der Melodie eines Melodisten Musik geschrieben und so ein auf-

---

[326]) Eine abweichende Vereinbarung dürfte nicht zweckmäßig sein, da sie zum Nachteil der Urheber ist und überall die Abwälzung der Mehrwertsteuer auf den Verbraucher erfolgt. Der Verlag, das Schallplattenunternehmen usw. kann ja seinerseits die zu übernehmende Mehrwertsteuer weiter abwälzen. Soweit der Urheber infolge Einnahmen unter der Freigrenze keine Mehrwertsteuer zahlt, entfällt auch die Möglichkeit von Abwälzung von Mehrwertsteuer, die ihm durch Auslagen, insbes. Literatur-Beschaffung, entsteht. Hier müßte eine Übernahme besonders vereinbart werden. Dazu auch unter Z 14 bei Fußn. 421.

[327]) Dazu Riedel UrhG § 8 Bem. B.

[328]) Dazu Riedel UrhG § 8 Bem. B 5.

[329]) Dazu Riedel UrhG § 8 Bem. B 4.

[330]) Dazu Riedel UrhG § 8 Bem. B 1 (a); Fromm-Nordemann UrhG § 8 Bem. 2 ff.; von Gamm UrhG § 8 Bem. 3 ff.; Gerstenberg aaO. (Fußn. 1) UrhG § 8 Bem. 2 ff.; Schulze UrhG (Fußn. 1) § 8 Bem. 2.

[331]) Dazu Fußn. 330. — Da Urheberschaffen kein Rechtsgeschäft im Sinne des BGB ist, kann auch eine Person, die geschäftsunfähig oder beschränkt geschäftsfähig ist, Miturheber sein, z. B. ein minderjähriges Kind oder ein Geisteskranker; dazu auch Riedel UrhG § 2 Bem. B.

[332]) Dazu Riedel UrhG § 8 Bem. B. 1 a, b.

führungsfähiges Musikstück gestaltet wird, ist es Miturheberschaft[333]); während Stücke, die als Einlagen in Opern, Operetten, Tonfilmen usw. Verwendung finden, etwa Lieder, Schlager, Balletts, in der Regel selbständige Stücke sind und bleiben[334]).

Zwischen Miturhebern besteht nach § 8 Abs. 2 bis 4 UrhG kraft Gesetzes ein Gesamthandsverhältnis[335]). Veröffentlichung (§§ 6, 12 UrhG) und Verwertung (§§ 15 ff. UrhG) sowie Änderung steht den Urhebern nur gemeinsam zu; jedoch darf die Zustimmung nicht wider Treu und Glauben verweigert werden, § 8 Abs. 2 UrhG[336]). Verfügung eines Miteigentümers über seinen Anteil ist unzulässig außer Verzicht zugunsten des oder der Miturheber, § 8 Abs. 4 UrhG[337]).

Die Erträgnisse aus der Nutzung gehören den Miturhebern nach dem Umfang ihrer Mitwirkung an der Schöpfung des Werkes, soweit nichts anderes vereinbart wird, § 8 Abs. 3 UrhG[338]).

Der Umfang der Mitwirkung ist quantitativ, nicht qualitativ zu berechnen, da die Bedeutung der Anteile nicht Maßstab ist. Es ist also von dem fertigen Gesamtwerk auszugehen und zu schätzen oder zu verrechnen, zu welchem mengenmäßigen Anteil der einzelne beteiligt ist zuzüglich der Vorarbeiten, wie Sichtung des Materials usw.[339]). Wenn also von 2 Komponisten der eine nur die Melodie liefert, während der andere die ganze Ausarbeitung als Orchesterstück bzw. als Orchesterlied vornimmt[340]), so hat den weitaus größeren Anteil der Bearbeiter, der die Instrumentierung fertigt, wobei rechenmäßig die Partiturzeilen und die Taktzahl als Ganzes zu betrachten sind, um festzustellen, wieviel auf die Melodie entfällt und welcher Prozentsatz sich für den Melodisten ergibt. Muß die Melodie selbst erst noch bear-

---

[333]) Dazu unter Z 10 mit Fußn. 315.

[334]) Dazu Riedel UrhG § 8 Bem. B 1 c, im übrigen Fußn. 330.
Wird ein gemeinfreies Werk bearbeitet, so kann es sich nie um Miturheberschaft nach § 8 UrhG handeln, da hier mehrere Urheber mit geschütztem Werkschaffen vorausgesetzt werden. Die Bearbeitung ist vielmehr nach § 3 UrhG selbständig zu beurteilen und verwertbar, auch wenn sie Urheberschutz hat. Für sie sind bez. Einwilligung §§ 23, 24 UrhG anzuwenden.

[335]) Dazu Riedel UrhG § 8 Bem. B 2; Fromm-Nordemann UrhG § 8 Bem. 5 ff.; von Gamm UrhG § 8 Bem. 12 ff.; Gerstenberg aaO. (Fußn. 1) UrhG § 8 Bem. 5; Schulze UrhG (Fußn. 1) § 8 Bem. 3, 4.

[336]) Dazu Riedel UrhG § 8 Bem. B 2 a, im übrigen Fußn. 335.

[337]) Dazu Riedel UrhG § 8 Bem. B 2 a, auch Fußn. 335, im übrigen unter Z 14 bei Fußn. 408 ff.

[338]) Dazu Riedel UrhG § 8 Bem. B 2 c, im übrigen Fußn. 335.

[339]) Dazu Riedel UrhG § 8 Bem. B 2 c; auch Fromm-Nordemann UrhG (Fußn. 1) § 8 Bem. 7.

[340]) Dazu Fußn. 333. — Das hier gegebene Beispiel läßt sich leicht auf alle sonstigen einschlägigen Fälle anwenden. Die Berechnung ist einfach und leicht, bietet also keinerlei Schwierigkeiten.

beitet und aus einem Torso zu einer sangbaren Linie gestaltet werden[341]), so erhöht sich der Anteil des Bearbeiters aus diesem Grunde, weil das gelieferte Melodiestück erst bearbeitet werden muß. Diese vom Gesetzgeber vorgenommene Regelung, der von den Fachkreisen bei der Gesetzesentstehung nicht widersprochen wurde[342]), wird der wirklich kompositorischen Leistung des Bearbeiters gerecht. Daher ist hiervon auszugehen[343]). Diese Regelung gilt also kraft Gesetzes. Eine abweichende Vereinbarung ist zulässig; es müssen aber die beteiligten Urheber einverstanden sein[344]). Kein Teil kann nach Treu und Glauben zur Zustimmung einer abweichenden Vereinbarung gezwungen werden, wie sich aus § 8 Abs. 2, 3 UrhG ergibt. Wenn also der Bearbeiter einer ihn benachteiligenden Regelung nicht zustimmt, so kann keine vom Gesetz abweichende Verteilung der Erträgnisse vorgenommen werden.

c) **Urheberschaft verbundener Werke** nach § 9 UrhG setzt voraus, daß mehrere Urheber ihre Werke zu gemeinsamer Verwertung verbinden[345]). Die Vorschrift bezieht sich auf die Werkverbindung mehrerer Urheber, da bei einem Urheber, der eigene Werke verbindet, alle Entschließungen bei ihm liegen[346]). Verbunden werden können Werke gleicher Art, nämlich

---

[341]) Dazu unter Z 8 (26).

[342]) Dazu Riedel UrhG § 8 Bem. A.

[343]) Dieses gesetzlich festgelegte Verhältnis sollte auch im Rahmen der GEMA bei der Verteilung zwischen mehreren Komponisten, zu denen auch der Bearbeiter gehört, berücksichtigt werden. Insbes. sollte der Verteilungsplan auf die neue gesetzliche Regelung umgestellt und den Bearbeitern ein entsprechender Anteil an den Erträgnissen zugesprochen werden. Auf Einzelheiten einzugehen erübrigt sich, weil der aus der Zeit vor Erlaß des UrhG stammende und im wesentlichen beibehaltene Verteilungsplan verständlicherweise der neuen gesetzlichen Rechtslage nicht voll gerecht wird.
Ein typisches Beispiel für Miturheberschaft, wobei die sog. Bearbeitung wesentlich überwiegt, ist die Ausarbeitung eines Klavierkonzerts nach einer vorgegebenen Melodie von Raimund Rosenberger; dazu unter Z 8 bei Fußn. 204 a.

[344]) Die abweichende Vereinbarung ist ein Rechtsgeschäft; sie muß daher wenn Geschäftsunfähigkeit oder beschränkte Geschäftsfähigkeit bei einem der Miturheber besteht, unter Beachtung der Vorschriften über gesetzliche Vertretung, insbes. der §§ 104 ff. BGB, erfolgen.
Eine Verwertungsgesellschaft kann für Urheber eine solche Abrede nur schließen, wenn sie dazu bevollmächtigt ist. Haben Urheber eine Abrede getroffen, so hat sie die Verwertungsgesellschaft zu beachten. Auch diesem Gesichtspunkt sollte man in dem Verteilungsplan der GEMA Rechnung tragen. — Der Komponist Siegfried Wegener, München, hat seinerseits einen Plan entwickelt, der ihm für eine Berechnung der Tantieme geeignet erscheint, nämlich: Herstellungswert in DM x Hörerkontigent x Punktwert = Tantieme in DM. — Auch hier wird das gesamte Gebiet der Komposition einschl. Bearbeitung einheitlich behandelt.
Bei der Bearbeitung gemeinfreier Werke (dazu Fußn. 334) bleibt hierbei zu erwägen, ob man den Grundsatz des § 8 Abs. 3 UrhG sinngemäß auf die Verteilung der Gebühren anwendet, etwa bei einem Werk wie Offenbach-Richartz „Pariser Leben" Ouvertüre; dazu unter I 6 (c/1) bei Fußn. 257 a.

[345]) Dazu Riedel UrhG § 9 Bem. B 1; Fromm-Nordemann UrhG § 9 Bem. 2 ff.; von Gamm UrhG § 9 Bem. 3 ff.; Gerstenberg aaO. (Fußn. 1) UrhG § 9 Bem. 1 ff.; Schulze UrhG (Fußn. 1) § 9 Bem.

[346]) Dazu Fußn. 345.

2 Werke der Musik[347]) oder solche verschiedener Art, wie Musik und Text[348]). Hierbei ist nicht die künstlerische Wirkung maßgebend, die uns vielfach Werkverbindungen als „Bearbeitungen" erscheinen lassen, wenn wir an Lieder, Opern, Operetten usw. denken. Es kommt aber auf die rechtliche Beurteilung und Trennbarkeit an. Unter diesem Gesichtspunkt sind das „Ave maria" von *Bach-Gounod* und die Schule des Triospiels für Orgel — 2stimmige Inventionen von *Johann Sebastian Bach*, 3stimmig bei Unverändertheit des Originals durch *Max Reger-Karl Straube* — Werkverbindungen nach § 9 UrhG, wenn man die beiden Musikstücke nur zur Verdeutlichung des Rechtsbegriffs der Werkverbindung betrachtet. Die zusätzliche Stimme ist selbstverständlich geschützt. Soweit Uminstrumentierungen erfolgen, wie bei etwa dem erwähnten „Ave maria", ist dies daneben als Änderung der Bearbeitung zu werten; dies geht aber neben der Werkverbindung her.

Die Verbindung der Werke verschiedener Urheber ist ein Rechtsgeschäft, setzt also Einigung voraus[349]). Diese wird sich regelmäßig auch auf die Gewinn- und Verlustverteilung erstrecken. Es kommt, wenn eine Gesellschaft nach §§ 705 ff. BGB geschlossen wird, für den Anteil an den Erträgnissen § 722 BGB in Betracht, wonach gleiche Anteile vorgesehen sind. Dies entspricht aber meist nicht den wirklichen Urheberleistungen, so daß eine abweichende Vereinbarung erforderlich ist; eine Vereinbarung wie bei Miturheberschaft erscheint zweckmäßig[350]).

---

[347]) Es kommen hier vor allem die Potpourris in Frage; dazu unter I 5 (f) bei Fußn. 257, 6 (c/1). — Zu den angeführten Musikstücken von Bach-Gounod und Bach-Max Reger-Karl Straube Fußn. 52, auch unter Z 8 (1) mit Fußn. 106 sowie Z 8 (28) mit Fußn. 231, ferner Fußn. 349 bez. weiterer Gesichtspunkte.

[348]) Auch diese Art der Werkverbindunng kommt häufig vor, nämlich bei Opern, Operetten, Oratorien, Messen, Requiem, Liedern, Melodramen, Schlagern usw.; zu Schlager und Musik BGB MDR 1964, 393 = UFITA Bd. 42, 178; Riedel UrhG § 8 Bem. B 1.

[349]) Dazu Riedel UrhG § 9 Bem. B 2, zur Vereinbarung, die Rechtsgeschäft ist, auch Fußn. 344.
Die Verbindung nach § 9 UrhG hat nicht schöpferischen Charakter; liegt eine urheberrechtliche Leistung bei der Verbindung vor, so ist dies ein Sammelwerk nach § 4 UrhG (dazu unter Z 4) oder Miturheberschaft nach § 8 UrhG (dazu unter Z 11 b).
Wird ein gemeinfreies Werk mit einem geschützten verbunden, so ist § 9 UrhG nicht anwendbar. Übrigens ist eine urheberrechtliche Vereinbarung gar nicht möglich, wenn eines der Werke gemeinfrei ist. Die Bearbeitung ist wie auch sonst selbständig bez. des Urheberschutzes zu beurteilen. Wir empfinden bei einer Verbindung eines gemeinfreien Werkes mit einem geschützten dies als Bearbeitung, wie etwa bei der Schule des Triospiels für Orgel von Bach-Max Reger-Karl Straube; dazu Fußn. 52, 106 und unter Z 11 (c) bei Fußn. 348.

[350]) Dazu Fußn. 349, auch Z 11 (b) mit Fußn. 343.
Eine Vereinbarung ist hier also sehr wichtig, damit die Erträgnisse entsprechend der Urheberleistung verteilt werden, weil sich danach wieder die Verteilung im Rahmen der GEMA richten kann.

Bei verbundenen Werken ist selbständige Verwertung der verbundenen Werke möglich. Die gemeinsame Veröffentlichung, Änderung und Verwertung kann ein Urheber nicht gegen Treu und Glauben versagen, § 9 UrhG[351]). Es kann aber der Wille der beiden Urheber dahin gehen, daß eine Werkverbindung nur gemeinsam erfolgt, insbes. bei Text und Musik; dann ist eine Einzelverwertung ausgeschlossen[352]).

d) **Mehrurheberschaft** kommt in Betracht, wenn weder ein Gesamtwerk noch eine vereinbarte Werkverbindung vorliegt, also eine Verbindung ohne Einverständnis des anderen[353]).

Jedes der Werke ist für sich verwertbar; bei gemeinsamer Verwertung ist Übereinstimmung nötig[354]). Bei gemeinsamer Verwertung wird es sich meist um ein Gesellschaftsverhältnis handeln, so daß es zweckmäßig erscheint, sich über die Erlösverteilung ausdrücklich zu einigen[355]).

e) Der **Urhebergehilfe** ist nicht Urheber. Seine Tätigkeit liegt außerhalb des Bereichs des Urheberschaffens in handwerksmäßiger Tätigkeit[356]), und zwar regelmäßig auf Weisung des Urhebers. Es darf sich also nicht um kompositorische Tätigkeit handeln. Es kommen deshalb insbes. nur in Betracht Kontrolle des Manuskripts auf Druck- und Schreibfehler, Reinschrift einer Partitur, Korrektur von Druckbogen, Numerierung der Takte eines langen Musikstücks usw.[357]).

12. Urheberpersönlichkeitsrecht

Das neue Urheberrecht betont in § 11 UrhG die **Einheit des Urheberrechts** in den Beziehungen des Urhebers zu seinem Werk in geistiger und

---

351) Dazu Riedel UrhG § 9 Bem. B 2 a, im übrigen Fußn. 345.

352) Dazu Fußn. 351, auch OLG Hamburg, Schulze RzU (Fußn. 11) OLGZ 41 (Goldbaum), OLG München aaO. OLGZ 8 (Ulmer), aA. (zu Unrecht) KG aaO. KGZ 18 (Kleine ablehnend).

353) Dazu Riedel UrhG § 9 Bem. B 3.

354) Dazu Fußn. 353.

355) Dazu Fußn. 353.
Die Rechtslage ist ähnlich der verbundener Werke nach § 9 UrhG; auch hier ist, wenn es zur gemeinsamen Verwertung kommt, eine Vereinbarung (dazu Fußn. 350) sehr wichtig.

356) Dazu Riedel UrhG § 8 Bem. B 3.

357) Dazu Fußn. 356, auch unter Z 6 bei Fußn. 47 sowie Z 10 bei Fußn. 312.

persönlicher Richtung[358]). Die besondere Regelung des **Urheberpersönlichkeitsrechts** in §§ 12 ff. UrhG dient der Stärkung des Urhebers, indem sie das Werk stärker an die Persönlichkeit des Urhebers bindet[359]). Bei der Verwertung des Urheberrechts erweist sich die neue Konzeption des Gesetzes, wonach die Übertragbarkeit von Urheberbefugnissen eingeschränkt ist, als nicht sehr glücklich und bedarf bei der weiteren Reform wohl einer besonderen Überprüfung[360]).

Der Urheber hat das **Veröffentlichungsrecht,** § 12 mit § 6 UrhG; dazu gehört auch, daß es ihm vor der Veröffentlichung vorbehalten ist, Mitteilungen oder Beschreibungen seines Werkes zu geben, insbes. auch über zukünftiges Schaffen gelegentlich eines Interviews mit einem Zeitungs- oder Rundfunkreporter[361]). Das dem Urheber zustehende Recht zur Mitteilung und Beschreibung läßt vertragliche Bindungen des Urhebers mit einem Verlag, der das Werk veröffentlicht und für die Propaganda einen bestimmten späteren Zeitpunkt vorgesehen hat, unberührt. Es kann also in solcher vorzeitiger Mitteilung eines Autors eine Vertragsverletzung liegen, die zu Schadenersatz verpflichtet.

Der Urheber hat nach § 13 UrhG das Recht auf **Anerkennung der Urheberschaft** am Werk[362]). Plagiat ist bewußte Urheberanmaßung, indem man ein fremdes Werk als eigenes ausgibt[363]). Umgekehrt, wer ein eigenes geschütztes Werk als das eines anderen ausgibt, greift in dessen Urheberpersönlichkeitsrecht ein[364]).

Das Recht auf Namensnennung steht dem Urheber in allen Fällen zu, in denen das Werk in unbearbeiteter oder in bearbeiteter Form an die Öffent-

---

358) Dazu Riedel UrhG § 11 Vorbem. 1, 2, Bem. A, B; Fromm-Nordemann UrhG § 11 Bem; von Gamm UrhG § 11 Bem. 5 ff.; Gerstenberg aaO. (Fußn. 1) UrhG § 11 Bem. 2, 3; Schulze UrhG (Fußn. 1) § 11 Bem.
Zum Rechtsschutz §§ 96 ff. UrhG, nämlich: Verwertungsverbot, § 96 UrhG; Rechtsverletzungen §§ 97 ff. UrhG, und zwar zivilrechtlich §§ 97 ff. UrhG, strafrechtlich §§ 106 ff. UrhG; Zwangsvollstreckung §§ 112 ff. UrhG.

359) Dazu Riedel UrhG § 12 Vorbem. 1, Bem. A, B.

360) Dazu unter Z 14, auch bez. weiterer Befugnisse aaO. Fußn. 404.

361) Dazu Riedel UrhG § 12 Bem. B; Fromm-Nordemann UrhG § 12 Bem. 2 ff.; von Gamm UrhG § 12 Bem. 2 ff.; Gerstenberg aaO. (Fußn. 1) UrhG § 12 Bem. 1 ff.; Schulze UrhG (Fußn. 1) § 12 Bem.

362) Dazu Riedel UrhG § 13 Bem. B; Fromm-Nordemann UrhG § 13 Bem. 1 ff; von Gamm UrhG § 13 Bem. 6 ff.; Gerstenberg aaO. (Fußn. 1) UrhG § 13 Bem. 2 ff.; Schulze UrhG (Fußn. 1) § 13 Bem.

363) Dazu Riedel UrhG § 13 Bem. B a.
Ein berühmtes Beispiel für Plagiat aus der Geschichte der Musik ist Graf von Walsegg-Stuppach; dazu unter I Fußn. 170.

364) Dazu unter I 5 (1); da Kreisler seine eigenen Werke teilweise als Bearbeitungen alter Meister ausgab, die keinen Urheberschutz hatten, also gemeinfrei waren, verletzte er keine fremden Urheberrechte.

lichkeit gebracht wird[365]). Dies gilt auch für den Bearbeiter eines Werkes, der auch Urheber ist; auch er hat ein Recht genannt zu werden, wenn das Werk in der Öffentlichkeit erscheint. Nach der Gesetzesbegründung soll das Recht auf Namensnennung bei der Verwertung des Urheberrechts nicht gelten, sondern einer besonderen Vereinbarung des Urhebers mit dem bzw. den Nutzungsberechtigten vorbehalten bleiben[366]). Diese Auffassung ist mit dem Gesetzestext nicht vereinbar und daher abzulehnen[367]). Ein Bearbeiter hat daher wie jeder andere Urheber das Recht, bei allen Veröffentlichungen genannt zu werden.

Einschränkungen der Namensnennung sind durch Vereinbarung zulässig, auch in Geschäftsbedingungen oder Formularverträgen, u. U. sogar stillschweigend, d. h. wenn es sich aus den Umständen ergibt[368]). Da die Bearbeiter auf ihr Recht, als Bearbeiter genannt zu werden, großen Wert legen und einen Verzicht darauf nicht erklären, besteht Veranlassung, Geschäftsbedingungen und Formularverträge entsprechend der neuen Rechtslage des UrhG anzupassen, soweit dies noch nicht geschehen ist[369]). Einschränkungen der Namensnennung kommen nur noch in beschränktem Maße in Frage, nämlich bei beamteten Urhebern, die Referenten sind, für Werke, die von der Behörde herausgebracht werden, und bei Angestellten, die nur auf Weisung des Chefs bei Urheberschaffen in geringem Umfange mitwirken, daher eine Namensnennung ein falsches Bild von der Tätigkeit seiner Urheberleistung geben würde[370]).

Die Musikbearbeiter sind, da für sie Gründe für eine Beschränkung des Rechts auf Namensnennung nicht vorliegen, bei der Verwertung ihrer Werke zu nennen, insbes. bei Schallplatten[371]), Notendruck, Rundfunk- und Fernseh-

---

[365]) Dazu Riedel UrhG § 13 Bem. B d, auch BGH (Straßen gestern und morgen) GRUR 1963, 40 = UFITA Bd. 38, 340 = Schulze RzU (Fußn. 11) BGHZ 100 (Seydel).

[366]) Dazu Riedel UrhG § 13 Bem. A.

[367]) Dazu Riedel UrhG § 13 Bem. B; so auch Fromm-Nordemann UrhG § 13 Bem. 2. — Die Bedenken gegen Formularverträge wegen der veränderten Rechtslage werden mit eingehender Begründung auch geteilt von Fromm-Nordemann UrhG (Fußn. 1) § 13 Bem. 2.

[368]) Dazu Fußn. 367.

[369]) Dazu Fußn. 367, auch zu der Frage des Mißbrauchs der Vertragsfreiheit durch einseitige Handhabung der Geschäftsbedingungen und Formularverträge, insbes. unter Hinweis auf BGH BB 1964, 1451, OLG Saarbrücken JBL Saar 1966, 81, Palandt BGB § 145 Einf. Bem. 3 (b), Staudinger-Weber BGB § 242 Bem. D 97 ff.; Weber Zum Recht der allgemeinen Geschäftsbedingungen NJW 1968 1.
Da das UrhG bez. der Namensnennung eine neue Rechtslage schafft, dürfte Veranlassung bestehen, bisherige Verträge dem neuen Recht anzugleichen. Bei der Neuabfassung der Vordrucke usw., insbes. bez. Melodiebearbeitungen und Umarbeitungen, dürften bei der Auftragserteilung auch die in Z 10 erwähnten Gesichtspunkte von Bedeutung sein; zur Regelung der Einräumung von Verwertungsrechten usw. wird auf Z 14 bei Fußn. 417 verwiesen. Zur Schriftform Z 14 bei Fußn. 418, Z 15 mit Fußn. 446.

[370]) Dazu Riedel UrhG § 13 Bem. B d, e.

[371]) Dazu Fußn. 367, 369.

sendungen usw. Ein stillschweigender Ausschluß durch Verkehrssitte oder Übung kommt nicht in Betracht, weil auf seiten der Bearbeiter der Wille auf Verzicht und Einverständnis mit solcher Handhabung fehlt, daher eine Einschränkung des Rechts, die nur vertraglich, d. h. mit Einverständnis beider Vertragspartner erfolgen kann, nicht angenommen werden kann[372]).

Allein der Urheber, auch der Bearbeiter, hat die **Bestimmung der Urheberbezeichnung** vorzunehmen, § 13 S. 2 UrhG[373]). Diese Bestimmung bezieht sich darauf, ob das Werk anonym erscheinen soll, ob es mit dem wahren Namen oder mit einem Pseudonym, insbes. einem Künstlernamen, veröffentlicht werden soll[374]). Die Urheberbezeichnung hat Bedeutung für die gesetzliche Vermutung der Urheberschaft nach § 10 UrhG[375]). Das Recht auf Namensnennung ist aus diesem Grunde für den Bearbeiter von besonderer Bedeutung, weil ja andernfalls diese Vermutung nicht Platz greift[376]).

Ein Urheber hat ein Recht darauf, daß sein Werk unverändert verwertet wird. Daher ist grundsätzlich ein **Änderungs- und Bearbeitungsverbot** bez. Verwertung gesetzlich anerkannt, §§ 23, 24 UrhG[377]). Änderungen und Bearbeitungen kann ein Urheber einem anderen nicht verbieten, jedoch darf eine Verwertung nur bei seiner vorherigen Einwilligung[378]) erfolgen. Dies ist sehr praktisch gedacht, weil ein Komponist, dessen Werk einer Variation eines anderen zugrunde gelegt werden soll, vor der Veröffentlichung sich dasselbe ansehen kann, bevor er sich schlüssig wird, ob er seine Einwilligung gibt. Bei Einräumung von Nutzungsrechten[379]) darf der Nutzungsberechtigte das Werk, den Titel und die Urheberbezeichnung nicht ändern, außer wenn etwas anderes vereinbart wird, bei dem Titel des Werkes auch ohne Einverständnis des Urhebers, wenn dieser nach Treu und Glauben die Einwilligung nicht versagen darf, § 39 UrhG[380]). Bei den Beschränkungen des Urheberrechts nach §§ 45 ff. UrhG gilt dies ebenfalls, § 62 UrhG; hiernach sind auch, soweit es der Benutzungszweck erfordert, ohne Einwilligung auch Ände-

---

[372]) Dazu Riedel UrhG § 13 Bem. Bd.

[373]) Dazu Riedel UrhG § 13 Bem. B 1; Fromm-Nordemann UrhG § 13 Bem. 2; von Gamm UrhG § 13 Bem. 10 ff; Gerstenberg aaO. (Fußn 1) UrhG § 13 Bem. 2; Schulze UrhG (Fußn. 1) § 13 Bem.

[374]) Dazu Riedel UrhG § 10 Bem. B.

[375]) Dazu Riedel UrhG § 10 Bem. B 1, 2; Fromm-Nordemann UrhG § 10 Bem. 2; von Gamm UrhG § 10 Bem. 5 ff.; Schulze UrhG (Fußn. 1) § 10 Bem. 1.

[376]) Man sollte daher auch im Bereich der Musik mehr Verständnis dafür haben, wie wichtig es für die Komponisten und Bearbeiter ist, bei Verwertung ihrer Werke genannt zu werden. Es besteht darauf, auch ein klagbarer Anspruch, soweit das Recht nicht vertraglich eingeschränkt ist.

[377]) Dazu Riedel UrhG § 14 Bem. A, B, § 23 Bem. B.

[378]) Dazu Fußn. 377, auch Fußn. 486.

[379]) Dazu unter Z 14.

[380]) Dazu Riedel UrhG § 39 Bem. A, B, auch unter Z 14 bei Fußn. 436.

rungen zulässig, die nur Auszüge oder Übertragung in eine andere Tonart oder Stimmlage darstellen[381]). Zu den unverzichtbaren Rechten des Urhebers während der Schutzzeit gehört das Recht, eine **Entstellung** oder eine andere Beeinträchtigung **des Werkes** zu verbieten, die geeignet ist, seine berechtigten geistigen oder persönlichen Interessen am Werk zu gefährden, § 14 UrhG[382]).

13. Rechtsnachfolger des Urhebers

Das neue Urheberrecht geht von dem Grundsatz aus, daß das **Urheberrecht nicht übertragen** werden kann, § 29 S. 2 UrhG[383]). Damit wird das Urheberrecht stark persönlichkeitsgebunden, mehr als im früheren Recht. **Übertragung** gibt es nur als **Erbfolge,** und zwar kraft Gesetzes oder auf Grund letztwilliger Verfügung sowie in Erfüllung einer Verfügung von Todes wegen und zur Erbauseinandersetzung, §§ 28, 29 UrhG[384]).

Rechtsnachfolger ist nur, wer auf Grund Vererbung an die Stelle des Urhebers tritt, § 30 UrhG[385]). Er tritt in die Rechtsstellung des Urhebers ein, auch in die persönlichkeitsrechtlichen Befugnisse, soweit nicht das Gesetz eine abweichende Regelung trifft, nämlich bei dem Rückrufrecht wegen gewandelter Überzeugung, § 42 UrhG[386]), beim Änderungsverbot nach § 62 Abs. 4 UrhG[387]) und bei Zwangsvollstreckung nach §§ 115, 116 UrhG.

Der Urheber kann für die Rechtsnachfolge durch Einsetzung eines Testamentsvollstreckers oder durch Auflagen Sicherungen treffen, damit sein Geistesgut keine Nachteile erleidet. Bei Auflagen, die im öffentlichen Interesse liegen, kann die zuständige Behörde die Vollziehung verlangen; bei einem bedeutenden Künstler kann solches Interesse zu bejahen sein, wenn es gilt, seine Anordnungen zu respektieren[388]).

---

381) Dazu Riedel UrhG § 62 Bem. A, auch unter Z 15 bei Fußn. 466, 476.

382) Dazu Riedel UrhG § 14 Bem. B 1.
Samson aaO. (Fußn. 1) 22, 23 führt als Beispiel an eine Aufführung der symphonischen Dichtung „Tod und Verklärung" von Richard Strauß im Fernsehen unter Einblendung von Bildern.

383) Dazu Riedel UrhG § 28 Vorbem. 1, 2, § 29 Bem. B; Fromm-Nordemann UrhG § 29 Bem. 2 ff.; Gerstenberg aaO. (Fußn. 1) UrhG § 29 Bem. 1; Schulze UrhG (Fußn. 1) § 29 Bem.

384) Dazu Riedel UrhG § 28 Bem. B, § 29 Bem. B m.

385) Dazu Riedel UrhG § 30 Bem. B; Fromm-Nordemann UrhG § 30 Bem. 1; von Gamm UrhG § 30 Bem. 2; Gerstenberg aaO. (Fußn. 1) UrhG § 30 Bem. 1; Schulze UrhG (Fußn. 1) § 30 Bem.

386) Dazu unter Z 14 bei Fußn. 454 sowie Z 15 bei Fußn. 472.

387) Dazu unter Z 12 bei Fußn. 381.

388) Dazu Riedel UrhG § 28 Bem. B, § 30 Bem. B.

14. Verwertungsrechte und Nutzungsrechte

Die Urheberbefugnisse sind grundsätzlich nicht unter Lebenden übertragbar, es kann nur eine Einräumung erfolgen[389]).

Die **Verwertungsrechte** sind in § 15 UrhG zusammengefaßt[390]). Es sind dies das Vervielfältigungsrecht, das Verbreitungsrecht, das Ausstellungsrecht, das Vortrags-, Aufführungs- und Vorführungsrecht, das Senderecht, das Recht der Wiedergabe durch Bild- oder Tonträger sowie das Recht der Wiedergabe von Funksendungen, §§ 16 bis 22 UrhG[391]). Die Verwertungsrechte sind mit den Nutzungsrechten, die vom Urheber Nutzungsberechtigten eingeräumt werden können, identisch, §§ 31 ff. UrhG[392]). Da die einzelnen Verwertungsrechte durch Legal-Definitionen fest umgrenzt sind und durch Auslegung nicht erweitert werden können, ist dies auch nicht auf Grund der Generalklausel des § 15 UrhG möglich[393]). Deshalb muß davon ausgegangen werden, daß der Gesetzgeber die bekannten Verwertungsrechte abschließend geregelt hat und daß die Generalklausel nur dahin zu verstehen ist, daß dem Urheber auch bisher, d. h. bei Inkrafttreten des UrhG, nicht bekannte Verwertungsrechte zustehen[394]). Dies entspricht der bisherigen Rechtslage[395]). Da der Gesetzestext einen anderen Inhalt vermuten läßt, als dem tatsächlichen Inhalt entspricht, sollte eine Reform die Textierung angleichen[396]).

Das Vervielfältigungsrecht ist das Recht, Vervielfältigungsstücke herzustellen, gleich in welchem Verfahren, § 16 UrhG[397]). Bei Vervielfältigung besteht Identität zwischen Original und Vervielfältigungsstück, und zwar ohne Änderung[398]). Original ist die erste Festlegung des Werkes, als

---

389) Dazu Fußn. 383; auch Riedel UrhG § 31 Vorbem. 1, Bem. A, B.

390) Dazu Riedel UrhG § 15 Bem. B; Fromm-Nordemann UrhG § 15 Bem. 2; von Gamm UrhG § 15 Bem. 3 ff; Gerstenberg aaO. (Fußn. 1) UrhG § 15 Bem. 1; Schulze UrhG (Fußn. 1) § 15 Bem. 2, 3.

391) Einzelheiten zu den einzelnen Verwertungsrechten Riedel UrhG § 16 ff. jeweils Bem. B; im folgenden werden nur einige wenige besonders interessierende Punkte hervorgehoben.

392) Dazu Riedel UrhG § 15 Bem. B, § 31 Bem. B (3); Fromm-Nordemann UrhG § 31 Bem. 14; von Gamm UrhG § 31 Bem. 2; Gerstenberg aaO. (Fußn. 1) UrhG § 31 Bem. 2; Schulze UrhG (Fußn. 1) § 31 Bem. 2.

393) Dazu Riedel UrhG § 15 Bem. B.

394) Dazu Fußn. 393.

395) Dazu BGH BGHZ 17, 266 = NJW 1955, 1276 = GRUR 1955, 492 = Schulze RzU (Fußn. 11) BGHZ 15 (Goldbaum).

396) Dazu Fußn. 393.

397) Dazu Riedel UrhG § 16 Bem. B.

398) Dazu Fußn. 397. Der Begriff der Vervielfältigung hat sich gegenüber dem bisherigen Recht geändert, da früher auch Änderungen unter Vervielfältigungen gerechnet wurden.

Partitur, bei improvisierter Musik Aufzeichnung auf Tonband oder Schallplatte[399]). Mehrere Originale liegen nur vor, wenn die Werke selbständig geschaffen sind, wenn auch als Art Bearbeitung. Abschreiben einer Partitur ist Vervielfältigung[400]).

Eine bühnenmäßige Aufführung nach § 19 Abs. 2 UrhG setzt ein bewegtes Spiel mit verteilten Rollen und szenischer Darstellung voraus[401]). Eine konzertmäßige Aufführung, auch als Opernquerschnitt, fällt nicht darunter[402]). Wird in einer Eisrevue, bei der zur Begleitung der Eislaufdarbietungen Musikstücke sowie Schlager aus Operetten zur Wiedergabe gelangen, nicht gleichzeitig der gedankliche Inhalt der entsprechenden Operetten oder ihrer Bestandteile durch bewegtes Spiel für Auge und Ohr des Publikums als eine gegenwärtig sich vollziehende Handlung vermittelt, so liegt keine bühnenmäßige Aufführung vor[403]).

Da sich das UrhG auf die Regelung der Einräumung von Nutzungsrechten beschränkt, werden Urheberpersönlichkeitsrechte[404]) nur

---

[399]) Dazu Fußn. 397. Hinzuweisen ist auf die neue strafrechtliche Regelung gegen den Mißbrauch von Tonaufnahme- und Abhörgeräten vom 22. 12. 1967 BGBl. I 1360, wonach in das StGB die §§ 298, 353 d neu eingefügt wurden. Das neue Recht bezieht sich allerdings nicht auf Musik, sondern nur auf das nicht öffentlich gesprochene Wort eines anderen, das unbefügt auf einen Tonträger aufgenommen wird. Es kommt jedoch immer wieder vor, daß bei Proben für Aufführungen unbefugt Aufnahmen gemacht werden und hierbei auch die Bemerkungen des Dirigenten mit aufgenommen werden.

[400]) Ein Abschreiben der Partituren von „Don Juan" und „Tod und Verklärung" durch Richard Strauß, um die Abschriften zu hohen Preisen zu verkaufen (dazu Panofsky Dr. Richard Strauß / Süddeutsche Zeitung 29. 7. 1964 Nr. 131 S. 20) ist Vervielfältigung.

[401]) Dazu Riedel UrhG § 19 Bem. B; Fromm-Nordemann UrhG § 19 Bem. 3; von Gamm UrhG § 19 Bem. 12.

[402]) Dazu Fußn. 401.

[403]) Dazu BGH (Eisrevue I) NJW 1960, 1900 = UFITA Bd. 32, 348 = Schulze RzU (Fußn. 11) BGHZ 74 (Schulze).

[404]) Zu den persönlichkeitsrechtlichen Befugnissen unter Z 12 kommen noch dazu der Zugang zu Werkstücken nach § 25 UrhG und die Vermietung von Vervielfältigungsstücken nach § 27 aaO.

§ 27 UrhG ist anwendbar bei Leihbüchereien, dagegen mangels Gewerbsmäßigkeit bei öffentlichen Bibliotheken, Volks- und kirchlichen Büchereien, auch bei Werkbüchereien; so auch Gesetzesbegründung, Riedel UrhG § 27 Bem. A, B, Reichel Werkbüchereien und Büchertantieme BB 1966, 1427, Schulze UrhG (Fußn. 1) § 27 Bem. 3, aA. (zu Unrecht) bez. Werkbüchereien Fromm-Nordemann UrhG (Fußn. 1) § 27 Bem. 1, von Gamm UrhG § 27 Bem. 4, Hubmann aaO. (Fußn. 1) § 30 IV 2.

Da bei den Werkbüchereien ein Erwerbszweck seitens des Betriebs sicherlich nicht vorhanden ist, sondern lediglich ein Bildungsinteresse der Werkangehörigen, sollte man bei der Handhabung der Vorschrift den Begriff nicht erweiternd auslegen. Die Annahme eines mittelbaren Erwerbszwecks in einem solchen Falle erscheint bedenklich, weil hier die Erwerbsabsicht nicht mehr als maßgeblich angesehen werden kann. Auch besteht kein Bedürfnis in diesem Falle der Kulturförderung, der den anderen unbestrittenen Fällen der Verleihung ohne Erwerbszweck gleichsteht, hiervon auszunehmen. Man denke daran, wenn Noten für Chorgesang oder Hausmusik an Werksangehörige ausgeliehen werden, und man wird verstehen, daß bei solcher Ausleihe ähnlich wie bei Buchausleihe es ferneliegend ist, den Erwerbszweck zu bejahen. Es wäre bedauerlich, wenn die Rechtspraxis hier sich nicht der Konzeption des Gesetzgebers anschließen würde. Bedeutsam ist, daß diese Auffassung durch Schulze aaO., dem Generaldirektor der GEMA gebilligt wird — ein Zeichen, daß auch von dieser Seite her kein Interesse an einer Gebührenpflicht besteht.

erwähnt, und zwar in § 37 UrhG. Eine gesetzliche Ausgestaltung wäre mit der Konzeption des neuen Gesetzes in Widerspruch geraten[405]). Wenn das Gesetz schweigt, für die Praxis aber einen Weg braucht, müssen Rechtslehre und Rechtsprechung nach einer Lösung suchen[406]). Derartige persönlichkeitsgebundenen Befugnisse können einem anderen zur Ausübung überlassen werden[407]). Ein Verzicht des Urhebers[408]) oder Rechtsnachfolgers[409]) auf das Urheberrecht als Ganzes oder Urheberbefugnisse ist gesetzlich nur im Falle der Miturheberschaft in § 8 Abs. 4 UrhG geregelt[410]), sonst also nicht zulässig. Es kann also eine Verzichtserklärung nur in Einräumung ausschließlicher Nutzungsrechte an einen anderen und gegebenenfalls auch der Überlassung der persönlichkeitsrechtlichen Befugnisse zur Ausübung umgedeutet werden, um den gewollten Zweck zu erreichen[411]).

Die Einräumung von Nutzungsrechten kann mit urheberrechtlicher Wirkung nur geschehen im Rahmen der §§ 31 ff. UrhG; dies gilt auch von abweichenden Vereinbarungen, soweit dies im Gesetz erwähnt wird, wie in §§ 33, 34, 35, 38, 39 UrhG. Andere Vereinbarungen, die keine unmittelbare

---

[405]) Dazu Riedel UrhG § 31 Bem. B (3).
Die Gesetzesbegründung läßt nicht erkennen, warum man eine Regelung unterließ; auch fehlen Äußerungen dazu trotz der langen Beratungen der Entwürfe.

[406]) Dazu Fußn. 405.

[407]) Dazu Riedel UrhG § 31 Bem. B (3), ebenso Hubmann aaO. (Fußn. 1) § 42 I, zum früheren Recht Ulmer Urheber- und Verlagsrecht (2. Aufl.) § 69 II.

[408]) Dazu unter Z 10, 11.

[409]) Dazu unter Z 13.

[410]) Dazu unter Z 11 bei Fußn. 337.

[411]) Dazu Riedel UrhG § 31 Bem. B (4); ebenso Fromm-Nordemann UrhG (Fußn. 1) § 28 Vorbem. § 29 Bem. 4. Bei von Gamm UrhG § 29 Bem. 4 erscheint unklar, inwieweit er bei Befugnissen des Urheberpersönlichkeitsrechts eine Überlassung bejaht; es wird hier im wesentlichen von der Regelung im UrhG ausgegangen, ohne auf die sich für die Praxis ergebende Problematik näher einzugehen.
Soweit nicht § 8 Abs. 4 UrhG einschlägig ist, führt der Verzicht auf Urheberbefugnisse und Verwertungsrechte leicht zu Schwierigkeiten, nicht nur bei einem Verzicht der Allgemeinheit gegenüber, sondern auch bei vertraglichen Abmachung über Aufhebung einer Gesellschaft oder Gemeinschaft, die ein Urheberrecht beinhaltet. Es liegt deshalb daran, daß derartige Verträge entsprechend abgefaßt werden. Dazu nähere Ausführungen Riedel UrhG § 8 Bem. B 2c, § 9 Bem. B 2, § 29 Bem. B. Die Unzweckmäßigkeit der gegenwärtigen Rechtslage besteht darin, daß die Gesamthand bzw. Gemeinschaft bis Ende der Schutzzeit fortbesteht (außer im Fall des § 8 Abs. 4 UrhG) und die Auflösung der Rechtsbeziehungen im wesentlichen eine tatsächliche ist; aber gerade deshalb bedarf sie einer besonderen vertraglichen Ausgestaltung.
Der Verzicht ist widerruflich, doch wirkt der Verzicht, der sich auf das Urheberrecht ganz oder teilweise bezieht, nur für die Zukunft. Ein allgemeiner Verzicht muß öffentlich widerrufen werden, insbes. über Presse und Funk, damit er allgemein zur Kenntnis gelangt. Durch Vertrag kann die Widerruflichkeit eingeschränkt oder ausgeschlossen werden.
Auch bei Beendigung eines Arbeits- oder Dienstverhältnisses nach § 43 UrhG ergeben sich ähnliche Schwierigkeiten; dazu Fußn. 457. Ein Verzicht auf ein Nutzungsrecht oder die Überlassung von persönlichkeitsrechtlichen Befugnissen führt dazu, daß diese Befugnisse auf den Urheber zurückgehen. Bei der weiteren Reform wird eine gesetzliche Fixierung nicht zu umgehen sein, wenn die gegenwärtige unklare Rechtslage nicht zum Dauerzustand werden soll.

gesetzliche Grundlage haben, sind ohne urheberrechtliche Wirkung, wirken also nur schuldrechtlich zwischen den Personen, die den Vertrag schließen[412]).

Die Einräumung von **Nutzungsrechten** und die Überlassung von persönlichkeitsrechtlichen Urheberbefugnissen ist ein einseitiges empfangsbedürftiges Rechtsgeschäft dem anderen gegenüber[413]). Bei ausschließlichen Befugnissen ist nur die 1. Einräumung wirksam, während weitere Einräumungen nicht mehr zulässig sind, aber den Urheber zu Schadenersatz verpflichten können[414]). Erfolgt die Einräumung von Nutzungsrechten usw. im Rahmen eines Vertrags, so sind die allgemeinen Vorschriften des bürgerlichen Rechts und die Vertragsformen des Schuldrechts wie Kauf, Tausch, Schenkung usw. anzuwenden unter Berücksichtigung der Besonderheiten des Urheberrechts, da es Verträge besonderer Art sind[415]). Das neue UrhG will den Urheber mehr als bisher gegen ungünstige Vertragsabschlüsse sichern[416]), also über die allgemeine Vorschrift des § 138 BGB, die einen Verstoß gegen die guten Sitten verlangt, hinaus. Es erscheint daher notwendig, daß die bisherigen Vertragsvordrucke und -muster sowie etwaige Geschäftsbedingungen auf die neue Rechtssituation umgestellt werden[417]).

---

[412]) Dazu Riedel UrhG § 31 Bem. B (7).

[413]) Dazu Fußn. 412. Eine mehrfache Einräumung derselben ausschließlicher Nutzungsrechte zeitlich nacheinander ist analog der Verfügung nach § 185 BGB zu beurteilen; hiernach entscheidet die Priorität.

Die Einwilligung bzw. Zustimmung kann auch durch einen bevollmächtigten Vertreter abgegeben werden. §§ 164 ff. BGB, insbes. im Rahmen eines Geschäftsbesorgungsauftrags nach § 675 BGB; über Vertreter ohne Vertretungsmacht §§ 177 ff. BGB und Geschäftsführung ohne Auftrag §§ 677 ff. BGB. Eine Vollmacht kann auch stillschweigend erteilt werden, also sich aus den Umständen ergeben. Man spricht dann von Anscheinsvollmacht; dazu Palandt BGB § 173 Bem. 4, Staudinger-Coing BGB § 167 Bem. 6. Im Streitfalle, also etwa in einem Prozeß, hat derjenige, der die Einwilligung behauptet, diese auch zu beweisen, und zwar einschl. der Bevollmächtigung. Dabei sind an den Nachweis einer Bevollmächtigung zu der einseitigen Willenserklärung besonders strenge Anforderungen zu stellen d. h. der Nachweis muß klar geführt werden, und zwar auch wenn eine solche Erklärung im Rahmen eines Vertrags besonderer Art abgegeben wurde. Die sog. Zweckübertragungstheorie des § 31 Abs. 5 UrhG — dazu bei Fußn. 422 — kann auf die Bevollmächtigung nicht angewendet werden.

[414]) Dazu Fußn. 412.

[415]) Dazu Riedel UrhG § 31 Bem. B (7).

[416]) Dazu Riedel UrhG § 31 Bem. B (7), auch bez. internationalen und interzonalen Rechts.

Hinzuweisen ist auf die besonderen Rechte der §§ 25 ff. UrhG (Fußn. 404), die Sicherung bez. neuer künftiger Nutzungsrechte nach § 31 Abs. 4 UrhG, die Beteiligung des Urhebers an Erträgnissen nach § 36 UrhG, Vereinbarungen über künftige Werke nach § 40 UrhG, die Rückrufsrechte nach § 41, 42 UrhG.

[417]) Dazu auch unter Z 10 bei Fußn. 310, Z 12 mit Fußn. 139.

Die neue Rechtssituation bedingt auch eine Neufassung und Anpassung der bisherigen Vertragsmuster; zum bisherigen Recht Schulze Urheberrecht in der Musik (Berlin 1965), Urhebervertragsrecht (Baden-Baden 1960).

Bei der Neufassung der Verträge muß die bessere Stellung des Urhebers als solchen und, was die Musikbearbeiter betrifft, ihre Gleichstellung mit den anderen Komponisten berücksichtigt werden, soweit dies bisher nicht der Fall war. Auch wird das

Bei Verträgen besteht Formfreiheit, nur in den engen Grenzen des § 40 UrhG bez. Verträge über künftige Werke ist Schriftform vorgeschrieben und zwar als gesetzliche Schriftform, so daß nur in diesem Falle nach § 126 BGB bei Nichtbeachtung Nichtigkeit der Verträge besteht. Willkürliche Schriftform kann vereinbart werden, § 127 BGB, und ist auch weithin üblich. Man sollte jedoch bei der weiteren Reform des Urheberrechts die Schriftform allgemein einführen, und zwar wegen der Wichtigkeit der urheberrechtlichen Verträge[418]). Bei bloßer Schriftlichkeitsklausel besteht in der Rechtspraxis der Streit um die Gültigkeit zusätzlicher mündlicher Nebenabreden[419]). Dies gibt eine unsichere Rechtslage, die bei gesetzlicher Schriftform nicht besteht, da bei Verstoß gegen die gesetzliche Schriftform ein Vertrag nichtig ist. Im Interesse der Urheber ist daher die gesetzliche Schriftform eine Notwendigkeit, zumal auch nur so die Gefahr der Unsicherheit wegen sog. stillschweigender Vereinbarungen, die nach der Zweckübertragungstheorie des § 31 Abs. 5 UrhG regelmäßig zum Nachteil der Urheber sich auswirken, gebannt werden kann. Bei Dauerverträgen ist Kündigung aus wichtigem Grunde nach allgemeinen Rechtsgrundsätzen anzuerkennen[420]); man sollte jedoch auch bei langfristigen Verträgen eine klare Regelung vereinbaren. Mehrwertsteuer, die beim Urheber anfällt, kann nach § 14 Mehrwertsteuergesetz abgewälzt werden[421]).

Die Zweckübertragungstheorie des früheren Rechts wurde in § 31 Abs. 5 UrhG gesetzlich normiert. Danach bestimmt sich der Umfang des Nutzungsrechts nach dem mit der Einräumung verfolgten Zweck, wenn die Nutzungsarten, auf die sich das Recht erstrecken soll, nicht einzeln bezeichnet sind[422]). Es sind hierbei alle Umstände mitzuwürdigen. Auch hat die Auslegung die beiderseitigen Willenserklärungen zu berücksichtigen[423]).

---

zukünftige Urhebervertragsrecht, das bei der weiteren Reform zu erwarten ist, auf die besondere Lage der Bearbeiter, vor allem der Musikbearbeiter, Rücksicht zu nehmen haben, wenn die Schwierigkeiten, die sich auf Grund des UrhG ergeben, behoben werden sollen. Dazu Schulze aaO. (Fußn. 413).

Wer die einer urheberrechtlichen Verwertungsgesellschaften, wie der GEMA, zur Wahrung übertragenen Urheberrechte verletzt, kann den Schadenersatzansprüchen der Verwertungsgesellschaft nicht Ansprüche oder Einwendungen aus seinen Rechtsbeziehungen zu dem ursprünglichen Inhaber des verletzten Urheberrechts entgegenhalten, BGH NJW 1968 (wV. aaO. Fußn. 16) bez. der Liebbearbeitung „Schwarzbraun ist die Haselnuß" durch Franz Josef Breuer.

[418]) Dazu Riedel UrhG § 31 Bem. B (7), auch bei Fußn. 424 sowie Fußn. 446.

[419]) Dazu BGH BB 1967, 1309, Staudinger-Coing BGB § 125 Bem. 8 ff., Riedel aaO. (Fußn. 418).

[420]) Dazu Riedel UrhG § 31 Bem. B (7).

[421]) Dazu Fußn. 326.

[422]) Dazu Riedel UrhG § 31 Bem. B (10); Fromm-Nordemann UrhG §§ 31, 32 Bem. 6 ff.; von Gamm UrhG § 31 Bem. 17 ff.; Gerstenberg aaO. (Fußn. 1) UrhG § 31 Bem. 6; Schulze UrhG (Fußn. 1) § 31 Bem. 1 sowie UFITA

[423]) Dazu Fußn. 422.

Da aber der Vertragsgegner des Urhebers derjenige ist, der etwas erstrebt, erscheint er meist als der Bevorzugte[424]). Man sollte daher alle Vereinbarungen so genau schriftlich festlegen, daß sich ergänzende Punkte auf Grund der Besprechungen nicht ergeben können. Bei Verträgen über Musikbearbeitung sollte man daher alle maßgeblichen Vereinbarungen in Verträgen vollständig festhalten und mündliche zusätzliche Gespräche nach Möglichkeit vermeiden, um ergänzende Vertragsauslegungen auszuschließen, insbes. durch Einbeziehung der Zweckübertragungstheorie.

Die Einräumung von Nutzungsrechten kann sich nur auf bekannte Nutzungsarten beziehen, § 31 Abs. 4 UrhG, da eine Einräumung jetzt unbekannter Nutzungsarten unzulässig und nichtig ist. Hierbei ist auf den Zeitpunkt der Vereinbarung abzustellen[425]).

Es gibt 2 Arten von Nutzungsrechten, § 31 Abs. 1, 2, 3, UrhG, nämlich

das einfache Nutzungsrecht, das den Inhaber berechtigt, das Werk neben dem Urheber oder anderen Berechtigten auf die ihm erlaubte Art zu nutzen[426]),

das ausschließliche Nutzungsrecht, das den Inhaber berechtigt, das Werk unter Ausschluß aller anderen Personen einschl. des Urhebers auf die ihm erlaubte Art zu nutzen und einfache Nutzungsrechte einzuräumen[427]).

Ein Nutzungsrecht kann nach § 32 UrhG auch beschränkt werden, und zwar zeitlich, örtlich und gegenständlich[428]). Ein Urheber, der ein aus-

---

[424]) Dazu Fußn. 422.
Die Zweckübertragungstheorie als gesetzliche Norm ist mit dem neuen UrhG, das die Position des Urhebers stärken will, nicht mehr vereinbar. Der Urheber ist Inhaber des Urheberrechts, § 11 UrhG. Wer Einräumung einer Nutzungsbefugnis behauptet oder wer geltend macht, daß ihm eine urheberpersönlichkeitsrechtliche Befugnis überlassen ist, hat dies zu beweisen, § 31 Abs. 5 UrhG schafft eine Beweiserleichterung zugunsten des Vertragsgegners des Urhebers, auch wenn die Rechtsprechung teilweise bemüht ist, die Gleichheit der beiden Vertragspartner zu wahren. Bei der Reform sollte in Zusammenhang mit der Neuregelung des Urhebervertragsrechts § 31 Abs. 5 UrhG gestrichen werden.

[425]) Dazu Riedel UrhG § 31 Bem. B (5); Fromm-Nordemann UrhG §§ 31, 32 Bem. 4, 7 ff.; von Gamm UrhG § 31 Bem. 15; Gerstenberg aaO. (Fußn. 1) UrhG § 31 Bem. 5; Schulze UrhG (Fußn. 1) § 31 Bem. 2.

[426]) Dazu Riedel UrhG § 31 Bem. B (5, 8); Fromm-Nordemann UrhG §§ 31, 32 Bem. 14 (a); von Gamm UrhG § 31 Bem. 14; Gerstenberg aaO. (Fußn. 1)UrhG § 31 Bem. 3; Schulze UrhG (Fußn. 1) § 31 Bem. 2.

[427]) Dazu Riedel UrhG § 31 Bem. B (6, 9); Fromm-Nordemann UrhG §§ 31, 32 Bem. 14 (b); von Gamm UrhG § 31 Bem. 13; Gerstenberg aaO. (Fußn. 1) UrhG § 31 Bem. 4; Schulze UrhG (Fußn. 1) § 31 Bem. 2.

[428]) Dazu Riedel UrhG § 32 Bem. B; Fromm-Nordemann UrhG §§ 31, 32 Bem. 2; von Gamm UrhG § 32 Bem. 2 ff.; Gerstenberg aaO. (Fußn. 1) UrhG § 32 Bem. 1, 2; Schulze UrhG (Fußn. 1) § 32 Bem.

schließliches Nutzungsrecht einem anderen eingeräumt hat, kann es auch selbst nicht nutzen, so daß ein Selbstplagiat in Frage kommen kann. Nach § 37 Abs. 1 UrhG verbleibt beim Urheber im Zweifel das Bearbeitungsrecht einschl. des Rechts, einem anderen die Einwilligung dazu zu geben[429]). Da es sich nur um eine Auslegungsregel handelt, ist es ratsam, die Frage bei Einräumung von Nutzungsrechten ausdrücklich vertraglich zu regeln[430]).

Während das Nutzungsrecht nur einem Nutzungsberechtigten eingeräumt werden kann, also nicht übertragen wird[431]), kann der Nutzungsberechtigte nach § 34 UrhG das eingeräumte Nutzungsrecht mit Zustimmung, also vorheriger oder nachträglicher Einwilligung des Urhebers übertragen[432]).

Ein einfaches Nutzungsrecht, das der Urheber eingeräumt hat, bleibt gegenüber einem später eingeräumten ausschließlichen Nutzungsrecht bestehen, falls keine andere Vereinbarung getroffen wird, § 33 UrhG[433]). Der Inhaber eines ausschließlichen Nutzungsrechts kann einfache Nutzungsrechte nur mit Zustimmung des Urhebers einräumen, wobei auch hier eine abweichende Vereinbarung zulässig ist, § 35 UrhG[434]).

---

[429]) Dazu Riedel UrhG § 31 Bem. B (9), § 37 Bem. B; Fromm-Nordemann UrhG § 37 Bem. 2; von Gamm UrhG § 37 Bem. 2; Gerstenberg aaO. (Fußn. 1) UrhG § 37 Bem. 1, 2; Schulze UrhG (Fußn. 1) § 37 Bem. 2.
Wenn der Urheber ein Nutzungsrecht nicht mehr ausüber darf, auch nicht mehr das Bearbeitungsrecht, darf er das eigene Werk nicht mehr verwerten, insbes. auch nicht in anderen eigenen Werken. Aus einem Verlagsvertrag kann sich auch ergeben, daß der Urheber auch nicht zitieren darf, da auch das Zitatrecht nach § 51 Z 3 UrhG (dazu Z 15) vertraglich ausgeschlossen werden kann. Es kann sich dies auch daraus ergeben, daß nach dem Verlagsvertrag jede Konkurrenz unzulässig ist. Wenn daher eine erfolgreiche Melodie bearbeitet und an einen anderen Verlag gegeben wird, so wird darin regelmäßig ein Verstoß gegen den Verlagsvertrag liegen, der zu Schadenersatz verpflichtet. Auch eine fahrlässige Verletzung des Urheberrechts ist bei Selbstplagiat möglich, etwa bei unbewußter Entlehnung oder Entnahme (dazu unter Z 9 bei Fußn. 301 ff.). Wer eine eigene erfolgreiche Melodie bearbeitet und an einen anderen Verlag gibt, begeht einen Verstoß gegen den Verlagsvertrag. Dazu Fußn. 430.

[430]) Wenn ein Verlagsvertrag vorliegt, so kann selbst für den Fall, daß der Komponist das Bearbeitungsrecht behalten hat, die Konkurrenzklausel im Verlagsvertrag einer anderweitigen Verwertung eines Musikstückes insbes. einer Melodie, entgegenstehen. Dazu Fußn. 429.

[431]) Dazu Fußn. 389.

[432]) Dazu Riedel UrhG § 34 Bem. B; Fromm-Nordemann UrhG § 34 Bem. 6; von Gamm UrhG § 34 Bem. 10 ff.; Gerstenberg aaO. (Fußn. 1) § 34 Bem. 1; Schulze UrhG (Fußn. 1) § 34 Bem.

[433]) Dazu Riedel UrhG § 33 Bem. B; Fromm-Nordemann UrhG § 33 Bem.; von Gamm UrhG § 33 Bem. 2 ff.; Schulze UrhG (Fußn. 1) § 33 Bem.

[434]) Dazu Riedel UrhG § 35 Bem. B; Fromm-Nordemann UrhG § 35 Bem. 1, 2; von Gamm UrhG § 35 Bem. 3 ff.; Gerstenberg aaO. (Fußn. 1) UrhG § 35 Bem.; Schulze UrhG (Fußn. 1) § 35 Bem.

§ 37 UrhG enthält eine Beweisregel bez. des Verhältnisses zur Veröffentlichung und Bearbeitung des Werkes sowie bez. Vervielfältigung[435]. Für Änderungen ist § 39 UrhG einschlägig[436].

Der **Nutzungsberechtigte** will die Nutzungsrechte regelmäßig haben, um sie selbst zu nutzen. Es ist jedoch auch zulässig, sie einer Verwertungsgesellschaft oder einem Treuhänder einzuräumen[437]. Die GEMA ist für ihre Mitglieder legitimiert, deren Rechte wahrzunehmen[438]. Bei Werken mit bühnenmäßigen Aufführungen unterscheidet man zwischen großen Rechten, die sich auf die bühnenmäßige Aufführung beziehen, und kleinen Rechten. Die GEMA hat die kleinen Rechte, während die großen Rechte beim Verlag sind[439]. Diese Abgrenzung gilt sinngemäß auch beim Senderecht, bei Wiedergabe im Funk, bei Schallplattenwiedergabe usw.[440].

Bei der Verwertung ist noch auf einige Sondertatbestände hinzuweisen, die den Interessen der Urheber dienen sollen und teilweise neu sind, in ihrer Bedeutung aber nicht überschätzt werden dürfen:

Beteiligung des Urhebers nach § 36 UrhG an den Erträgnissen aus seinem Werk, wenn diese zu der vereinbarten Gegenleistung in einem groben Mißverhältnis stehen[441]. Hier wird vor allem die Wuchervorschrift des § 138 Abs. 2 BGB ergänzt und erleichterte Voraussetzungen geschaffen.

Beiträge zu Sammlungen nach § 38 UrhG, wonach für periodische und nicht periodische Sammlungen eine abgekürzte Dauer des ausschließlichen Nutzungsrechts geregelt wird[442], und zwar in Form einer widerlegbaren Vermutung sowie vorbehaltlich anderweitiger Vereinbarungen. Bei periodischen Sammlungen (Zeitungen, Zeitschriften, Kalender, Jahrbücher, Almanache u. a.) und im Falle unentgeltlicher Überlassung des Beitrags bei nichtperiodischen Sammlungen (Anthologien, Festschriften, Schul- und Handbücher, Konversationslexika u. a.) beträgt die Frist 1 Jahr. Für Zeitungen besteht nach § 38 Abs. 3 UrhG eine ergänzende abweichende Regelung.

---

[435]) Dazu Riedel UrhG § 37 Bem. B; Fromm-Nordemann UrhG § 37 Bem. 1; von Gamm UrhG §37 Bem. 1; Gerstenberg aaO. (Fußn. 1) UrhG § 37 Bem. 1, 2; Schulze UrhG (Fußn. 1) § 37 Bem. 2. Die sog. Zweckübertragungstheorie (dazu bei Fußn. 422) findet auch im Rahmen der Beweisregel Anwendung.

[436]) Dazu unter Z 12 bei Fußn. 380.

[437]) Dazu Riedel UrhG § 31 Bem. B (2); von Gamm UrhG § 31 Bem. 8.

[438]) Dazu Fußn. 437.

[439]) Dazu Riedel UrhG § 31 Bem. B (2, 9).

[440]) Dazu Riedel UrhG § 31 Bem. B (9).

[441]) Dazu Riedel UrhG § 36 Bem. B.

[442]) Dazu Riedel UrhG § 31 Bem. B (6), § 38 Bem. B; auch unter Z 4 sowie Fußn. 450.

Verträge über künftige Werke nach § 40 UrhG bei Einräumung von Nutzungsrechten an künftigen Werken, die überhaupt nicht näher oder nur der Gattung nach bestimmt sind[443]). Nicht anwendbar ist die Vorschrift auf Optionsverträge, die nur eine Anbietungspflicht beinhalten, und auf Verträge über bestimmte zukünftige Werke, wobei jedoch die Vereinbarung über das oder die nächsten Werke bzw. über die in einem bestimmten Zeitraum zu schaffenden Werke als unbestimmt anzusehen ist[444]).

Als Nutzungsberechtigter kommt auch eine Verwertungsgesellschaft, insbes. die GEMA, in Betracht[445]).

Liegen die Voraussetzungen des § 40 Abs. 1 S. 1 UrhG vor, so ist gesetzliche Schriftform vorgeschrieben, die bei Nichteinhaltung Nichtigkeit des Vertrags zur Folge hat[446]). Außerdem besteht ein im voraus unverzichtbares Kündigungsrecht, § 40 Abs. 1 S. 2 UrhG. Der Vertrag kann von beiden Teilen nach Ablauf von 5 Jahren seit dem Vertragsabschluß gekündigt werden, wobei die Kündigungsfrist 6 Monate beträgt, wenn keine kürzere Frist vereinbart ist. Nach Abs. 2 aaO. bleiben andere Kündigungsmöglichkeiten unberührt, insbes. die Kündigung aus wichtigem Grunde oder die Kündigung auf Grund anderer Vertragsbeziehungen, etwa eines Verlagsvertrags. Ein bekanntes, schon historisch gewordenes Beispiel ist der Streit von *Richard Strauß* mit dem Verlag Bote & Bock wegen der Lieder „Krämerspiegel“ [447]).

Wenn in Erfüllung des Vertrags Nutzungsrechte an künftigen Werken eingeräumt worden sind, so wird mit der Beendigung des Vertrags die Verfügung bez. der Werke unwirksam, die zu diesem Zeitpunkt noch

---

[443]) Dazu Riedel UrhG § 40 Bem. B; Fromm-Nordemann UrhG § 40 Bem. 4; von Gamm UrhG § 40 Bem. 4 ff.; Gerstenberg aaO. (Fußn. 1) UrhG § 40 Bem. 1; Schulze UrhG (Fußn. 1) § 40 Bem.; Brandl-Dohrn Der urheberrechtliche Optionsvertrag im Rahmen der Verträge über künftige Werke nach deutschem, österreichischem, schweizerischem und französischem Recht (Berlin-München 1967).

[444]) Dazu Fußn. 443; auch Fromm-Nordemann UrhG (Fußn. 1) § 40 Bem. 4. Improvisationen, insbes. im Rahmen von Jazz-Musik, fallen unter die Vorschrift; dazu Riedel UrhG § 40 Bem. B; Fromm-Nordemann UrhG (Fußn. 1) § 40 Bem. 1.

[445]) Dazu Riedel UrhG § 40 Bem. B.

[446]) Dazu Fußn. 445, auch bei Fußn. 418. Bei einem Vertrag muß zur Wahrung der Schriftform die Unterzeichnung der Vertragsbeteiligten auf derselben Urkunde erfolgen. Werden über den Vertrag mehrere gleichlautende Urkunden aufgenommen, so genügt es, wenn jede Vertragspartei die für den anderen bestimmte Urkunde unterzeichnet. Die schriftliche Form kann durch gerichtliche oder notarielle Beurkundung ersetzt werden. Soweit § 40 UrhG nicht einschlägig ist, besteht Formfreiheit.

[447]) Dazu Riedel UrhG § 40 Bem. B sowie Panofsky Dr. Richard Strauß / Süddeutsche Zeitung vom 4./5. 7. 1964, Nr. 160, S. 11 und vom 7. 7. 1964, Nr. 162, S. 17.

nicht abgeliefert sind, § 40 Abs. 3 UrhG[448]). Wenn Vertragserfüllung erfolgreich gefordert werden kann, so erfolgt die Ablieferung, und die Vorschrift ist nicht anwendbar.

Rückrufrecht wegen Nichterfüllung nach § 41 UrhG kommt in Betracht, wenn der Inhaber eines ausschließlichen Nutzungsrechts nicht oder nur unzureichend das Recht ausübt und dadurch berechtigte Interessen des Urhebers erheblich verletzt werden[449]). Wenn ein Nutzungsrecht eingeräumt wird, so folgt daraus nicht die Pflicht zur Nutzung[450]); eine solche Verpflichtung kann vereinbart werden, wie insbes. beim Verlagsvertrag[451]). Ansprüche nach den allgemeinen Vorschriften bleiben unberührt, § 41 Abs. 7 UrhG, insbes. Ansprüche auf Vertragserfüllung oder aus Anfechtung, Kündigung, Widerruf usw.[452]). Es ist ratsam, möglichst auf Grund des allgemeinen Rechts vorzugehen, da die Ausübung an strenge Voraussetzungen geknüpft ist. Wenn und soweit es der Billigkeit entspricht, hat der Urheber den Betroffenen zu entschädigen[453]).

Rücktritt wegen gewandelter Überzeugung nach § 42 UrhG kommt nur ausnahmsweise zur Anwendung[454]). Da jeder Mensch im Laufe seines Lebens Wandlungen unterworfen ist, insbes. reift, vor allem auch ein Künstler[455]), ist ein Wandel der Auffassungen oder Überzeugung nichts Außergewöhnliches. Die Vorschrift kommt jedoch nur zur Anwendung, wenn ein besonderes Bedürfnis besteht, wenn die weitere Verwertung des Werkes für den Urheber nicht mehr zumutbar ist, vor allem wegen Wechsel der politischen, religiösen, weltanschaulichen, wissenschaftlichen usw. Auffassung. Der Rückruf ist nur wirksam, wenn zuvor dem Inhaber des Nutzungsrechts seine Aufwendungen ersetzt sind oder entsprechende Sicherheit geleistet ist. Auch hat der Urheber eine angemessene Entschädigung zu leisten.

---

448) Dazu Riedel UrhG § 40 Bem. B; Fromm-Nordemann UrhG § 40 Bem. 2, 3; von Gamm UrhG § 40 Bem. 7 ff.; Gerstenberg aaO. (Fußn. 1) UrhG § 40 Bem. 2; Schulze UrhG (Fußn. 1) § 40 Bem.

449) Dazu Riedel UrhG § 41 Bem. B; Fromm-Nordemann UrhG § 41 Bem. 3 ff.; von Gamm UrhG § 41 Bem. 9 ff.; Gerstenberg aaO. (Fußn. 1) UrhG § 41 Bem 2 ff.; Schulze UrhG (Fußn. 1) § 41 Bem. 2.

450) Dazu Riedel UrhG § 31 Bem. B (6).

451) Dazu § 1 VerlG (Fußn. 22).

452) Dazu Riedel UrhG § 41 Bem. B.

453) Dazu Fußn. 452.
Es ist möglich, daß keine Entschädigung, die kein Schadenersatzanspruch ist, zu leisten ist, dann nämlich, wenn es der Billigkeit entspricht, daß nichts zu zahlen ist.

454) Dazu Riedel UrhG § 42 Bem. B; Fromm-Nordemann UrhG § 42 Bem. 4 ff.; von Gamm UrhG § 42 Bem. 4 ff.; Gerstenberg aaO. (Fußn. 1) UrhG § 42 Bem. 2; Schulze UrhG (Fußn. 1) § 42 Bem. 2; auch unter Z 14 bei Fußn. 472.

445) Dazu unter I 5 (h).

Urheber in Arbeits- oder Dienstverhältnissen nach § 43 UrhG sind Urheber der Werke, die sie im Rahmen eines privaten oder öffentlichen Dienst- oder Arbeitsverhältnisses, also auch bei Beamtenstellung, schaffen[456]). Der Dienstherr muß sich daher nach Maßgabe der §§ 31 ff. UrhG Nutzungsrechte einräumen lassen, ebenso eine Regelung über die Überlassung persönlichkeitsrechtlicher Befugnisse treffen[457]). Die Zweckübertragungstheorie nach § 31 Abs. 5 UrhG findet auch hier Anwendung[458]). Schriftform ist bei Verträgen über künftige Werke vorgeschrieben[459]), sonst nicht. Doch ist es ratsam, die Vereinbarungen ausführlich und vollständig schriftlich niederzulegen und keine mündlichen Abreden daneben zu treffen, weil sonst in Streitfällen Unklarheiten bestehen, insbes. bei und nach Beendigung des Arbeits- und Dienstverhältnisses[460]).

Veräußerung des Originals des Werkes nach § 44 Abs. 1 UrhG bedeutet im Zweifel nicht die Einräumung eines Nutzungsrechts[461]) und auch nicht einer urheberpersönlichkeitsrechtlichen Befugnis[462]), da Besitz sowie Eigentum am Original und das Urheberrecht unabhängig voneinander sind. Es handelt sich um eine widerlegbare Vermutung. Nach den Gesamtumständen kann die Zweckübertragungstheorie nach § 31 Abs. 5 UrhG[463]) zu der Einräumung von Nutzungsrechten usw. führen, etwa wenn die Partitur eines Werkes zur Vervielfältigung einem Verlag übergeben wird.

15. Schranken des Urheberrechts

Das Urheberrecht ist, weil es nicht auf dem Grundsatz des geistigen Eigentums aufgebaut ist, gesetzlich umgrenzt, indem in weitem Umfange Ein-

---

456) Dazu Riedel UrhG § 43 Bem. B; auch unter Z 10 mit Fußn. 305.

457) Dazu Riedel UrhG § 31 Bem. B (3, 4, 6, 7, 8, 9).
Es ist zweckmäßig, bei Beginn des Vertragsverhältnisses eine Regelung zwischen Geschäftsherrn und dem Bediensteten zu treffen, da später bei Ende der Vertragsbeziehungen leicht seitens des Angestellten keine entsprechende Bereitschaft bestehen kann. Die gesetzliche Regelung nach dem neuen UrhG läßt eine Übertragung des Urheberrechts nicht zu; daher kann nur die Möglichkeit des Verzichts in der Form der Übertragung von Nutzungsrechten usw. erfolgen (dazu Fußn. 411).

458) Dazu bei Fußn. 422.

459) Dazu bei Fußn. 443 ff.

460) Dazu Fußn. 457, bez. Schriftform Fußn. 418, 446, sowie bei Fußn. 424.

461) Dazu Riedel UrhG § 44 Bem. B.

462) Dazu Riedel UrhG § 31 Bem. B (3), § 44 Bem. B.

463) Dazu unter Z 14 bei Fußn. 422.

griffe gesetzlich zugelassen sind[464]). Zur Erleichterung der Kontrolle und der Feststellung der etwaigen Unzulässigkeit ist Quellenangabe vorgeschrieben, § 63 UrhG[465]). Änderungen sind nur in geringem Umfange ohne Einwilligung des Urhebers zulässig, § 62 UrhG[466]).

Da nur einzelne der hier einschlägigen Vorschriften für die Musikbearbeitung Bedeutung haben, werden nur diese hervorgehoben und die gesetzlichen Bestimmungen im übrigen nur in ihren Grundzügen aufgezeigt. Es ist auf folgendes hinzuweisen[467]):

Rechtspflege und öffentliche Sicherheit § 45 UrhG[468])

In einem Urheberrechtsprozeß über ein Musikstück, etwa eine Bearbeitung, können Vervielfältigungen für den gerichtlichen Gebrauch hergestellt werden.

Sammlungen für Kirchen-, Schul- und Unterrichtsgebrauch § 46 UrhG[469])

Es handelt sich um Sammlungen[470]), also vor allem Bücher, für den Kirchen-, Schul- und Unterrichtsgebrauch, die ihrer Beschaffenheit nach nicht für andere Zwecke bestimmt sind. Inhaltlich beziehen sie sich auf die Werke mehrerer Urheber, also nicht nur eines einzelnen Urhebers, da im Gesetz von einer größeren Anzahl gesprochen wird. 2 oder 3 Autoren und Komponisten genügen hierzu nicht[471]); je nach dem Umfang der Sammlung, also nach dem Einzelfall, ergibt sich, was man als größere Anzahl ansehen kann.

---

[464]) Dazu unter Z 1 mit Fußn. 3, 4; auch Riedel UrhG § 45 Vorbem. 1.
Bei der weiteren Reform wird noch zu prüfen sein, ob man nicht zugunsten der Urheber die gesetzlichen Schranken verschiedentlich noch abwandelt. Die Vorschriften waren teilweise sehr umstritten bei der Reform; dazu Riedel UrhG-Kommentar zu den einzelnen Vorschriften. Vor allem müßte die Vergütungspflicht in weiterem Umfange eingeführt werden, da in dem neuen UrhG viel zu wenig Fälle eine solche Pflicht besteht und die Höhe der Vergütung meist zu niedrig bemessen ist. Die Vergütungen müßten an die üblichen Honorarsätze angeglichen sein.
Zu den Schranken des Gesetzes gehört auch § 5 UrhG bez. amtlicher Werke.

[465]) Dazu Riedel UrhG § 63 Bem. A.

[466]) Dazu bei Fußn. 476 sowie unter Z 12 bei Fußn. 381.

[467]) Es wird nur eine kurze Übersicht gegeben; bez. Einzelheiten wird auf Riedel UrhG (Fußn. 1) verwiesen.

[468]) Dazu Erläuterung bei Riedel UrhG § 46.

[469]) Dazu Erläuterung bei Riedel UrhG § 46; auch unter I 5 (k); Fromm-Nordemann UrhG § 46 Bem. 2 ff.; von Gamm UrhG § 46 Bem. 4 ff.; Gerstenberg aaO. (Fußn. 1) UrhG § 46 Bem. 2; Schulze UrhG (Fußn. 1) § 46 Bem. 1, 2.

[470]) Dazu unter Z 4.

[471]) Dazu Allfeld LitUrhG § 19 Bem. 19, 24; Fromm-Nordemann UrhG § 46 Bem. 3; von Gamm UrhG § 46 Bem. 5.

Aufgenommen werden dürfen Teile von Werken, also auch von Musikstücken, sowie ganze Werke der Musik von geringem Umfange.

Dies gilt für Werke der Musik, die in eine für den Musikunterricht bestimmte Sammlung aufgenommen werden, nur, wenn es sich um eine Sammlung für den Musikunterricht in Schulen mit Ausnahme der Musikschulen handelt.

Mit der Vervielfältigung darf erst begonnen werden, wenn die Absicht der Herausgeber einer solchen Sammlung dem Urheber bzw., wenn sein Wohnort oder Aufenthaltsort unbekannt ist, dem Inhaber des ausschließlichen Nutzungsrechts durch eingeschriebenen Brief mitgeteilt worden ist und seit Absendung des Briefes 2 Wochen verstrichen sind. Bei Unbekanntheit des Wohnorts oder Aufenthaltsorts des Inhabers des ausschließlichen Nutzungsrechts kann die Mitteilung im Bundesanzeiger bewirkt werden. Soweit mehrere ausschließlich Nutzungsberechtigte vorhanden sind, muß sich die Mitteilung an sie alle wenden.

Es besteht hier ein Rückrufrecht wegen gewandelter Überzeugung[472]).

Schulfunksendung § 47 UrhG[473])

Als Schulfunksendungen kommen einzelne Vervielfältigungsstücke von Werken, also auch von Werken der Musik, in Betracht. Die Sendung darf nur innerhalb einer Schulfunksendung erfolgen, nicht also darüber hinaus.

Die Vorschrift bezieht sich auf Schulen, Einrichtungen der Lehrerbildung sowie Erziehungsheime der Jugendfürsorge.

Eine angemessene Vergütung ist nur vorgesehen, wenn die hergestellten Bild- und Tonträger nicht am Ende des laufenden Schuljahres gelöscht werden.

Bild- und Tonberichterstattung § 50 UrhG[474])

Die Berichterstattungen müssen den Tagesinteressen dienen.

Werke, also auch solche der Musik, die im Verlauf der Vorgänge, über die berichtet wird, wahrnehmbar sind, dürfen in einem durch den Zweck

[472]) Dazu unter Z 14 bei Fußn. 454, 455.

[473]) Dazu Erläuterung bei Riedel UrhG § 47; auch unter I 5 (k); Fromm-Nordemann UrhG § 47 Bem. 2 ff.; von Gamm UrhG § 47 Bem. 4 ff.; Gerstenberg aaO. (Fußn. 1) UrhG § 47 Bem.; Schulze UrhG (Fußn. 1) § 47 Bem.

[474]) Dazu Erläuterung bei Riedel UrhG § 50; Fromm-Nordemann UrhG § 50 Bem.; von Gamm UrhG § 50 Bem. 3 ff.; Gerstenberg aaO. (Fußn. 1) UrhG § 50 Bem. 1 ff.; Schulze UrhG (Fußn. 1) § 50 Bem.

gebotenen Umfang verwertet werden. Es muß sich nicht um Bruchstücke, also Teile von Werken handeln; es können auch ganze Werke sein, wenn sie kurz sind, so daß es also unzulässig wäre, zwecks Berichterstattung ein ganzes Konzert oder eine ganze Opernaufführung aufzunehmen, während ein kurzes Lied oder ein kurzer Schlager mitberichtet werden können.

Zitate § 51 UrhG[475])

Werke der Musik, also auch der Bearbeitung dürfen zitiert werden; dies bedeutet unveränderte Wiedergabe, da Änderungen nach § 62 UrhG nur in ganz geringem Maße zulässig sind[476]). Es handelt sich hierbei vor allem nur um solche geringfügige Änderungen, die durch die Art und den Zweck der Vervielfältigung bedingt sind; dies sind keine Bearbeitungen[477]). Die Zitierung darf nur in dem durch den Zweck gebotenen Umfang erfolgen[478]). Es kann sich um ein oder mehrere Zitate aus demselben oder aus verschiedenen Werken handeln.

Das wissenschaftliche Zitat nach § 51 Z 1 UrhG, wonach einzelne erschienene Werke in eine selbständige wissenschaftliche Arbeit zur Erläuterung des Inhalts aufgenommen werden, ist Großzitat. Die Werke dürfen ganz oder teilweise aufgenommen werden. Da der Zweck der Zitierung dafür maßgebend ist, in welchem Umfange die Anführung erfolgen darf, ist es selbstverständlich ausgeschlossen, daß ein langes Musikstück zu einem kurzen Aufsatz ganz abgedruckt wird. Die Zitierung ist nur erlaubt in einer selbständigen wissenschaftlichen Arbeit. Sie soll Beleg sein und

---

475) Dazu Erläuterung bei Riedel UrhG § 51; Fromm-Nordemann UrhG §.51 Bem. 1 ff.; von Gamm UrhG § 51 Bem. 4 ff.; Gerstenberg aaO. (Fußn. 1) UrhG § 51 Bem. 2 ff.; Schulze UrhG (Fußn. 1) § 51 Bem. 1, 2.

476) Dazu bei Fußn. 466 sowie unter Z 12 bei Fußn. 381.
Das Zitat, d. h. das Werk, das zitiert wird, muß Urheberschutz haben und die Voraussetzungen des § 2 Abs. 2 UrhG erfüllen; dazu unter Z 2, 3. Auf ein Zitat aus einem gemeinfreien Werk ist § 51 UrhG nicht anwendbar; auch nicht, wenn man aus einem Werk eine ungeschützte Stelle (dazu unter Z 5) zitiert.
Ein Musikzitat kann wegen seiner Besonderheiten entweder durch Notenabdruck erfolgen, wobei für den Leser eine besondere Kenntnis der Noten usw. vorausgesetzt wird, oder durch hörbare Art, also als hörbares Musikzitat — auf Schallplatte oder Tonband, jedoch mit Beschränkung auf den Zitatzweck und -umfang; dazu LG Berlin Schulze (Fußn. 1) LGZ 75 (Schulze).
Wird bei einem Zitat die Grenze der gesetzlichen Zulässigkeit überschritten, so entfällt die Rechtmäßigkeit der Entlehung und es liegt eine Urheberrechtsverletzung vor, falls nicht Einwilligung des Urhebers oder sonst Berechtigten eingeholt ist.

477) Dazu unter Z 8 bei Fußn. 100.

478) Dazu BGH (Verkehrs-Kinderlied) BGHZ 28, 234 = NJW 1959, 336 = MDR 1959, 99 = DB 1959, 137 = GRUR 1959, 197 (Ulmer) = UFITA Bd. 27, 58 = LM § 19 LitUrhG Nr. 1 Schulze RzU (Fußn. 1) BGHZ 50 (von Erffa); auch Riedel UrhG § 2 Bem. B; Fromm-Nordemann UrhG § 51 Bem. 3, 6; Hubmann aaO. (Fußn. 1) § 33 I; Ulmer Urheber- und Verlagsrecht (2. Aufl.) § 50 II.

der Begründung einer eigenen Auffassung dienen. Der Begriff der selbständigen wissenschaftlichen Arbeit ist hier nicht urheberrechtlich zu verstehen, sondern im Interesse der Begrenzung der Zitierung vom Wissenschaftlichen her; daher greift eine strenge Beurteilung Platz[479]).

Das literarische Zitat nach § 51 Z 2 UrhG ist Kleinzitat. Es bezieht sich auf die Aufnahme einzelner Stellen aus einem veröffentlichten Werk, das auch ein Musikstück, insbes. eine Bearbeitung sein kann, in ein selbständiges Sprachwerk, wobei an den Begriff des Sprachwerkes keine höheren Anforderungen als nach § 2 Abs. 2 UrhG zu stellen sind[480]).

Das Musikzitat nach § 51 Z 3 UrhG ist ebenfalls Kleinzitat. Es ist hiernach zulässig, daß einzelne Stellen eines erschienenen Werkes der Musik, insbes. einer Bearbeitung, in einem selbständigen Werk der Musik, das ebenfalls eine Bearbeitung sein kann, angeführt werden, wobei auch hier das Werk der Musik ein solches im Sinne des § 2 bzw. § 3 UrhG ist[481]).

Es muß sich um unmittelbares Anführen aus Musikwerken handeln, wie man es bei *Richard Strauß* öfters findet, z. B. in „Feuersnot" das Motiv von Walhalla von *Richard Wagner* oder im „Capriccio" ein Zitat aus der

---

[479]) Dazu Fußn. 478.
Wenn daher die Wissenschaftlichkeit eines Werkes beurteilt wird, hat ein Sachverständiger die Gesichtspunkte des UrhG außer Betracht zu lassen, auch wenn es sich um die Musikwissenschaft, etwa die Musikästhetik handelt. Diese Prüfung bezieht sich nur auf das Werk, für das entlehnt wird, nicht dagegen auf das Zitat d. h. das zitierte Werk. Daß eine solche wissenschaftliche Arbeit die Werk-Voraussetzungen erfüllt, ist selbstverständlich, da der Begriff ja höher liegt. Das UrhG gebraucht in § 51 Z 1 UrhG zu Unrecht den Ausdruck „Werk" bei der wissenschaftlichen Arbeit. Da der Werk-Begriff in § 2 Abs. 2 UrhG gesetzlich feststeht, hier aber nach unbestrittener Rechtsprechung nicht zur Anwendung kommt, muß dieser Ausdruck vermieden werden; es besteht Veranlassung, daß die weitere Reform dem Rechnung trägt, da gesetzliche Legaldefinitionen für das ganze Gesetz gelten, also hier der Ausdruck unrichtig steht. Vermutlich wurde dies übersehen; denn das frühere Recht hatte zutreffenderweise von wissenschaftlicher Arbeit gesprochen und so den Unterschied gegenüber dem urheberrechtlichen Begriff deutlich gemacht.
Für das wissenschaftliche Kleinzitat bestehen geringere Anforderungen, da dafür § 51 Z 2 UrhG einschlägig ist; dazu bei Fußn. 480.

[480]) Zu den Werk-Voraussetzungen unter Z 2, 3. Das literarische Erzeugnis, das kein Werk ist — was z. B. auf einen Leserbrief einer Zeitung zutreffen kann —, darf man also ohne Einwilligung des Urhebers zitieren.
Das Sprachwerk kann jeden beliebigen Inhalt haben; das Zitat muß aber mit dem Werk in innerem Zusammenhang stehen. Dazu Karl Valentin „Im Schallplattenladen" unter I 6 (c/2 a) bei Fußn. 652.
Zum Großzitat Fußn. 479.

[481]) Zu den Werk-Voraussetzungen unter Z 2, 3. Das Musikstück kann jeden beliebigen Inhalt haben; dazu unter I 4. Das Zitat muß eine Beziehung zu dem Werk, in dem zitiert wird haben. Zum Verhältnis zum Melodieschutz unter Z 9 bei Fußn. 286.

Ouvertüre zur Oper „Iphigenie auf Aulis" von *Gluck*[482]). Bekannt ist auch, daß *Noren* in seinem Orchesterstück „Kaleidoskop" aus „Heldenleben" von *Richard Strauß* zitierte[483]).

Nicht gedeckt durch die Vorschrift des Musikzitats wird ein Thema zu einem Variationswerk[484]), das einem geschützten Werk entnommen wird, da die im Entwurf vorgesehene Vorschrift des § 51 Z 4 nicht Gesetz wurde, so daß keine ausdehnende Auslegung Platz greifen kann[485]). Hier muß also die Einwilligung des Urhebers des geschützten Variationsthemas eingeholt werden[486]).

Nicht von dem Begriff des Zitats werden erfaßt die allgemeinen unklaren „Zitate", die in Wirklichkeit keine sind[487]). Hier handelt es sich um bewußte oder unbewußte Stilanlehnungen, die keinen Urheberschutz haben[488]).

Zu erwähnen ist, daß die sog. Vertonungsfreiheit, d. h. die Vertonung von kleinen Teilen einer Dichtung oder von Gedichten ohne Einwilligung des Autors nicht Gesetz wurde[489]).

---

[482]) Dazu unter I 5 (d, g/4).
Die Quellenangabe nach § 63 UrhG muß bei der Vervielfältigung ganzer Werke der Musik neben dem Urheber auch den Verlag enthalten; auch sind Kürzungen und andere Änderungen ersichtlich zu machen. Die Zitierung ist in der Partitur kenntlich zu machen, etwa nach der Art von Richard Strauß in „Feuersnot" bei Nr. 25 der Partitur (allerdings bei einem Volkslied, wo ein Hinweis entbehrlich gewesen wäre). Es ist anzuraten, am Anfang oder Ende der Partitur auf die betreffenden Zitatstellen aufmerksam zu machen; soweit § 63 UrhG Angaben vorschreibt, können diese dann dort ausführlich gemacht werden, da sie in der Partitur stören würden.

[483]) Dazu unter I 5 (d) mit Fußn. 174 sowie unter Z 9 mit Fußn. 269.
Da es sich im Fall Noren um ein Zitat handelte, war eine Einwilligung des Verlags, der dafür zuständig war, weil er das Verlagsrecht hatte, erforderlich. Richard Strauß hatte zwar zugestimmt, aber seine Einwilligung wäre, wenn eine solche notwendig gewesen wäre, unwirksam gewesen; dazu auch Fromm-Nordemann UrhG (Fußn. 1) § 51 Bem. 8; von Gamm UrhG § 51 Bem. 14.

[484]) Dazu unter I 5 (g/1).

[485]) Dazu Riedel UrhG § 51 Bem. A.

[486]) Der Komponist, der für ein Variationswerk ein fremdes Thema benutzt, braucht zur Bearbeitung die Einwilligung des Urhebers erst für die Verwertung, §§ 23, 24 UrhG; dazu unter Z 9 (c), 12 bei Fußn. 377 ff. Die Übernahme des Themas unverändert wäre Vervielfältigung, wozu nach § 16 UrhG die Einwilligung des Komponisten nötig wäre. Da die Verwendung zunächst intern erfolgt, liegt eine Vervielfältigung zu persönlichem Gebrauch vor, § 53 UrhG, weil der Benutzer ja weiß, daß er später die Einwilligung einholen muß, daher vorerst die Absicht zu einem weitergehenden Gebrauch fehlt. Dazu auch unter Z 12 bei Fußn. 378 sowie im folgenden bei Fußn. 492.

[487]) Dazu unter I 5 (g/4) bei Fußn 382 ff.

[488]) Dazu unter Z 5.

[489]) Dazu Riedel UrhG § 51 Bem. A.

Öffentliche Wiedergabe § 52 UrhG[490])

Die Ausnahme bezieht sich auf die öffentliche Wiedergabe bei Veranstaltungen ohne Erwerbszweck des Veranstalters, bei Gottesdiensten und kirchlichen Feiern oder Veranstaltungen.

Hier ist in gewissen Fällen eine angemessene Vergütung vorgesehen.

Vervielfältigung zu persönlichem und sonstigem eigenen Gebrauch §§ 53, 54 UrhG

Die Vorschriften zur Vervielfältigung zum persönlichen und sonstigen eigenen Gebrauch sind neu und ausführlich gestaltet[491]). Danach besteht die Möglichkeit, daß Vervielfältigungen, die keine Bearbeitungen nach §§ 23, 24 UrhG sind, zunächst ohne Einwilligung des Urhebers vorgenommen werden, um ihm später das Werk zu zeigen. Dann kann die notwendige Einwilligung vor der Veröffentlichung auf Grund der Überprüfung des Werkes gegeben werden[492]).

Für Bild- und Tonträger besteht nach § 53 Abs. 4, 5, § 54 Abs. 3 UrhG eine besondere Regelung u. U. mit Vergütungspflicht.

Vervielfältigung durch Sendeunternehmen § 55 UrhG[493])

Für den Regelfall besteht eine Löschungspflicht, wenn Bild- oder Tonträger hergestellt werden, spätestens 1 Monat nach der 1. Funksendung. Wird nicht oder später gelöscht, so ist die Einwilligung des Urhebers erforderlich, die von einer Vergütung abhängig gemacht werden kann.

Bild- oder Tonträger, die außergewöhnlichen dokumentarischen Wert haben, brauchen nicht gelöscht zu werden, wenn sie in ein amtliches Archiv aufgenommen werden; hiervon ist der Urheber unverzüglich zu verständigen.

---

490) Dazu Erläuterung bei Riedel UrhG § 52.
Heisecke Die Betriebsmusik und das neue UrhG BB 1966, 1426, wonach bei Aufführungen in Werksräumen, Kantinen usw. die Öffentlichkeit der Aufführung verneint wird, ebenso der Erwerbszweck des Veranstalters nach Abs. 1 Z 1 aaO.

491) Dazu Erläuterung bei Riedel UrhG §§ 53, 54.

492) Dazu Fußn. 486.

493) Dazu Erläuterung bei Riedel UrhG § 55.

Vervielfältigung und öffentliche Wiedergabe durch Geschäftsbetriebe § 56 UrhG[494])

Die Geschäftsbetriebe, die das Recht zur öffentlichen Wiedergabe zwecks Verkaufs von Geräten, insbes. Bild- und Tonträgern haben, haben eine Verpflichtung zur unverzüglichen Löschung der Aufnahmen. Geschieht dies nicht, so liegt eine Urheberrechtsverletzung vor, die bei Verschulden eine Schadenersatzpflicht auslöst. Wird mit Einwilligung des Urhebers die Löschung unterlassen, so kann eine Vergütung vereinbart werden.

Unwesentliches Beiwerk § 57 UrhG[495])

Bei Musikwerken wird es selten zutreffen, daß sie unwesentliches Beiwerk neben dem eigentlichen Gegenstand der Vervielfältigung usw. sind. Man könnte daran denken, daß ein Tonfilm hergestellt wird und dabei entfernte Musik, die nur unklar hörbar ist, mit aufgenommen wird.

Es ist eine Ausnahmevorschrift, die im Zweifel zugunsten des Urhebers auszulegen ist[496]). Ein Verstoß ist eine Urheberrechtsverletzung, die bei Verschulden einen Schadenersatzanspruch rechtfertigt. Es kann auch die Einwilligung gegeben und eine Vergütung verlangt werden, wenn ein Grenzfall vorliegt und daher beim Urheber eine Anfrage erfolgt.

Zwangslizenz zur Herstellung von Tonträgern § 61 UrhG[497])

Die Zwangslizenz hat keine Bedeutung, wenn eine Verwertungsgesellschaft wie die GEMA die Belange der Urheber wahrnimmt[498]).

16. Schutzfrist und geistiges Eigentum

Die Schutzfrist beträgt **70 Jahre** nach dem Tode des Urhebers; wird ein nachgelassenes Werk nach Ablauf von 60 Jahren, aber vor Ablauf von 70 Jahren nach dem Tode des Urhebers veröffentlicht, so erlischt das Urheberrecht erst 10 Jahre nach der Veröffentlichung, § 64 UrhG[499]). Bei

---

[494]) Dazu Erläuterung bei Riedel UrhG § 56.
[495]) Dazu Erläuterung bei Riedel UrhG § 57.
[496]) Dazu Fromm-Nordemann UrhG (Fußn. 1) § 57 Bem. 2.
[497]) Dazu Erläuterung bei Riedel UrhG § 61.
[498]) Dazu Fußn. 497.
[499]) Dazu Erläuterung bei Riedel UrhG § 64.

Miturheberschaft nach § 8 UrhG[500]) erlischt das Urheberrecht 70 Jahre nach dem Tode des längstlebenden Miturhebers, § 65 UrhG[501]). Für anonyme und pseudonyme Werke trifft § 66 UrhG eine besondere Regelung[502]); für Lieferwerke ist § 67 UrhG maßgebend[503]). Die Berechnung der Fristen erfolgt nach § 69 UrhG[504]). Für die Musikbearbeitung bestehen bei der Regelung der Schutzdauer keine Besonderheiten, und es wird daher von einer näheren Darstellung abgesehen.

Die Schutzfrist ist für den Urheberschutz von großer Wichtigkeit, weil nach Ablauf derselben ein Werk **gemeinfrei** wird[505]). Ein sog. ewiges Urheberrecht kennt unser Recht nicht, weil es nicht auf dem Gedanken des geistigen Eigentums beruht[506]). Mit Ablauf der Schutzzeit erlöschen die Einnahmen der Erben des Urhebers aus seinen Werken, falls nicht mit Verlagen abschließende Vereinbarungen über diese Zeit hinaus getroffen sind. Ist dies nicht der Fall — wie regelmäßig —, dann fließen die Einnahmen aus den Werken eines Urhebers ab diesem Zeitpunkt Verlagen und an dem Werk Interessierten zu, die es frei verwerten dürfen. Dies muß als eine große Unbilligkeit empfunden werden in einer Staatsordnung, die das Eigentum voll schützt und verfassungsmäßig garantiert.

Die Kunst, insbes. die Musik, hat absoluten Charakter und ist über die Zeit erhaben[507]). Das Recht hat absoluten Charakter, wenn es auf das Naturrecht ausgerichtet ist[508]). Im neuen Urheberrecht haben jedoch naturrechtliche Gedankengänge nur teilweise Eingang gefunden, während vielfach Interessenabwägungen überwiegen, wo es um Rechte der Urheber geht, die ihnen an ihrem Werke zustehen. Für die Urheber aber besteht kein Anlaß, an den Erträgnissen ihrer Geistesarbeit andere teilnehmen zu lassen. Da das gegenwärtige UrhG ein Kompromißgesetz ist,

---

500) Dazu unter Z 11 (b).

501) Dazu Erläuterung bei Riedel UrhG § 65.

502) Dazu Erläuterung bei Riedel UrhG § 66; zur Urheberrolle § 138 UrhG mit Erläuterung bei Riedel UrhG § 138.

503) Dazu Erläuterung bei Riedel UrhG § 67.

504) Dazu Erläuterung bei Riedel UrhG § 69.

505) Dazu unter Z 5 bei Fußn. 30.

506) Dazu Riedel UrhG unter E 1 ff.; auch unter Z 1.

506) Zum ewigen Urheberrecht Riedel UrhG § 64 Vorbem. 1.

507) Dazu Vorbemerkungen über „Musik und Recht".

508) Dazu Riedel UrhG E 1 ff., § 1 Bem. A, B, § 11 Bem. B, § 28 Vorbem. 1, § 31 Vorbem. 1, § 45 Vorbem. 1, § 64 Vorbem. 1; Riedel Naturrecht — Grundrecht — Urheberrecht, Gedanken und Kritik zu Grundproblemen der Urheberrechtsreform INTERGU-Schriftenreihe Bd. 31. Ermecke Die naturrechtliche Grundlage des staatlichen Urheberrechts GEMA-Nachrichten 1962, Nr. 54, S. 9. Hubmann Das Recht des

das von Anfang an reformbedürftig erscheint, vor allem wegen der großen Mängel im Rechtsverkehr[509]), darf das Verlangen der Urheber auf weitere und bessere

Verwirklichung des geistigen Eigentums

nicht aufgegeben werden.

Das UrhG soll bei der weiteren Reform, die ja das Urhebervertragsrecht neu gestaltet, gerade im Rechtsverkehr ein klares und brauchbares Gesetz sein. Bei dieser Gelegenheit könnten die Mängel des gegenwärtigen Gesetzes behoben werden. Es kann dann das Urheberrecht noch mehr als bisher auf Artikel 14 GG ausgerichtet werden. Auch ist das Gesetz in seiner Regelung vielfach nur für Juristen auslegbar und deutbar, nicht aber für die Kreise, die es angeht, — die Urheber. Alle großen Gesetze sind dadurch gekennzeichnet, daß sie auf Einfachheit und Klarheit sehen. Wenn auch das moderne Leben kompliziert ist, so sollte doch ein Gesetz nicht durch eine Konzeption, die es sich selbst gibt, die Rechtslage noch mehr verkomplizieren. Der Rechtsverkehr im neuen UrhG wird teilweise zu einem gordischen Knoten, der nicht lösbar erscheint, vor allem wenn es sich darum handelt, wie urheberpersönlichkeitsrechtliche Befugnisse gehandhabt und Gemeinschaften, die ein Urheberrecht zum Gegenstand haben gelöst werden können[510]). Es besteht daher der Wunsch an den Gesetzgeber, das Urheberrecht doch als Urhebervertragsrecht gerade so zu gestalten, daß es ein Gesetz wird, das der Praxis dient und das den Rechtsverkehr erleichtert,

zum Wohle unserer Kultur und

zum Wohle unseres Volkes.

---

schöpferischen Geistes 1954. Lehmann-Ermecke Über das Wesen des Urheberrechts 1956. Richartz Betrachtungen zur Urheberrechtsreform 1963. Roeber Urheberrecht oder geistiges Eigentum UFITA 21, 150 . Schulze Recht und Unrecht 1954. Wunsiedler Urheberrechtsreform im Spannfeld von Recht — Kultur — Ethik INTERGU-Schriftenreihe Bd. 34.

Weitere Hinweise zur Reform Riedel UrhG unter E 7, die noch in vielen grundsätzlichen Fragen von Bedeutung sind, da die Reform noch nicht als abgeschlossen angesehen werden kann. Dazu auch Fußn. 7.

509) Dazu unter Z 12, 13, 14.

510) Dazu insbes. bez. urheberpersönlichkeitsrechtlicher Befugnisse. Riedel UrhG § 31 Bem. B (3); auch unter Z 14 bei Fußn. 407; bez. Verzicht auf Urheberrecht und Auflösung von Gemeinschaften oder Beendigung von urheberrechtlichen privaten und öffentlichrechtlichen Arbeits- und Dienstverhältnissen. Riedel UrhG § 8 Bem. B 2c, § 9 Bem. B 2, § 29 Bem. B, § 43 Bem. B; auch unter Z 14 mit Fußn. 411, 497; bez. Zweckübertragungstheorie; Riedel UrhG § 31 Bem. B (10); auch unter Z 14 mit Fußn. 424.

Berichtigungen

Seite 36 Fußn. 130:	386 *(berichtigt)*
Seite 46 vorletzte Zeile:	Heinrich Noren *(berichtigt)*
Seite 51 Fußn. 188 Abs. 1 Z 3:	200 *(berichtigt)* Choral-Bearbeitungen
Seite 56 Zeile 15 von oben:	Kodály *(berichtigt)*
Seite 73 Zeile 17 von oben:	Bayer *(berichtigt)*
Seite 78 Zeile 25 von oben:	Tartini *(berichtigt)*
Seite 81 Zeile 6 von oben in Absatz bez. Beethoven:	Süßmayr *(berichtigt)*
Seite 146 Fußn. 7a:	nunmehr 7. Aufl. (München 1971) 5 ff.
Seite 160 Fußn. 59 Abs. 2 vorletzte Zeile:	RG JW 1902, 588 *(berichtigt)*
Seite 179 letzte Zeile:	Rimsky-Korssakow *(berichtigt)*
Seite 196 Zeile 9 von oben:	Mussorgskij *(berichtigt)*
Seite 225 Fußn. 422 Zeile 3:	sowie BGH, MDR 1959, 185 = GRUR 1959, 200 *(Pfennig)* = UFITA 26, 201 = LM § 8 LitUrhG Nr. 8 *(ergänzt)*

Sachregister

Die Zahlen bedeuten die Seiten. Auf Fußnoten wird besonders hingewiesen.

Im Personenregister sind die Namen der Komponisten aufgeführt, die in der Abhandlung erwähnt werden.

A

N

O

P

T

Personenregister

— Komponisten —

Die Zahlen bedeuten die Seiten. Auf Fußnoten wird besonders hingewiesen.

Das Personenregister dient der Ergänzung des Sachregisters und enthält die Komponisten, die Bearbeiter sind oder deren Werke bearbeitet wurden, soweit sie in der Abhandlung berücksichtigt sind. Wenn man in dem Personenregister einen bearbeiteten Komponisten oder einen Komponisten, dessen Werke bearbeitet sind, unter einem bestimmten Gesichtspunkt sucht, so kann dies nach der Seitenzahl in Verbindung mit der Inhaltsübersicht (Seite VII ff.) ohne weiteres festgestellt werden. Vornamen sind nur angegeben, wo dies erforderlich erscheint.

A

B

P

Q

R

S

T

U

V

W

Z

Kolibri 360 GmbH
Ferdinand-Jühlke-Straße 7
99095 Erfurt, Deutschland
produktsicherheit@kolibri360.de